Briefe
von Liselotte von der Pfalz
bis Rosa Luxemburg

Herausgegeben
von Claudia Schmölders

Insel Verlag

Erstmals erschien diese Ausgabe unter dem Titel
Deutsche Briefe. Von Liselotte von der Pfalz bis Rosa Luxemburg
im Suhrkamp Verlag.

Erste Auflage dieser Ausgabe 1988
Insel Verlag Frankfurt am Main 1988

Quellenhinweise am Schluß des Bandes
Druck: May & Co, Darmstadt
Printed in Germany

Vorwort

Briefe lesen ist – wie Briefe schreiben – nicht jedermanns Sache und nicht jeder Epoche gleich wichtig. Wer sich vom Brief abwendet, scheut wohl vor allem die eigentümliche Detaillierung und Wiederholung der Verhältnisse und Beziehungen – die zwar einst höchst konkrete, nun aber wie nachgestellt wirkende Intimität, Dramatik oder gar Belanglosigkeit der schriftlichen Unterhaltung. Der briefunwillige, aber historisch interessierte Leser bevorzugt die Summe, das Fazit, die wesentliche Einordnung des Geschriebenen in historische und/oder gesellschaftliche Tableaus.

Für die *Liebhaber* der Briefliteratur dagegen zählt gerade diese Einladung, diese Verführung zum lebendig wirkenden Detail einer Biographie, einer menschlichen Konstellation, die jede historische Distanz aufzuheben und Geschichte als Gespräch nahezubringen scheint.

In der Tat verhält sich die Briefliteratur zu anderen historischen Dokumenten wie ein Assoziationsstrom zu fixierten Aussagen, und entsprechend müssen Briefe auch gelesen werden: mit gleichschwebender Aufmerksamkeit und möglichst beweglicher Optik.

Die vorliegende Ausgabe von Frauenbriefen zwischen 1700 und 1918 versucht nun in ihren acht Kapiteln diesem historischen Abschnitt so etwas wie ein sich entwickelndes Subjekt zu unterlegen: Gezeigt werden Frauen in ihren engen privaten Beziehungen, in ihrem vorsichtigen Heraustreten in die Öffentlichkeit, ihren Stellungnahmen zur »großen Geschichte« (der Männer), ihrer (meist vorläufigen) Bildung, ihren Reisen (meist nach Italien), ihren kreativen Leistungen und alltäglichen Arbeiten, ihrem Selbstwertempfinden und ihren teils gequälten, teils energischen Ablösungen.

Ein Versuch also, der inzwischen doch höchst intensiven Frauen-Geschichtsschreibung ein Lesebuch gerade für jene Gattung beizufügen, die als Spezialität weiblichen Schreibens gilt. Dazu mehr im Nachwort.

Welche Frauen nun hier mit *welchen* und *wie vielen* Briefen erscheinen, ist in letzter Instanz natürlich eine subjektive Entscheidung, aber doch durch Gesamtgliederung und Vorläufer vorgegeben. Berühmte Korrespondentinnen wie Liselotte von der Pfalz, Meta Klopstock, Goethes Mutter, Rahel Varnhagen, Annette von Droste-Hülshoff,

Else Lasker-Schüler sind mit mehreren Briefen vertreten, aber ebenso weniger bekannte wie Nietzsches Mutter, Hebbels Freundin, Fontanes Tochter, C. F. Meyers Schwester. In all diesen Fällen wird der Unterwerfung des einzelnen Briefes unter ein Kapitelthema gegengesteuert und ein epistolographisches Porträt, mindestens eine Skizze angeleuchtet.
Wieder ein anderes Auswahlkriterium legte der dialogische Charakter des Briefes nahe (zur Aufnahme einiger Antwortbriefe vor allem von Männern ist mehr im Nachwort gesagt) sowie die soziale Zugehörigkeit der Korrespondentinnen: Briefe aus der Hocharistokratie, aus Bürger- und Kleinbürgertum, stehen mit Briefen aus der Welt von Politik, Wissenschaft und Kunst zusammen; und nicht immer handelt es sich um freundliche oder sympathische Schreiberinnen.
Wer das Buch aufschlägt, wird also hinter der Grundlinie ein Kaleidoskop finden, wie es die historische Realität, die Realität überhaupt, *vor* aller Deutung anbietet. Das sogenannte Wesentliche steht neben dem Unwesentlichen, der kurze, zuweilen auch gekürzte Brief neben dem langen, kleine Dialoge neben fortgesetzten Briefen, aus deren Abfolge eine je eigene Geschichte heraustritt. Aus jedem Brief wirft eine Person, ein Stück Geschichte, eine Beziehung einen Blick auf den Leser – bleibt zu hoffen, daß er ihn erwidert, ohne das Ganze aus den Augen zu verlieren: »Lebe wohl!« schrieb Adele Schopenhauer 1819 an ihren Bruder, »mein Brief ist ein Buch geworden – und ein neumodisches, ohne inneren Zusammenhang der Einzelheiten. Es hängt darum doch alles in mir ganz ordentlich zusammen; aber mein Leben bringt es mit sich, daß ich bald den Speisekammerschlüssel, bald die Palette, den Federhut und die Schreibfeder wechselnd ergreifen muß.«

Zur Erleichterung der Lektüre sind dem Band am Schluß kurze Hinweise zu Absendern und Adressaten beigegeben; eine ausführliche Kommentierung hätte den Rahmen gesprengt.
Entsprechend der höchst disparaten Quellenlage konnten nicht alle Briefe in ihrer originalen Schreibweise wiedergegeben werden, obgleich gerade diese oft höchst charakteristisch ist. So wurden die in aller Regel mehr oder minder behutsam modernisierten Schreibweisen belassen. Erläuterungen und Kürzungen stehen in eckigen Klammern.
Mein herzlicher Dank gilt schließlich der Hilfe von Walter Boehlich und Silvia Bovenschen.

Inhalt

Dialog über die Post
9

Erstes Kapitel
Lieben und Lassen
11

Zweites Kapitel
Familienleben
59

Drittes Kapitel
Freundschaften
109

Viertes Kapitel
Sterben
141

Fünftes Kapitel
Geschichte und Alltag
179

Sechstes Kapitel
Reisen
227

Siebtes Kapitel
Arbeit und Selbstwert
267

Achtes Kapitel
Eigensinn
307

Nachwort
339
Zu den Absendern und Adressaten
349
Quellenverzeichnis
375
Ausführliches Inhaltsverzeichnis
379

Dialog über die Post

Mein lieber Lessing! Wien, den 22. April 1772

Nach gerade wird mir die Zeit schrecklich lang, die ich in Erwartung Ihrer Briefe zubringe. Wissen Sie wohl, daß ich nun bereits in drei Wochen nichts von Ihnen gehört habe? Nein, liebster Freund! so lange müssen Sie das Schreiben nicht aussetzen, wenn Ihnen an meiner Ruhe gelegen ist. Lieber will ich mich nur mit einigen Zeilen begnügen, als so lange in der Ungewißheit sein, wie Sie sich befinden. [...]

Ganz die Ihrige E. C. König

Meine Liebe! Wolfenbüttel, den 1. Mai 1772

Es ist länger als eine Woche, daß ich Ihnen über Prag geschrieben habe; und noch sehe ich mich ohne Antwort. Es will mir gar nicht in den Kopf, oder vielmehr in das Herz, so lange von Ihnen nichts zu hören. Wenn ich nicht von der Art wäre, daß ich mir nicht gern das Schlimmste vorstelle: so würde ich fürchten können, daß Sie krank wären. [...]

Ganz der Ihrige L[essing]

Mein lieber Lessing! Wien, den 16. Mai 1772

Stellen Sie sich vor, in welcher Unruhe ich Ihretwegen habe sein müssen, indem ich erst mit voriger Post, das heißt vor drei Tagen, Ihren Brief über Prag erhalten habe. Schicken Sie in Ihrem Leben keinen mehr auf dieser Route, sondern über Nürnberg. [...]

Ich umarme Sie tausendmal,
und bin auf immer
Ihre K[önig]

Meine Liebe! Wolfenbüttel, den 27. Mai 1772

Ihren Brief vom 22ten vorigen Monats habe ich zwar bereits vor länger als vierzehn Tagen erhalten. Aber da darin nichts auf meine beiden Letztern an Sie nach Wien abgelassenen befindlich, Sie auch ausdrücklich sagen, daß Sie in Wien von mir noch keine Zeile gesehen: so bin ich äußerst ärgerlich gewesen, und habe von Tag zu Tag gewartet ein Zweites von Ihnen zu erhalten, in welchem Sie mir den Empfang meiner Briefe melden würden. Da aber dieses Zweite, dem ich so sehnlich entgegen sehe, noch immer ausbleibt: so muß ich nun in allem Ernste besorgen, daß meine Briefe vielleicht gar nicht einmal auf die Post gekommen, und Sie mir aus verdienter Bestrafung, wie Sie glauben, nicht neuerdings schreiben wollen. Was mich in dieser Besorgnis bestärkt, ist mein schurkischer Bediente, den ich endlich wegen hundert lüderlichen und infamen Streichen zum Teufel jagen müssen. Wie leicht kann er mir auch da infame Streiche gespielt, und meine Briefe nicht besorgt haben, um die Kleinigkeit für das halbe Franco einzustecken. Wenn ich das wüßte: so hätte er so ohne Prügel gewiß nicht von mir kommen sollen. [...]

Ich umarme Sie tausendmal,
und bin zeitlebens
der Ihrige L[essing]

Mein liebster Freund! Wien, den 15. Jun. 1772

Endlich bin ich aus der quälenden Unruhe gesetzt, in der ich wegen des so langen Außenbleibens Ihrer Briefe, besonders die letzten vierzehn Tage hindurch, gewesen bin. Auf vier Briefe keine Antwort zu erhalten, war mir ein Rätsel, welches ich nicht anders, als durch die traurigsten Vorstellungen, auflösen konnte: denn wirklich müssen Sie noch drei Briefe nach Abgang Ihres Letzten, von mir erhalten haben, wovon zwei, wo nicht gar auch der dritte schon hätten müssen in Ihren Händen gewesen sein! Es ist sonderbar, da alle meine Briefe sonst richtig laufen, daß eben die, woran mir am meisten gelegen, so lange herum schweifen. So wie auch die von Ihnen an mich, die erhalte ich immer um vieles später, als die, so von gleichem Datum aus Hamburg geschrieben sind, da sie doch um zwei Tage früher eintreffen sollten. So ein arger Schurke Ihr Bedienter mag gewesen sein, so glaube ich nicht, daß er hierbei Unterschleif gemacht hat. Ich habe in allem drei Briefe hierher von Ihnen erhalten: vom 10. April, 1. und 27. Mai. Mehrere werden Sie mir, aus Ihren eigenen Briefen zu urteilen, nicht geschrieben haben. Sie werden es selbst ein bißchen wenig finden. [...]

Dero ergebenste E. C. König

Erstes Kapitel
Lieben und Lassen

Luise Gottsched an ihren Mann

Leipzig den zweyten Tag
Mein lieber Mann, nach meiner Wittwenschaft 1737

Die Glocke schlägt eben fünfe, und das Verlangen nach einem Brief von Ihnen, weckt mich schon früh aus dem Schlafe, worinne Sie vielleicht noch tief vergraben liegen, ohngeachtet ich mich erst um 1 Uhr zur Ruhe begeben habe. Ich kann mir diese Schlaflosigkeit nicht besser zu Nutze machen, als mit der mir einzig werthen, und einzig geliebten Person auf der Welt, zu unterhalten. Ich muß gestehen, daß ich, so lange ich lebe, nicht so viel Unruhe und Furcht ausgestanden, als seit dem traurigen Augenblicke Ihrer Abreise. Ach! mein geliebter Mann, mein zärtlicher Freund! was ist Ihnen alles auf dieser Reise begegnet? Was haben Sie für Wetter, was für Weg gehabt? Ich zittre für jedem Schlag, den Sie in Ihrem Wagen, bey dem sehr üblen Wege mögen empfunden haben; und ich habe niemals geglaubet, daß die Zärtlichkeit unsers Geschlechts so schwach seyn könnte, sich über alle, über die geringste Kleinigkeiten zu beunruhigen. Geben Sie mir doch so bald als möglich Nachricht von Ihrer Ankunft in Dresden. In der besten Welt muß man über das, was uns am liebsten ist, sehr lange in Ungewißheit leben. Mein Herz kann sich in diesem Stücke mit der Wolffischen Philosophie nicht vereinigen. Sagen Sie aber dem Herrn M=r. ja nichts von meiner Schwäche: Dieser möchte zur Vertheidigung der gerechten Sache Sie noch öfterer nach Dresden berufen. Kaum spreche ich mit Ihnen, mein Bester, so wird mein ganzes Gemüth heiter, und kaum lege ich die Feder nieder, so versinkt es in seine vorige Traurigkeit. Vermehren Sie diese kurze Heiterkeit durch baldige Nachricht von der Dauer Ihres Wohlbefindens, und Ihrer Liebe gegen mich. Zehn- und mehrmal will ich abbrechen, um Ihnen alle Empfindungen meiner Seele, bey jeder Zeile darüber zu schreiben. Dieses ist noch das einzige Mittel, mir Ihre Abwesenheit einigermaßen erträglich zu machen. Leben Sie wohl, mein geliebter Mann, aber denken Sie auch abwesend an Ihre zärtliche und treu ergebne

Louise

Meta Moller
an Friedrich Gottlob Klopstock

Hamb. den 8ten Aug. 1752

Komm Klopstock, komm daß ich dich umarme, daß ich dich recht heiß küße, u dich dann nicht wieder von meinen Lippen u aus meinen Armen laße. Ach komm, komm, nun ja bald – O was habe ich verdrießliche, langweilige, eckelhafte Tage gehabt! Nicht, daß man mir etwas zuwieder gethan hat, nein, das nicht; Aber man that mir auch nichts zu gut, man sprach nicht von dir. Ich war in einer der schönsten Gegenden, aber, was half mirs; ich war nicht bey dir. Ich war in solcher Gesellschaft, die man pflegt gute Gesellschaft zu nenen, aber –– Seitdem ich ihren Wehrt fühle ist mir die Gesellschaft derer die nicht fürtreflich sind, unerträglich, sagt die heilige Hanchen, u das sage ich auch. Ich bin auch so still gewesen, daß, obgleich viel Gesellschaft u noch dazu einige fremde junge Herren da waren, die gern mit mir sprechen wolten, ich doch nichts als Antworten gesprochen habe. Denn ich hatte ja dich nicht, ich konte nicht von dir sprechen; sollte ich mir denn das einzige, was mir noch blieb, an dich zu denken, solte ich mir das auch nehmen? O wenn man mir dieses nur gelaßen hätte, wenn man mich in meiner Stille nur nicht gestört, so wäre ich sehr zufrieden gewesen. Aber man schränkte mich sehr ein. Weil es schlecht Wetter war, so blieb die Gesellschaft immer zusammen. Unsre Zuflucht vor der langen Weile, war das Spiel. Wir spielten von Morgen bis in den Abend, u auch da war ich nicht allein, ich schief bey einem andern Frauenzimmer, ich konte also, ob ich mich gleich alle Tage mit einem Bleystift u Papier (Denn Feder u Tinte hatte ich nicht mitnehmen können) in der Tasche herum trug, doch nicht ein einziges Wort an dich schreiben. Und dies machte mich desto verdrießlicher. [...] O wie sehr nichts ist mir doch alles ohne dich! Und wie bist du mir doch so sehr alles – Ich wolte oft, daß es mir schwerer würde dies alles hier zu verlaßen, denn so wäre mehr Verdienst dabey, dir zu folgen, aber es würde mir warlich sehr leicht werden. Denn es ist mir izt nicht nur alles sehr gleichgültig, sondern im höchsten Grade eckelhaft. Mir wird unter tausend Veränderungen der Tag Jahre lang, u mit dir allein in meinem Zimmer ohne die geringste Veränderung zu suchen, ohne etwas zu haben als uns selbst, vergingen mir, wie eine Stunde – O komm wieder, komm wieder. Das ist alles, was ich sagen kan. O Klopstock wie glücklich werden wir seyn, wenn wir uns schon Jahre gehabt haben, und noch kein Tag uns zu lang geworden ist. Wenn wir zufrieden mit uns selbst keine Veränderung zur Vertreibung der langen Weile gesucht, u doch vergnügt sind. –– Aber etwas außer uns wird uns doch auch noch vergnügen, etwas, auch noch außer der Freundschaft, wird uns frölich machen, wird uns beschäftigen, uns entzüken. Nicht so, Klopstock? – Ich wolte deine Briefe heute recht beantworten, aber ich bin noch zu voll, es ist so lange, daß ich nicht an dich geschrieben habe; ich will es hernach thun. Du wirst doch über einen langen Brief von mir wohl nicht böse werden – Es war eine meiner süßesten Vorstellungen in Stellingen, daß ich, wenn ich zu Hause käme, einen Brief von dir finden würde, und ich fand zweene, und einen für die Schleebusch, der mir fast eben so lieb war, als der an mich. Du süßer, süßer! Höre, ich will dich wenn du wiederkomst, für jeden Buchstab küßen, den du *an mich* geschrieben hast. Aber nein, alles, alles was du geschrieben hast, verdient ja wohl, daß ich dich küße. Es bleibt also dabey, ich küße dich für alles, für deine Oden küße ich dir die Hand, für den Messias die Füße. [...] Ja, Kl. du solst als Frau, dir keine beßere wünschen können, als ich seyn werde. Ich muß dir hiebey doch etwas erzählen. Ich habe dir gesagt, daß ich in meinem 13ten Jahre schon mehrentheils gebildet war. Dieses ist eine gewiße Warheit, so sehr es dir auch beliebte, darüber zu lachen. Ich dachte damals schon [sehr] ernsthaft darauf, wie ich mein Leben einrichten wolte wenn ich entweder unverheyrathet bliebe, oder mich verheyrathete. Was ich des ersteren wegen dachte, will ich dir itzt nicht sagen. Wegen des leztern machte ich sehr gute Überlegungen, wie ich mein Haußstand einrichten meine Kinder erziehen, u hauptsächlich wie ich meinem Mann begegnen wollte. Ich machte mir damahls schon *ungefehr* so ein Bild von meinem Manne, als der Himmel ihn mir itzt giebt, u da, sagte ich zu meinen Gespielinnen, käme es am meisten drauf an, daß man seinem Manne mit einer gewissen Douceur begegnete. Diese [Douceur] müste gar nicht studirt,

sondern so sehr im Herzen seyn, daß man seinen Mann auch nicht mit einer andern Mine müste ansehen können, als mit einer, die ich ihnen dazu machte. Ohne Zweifel ist es eben die womit ich dich ansehe. Was sagst du zu diesen raisonnements im dreyzehnten Jahre. Ich raisonnire izt noch eben so, aber ich kan mich kürzer ausdrücken. Man muß seinen Mann zärtlich lieben, sage ich izt. Das ist eben so viel, als das oben. – Sieh, wie ich mit dir schwaze. Recht, als wenn ich auf deinem Schooße säße; Und du hast mir in [deinem] lezten Briefe ja auch so süß gesagt, daß ich das thun könte. O du bist mein Klopstock, in allem, in allem bist du es. Ich möchte es doch wohl wißen, ob meine Liebe würklich zunähme? Ich hätte große Lust das zu glauben, aber dann müste ich auch zugleich glauben, daß ich dich sonst noch nicht so sehr geliebt hätte, als izt, u. daß ich dich noch einmahl mehr lieben würde, u. das möchte ich doch nicht gerne von mir denken. –
Höre einmahl du Affe was wilst du denn, daß ich dir umständlich schreiben soll? Du Erzaffe! Erinnerst du dich eines Ausdrucks meiner Ode an dich? – *Schlafendes Leben* sage ich, u das ist auch izt meine ganze Antwort. Hast du so viel Verstand dis zu verstehen? So viel mich auszudeuten wirst du wohl haben. Ich habe deine Eltern u. Geschwister so lieb, daß ich im ganzen Ernst fürchte, ich liebe sie schon mehr, als die meinen. Es ist mir eine rechte Freude, daß dein Vater so rechtschaffen ist, zu fragen, ob die Religion meine Hauptglückseeligkeit wäre. Gottlob! Gottlob! daß du mit gutem Gewißen ja dazu sagen kanst.

Anna Louise Karsch an Johann Wilhelm Gleim

Magdeburg, den 28. 2. 1762

Ich sende Ihnen tausend Wünsche nach, mein liebster Freund, aber keine Seufzer. Sie müssen Ihre Lehrlingin von wegen des Wachstums loben, den Sie in der Philosophie bemerken: ich konnte Halberstadt ruhig verlassen und ich konnte Sie von

Magdeburg reisen sehen ohne Thränen zu vergießen. Das ist in Wahrheit viel, ich erstaune vor mir selbst, aber fragen Sie nicht, ob dieser Anschein von Ruhe eine wahre Beruhigung ist. Nein, jene Seufzer, jene Sie zurückrufenden Wünsche mit Thränen vermischt waren mir viel zu süß, als daß ich Ihnen for die Bemühung danken sollte, mit der Sie auch den letzten Funken auszulöschen vermochten. Ist es wahr, mein betrügerisches Herz, daß er ausgelöscht ist? Was regt sich in Dir, indem diese verwegene Hand schreibt? Kehren Sie sich an nichts, mein bester Freund; dies war eine von den Aufsträubungen einer unterliegenden Liebe, aber ich fürchte nur gar zu sehr, daß mit ihr zugleich alle Begeisterung dahinstirbt, sie war vielleicht meine Muse: ja sie war es. Ich werde versuchen, ob mir noch ohne sie ein Lied gelingt. Ich will mir mit der stärksten Stimme einer lebendigen Erkenntlichkeit alles vorsagen, was Gleim für mich tat, was er getan hat und noch zu tun willens ist, ich will sein großes, sein freundschaftsvolles Herz, seine fürtreffliche Seele, seine unveränderliche Redlichkeit, alles will ich denken. Er verdient die Freundschaft einer Königin, werd ich sagen, aber er hörte hundert Lieder, die ihm mein Herz sang mit dem Ohr des Verstandes. Ich bin stolz darauf, daß ich ihm gesungen habe, aber ich fühle, daß kein einziges Scherz gewesen ist, und er wird doch die Welt davon überzeugen. Das mag er tun, ich kann es nicht, so wenig als ich nun noch von Liebe zu singen vermögend bin. Die lächerliche Liebe! Nicht wahr mein liebster Freund, ich muß sie ausstoßen: härter muß ich gegen sie sein als der Patriarch gegen die unglückliche Magd seiner eifersüchtigen Gattin war. Sie bleiben aber doch mein erster Freund? Sagen Sie mein Theurer, bleiben Sie das nicht? Ich hoff es und das Bittgeschrey meines Herzens soll Sie daran erinnern.

Ich bin itzt in Gedanken bei Ihnen, Sie sitzen mit Gleminde und ihrem Bruder am Theetisch, Sie lesen meinen Brief und freuen sich über den großen Vorsatz, den Sappho hat, philosophisch zu werden... o ich entwand Ihnen manche Stunde, vergeben Sie's mir, mein liebster Freund, daß ich wider Ihren, ja sogar wider den Willen eines Gottes hinkam, stärker als ein Gott ist die Empfindung, mit der ich bin

Ihre getreue Freundin Sappho

Eva König und Gotthold Ephraim Lessing

Meine liebste Freundin! Wolfenbüttel, den 13. Jan. 1771

[...] Ich komme auf unser gemeinschaftliches Projekt, *glücklich* – wollte ich sagen, *reich* zu werden. Wahrlich, Sie sind, sehe ich, eine Frau, mit der man schlechterdings nichts verlieren kann. Wir sind wiederum, in der neunten Ziehung, mit einer Nummer herausgekommen; wie Sie aus beigehendem Ziehungsscheine sehen werden. Nehmlich mit Nummer 69. Ich habe auch schon dafür ein neues Billet auf die zehnte Ziehung genommen: nur ist mir leid, daß es schon ausgefertiget war, als ich Ihren letzten Brief erhielt, und Nummer 19. diesesmal noch nicht wieder an seine Stelle kommen können. Für Nummer 69. habe ich 77. genommen und unser Billet lautet nun zusammen, auf 7. 36. 45. 47. 77. [...] Ich bin meiner Sache so gewiß, daß ich Ihnen fast raten möchte, nicht eher von Wien abzureisen, als bis Sie meine Nachricht von der zehnten Ziehung erhalten haben. Denn es ist nur wegen des Entgegenkommens; und damit wir einander nicht fehl reisen [...]

Dero ergebenster Freund Lessing

Mein lieber Herr Lessing! Wien, den 26. Jenner 1771

[...] Mag sie bekommen wer da will, nicht wahr? wenn nur unsere fünf Nummern herauskommen. Und dieses wünsche ich bloß, um Sie zum Reisegefährten zu bekommen. Denn ich baue fest darauf, daß Sie Wort halten. Täten Sie es nicht: so wünsche ich zum voraus, daß alles verloren gehen möge! Denn so sehr ich das Geld brauche und nützen kann, so trägt es doch wenig zu meinem Vergnügen bei. Ich rede so ernsthaft über diese Sache, daß Sie fast vermuten können, als ob ich schon Rechnung auf die 60000 Rtl. machte. Sein Sie unbesorgt, ich erwarte sie so wenig, als ich glaube, daß es heute Gold regnen wird. [...]

Dero aufrichtigste Freundin E. G. König

Wolfenbüttel,
Meine liebste Freundin! den 12. Februar 1771

[...]In der zehnten Ziehung hat uns endlich der häßliche V[etter] ganz durchfallen lassen; und ob ich es gleich in der eilften Ziehung mit einer Kleinigkeit aufs neue versucht habe, wobei ich, um desto sicherer zu gehen, alle Ihre vorgeschriebene Nummern wieder nahm, so hat es doch auch da nicht glücken wollen; und am besten, wir geben alle weitere Versuche auf. Ich soll durch Glücksfälle eben so wenig reich werden, als Sie, meine liebe Freundin: und wenn ich es recht überlege, so ist diese Art, reich zu werden, auch weder Ihrer noch meiner würdig. Ich mag sie nicht, sagte der Fuchs; und was tut das, wenn seine Entschließung auch nur daher kam, daß er sie nicht haben konnte? [...]

Dero ergebenster Freund Lessing

Wien,
Mein lieber Herr Lessing! den 15. Februar 1771

[...] Ihre Nachricht wegen des Lotto brauche ich nicht abzuwarten. Ich weiß schon, daß es ganz garstig für uns abgelaufen ist, und daß also aus dem Entgegenkommen nichts wird. Bis ich zwar nach Heidelberg komme, können Sie noch einigemal die 60000 Rtl. gewinnen. Denn ich halte mich in München, Augsburg und Nürnberg auf. Wenn es geschieht, so überraschen Sie mich nur nicht, sondern schreiben Sie es mir vorher. Ein so großes Vergnügen möchte ich nicht ertragen können, denn ich bin des Vergnügens entwöhnt. [...]

Dero Freundin E. C. König

Wolfenbüttel,
Meine liebste Madame! den 5. März 1771

[...] Aus meinem Letzten werden Sie sonst wohl gesehen haben, daß ich die Hoffnung aufgegeben, Ihnen entgegen zu kommen. Wenn es zwar wahr wäre, was man erzählt, daß vorige Woche der Teufel selbst, in höchsteigener Person, des Nachts in Hamburg die Lotterie gezogen habe; daß eine von den gezogenen Nummern einem Nachtwächter auf den Kopf gefallen, welcher darüber an dem Tode liege; daß sechs andere Teufel dabei die Deputierten vorgestellt, und mit feurigen Krausen auf dem Gerüste gesessen: wenn das alles wahr wäre, so hätte ich doch fast Lust, mein Heil noch einmal zu versuchen. Denn ohne Zweifel würde sich der dumme Teufel, der sonach die Direction von der Lotterie bekommen, einbilden, daß mir vieles Geld gar nichts nütze, daß ich nichts wie Böses damit stiften würde, und würde mir es also zuschanzen. Aber hätte ich es denn nur einmal; wäre jemals der Teufel betrogen worden, so sollte er es von mir werden! [...]

Dero ganz ergebenster Freund und Diener Lessing

Augsburg,

Mein lieber Herr Lessing! den 16. März 1771

[...] Aus Ihrem Entgegenkommen wird also nichts, weil das böse Lotto nicht hat vorspannen wollen. Ihnen gratuliere ich deswegen; Sie ersparen böse Wege und langweilige Gesellschaft. Ich arme Frau! verliere allein. Die bösen Wege muß ich machen, und vermisse zugleich die angenehmste Gesellschaft, um die ich gerne den stolzen Gedanken hätte fahren lassen, als ob die Art, durch das Lotto reich zu werden, meiner nicht würdig wäre. Es stehet mir so nicht an, daß Sie diesen Ausspruch getan haben. Denn ich denke, ehestens eine Quaterne zu gewinnen; und ich sage Ihnen zum Voraus, daß ich sie annehme, so gern ich auch in einer Reihe mit Ihnen bliebe. [...]

Dero ergebenste Freundin E. C. König

Mein lieber Freund! Hamburg, den 19. Mai 1771

Ich kann Ihnen wohl keinen größern Beweis geben, wie angenehm mir Ihre Briefe sind, als den, daß ich Ihnen denselben Posttag antworte. Heute zwar geschiehet es mit aus einem andern Grunde. Ich will meine Ehrlichkeit nicht auf die Probe setzen. Da ich ins Lotto auf

4. 8. 23. 31. 45.

für unsre gemeinschaftliche Rechnung gesetzt habe, und keine Post vor der Ziehung mehr abgehet, so möchte ich nachher verleitet werden, den Gewinnst für mich allein zu behalten. Dieses allein will ich mir vorbehalten, Sie sollen nicht wissen, wie viel wir gewinnen können, bis ich Ihnen die baren Louisd'or einschicke. [...]

Dero aufrichtige Freundin E. C. König

Meine liebste Freundin! Braunschweig, den 22. Aug. 1771

[...] In einer Stunde soll ich noch nach Vechelde zu dem Herzog Ferdinand. Ich schreibe dieses aber in Braunschweig, wo ich gestern der ersten Ziehung des Lotto beigewohnet habe. Und wissen Sie schon, daß wir auf unser Billet, das Sie mir aus Wien übermacht, eine Ambe gewonnen haben? Nehmlich auf 69 und 47. Schade nur, daß ich sie so lumpicht besetzt. Indes ist doch auch diese Kleinigkeit gut, den Spaß wieder eine Weile mit ansehen zu können.

Leben Sie recht wohl, meine liebste Freundin. Sie glauben nicht, wie sehr ich mich auf Sie freue.

Dero ganz ergebenster Lessing

Mein lieber Freund! Hamburg, den 17. Jan. 1772

Man hat mich bis eben vor Abgang der Post aufgehalten. Unterdessen muß ich Ihnen doch heute sagen, wäre es auch nur mit wenig Worten, daß ich unser Glück noch einmal auf die Probe gestellt, doch leider! mit allzu wenig. Denn der ganze Gewinn von Ihrer Seite beträgt nicht mehr, als was ich von Ihnen zu fordern hatte, die Paar Dukaten, so ich Ihnen hier gegeben, und die Rechnung, so hierbei folget.

Leben Sie wohl, bester Freund! Ich bin

Dero ergebenste E. C. König

Meine Liebe! Wolfenbüttel, den 23. Jan. 1772

[...] den Augenblick erhalte ich Ihr Letztes vom 17ten, das nach Wolfenbüttel gekommen, als ich noch nicht da war, und wieder nach Braunschweig geschickt worden, als ich eben von da weg war.

Auf dieses, meine Liebe, habe ich Ihnen nur wenig zu antworten.

Ich halte Sie für eine recht ehrliche Frau: aber dasmal denke ich doch, daß Sie mit Betrug umgehen, und daß Sie, nicht etwa mehr, sondern ganz und gar nichts in der Lotterie gewonnen haben. Gestehn Sie mir die Wahrheit! [...]

ganz der Ihrige L.

Meine Liebe! Braunschweig, den 31. Januar 1772

[...] Wovon ich Ihnen nichts weiter schreiben sollen, davon schreibe ich Ihnen auch nichts weiter. Um Verzeihung habe ich Sie in meinem Herzen auch gebeten. Aber das Spiel möchte ich doch kennen, in welchem Sie mit mir in Compagnie spielen könnten, wenn es nicht das Lotto wäre! – Leben Sie nochmals wohl. Ihre Familie ist doch auch recht wohl und munter? Ich bin auf immer

ganz der Ihrige L.

Fromet Mendelssohn
an Moses Mendelssohn

[Berlin, Juli 1773]

Mit diesen Brief kannst Du zufrieden sein. Da steht unser Brendel* leb und quält mich ich solle ihr auch lassen darunter schreiben, sie will an ihr Papa ein ab[?]schreiben. Ein Compliment *ha-kozin* R. Secharja. Ich werde *im jirze ha-Schem* ihm müntlich für seine freundschaftlich Bemüung danken, die er für Dir mein bester Mausche gehat hat, an Herr Eberhard mein Gruß, und wann Herr Lessing sich vom eine Frau grüßen laßt, so wirdt Du nit ermangeln ihm ein Compliment von meinetwegen zu machen.

Leb wol mein bester Mausche leb lang, wie Du siehst fehlt es mir nit an Gesellschaft aber ich ver-sicher Dir wann Du nit da bist, is mir das all's leer! Wenn es Dir nur die Hälfte so schwer an-kommen möchte von mir zu sein, als es mir is von Dir zu sein so werden mir gewiß keine Stunde in unsren Leben uns verlassen. Ich wünsche mir die Tage ordentlich wek, wann ich auf-wache wollte ich daß es Nacht wär, und wann es Nacht is wünsche ich mir den Tag wieder. Die Zeit die vergnügt verbracht habe währender Deine Abreise, war wann ich Brief von Dir hatte, und dieses is nur erst zwei Mahl geschehen. Leb hertz-lich ver-gnügt bester Mausche und liebe

Deine Fromet

Deine liebe Kinder *gam hem* [auch sie] wünschen mit Sehnsucht Dich wieder-zu-sehen, und grüßen Dich freundlich, Madame Lea vermelt ihr Gruß.

* Die älteste Tochter, spätere Dorothea Veit-Schlegel

Maria von Herbert an Immanuel Kant

Großer Kant! August 1791

Zu Dir rufe ich, wie ein Gläubiger zu seinen Gott um Hilfe, um Trost oder um Bescheid zum Tod, hinlänglich waren mir Deine Gründe in Deinen Werken vor das künftige Sein, daher meine Zuflucht zu Dir, nur für dieses Leben fand ich nichts, gar nichts, was mir mein verlornes Gut ersetzen könnte, denn ich liebte einen Gegenstand, der in meiner Anschauung alles in sich faßte, so daß ich nur für ihn lebte. Er war mir ein Gegensatz für das übrige, denn alles andere schien mir ein Tand und alle Menschen waren für mich wie auch wirklich wie ein Gewasch ohne Inhalt. Nun diesen Gegenstand habe ich durch eine langwierige Lug [Lüge] beleidigt, die ich ihm jetzt entdeckte, doch war für meinen Charakter nichts Nachteiliges darin enthalten, denn ich habe kein Laster in meinem Leben zu verschweigen gehabt, doch die Lug allein war ihm genug, und seine Liebe verschwand. Er ist ein ehrlicher Mann, darum versagte er mir nicht Freundschaft und Treue, aber dasjenige innige Gefühl, welches ungerufen zueinander führte, ist nicht mehr. Oh, mein Herz springt in tausend Stücke; wenn ich nicht schon soviel von Ihnen gelesen hätte, so hätte ich mein Leben gewiß schon mit Gewalt geendet, so aber hält mich der Schluß zurück, den ich aus Ihrer Theorie ziehen mußte, daß ich nicht sterben soll wegen meinem quälenden Leben, sondern ich soll leben wegen meinem Dasein. Nun setzen Sie sich in meine Lage und geben Sie mir Trost oder Verdammung. Metaphysik der Sitten habe ich gelesen samt dem kategorischen Imperativ; es hilft mir nichts, meine Vernunft verläßt mich, wo ich sie am besten brauche. Eine Antwort, ich beschwöre Dich, oder Du kannst nach Deinem aufgesetzten Imperativ selbst nicht handeln. [Kants Antwort vgl. Anhang]

Susette Gontard an Friedrich Hölderlin

Ungefähr den 8ten [August 1799]

Wie schwer wird es wieder, das Stillschweigen zu brechen! – Und doch ist mir immer als könnt ich nur durch Schreiben Ruhe und Befriedigung finden; wie ist es mir so peinlich wenn ich oft tagelang herumgehe, ohne stille Zeit dazu zu finden; sollte ich mir vom Himmel nur einen Wunsch für meine jetzige Lage erbitten, wäre es sicher, nur jeden Tag, eine einzige mir ganz eigene Stunde, die ich dann von ganzem Herzen Dir mein Teurer, weihen wollte. Du glaubst es nicht, wie drückend es ist mit der ganzen Last der Empfindungen so verschlossen zu bleiben, und nicht einmal der Feder sie anvertrauen zu können. So irrte ich bis jetzt herum und hatte Dir so viel zu sagen. Ich muß Dir sprechen von dem letzten Mal da ich Dich sah! Denselben Morgen war ich unschlüssig ob ich, ohne Brief, zu Dir hinunter sollte oder nicht, ob ich nicht lieber Dich in der Täuschung lassen sollte, als wären wir noch nicht wieder gekommen, und Dich dann den nächsten Donnerstag erwarten sollte. Ich war sehr müde und abgespannt, und fürchtete sehr, dies möchte Dich irren, auf der andern Seite fürchtete ich, Du möchtest von unserer Zurückkunft hören, und es würde Dir mein Ausbleiben unerklärlich sein, ich wagte es also. Doch! wie beschreibe ich Dir die unnennbare Stimmung, in welche ich den Abend fiel? Ich glaubte im Blick Deine Gestalt in der Allee zu sehen. Warest Du es würklich? – oder nicht? –– Ich war nicht allein, Sömmerrings waren bei mir. Es traf mich wie ein Blitz, ich wurde warm, und kalt, und bald merkten die andern daß ich allein zu sein wünschte und gingen. Es kam mir nun vor als wärest Du es würklich gewesen und irgend eine Angst triebe Dich zu mir, Du müßtest zu mir, ich ging ans Fenster, und stand, mit unverwandtem Blick, es täuschte mich wieder, bald sah ich Dein Gesicht durch die Büsche, bald lehntest Du Dich an einen Baum und ducktest da hervor, ich erkannte das Spiel der Phantasie und beredete mich daß auch das vorige so gewesen. Der Schmerz ergriff nun mit kalter Hand mir das Herz und drohte es zu erdrücken, meine Gedanken erstarrten, es war als hätte

ich Dich umarmen wollen, und ein Schatten wärest Du geworden, dieser liebe Schatten hätte mich noch trösten können, und wie mein Sinn dieses forderte, wäre auch dieser mir verschwunden, und ein Nichts, wenn es denkbar wäre, geblieben.
Ich mußte mich aus diesem stummen Schmerz herausreißen, und nun kam aus der Tiefe meines Wesens ein Ächzen ein Gewinsel eine Flut von Tränen die sich lange drängten ohne daß ich sie stillen konnte und seitdem ist mir es immer so wunderbar schwermütig geblieben, und als hättest Du etwas gegen mich auf dem Herzen, und ich denke an nichts anders. Über die Erinnerung an meine Reise ist wie ein dunkler Flor gezogen, und ich werde Mühe haben, Dir etwas davon zu schreiben. O! Gott! erscheine mir nicht wieder so! O! zweifele nie an meiner Liebe! – Dir! Dir allein wird sie ewig bleiben. –––

Den 10ten [August 1799]

Mitten in dieser unbeschreiblich schwermütigen Stimmung wurde ich überrascht, ich schob sie auf mein plötzliches Alleinbleiben, nach einer langen angenehmen Zerstreuung, und die Entfernung meiner Geschwister; diese Stimmung sprach aber wohl zu wahr, und verriet einen andern Sinn, und weil meine Traurigkeit fortdauerte, kam es nach einigen Tagen zu näheren Erklärungen, man glaubte sich fest in den Gedanken bestärkt daß gewisse Verhältnisse fortdaurten, und besondere Veranlassung gegeben hätten. Ich hatte Mühe der Wahrheit so treu zu bleiben wie möglich, ich erfuhr indessen auch daß Dein erster Besuch im Hause kein Geheimnis geblieben, ich gab es zu, und sagte dabei, *hier* im Hause wärest Du nicht wieder gewesen und ich würde gewiß nie etwas tun was mir und dem Ganzen schaden könnte. Es lief auch alles ganz ruhig ab, und ließ keine üble Wirkung zurück. Nun muß ich Dir aber gestehen daß mich die Zukunft ängstigt. Ich finde keinen Ausweg, und ohne Dich kann ich nichts ausmachen. Können wir künftig, wenn ich wieder in der Stadt bin, leben ohne voneinander zu hören? –– Wenn ich das Opfer bringe, werde ich jemals um Dich ruhig werden? werden nicht tausend Hirngespinste mich eben so sehr quälen als andere Unruhen? – und wird nicht auch, wenn ich gar nichts tue, doch *derselbe Verdacht* auf

mich ruhn, und ich eben darum auch ohne Entschädigung leiden müssen.
Ich verirre mich in meinen Gedanken, darum sage mir was Du denkest, und laß nicht die schwere Last der Entscheidung auf mich allein ruhn; was Du gut findest, ist auch mein Wille, und wenn Du auch glaubest daß es gut ist in der Würklichkeit eine gänzliche Scheidung zwischen uns zu machen, ich will Dich nicht darum verkennen, *die unsichtbaren Beziehungen dauren doch fort und das Leben ist kurz.* Mir wird kalt! – Weil es kurz ist, es verscherzen? –– O sage! Wo finden wir uns wieder? ––– Teure! geliebte Seele! ––– Wo finde ich Ruhe? ––– Laß mich strenge meine Pflicht erkennen und mich selbst vergessen, und wird sie noch so schwer, hilf sie mir ausführen, aber ich kenne sie noch nicht. Selbsterhaltung, ohne dies kann ich doch gar nichts, und mich selbst vergessen widerspricht sich mit diesem wohl, denn alles was ich gegen meine Liebe tun könnte, ist mir jetzt als würde es mich verderben, mich zerstören. Welch eine schwere Kunst ist die Liebe! wer kann sie verstehen? und wer muß ihr nicht folgen? ––– Nimm alle Deine Vernunft zusammen und sprich überzeugend mit mir, denn ich fühle es ist nötig, und wen kann ich sonst fragen als Dich meinen einzigen Freund.

Donnerstag Morgen [8. Mai 1800]

Wirst Du nun kommen! ––– Die ganze Gegend ist stumm, und leer, ohne Dich! und ich bin so voll Angst, wie werde ich die starken Dir entgegen wallenden Gefühle wieder in den Busen verschließen und bewahren? – wenn Du nicht kömmst! –––
Und wenn Du kömmst! ist es auch schwer das Gleichgewicht zu halten, und nicht zu lebendig zu fühlen. Versprich mir daß Du nicht zurückkommen, und ruhig wieder von hier gehen willst, denn wenn ich dies nicht weiß, komme ich in der größten Spannung und Unruhe bis morgen früh nicht vom Fenster, und am Ende müssen wir doch wieder ruhig werden, drum laß uns mit Zuversicht unsern Weg gehen und uns in unserm Schmerz noch glücklich fühlen und wünschen daß er lange lange noch für uns bleiben möge weil wir darin vollkommen edel fühlen und gestärkt
Leb wohl! Leb wohl! der Segen [unleserlich] sei mit Dir. –––

Karoline von Günderode an Friedrich Creuzer

Sonntags, 6. 10. 1805

Es ist sehr gut von Ihnen, daß Sie mir so bald geschrieben. Es ist mir jetzt auch in meinem Gemüte viel besser, obgleich ich die Lage sehr schlimm finde. Ich wünsche sehr, Sie möchten von Heidelberg weggehn können. Wenn der Krieg, wie doch wahrscheinlich ist, sich dorthin spielt, versprechen Sie mir, daß Sie alsdann das Möglichste dazu tun wollen. Denken Sie doch an Rußland und Ihre alten Pläne! Vergessen Sie nicht, den Tag zu bestimmen, wann Sie hierherkommen. Ist es abends spät, so kommen Sie den Vormittag um 10 Uhr zu mir; ist es aber den Vormittag, so kommen Sie um halb 3, das ist eigentlich die ruhigste Zeit. Sie können den Schwarz um 5 Uhr zu mir bestellen; zu 3 darf man desgleichen wohl unternehmen, 2 aber ist hier als eine gefährliche Zahl verrufen. An der Haustüre sagen Sie Ihren Namen und gehen gerade zu; treten Sie jedoch mit gesetzter Fassung ein. Der Zufall könnte wollen, daß gerade jemand bei mir wäre.

Der Freund hat mir gesagt, wenn dieser Krieg ihm und seinen Wünschen gefährlich werden sollte, so wollte er, Dir bewußt, Kleidung anziehen, entlaufen und bei Ihnen Bedienter werden. Wegjagen können Sie ihn doch nicht, und er wollte sich so fein verstellen, daß man ihn nicht erkennen sollte. Das wollte er Ihnen gelegentlich alles begreiflich machen. Wollen Sie ihn aber alsdann der öffentlichen Meinung wegen nicht aufnehmen, so wolle er den Tod suchen. Doch was brauche ich das zu schreiben? Bei allem, was er sagt, ist immer hauptsächlich zu merken, wie er Ihnen von ganzer Seele ergeben ist. Eifersüchtig ist er stets ein wenig und jetzt mehr als sonst. Es freut ihn daher sehr, wenn man beruhigt. Wenn Sie hierherkommen, will ich Ihnen noch mancherlei darüber sagen. Es wäre besser, Sie zögerten nicht so mit hierher Reisen. Savigny wird noch immer erwartet.

Gestern kam Savigny. Er war mir sehr freundlich. Ich habe vor einigen Tagen in einem Brief an ihn unser Verhältnis historisch auseinandergesetzt. Diesen Brief habe ich nicht weggeschickt, ich will ihn ihm heute geben. Es wird mir so nicht schwer, als wenn ich ihm alles erzählen müßte. Er bleibt noch heute und morgen und geht dann noch einige Wochen nach Trages. Savigny war sehr gut und teilnehmend gegen mich; nachdem er meinen Brief gelesen, sagte er, für die Sache könne er schlechterdings nichts tun, doch auch nichts dagegen. Das versprach er mir, es freute ihn, daß du Daub vertraut, den er für denjenigen hält, der am besten darüber urteilte. Mündlich mehr davon.

Komm bald und schreibe mir zuvor: Meine Seele ist düster. Wenn du mir wieder schreibst, so schreibe nur unbedeutende Sachen, aus denen man nichts schließen kann.

Einige Stellen Ihres Briefes haben mir ein schweres Nachdenken erregt. Ihre Freunde fürchten, ich sei Ihrer unwürdig. Wenn ich nicht zu leben wüßte, wie es Ihren Wünschen und Umständen gemäß ist, so wäre ich allerdings Ihrer unwürdig. Ob ich Willen und Fähigkeit dazu habe, wird gefragt. Ich weiß, daß ich ewig nur streben werde, so zu sein und zu handeln, wie es Ihnen lieb ist, wie es Ihrer innersten Natur geziemt, wie es Ihr äußeres und inneres Leben schön und sorgenfrei erhalten kann. Mehr weiß ich nicht zu antworten. Mein Leben möge mich rechtfertigen, nicht meine Worte. Daub kennt mich nicht, das sehe ich aus seinem Urteil von meiner Kühnheit, die ich mir wohl wünschen möchte. Die Rudolphi hat mich zweimal gesehen. Was sie von mir weiß, ist durch die Daub und Clemens, darüber kann ich mich nicht verteidigen. Sie wissen selber, wie das ist. Schwarz findet bedenklich, daß ich der neuen Philosophie anhange. Soll ich mich entschuldigen über das, was ich vortrefflich in mir finde? Ich verstehe nicht, in welchem Zusammenhang dies mit meinem gefürchteten Untalent, Sie zu beglücken, steht. Und doch: ich will ihm schreiben, wenn Sie es wünschen. Ich will alles tun, was Sie wollen, wenn nur Sie den Freund nicht verkennen. Haben Sie ihn, seit er Sie liebt, nicht gehorsam, demütig, Ihnen ergeben gefunden? Hat er etwas gegen Sie getan, das nur das kleinste Mißtrauen gegen ihn rechtfertigen könnte? Lassen Sie doch sein Leben reden, nicht Fremde, die es nicht verstehen. Meine Liebe können Sie doch nur allein verstehen, und jedes Urteil, das nicht von dieser ausgeht, ist falsch.

Wenn Sie hierher kommen, richten Sie es ein, daß es in Heidelberg niemand erfährt; es wäre nicht gut, wenn man es wüßte. Faber hat mir auch wieder geschrieben. Er empfiehlt mir noch dringender das Geheimnis, weil die Erhaltung meines Vermögens davon abhängt.

Pauline Wiesel an Prinz Louis Ferdinand

[1805]

Der Krieg – Du Krieger, Du Jäger, Du Musikus. So viel geht mich ab, Louis – und dann erst kömmt die Liebe. – Nein, Louis, erst die Liebe und dann das übrige – bei mich aber fällt keine Teilung vor, ich liebe nur Dich allein auf der Welt, Dich und Pauline, Du hast alles in mir getötet, ich weiß nicht, ob mich das glücklich machen soll, oder ob es nicht vielleicht besser wäre, es wäre anders. Nein, Louis, es kann nun mal nichts anders sein. Vergiß mich nicht, Dein Versprechen mit dem Bilde auch nicht, schreibe mich viel, doch nur wenn es Dich so zu Mute ist, um keinen andern Gedanken – nur immer, wenn Du willst, nicht meinetwegen, Louis. Lebe wohl, meine Gedanken folgen Dich, ich bin ewig bei Dich, könnte mein Geist es Dich nur auf irgend eine Art wissen machen! Jeden Deiner Leute beneide ich, die das Glück haben, Dich zu sehen. – Ach, Louis, warum dies ewige Entsagen in diesem Leben, in diesem kurzen Leben, warum bin ich nicht mit Dir! – Aus lauter Gründe, die alle tausendmal schwächer sind als meine Liebe zu Dir, als das Glück, was es mich machen würde, bei Dich in Deiner Nähe zu sein. – Ach, Louis, ich muß schließen, aber wahrhaftig recht traurig, recht bewegt. Alles ist anders, als man glaubt, als man denkt, ich bin so chikaniert von tausend Erbärmlichkeiten, und doch kann ich es nicht ändern – Louis, eine, eine Stunde nur küssen.

Schicke Geld, ich habe keinen Sou und bin alles schuldig. Ich bin die beide letzte Stationen selbst noch an die Alvensleben schuldig – wo soll ich es hernehmen, ich habe ja nicht mal ein

Stück zum Versetzen, die *beiden* Mädchen ziehen auf den 1. November. Da hilft keine Klugheit, kein Entsagen, kein Witz, keine Güte, nichts als Geld, oder solche Unannehmlichkeiten, die nicht zu überleben sind; ich habe nun seit meinem Hiersein noch keinen Groschen in die Hände gehabt, denn meiner Mutter kann ich es nicht sagen, denn es hilft mir zu nichts.
Meine Schals wollte ich verkaufen, aber man will mich nur für beide 50 Taler geben und sie haben beide über zweihundert gekostet – und dann noch jeden Monat nur 25, also das hilft mich nichts. Schreib mich nur, von wem ich es borgen soll, ich weiß keinen Menschen oder traue keinem, denn er möchte Dich dann nicht recht sein.
Lebe wohl, Louis, ich bin so verstimmt, Dich das sagen zu müssen, ewig in solcher infamen Lage ist terribel, meine Schuld ist es nicht.
Sei nicht böse auf Deine arme Pauline

Henriette Vogel an Heinrich von Kleist

Berlin, November 1811

Mein Heinrich, mein Süßtönender, mein Hyazinthenbeet, mein Wonnemeer, mein Morgen- und Abendrot, meine Äolsharfe, mein Tau, mein Friedensbogen, mein Schoßkindchen, mein liebstes Herz, meine Freude im Leid, meine Wiedergeburt, meine Freiheit, meine Fessel, mein Sabbath, mein Goldkelch, meine Luft, meine Wärme, mein Gedanke, mein teurer Sünder, mein Gewünschtes hier und jenseit, mein Augentrost, meine süßeste Sorge, meine schönste Tugend, mein Stolz, mein Beschützer, mein Gewissen, mein Wald, meine Herrlichkeit, mein Schwert und Helm, meine Großmut, meine rechte Hand, mein Paradies, meine Träne, meine Himmelsleiter, mein Johannes, mein Tasso, mein Ritter, mein Graf Wetter, mein zarter Page, mein Erzdichter, mein Kristall, mein Lebensquell, meine Rast, meine Trauerweide, mein Herr Schutz und Schirm, mein Hoffen und Harren, meine Träume, mein liebstes

Sternbild, mein Schmeichelkätzchen, meine sichre Burg, mein Glück, mein Tod, mein Herzensnärrchen, meine Einsamkeit, mein Schiff, mein schönes Tal, meine Belohnung, mein Werther, meine Lethe, meine Wiege, mein Weihrauch und Myrrhen, meine Stimme, mein Richter, mein Heiliger, mein lieblicher Träumer, meine Sehnsucht, meine Seele, meine Nerven, mein goldner Spiegel, mein Rubin, meine Syringsflöte, meine Dornenkrone, meine tausend Wunderwerke, mein Lehrer und mein Schüler, wie über alles Gedachte und zu Erdenkende lieb ich Dich.

Meine Seele sollst Du haben. Henriette

Mein Schatten am Mittag, mein Quell in der Wüste, meine geliebte Mutter, meine Religion, meine innre Musik, mein armer kranker Heinrich, mein zartes weißes Lämmchen, meine Himmelspforte. H.

Clara Wieck an Robert Schumann

Leipzig, den 15. August 1837

Nur ein einfaches »Ja« verlangen Sie? So ein kleines Wörtchen – so wichtig! Doch – sollte nicht ein Herz so voll unaussprechlicher Liebe, wie das meine, dies kleine Wörtchen von ganzer Seele aussprechen können? Ich tue es, und mein Innerstes flüstert es Ihnen ewig zu.

Die Schmerzen meines Herzens, die vielen Tränen, konnt ich das schildern – o nein! – Vielleicht will es das Schicksal, daß wir uns bald einmal sprechen und dann – Ihr Vorhaben scheint mir riskiert, doch ein liebend Herz achtet der Gefahren nicht viel. Also abermals sage ich *»Ja!«* Sollte Gott meinen achtzehnten Geburtstag zu einem Kummertag machen? O nein, das wäre doch zu grausam. Aber ich fühle längst, *»es muß werden«*, *nichts* in der Welt soll mich irre machen, und dem Vater werd ich zeigen, daß ein jugendliches [Herz] auch standhaft sein kann.

Ihre Clara sehr eilig

Annette von Droste-Hülshoff an Levin Schücking

[5. Mai 1842]

Guten Morgen, Levin! Ich habe schon zwei Stunden wachend gelegen und in einem fort an Dich gedacht; ach, ich denke immer an Dich, immer. Doch *punctum* davon, ich darf und will Dich nicht weich stimmen, muß mir auch selbst Courage machen und fühle wohl, daß ich mit dem ewigen Tränenweidensäuseln sowohl meine Bestimmung verfehlen als auch Deine Teilnahme am Ende verlieren würde; denn Du bist ein hochmütiges Tier und hast einen doch nur lieb, wenn man was Tüchtiges ist und leistet. Schreib mir nur oft, mein Talent steigt und stirbt mit Deiner Liebe; was ich werde, werde ich durch Dich und um Deinetwillen; sonst wäre es mir viel lieber und bequemer, mir innerlich allein etwas vorzudichten. Sobald ich diesen Brief geschlossen, geht's *con furore* ans Werk; ich bin wieder in der fruchtbaren Stimmung, wo die Gedanken und Bilder mir ordentlich gegen den Hirnschädel pochen und mit Gewalt ans Licht wollen, und denke Dir die Beiträge sehr bald schicken zu können, obwohl gewiß der Psalm wieder um zwei Drittel zu lang werden wird, die Du dann mit wahrer Chirurgenkälte amputierst. Mich dünkt, könnte ich Dich alle Tage nur zwei Minuten sehn – o Gott, nur einen Augenblick! – dann würde ich jetzt singen, daß die Lachse aus dem Bodensee sprängen und die Möwen sich mir auf die Schulter setzten! Wir haben doch ein Götterleben hier geführt, trotz Deiner periodischen Brummigkeit! Ob ich Dir bös bin? Ach Du gut Kind, was habe ich schon für bittere Tränen darüber geweint, daß ich Dir noch zuletzt so harte Dinge gesagt hatte! Und doch war viel Wahres darin. Aber mich vergißt Du doch nicht, was die Zeit auch daran ändern mag; wenn der eine Haken bricht, so hält der andre; Dein Mütterchen bleibe ich doch, und wenn ich auch noch vierzig Jahre lebe; nicht wahr, mein Junge? mein Schulte, mein kleines Pferdchen! Was hängen alles für Erinnerungen, die nie verlöschen können, an diesen Titeln! Notabene ich habe es jetzt so eingerichtet, daß meine Briefe mir direkt aus der Küche gebracht werden. Jetzt schreib, was Du willst!

Wenn es mir nicht ansteht, lasse ich es den Laßberg gar nicht erfahren, wenn ich einen Brief bekomme, und es ist schade, daß ich so bald fort muß; unsre Korrespondenz würde von jetzt an hier weit sicherer und bequemer gehen wie in Rüschhaus. Schreib mir, daß Du mich lieb hast; ich habe es so lange nicht ordentlich gehört und bin so hungrig darauf, Du dummes, nichtswürdiges kleines Pferd! [...]

Apenburg, den 24sten Juni 1843

Ihren Brief, liebster Levin, habe ich grade bei meiner Abreise empfangen, oder vielmehr auf der ersten Station, in Münster, habe ich gleich Elisen ganz und Schlüters größtenteils mitgeteilt und letztere in der Konfusion teilnehmender Verwunderung stehn lassen, um mich durch zwei regnichte Reisetage und nachher ein solches Volumen von Besuchen, Erzählen, sogar sehr ernsten Geschäften zu arbeiten, daß eben heute der erste freie Augenblick, und auch nur zufällig, eintritt, wo ich wenigstens den Anfang zu einer Antwort machen kann. Sie sind also Bräutigam, und zwar einer höchstwahrscheinlich sehr guten und ganz gewiß höchst liebenswürdigen Braut, die nach Ihrer Beschreibung wirklich grade das zu besitzen scheint, was zu Ihrem innern Glück und äußeren Wohle nottut, und wonach mein Auge lange ängstlich für Sie umhergesucht hat. Nun, Gott segne Sie und gebe Ihnen alles Glück, was Ihr Herz so reichlich verdient! Wenn meine Wünsche für Sie nur erfüllt werden, dann will ich auch nicht zanken, daß Sie meinen warmen, angstvollen Rat, wie gewöhnlich, mit aller Hochachtung beiseite geschoben und dem Schicksal den Handschuh gradezu ins Gesicht geworfen haben. Jetzt bittet Dein Mütterchen Dich aber noch einmal, und es ist die *letzte* Bitte, von deren Erfüllung noch vieles abhängen kann (nachher ist alles abgeschlossen, und was Dich Schweres treffen mag, muß hoffnungslos getragen werden): heurate nicht so leichtsinnig, wie Du Dich verlobt hast! Hat der Himmel es gnädig mit Dir gemacht, statt Deiner geprüft und gewählt und Dir in Luisen ein Kleinod gegeben, was Du wohl ahnden, aber durchaus noch nicht als echt erkennen konntest (bei Deiner Verlobung), so fordre ihn nicht zum zweiten Male heraus durch den Bau einer Häuslichkeit auf den armseligen lockern Triebsand bloß literarischer Erfolge. Sieh Freiligrath an! Du sagst, er sei glücklich; es mag sein; so viel weiß ich aber, daß er trotz seiner Pension, die Deiner Braut Vermögen ungefähr aufwiegt, und trotz seiner Kinderlosigkeit in sehr beengter Lage ist, und alles, was Dich an ihm stört, seine veränderte Stimmung sowie die bittre seiner Frau, sind ohne Zweifel teilweise, wo nicht ganz, Folgen derselben. Ach, Levin, mir sinkt unter dem Schreiben aller Mut, wenn ich selbst fühle, wie schwach meine Stimme unter dem Jubel des Glücks und der Leidenschaft an Dein Herz rühren wird. Wär' ich eine Millionärin, wie ich Deinetwegen, *einzig* Deinetwegen sehnlichst wünschte, so ließ ich Dich gewähren und wartete ruhig den Augenblick ab, wo der Sohn sich mit einem »*mea culpa*« in die immer offnen Arme seiner Mutter flüchtete; aber meine eigne Hilflosigkeit für den schlimmsten Fall macht mir das Herz zentnerschwer. Ich bitte Dich mit gefalteten Händen: suche festen Grund, ehe Du Dein Haus baust; vergegenwärtige Dir nur *einmal* recht lebhaft Deine frühere Lage, und doch hattest Du da für keine Familie zu sorgen. Ich mag nicht mehr darüber sagen, mein letzter Brief enthält alles, was sich darüber sagen läßt, und diesen hast Du wahrscheinlich schon verworfen oder mindestens gewiß vergessen, und so wird es diesem auch gehn, und ich finde mehr Trost in dem von Dir gerühmten praktischen Sinne Deiner lieben Braut, die von selbst meine Ansichten teilen muß, als daß ich hoffte, großen Eindruck auf Dich zu machen. Du wirst es natürlich finden, daß ich mich mit dem höchsten Interesse nach dem Gegenstande Deiner Wahl erkundigt habe, jedoch ohne jemand treffen zu können, der mehr von ihr kannte, als ihre Arbeiten im »Morgenblatt«; so bleiben außer Deinem Zeugnis, dem ich gern und freudig trauen will, ihre wenigen, aber gottlob höchst herzlichen und einfachen Zeilen an mich das einzige, was meiner Phantasie und den Hoffnungen für Deine Zukunft die Richtung gibt. Sag Luisen, daß ich ihr danke, daß ich sie schon jetzt herzlich liebe und das feste Vertrauen habe, sie immer mehr zu lieben, weil sie Dich immer glücklicher machen wird. Wann und wie uns das Schicksal zusammenführen wird, weiß Gott allein; aber der hoffentlich gegenseitige lebhafte Wunsch wird die Gelegenheit schon herbeizuführen wissen. Sag ihr, daß ich sehr viel an sie denke und ihr Bild mir so vertraut und lieb vor Augen steht, wie die vereinte Liebe eines Bräutigams und einer Mutter es nur malen können, und daß ich sie bitte, mir für das persönliche Zusammenfinden einen offnen Platz in ihrem Herzen zu bewahren, wie ich ihr mit aller Treue einen in dem meinigen bewahren werde. Du, Levin, mußt ihr bezeugen, daß dies keine leeren Worte sind, und wie wenig ich mich überall mit leeren Worten befasse. Und somit Gottes Segen über Euch beide! [...]

Emma Siegmund an Georg Herwegh

Berlin, den 28. November 1842

Es ist eine schöne Sache um die Hoffnung, mein lieber Georg; seit sieben Uhr bin ich ganz trunken in der Aussicht, daß jeden Augenblick ein Liebeszeichen von Dir zu mir hereinfliegen kann. Ich zähle wie Ingeborg jedweden Morgen und Abend, wann mein Geliebter endlich heimkehren wird, und kürze mir auf diese Art die Stunden ohne Dich. Am Sonntag waren hier viel Gäste, als aber die Stunde kam, in der ich vierzehn Tage zuvor Deine Braut geworden, habe ich mich auf mein kleines Zimmer geflüchtet, um recht allein, ganz allein mit Dir zu sein; unten hätten tausend Fragen mich doch fortwährend gestört. Ein Herr Mayet, von dem ich Dir schon erzählt, ein gesinnungsloser Bube, sagte mir an jenem Abend, ich solle mich sehr in acht nehmen, Bräute und junge Frauen wären ihm stets gefährlich gewesen, worauf meine Antwort: sollte die Braut eines Republikaners *Ihnen* gefährlich sein können, ich zweifle sehr, – mich seinen ferneren Unterhaltungsformeln entzog. Ich kann es Dir nicht beschreiben, wie diese preußischen Beamtenseelen mir verhaßt sind. Wenn der Himmel nicht gar so hoch wäre, möchten sie einen Schleier vor die Sonne ziehen, damit ihre Strahlen gemäßigt auf den ewig gebeugten Rücken fallen möchten. Ein starrer Aristokrat ist mir, wenn ich wählen muß, zehntausendmal lieber, als diese fahle Brut.
Nein, ich möchte Dich um alle Freuden der Welt nicht ruhiger

als Du bist; nur wo Bewegung ist Fortschritt, nur im fortwährenden Kämpfen Glück. Ich weiß, daß uns keine idyllische Zukunft winkt, ich weiß, daß unsere Charaktere sich noch arg aneinander reiben müssen, um ungehindert dieselbe Bahn zu verfolgen, aber diese Erkenntnis gibt mir Mut und Freudigkeit, statt Besorgnis. *Solchen* Mann habe ich mir gewünscht, nur solchen konnte ich lieben, – und liebe ich. Was liegt doch für ein Himmel in diesem Bewußtsein. Könnte ich es Dir doch recht aussprechen, was Du mir bist, und ich durch Dich. Lieber ein kurzes Leben, als ein langes behagliches. Die Behaglichkeit, das ist die Schmarotzerpflanze unserer Zeit. Alles muß abgewartet werden – die Freiheit auch. Wenn sie über Büchern sitzen, denken sie, daß ihnen dereinst als Belohnung für eifriges Studieren die Freiheit als Prämie gereicht werden wird. Wir wollen es anders machen, lieber Georg, die große und kleine Republik werden ihre Zeit treiben helfen, statt sich treiben zu lassen. Jeder Mensch sollte ein Flügel seiner Zeit werden, aber die meisten sind Blei. Ich glaube, ich fange an zu philosophieren, nimm's nicht übel, lieber Schatz, das helle Wetter und die liebe Aussicht auf Deinen Brief machen mich übermütig. Du bekommst heute auch einige Zeilen von mir, ich wollte nicht allein Freude haben und Dich auf eine sanfte Art zwingen, mein zu gedenken, trotz aller Zerstreuungen und Anregungen in Königsberg. Seit Du fort bist, hat sich ein Dr. Tropus aus Leipzig, Bekannter von Mosen und Dir – wie er sagt, bei uns eingeführt. Dich hat er erst am Tag Deiner Abreise mit Mosen besucht, ist also sicherlich einer der Quälgeister gewesen, die Dich an jenem Morgen so unwirsch gemacht. Er gehört, wie es scheint, den gemäßigst Liberalen an, treibt's mehr scheinbar als Handwerk, und wird, wenn's damit nicht geht, wohl mit der Zeit sich auf ein anderes Fach legen. – Diesen Eindruck hat er mir gemacht, ich kann mich freilich irren. Leb' wohl, mein Schatz, auf eine kleine Zeit, mein Roß erwartet mich und wiehert schon gewaltig im Stall, ich folge dem Rufe und lasse mich auf eine Stunde forttreiben. Wenn's doch bis zu Dir eilte, aber wer weiß, den Herren Jacoby u. a käme ich vermutlich sehr ungelegen – vielleicht auch Dir? Das letzte glaub' ich nicht, selbst wenn Du es mir einreden wolltest; würde denken, mein Schatz kennt sich selber nicht. – Hast mich lieb, mein Herzensjunge? Kannst mir's immer mal schreiben, werde nie überdrüssig der Wiederholung. Eben fliegt ein Kuß zu Dir, leider gar symbolisch, – fange ihn auf und bringe ihn mir wieder.

Jenny von Westphalen an Karl Marx

[Kreuznach, im März 1843]

Obgleich bei der letzten Konferenz der beiden Großmächte über einen gewissen Punkt nichts stipuliert worden, auch kein Vertrag über die Pflicht der Korrespondenzeröffnung geschlossen war, folglich kein äußeres Zwangsmittel existiert, so fühlt sich doch das kleine Schreiverchen mit seinen schienen Locken im Innersten gedrungen, den Reigen zu eröffnen, und zwar mit den Empfindungen der tiefsten, innigsten Liebe und Dankbarkeit gegen Dich, mein lieb, gut, einzig Herzensmännchen. Ich mein, Du wärst noch nie lieber und süßer und herziger gewesen, und doch war ich jedes Mal entzückt, als Du schiedest und hätte Dich immer wieder zurückhaben mögen, um Dir noch einmal zu sagen, wie lieb, wie ganz lieb ich Dich hab. Aber das letztemal ist doch Dein Siegesabgang; ich weiß gar nicht, wie lieb Du mir warst im tiefsten Herzen, als ich Dich nicht mehr leiblich sah und nur Dein einzig treu Bild mir so lebendig vor der Seele stand in all seiner Engelsmilde und Güte, Liebeshoheit und Geistesglanz. Wärst Du doch jetzt hier, mein lieb Karlchen; wieviel Empfänglichkeit für Glück würdest Du in Deinem Wackerchen, Deinem Vifchen antreffen, und solltest Du mit noch so schlechter Tendenz, noch so böswilligen Absichten herausrücken; ich würde doch keine reaktionären Maßregeln ergreifen; ich würde geduldig mein Haupt hinlegen, dem bösen Buben es preisgebend. »Was«, Wie? – Licht, was, wie, Licht. Denkst Du noch an unsre Zwielichtgespräche, unsre Winkpartien, unsre Schlummerstunden? Du lieb Herz, wie gut, wie lieb, wie nachsichtig, wie froh warst Du!

Wie steht Dein Bild so glänzend, siegesstark vor mir, wie sehnt sich mein Herz nach Deiner steten Gegenwart, wie bebt es Dir entgegen in Lust und Entzücken, wie folgt es Dir ängstlich auf allen Deinen Wegen nach. Zum Paßschritier, zum Merten in Gold, zum Papa Ruge, zum Pansa, überall begleit ich Dich hin und geh Dir vor und folg Dir nach. Könnt ich Dir doch die Wege all ebnen und glätten und alles wegräumen, was hindernd Dir entgegentreten sollte. Aber das ist nun einmal nicht unser Los, daß wir auch mit in des Schicksals Räder tatkräftig eingreifen sollten. Wir sind vom Sündenfall, von Madame Evas Verstoß her, zur Passivität verurteilt, unser Los ist das Warten, Hoffen, Dulden, Leiden. Höchstens wird uns der Strickstrumpf, die Nadel, der Schlüssel anvertraut, und was darüber, ist vom Übel; nur wenn es darauf ankommt, den Druckort der »Deutschen Jahrbücher« zu bestimmen, dann mischt sich ein weiblich Veto mit ein und spielt unsichtbar ein Hauptröllchen. Heut nacht hatt ich über Straßburg ein klein wenig Gedankensprecher. Sollte es Dir nicht die Heimkehr verwehren, wenn Du Deutschland so an Frankreich verrätst, und wär es nicht möglich, daß Dir die liberale Souveränität auch mal zum Bescheide gäbe: »Wandern Sie doch aus, oder vielmehr bleiben Sie doch fern, wenn es Ihnen in meinen Staaten nicht behagt.« Doch das alles ist, wie gesagt, Gedankensprecher, und Gevatter Ruge wird wohl wissen, was zu tun ist, besonders wenn so ein Privat-Putchen im Hintergrund lauert und mit einer Separat-Bittschrift herausrückt. Also die Sache ruhe in Vater Abrahams Schoß.

Heut morgen, als ich aufkramte, das Damenspiel wieder an Ort und Stelle brachte, die Zigarrenstummel auflas, den Aschenstaub wegfegte, die »Althäuschen« zu vernichten suchte, fiel mir beiliegendes Blatt in die Hand. Da hast Du den Freund Ludwig zerstückelt und ein Herzblatt hiergelassen. Bist Du im Lesen schon drüber hinaus, so hätt es noch Zeit gehabt; aber für den geehrten Herrn Buchbinder, im Fall eines Bandes, ist es doch dringend nötig. Da wär doch das ganz Werk verschimpfiert. Du hast gewiß noch mehr Blätter vertrödelt. Es wär doch Jammer und schad. Hüt doch die losen Blätter.

Nun muß ich Dir doch erzählen, was ich gleich, als Du weg warst, für Not und Malheur hatte. Einmal sah ich, daß Du Dein Näschen nicht versorgt und es Wind und Wetter und Luft und allen Wechselfällen des Geschicks preisgegeben hattest, ohne ein hülfreich Tuch mitzunehmen. Das machte mir primo arge Bedenken. Secundo kam der Barbier hereingetrippelt. Ich dachte großen Profit zu machen, fragte mit seltner Lieblichkeit, wieviel der Herr Doktor ihm schulde – die Antwort 7½ Sgr. Ich zog also schnell das Fazit im Kopf und 2½ Gr. waren gerettet. Münze hatt ich keine; ich gab ihm also in gutem Glauben, er werde wechseln – 8 Sgr. – Was tut der Halluck. Er bedankt sich, steckt das Ganze ein, meine 6 Pf. waren fort, und ich hatte das Nachsehn. Immer noch war ich drauf und dran, ihn zu mahnen, und verstand er meinen wehmütigen Blick nicht oder suchte die Mutter mich zu beschwichtigen – kurz und gut – die 6 Pf. waren dahin, dahin, wie alles Schöne dahingeht. Das war mal eine Täuschung!

Nun noch einen Toilettengegenstand. Ich war heut morgen aus und hab beim Kaufmann Wolf viele neue Spitzen gesehen. Kannst Du sie nicht wohlfeil bekommen oder sie durch jemand aussuchen lassen, so bitt ich Dich, lieb Herzchen, mir diesen Artikel zu überlassen. Überhaupt, Herzchen, wär's mir *wirklich jetzt lieber,* wenn Du nichts kauftest, Dein Geld für unterwegs spartest. Sieh, Herzchen, da bin ich bei Dir, und dann kaufen wir zusammen, und betriegt man uns dann, geschieht's doch in Compagnie – bitte, Herzchen, laß das Kaufen jetzt. Auch mit dem Blumengirlandchen. Ich fürcht, Du mußt zuviel geben, und zusammen auszusuchen, wär doch gar zu nett. Gehst Du von den Blumen nicht ab, so nimm sie in rosa. Das paßt am besten zu meinem grünen Kleid. Doch lieber wär mir's, Du ließest das ganze Geschäft. Gelt, Herz, es ist besser, Du tust das erst, wenn Du mein rechtskräftig altarwürdig Männchen bist. Und dann noch eins, ehe ich's vergeß. Forsch doch meinem letzten Brief nach. Es wär mir ärgerlich, wenn der in fremde Hände geriete. Seine Tendenz ist nicht grade sehr wohlmeinend, und seine Absichten sind grundlos böswillig. Haben sie Dich Ausreißerchen angebellt, als Du eingesprungen? Oder ließen sie Gnade für Recht ergehen? Ist Oppenheim retour und Claessen noch ein bißchen bies. Die Laffarge kommt, sobald als ich kann, nach. Hast Du E. schon den Hiobsbrief überantwortet? Sind die Paßmänner willig? Lieb Herz, das sind so die dehors Fragen, nun kommt's ans Herzchen mitten hinein. Hast Du Dich auf dem Dampfer gut gehalten, oder war wieder eine Madame Hermann an Bord. Du böser Schelm. Ich will Dir das mal vertreiben. Immer auf den Dampfschiffen. Dergl. Irrfahrten laß ich im contrat social, in unserm Heiratsakt, gleich mit Interdikt belegen, und werden solche Abnormitäten verbaliter bestraft. Ich laß alle Fälle spezifizieren und mit Bußen belegen und schaff ein zweites hochnotpeinliches Landrecht ähnliches Eherecht. Ich will Dich schon kriegen. Gestern abend war ich wieder todmüde, hab aber noch 1 Ei zugelegt. Also die Eßaktien stehn nicht ganz schlecht und sind wie die Düsseldorfer Aktien im Steigen begriffen. Wenn Du kommst, stehn sie hoffentlich al pari, und der Staat garantiert die Zinsen. Doch nun ade. Das Scheiden tut weh. Herzensweh. Leb wohl, lieb einzig, schwarz süß Heimelmännchen, was, wie! Ei du Schelmengesicht. Talatta, talatta, leb wohl, schreib bald, talatta, talatta.

Nikolaus Lenau an Sophie von Löwenthal

Liebe Sophie! Stuttgart, 16. Oktober 1844

Es ist ein Wunder geschehen heut früh um 8 Uhr. Alle Mittel Schellings halfen nichts, da nahm ich meinen Guarnerius heraus, spielte einen steirischen Landler, tanzte dazu selbst und stampfte wütend in den Boden, daß das Zimmer bebte. Sie werden das alles in Zeitungen lesen. Ich wurde heiß und beweglich, und, o Wunder! ich war gesund. Als Schelling kam, tanzt' ich ihm einen Walzer vor. Nicht einmal schwach war ich geblieben.

Adieu, Herzerl! Ihr Niembsch

Leider aber bin ich dann ausgegangen und hab' mich ein bißchen verdorben. Nun lieg' ich im Bett und schwach, aber alle eigentlichen Nervenzufälle sind gehoben durch meinen göttlichen Guarnerius. Nicht umsonst hab' ich ihn immer so geliebt. Lebt wohl alle! bald komm' ich nach Ischl, aber diesmal ernstlich.

Niembsch

Aus der Festigkeit meiner Hand ersehen Sie, wie gut mir's gut [!]. Diese Geigengeschichte wird durch ganz Europa gehen. Schelling war äußerst verblüfft, und er wird diese Tatsache in Journalen zur Sprache bringen. Das ist ein musikalisches Phantasiewunder, wie Sie aus der Allg. Ztg. sehen werden.

Auf Wiedersehen

Liebe Sophie! Stuttgart, den 18. Oktober 1844

Sie werden meiner Gesundheit wegen in großer Sorge sein. Vernehmen Sie zu Ihrer Beruhigung, daß ich mich heute so wohl fühle, daß ich meine Reise nach Ischl unternehme nach Tische.

Hohe Herrschaften waren so gnädig, meiner Lage, die allerdings eine der traurigsten ist, ihre Teilnahme zuzuwenden. Ich

führe das nicht aus eitler Eigenliebe, sondern zur Ehre der Prinzessin Marie und des Grafen von Neipperg an.
Ich beschwöre Sie, den gewissen Entschluß, falls ich sterben sollte, nicht auszuführen. Denken Sie an Ihre Kinder, an Ihren alten Vater, an mich und meine Ehre, meinen Namen, der bisher so rein gewesen. Leben Sie fort meinem Andenken, das, wenn Sie mich jemals geliebt haben, für Sie reizend genug sein wird, Sie im Leben zurückzuhalten. Endlich vergessen Sie nicht, daß Selbstmord das grauseste Verbrechen ist. Sie würden, wenn Sie das entsetzliche Vorhaben ausführten, nichts erreichen, als daß unsere Liebe nebst dem, daß sie eine unglückliche, vielleicht wie keine, war, auch eine beschmutzte und beschimpfte würde. Fassen Sie sich in jenem nicht wahrscheinlichen Falle mit der Größe der Seele, die Sie in andern erprobten.
Auf Wiedersehen hier und dort.

Ihr unwandelbar und tief geneigter
Nikolaus Lenau

Vergessen Sie meine Bitte nie!

Sophie von Löwenthal an Anton Xaver Schurz

Liebster bester Schurz! Wien, den 8. November 1844

[...] Niembsch ist eigentlich ein starker und gesunder Mann gewesen, solange ich ihn kenne. Ein solcher scheint *ein Bedürfnis* zu haben, welches einem Weibe unbekannt bleibt als solches. Niembsch lebte als Asket, seit wir uns liebten, und doch forderte seine Sinnlichkeit Befriedigung. Dieses unnatürliche Bekämpfen eines Triebes, der wahrscheinlich in jedem kräftigen Manne mächtig ist, mag großen Teil an der Verstimmung seiner Nerven gehabt haben. Wenn ihn Hofrat Zeller schonend auf dieses Thema bringt, wird er ihm ohne Zweifel die Wahrheit dieser Bemerkung bestätigen. Niembsch ist einer der reinsten und sittlichsten Menschen, und ich bin fest überzeugt, daß der Wunsch, der Natur, die er so heilig achtet, genugzutun, einen

großen Einfluß, ja den größten, auf seinen Entschluß, sich zu vermählen, hatte. Aus diesem Grunde mußte ich, da ich ihn wahrhaft liebe, seine Heirat für seine körperliche und geistige Gesundheit wünschen und wünsche sie noch. Meine Einwendungen gegen die Heirat waren *nur ökonomischer* Art. [...]
Was unsrc angebliche Verabredung betrifft, uns gegenseitig nicht zu überleben, so ist daran kein wahres Wort. Wenn zwei Menschen sich so nahe stehn wie Niembsch und ich, so ist der Wunsch, sich nicht zu überleben, wohl sehr natürlich, auch hätte der tiefe Gram über einen solchen Verlust wahrscheinlich ein baldiges Nachsterben wenigstens von meiner Seite zur Folge gehabt; ein Versprechen in dem Sinne wurde nie gegeben, die Möglichkeit und große Wahrscheinlichkeit wohl öfter besprochen. Meine unvorsichtige Äußerung, wenn ich einmal einen recht heitern Brief schreiben würde, werde ich dem Tode nahe sein, ist wahr; ich hätte sie nie getan, wenn ich ihre unseligen Folgen hätte ahnen können. Wir waren so gewöhnt, unser Glück jenseits des Grabes zu suchen, daß der Tod uns immer als der schöne Genius der Griechen erschien und wir seiner stets mit sehnsüchtiger Liebe gedachten. Erst die Heiratsgedanken müssen Niembsch den Tod zum Schrecken gemacht haben, denn in früheren Zeiten sprach er oft ganz ruhig, wie auch bei meiner Kränklichkeit die Vorstellung nahe lag, von meinem Tode. Noch in Lainz sagte ich zu ihm: Niembsch, das wäre wohl jetzt das Beste für vier Personen, und er schien kein großes Gewicht auf diese Äußerung zu legen.
Es war ein Zeichen von Krankheit, lieber Schurz! daß Niembsch meine Äußerung so hoch aufnahm. [...]

Fanny Lewald an Karl Gutzkow

Hamburg, den 17. Dezember 1847

Stahr hat mir vor zwei Tagen Ihren Brief gesendet, lieber Gutzkow! und ich eile, Ihnen womöglich noch von hier aus zu antworten, da ich morgen abreise. Werde ich nicht fertig, so ende ich den Brief später und sende ihn von unterwegs ab.

Sie sagen, es sei Ihnen Bedürfnis, vor Stahr, vor andern und vor mir nicht als unedel, als schwach zu erscheinen! Seien Sie ruhig über dies »vor andern« – solche Verwirrungen wie die, in welchen Sie und Therese [von Bacheracht] sich befinden, sind so trauriger Art, so verletzend und schmerzlich, daß ich niemand damit bekannt mache und selbst Stahr den Brief nicht zeige, den Sie mir geschrieben, weil er doch gar zu harte Anklagen gegen Therese enthält. Sie selbst können dies nicht wünschen, würden es bereuen. Stahr weiß, daß Ihr Verhältnis kein beglückendes für beide Teile ist, daß es dies bei der Art, in der es angelegt und in seinen spätern Bezügen fortgeführt wurde, nicht sein kann – daß die ganze Energie zweier willensstarker, in sich beruhender Menschen dazu gehörte, die Verwirrung zu lösen – aber seiner ganzen schönheitsvollen, sittlichen idealistischen Natur widerstreben solche Verwirrungen so sehr, daß er mich, falls ich ihm die Details geben wollte, bald bitten würde, sie ihm zu ersparen. Der Anblick des Seelenzerwürfnisses zweier Menschen, an denen man aufrichtigen Teil nimmt, ist zu schmerzlich.

Auch hätte ich bei Gott! mich nicht zum Vermittler aufgeworfen, hätte mich nicht die Gewalt des Augenblicks dazu gezwungen; und vollkommen fern liegt mir der Gedanke, Richter sein zu wollen zwischen Ihnen und Therese, um so mehr, als in solchen Verhältnissen die Schuld immer auf beiden Seiten ist, wenn schon oft genug sehr ungleich verteilt. Alles, was ich wünschen und bezwecken konnte, war, einen Ausweg zu finden aus Leiden, deren Ende für alle beide gleich wünschenswert ist, weil Sie beide Schaden nehmen an Ihrer Seele in dem unglückseligen Lügengewebe, in das Sie geraten sind.

Dieser Weg scheint mir leicht und stimmt so sehr mit manchen Ihrer Äußerungen überein, daß ich annehmen darf, Sie werden meine Vorschläge billigen, vorher aber erlauben Sie mir doch, manche Punkte gegen Sie zu erörtern, die ich als Schwester eines Advokaten eben punktweise, ohne allen rhetorischen Schmuck zu erwähnen gedenke. Sie fragen mich, »ob es mir denn so undenkbar, ein Verbrechen scheine, daß man für eine Frau erkalte, die man leidenschaftlich durch drei Jahre geliebt?« – Nein, lieber Gutzkow! denn Liebe läßt sich nicht erzwingen, nicht befehlen. Ich war seit Jahren in mir gewiß, daß Ihre Liebe für Therese erkaltet sei, und habe ihr dies in letzter Zeit oft und ernst gesagt. Therese hält sich dann schmerzvoll an ihr eigenes Gefühl, an die Beweise von Glück und Liebe, die sich in Ihren Briefen nach der vorjährigen Dresdner Reise aussprachen und die ich zum Teil gelesen habe. Mag nun in solchen Zeitpunkten der hinreißende Zauber von Theresens Liebe und Person Sie über das hinwegtragen, was Sie, nach Ihrem Briefe, in der Geliebten vermissen, mag es ein momentanes Aufflackern erlöschender Flamme sein – es ist gleich. Positiv haben Sie Therese für drei Jahre vollen Glückes zu danken; sie ist in Ihrem Leben sicher ein Glanzpunkt gewesen, Sie haben unsäglich viel Freude in ihrer Liebe gehabt – und Sie können nicht verlangen, daß Therese aufhört, Sie zu lieben, daß sie kalt wird, gleichgültig, entsagend, weil Sie es sind. Überlegen Sie es, Gutzkow! ob nicht jeder Mann von Ehre der Frau, die sich ihm unbeschützt durch die Überwachung bürgerlicher Gesetze, ohne Priestersegen und Eidschwüre ergibt, im Vertrauen auf seine Liebe, ob nicht ein Mann von Ehre zehnfach die Pflicht hat, in sich selbst der Wächter des Ehrengesetzes zu sein, das seiner Geliebten Achtung, Frieden, Glück *sichert,* wenn er auch kälter gegen sie wird, wenn ihre Reize auch schwinden – eben weil kein anderer Schutz, kein anderer Beistand für sie zu finden ist als die Ehre und die Großmut des Mannes, dem sie sich ergab. Die Moral der Gerichtshöfe ist das nicht – aber es ist das Urteil der wahren Ehre. Sehen Sie, wie die Welt urteilen wird über den Bruch der Sand und Chopins; wie man Liszt verdammt hat! – *Der* Mann, welcher eine Frau verläßt, in deren Liebe er einst Glück gefunden, wird ewig die öffentliche Meinung gegen sich haben, die Sie so hoch anschlagen. – Ich weiß es seit lange, daß Sie wünschen, mit Therese zu brechen, ich habe ihr dies gesagt; aber verlassen Sie sich darauf, man würde

Ihnen einen schweren Vorwurf daraus machen. Jeder würde sagen, daß man Theresens anbetende Liebe für Sie kennt: »Wie muß G. sie gequält haben, *wie* muß er sein, daß Th. es nicht mehr ertragen kann!« Das Mitleid ist immer auf der Seite der Frau, der Tadel auf der des Mannes. –
Sie fragen, *was* Th. Ihnen eigentlich geopfert, da ihr Ruf durch ihr Verhältnis zu Kosieski zerstört war? – Einmal hat dies Verhältnis Th.s Beständigkeit bewährt und dann kannten Sie es und liebten Th. trotzdem – es existierte also nicht für Sie oder war keine Schuld in Ihren Augen, kein Hindernis zu Ihrem Glücke. Sie selbst standen damals an der Spitze einer Sekte, wenn ich es so nennen darf, welche die freie Liebe, die Emanzipation von der hergebrachten Form als Gesetz, als Richtschnur proklamierte; auch Sie traf damals, gerecht oder nicht, das Verdammungsurteil der Menge, auch Ihr Ruf war zerstört. Tausend Frauen hätten den Anhänger des Jungen Deutschland voller Vorurteil gemieden, und Ihnen mußte Th. gerade idealisch erscheinen in ihrer Freiheit – oder die Doktrin, welche Sie jetzt als Irrtum bekennen, war Ihnen auch damals nicht ernst, war Unwahrheit. Sie, der Verfasser der Wally, *konnten* kein Vorurteil *in sich* zu besiegen haben gegen eine Frau, die ihrem Mann nicht treu war. Und der *Ruf!* Lieber Gutzkow! Freytag sagt es so schön in der Valentine: »Der Ruf einer Frau ist die Schutzwehr der Mittelmäßigkeit. Was ist das für ein Gut, das der Mund jedes Toren mir nehmen kann!«
Ihnen war Therese treu, Ihnen ist sie es mit einer wahrhaft jungfräulichen Reinheit und Hingebung. Es würde Sie rühren, sähen Sie, wie Th.s ganze Häuslichkeit, ihre ganzen Lebensgewohnheiten auf eine fast klösterliche innere Abgeschiedenheit basiert sind. Th. lebt merkwürdig allein, nur in Ihnen, nur für Sie – ich habe es in dem Grade nicht geglaubt, und es hat mich überrascht. Wollen Sie ihr diesen Kultus für die Liebe, für Sie, nicht mindestens als die Rehabilitation gelten lassen für das, was Sie grausam einen »zerstörten Ruf« nennen? Gewiß Gutzkow! Sie sind ungerecht, weil Sie nicht mehr lieben; hart, weil Sie kalt geworden sind – und gerade darum, weil dies Erkalten ein Unglück für Therese ist, müßten Sie versuchen, durch Achtung, durch Eingehen in alles, was sie zufriedenstellt, ihr den Verlust Ihrer Liebe weniger schwer zu machen.

Wissen Sie, was nach meiner Meinung Theresens Fehler ist? – Nicht das Übermaß im Fordern, sondern im Gewähren. Weil Th. auf jeden Ihrer Wünsche einging, weil sie ging, kam, wie Sie wollten, ist Ihnen ihr Kommen gleichgültig geworden. Ich habe sie oft davor gewarnt, ich tue es noch jetzt. Es gibt auch bei größter Liebc einen Grundsatz der Selbständigkeit, der Unabhängigkeit, des freien Wollens, den man behaupten muß. Dies hat Th. aus Liebe vergessen, und das büßt sie schwer.
Sie schelten sie eine Aristokratin, eine leidenschaftliche Frau, Sie sprechen von ihren Tendenzen à la Gräfin Hahn – Lieber Gutzkow! Hat es nie Ihrer Eitelkeit geschmeichelt, daß diese vornehme Aristokratin Ihnen gehörte, mit Glück tausend weibliche Dienste für Sie übernahm? Haben Sie sich nie an dem Zauber erfreut, der Th.s vornehme Persönlichkeit umgibt? Haben Sie nie ein beglückendes Gefühl des Triumphes gehabt, daß Sie, der Sohn des Volkes, sich diese prächtige Frau zu erobern gewußt, deren Gunst noch heute ein Gut ist, das hunderte erstreben würden, obgleich Sie Therese alt und auf der Rückkehr nennen? – Wie dürfen Sie ihr denn einen Vorwurf machen aus dem, was doch in anderer Beziehung Ihr Glück gemacht? Ist Ihnen manche Gewohnheit, mancher Anspruch an Beachtung störend, welchen Erziehung Th. zum Bedürfnis gemacht, so denken Sie ruhig, daß eben diese Erziehung Th. auch den anmutigen Reiz verliehen, der Sie fesselte.
Leidenschaftlich nennen Sie Therese – aber das würde jede Frau sein, die sich verlassen sieht und in tagelanger Einsamkeit auf eine flüchtige Stunde des Beisammenseins harrt; und was Sie von gekrallten Händen, von Messer und dergleichen sprachen, das sind doch Redensarten, an die ich weder glaube noch die Sie fürchten. Sie sagen, Therese *wolle* nicht unter ihrem wahren Namen nach Dresden kommen – ich aber habe Briefe gelesen, in denen Sie es ihr *verbieten,* aus Rücksicht für Ihre Verhältnisse. Sie gestatten es endlich, daß sie kommt, daß sie Sie wiedersieht, Sie sprechen selbst den Wunsch danach aus, aber nur im Verborgenen dürfe sie kommen. Wundert es Sie, wenn ein liebendes Weib zuletzt jedes Mittel ergreift, den Geliebten, und wäre es für Momente, wiederzusehen? Wundert es Sie, wenn dann die Situation über ihre, über jedes Menschen Kräfte geht und sie sich zu einer nervösen Exaltation geführt

sieht, die für alle beide gleich qualvoll wird? – Daß sie dieses Inkognito *verlangt*, daß Therese unter ihrem Namen auftreten wollte, weiß ich aus den Briefen; das können Sie nicht leugnen. Auch mit der Fälschung der Abschrift von dem Briefe Ihrer Frau tun Sie Therese unrecht. Ich habe den Brief Ihrer Frau in Händen, habe ihn Therese in den Tagen der schweren Krankheit fortgenommen, damit ihr Schmerz sich daran nicht immer neu aufstachle. Ich werde ihn bewahren, treu bewahren, bis Therese ruhiger ist. Das einzige Wort Zacken ist's, das geändert ist für Sachen. Der Unterschied ist nicht groß. Übrigens habe *ich* die Überzeugung, daß jener Brief, wenn nicht von Ihnen diktiert, so unter Ihrem Einflusse geschrieben ist; nur Thereses blinde Liebe kann es übersehen, daß er genau die Wendungen wiederholt, deren Sie selbst sich in dem ersten Briefe an mich, in den Briefen an Therese bedienten. Und *dieser* Brief bleibt, als Antwort auf den mildversöhnlichen von Th., eine beispielhafte Härte.

Sie sagen, Th. gewähre Ihnen geistig weniger, als Sie bedürfen; ihre Lust an literarischer Tätigkeit halte mit ihrem Talent nicht gleichen Schritt. Beides bedarf auch der Modifikation. Sie sagen, Th. sei ununterrichtet – aber warum kamen Sie ihr nicht zu Hilfe? Dies ist es, wo *Ihr* Fehler liegt. Therese bedarf geistiger Tätigkeit, geistiger Stütze, geistiger Anregung. Ich selbst halte sie für kein Talent ersten Ranges und bin seit Jahren vielleicht die Einzige gewesen, die ihr dies *liebevoll* gesagt hat. Um geistig schaffen zu können, fehlt Th. das eigentliche Talent der Gestaltung, der ruhige Blick, der sich über alle Klassen der Menschen verbreitet, und ein Fond realen Wissens, den man nicht entbehren kann. Th. kennt die Menschen nur aus ihrer Sphäre, und die ist treibhausartig erkünstelt. Aber Th. hat ein schönes Talent, eine anmutige Gabe für Schilderungen, sie kann *Fertiges* hübsch auseinanderlegen und schildern, die Reiseskizzen würden ihr Fach sein, wenn sie immer, wie nach Wien, allein gereist wäre und *für sich* gesehen hätte. Das Buch über Wien beweist es, es ist bei weitem das beste, was sie gemacht hat, weil es Fakta enthält, weil es Stoff hat. Alle Reisen mit Ihnen haben ihr nichts genützt, sie nicht gefördert, weil sie dabei nur an Sie, nicht an Beobachtungen gedacht hat. Weil Th. eines geistigen Haltes bedarf, hat ihr Mann ihr nie genügt – den

Sie übrigens mindestens so stiefväterlich betrachten wie Th. Ihre Frau – nach diesem Halte hat sie gestrebt, ihn endlich in Ihnen zu finden geglaubt. – Theresens erstes Buch schien Ihnen selbst bedeutend – was hat sie seitdem gelernt? Sie sagen, sie habe kein Talent für Romane. Warum gaben *Sie* es zu, daß sie Romane schrieb? Ich und Stahr haben Ihnen oft einen ernsten Vorwurf daraus gemacht, daß Sie so oberflächliche, innerlich haltlose Kompositionen wie Weltglück, Interlaken, Sigismund und endlich Alma drucken lassen, diese unbedeutende Variation der alten bezähmten Widerspenstigen; daß Sie Theresens zerfahrenen Stil duldeten. Das Publikum urteilt viel strenger über Th. als die Kritik – und Th. *hat* Talent. Sie müßten, wenn ich an das geistige Element Ihres Verhältnisses glauben soll, Th. anhalten zu gründlichem Studium unserer *guten* Literatur, Sie müßten den Liebesmut haben, der mir Th. gegenüber oft schwer fällt, ihr ihre Fehler, aber auch deren Beseitigung liebevoll zu zeigen, sie zu entwickeln, zu belehren und dadurch sich selbst die Möglichkeit der Gegenseitigkeit zu schaffen. Statt dessen haben Sie es zugegeben und auch herbeigeführt, daß sich Th. aus Liebe zu Ihnen in Kritiken, in das ganze widerwärtige Treiben der Journalistik warf, sich zersplitterte und verflachte, statt sich zu sammeln und zu erheben. Sie ernteten nichts, weil – Sie zu säen versäumt. Th. hat sich auch hier zu abhängig gemacht, wenigstens nach meinem Ermessen, da *ich* niemand von meinen Büchern spreche, nie einen Plan berate und *niemand, selbst Stahr nicht,* meine Bücher sieht, ehe sie ausgegeben werden, als mein Bruder, der das Manuskript durchsieht und seine Bemerkungen an den Rand schreibt, da ich keine Korrektur von andern leiden würde. Aber all diese Entgegnungen sind eigentlich nur Nebensache. Die Hauptsache ist: Wo liegt Hilfe? Allein im moralischen Mute von beiden Seiten, das habe ich Therese gesagt, das sage ich Ihnen. Therese kann sich keine Illusion darüber machen, daß Sie kälter für sie geworden sind. Sie hat geglaubt, Ihnen ein Lebensbedürfnis zu sein, es war dies ihr Glück; Sie sagen, Th. gehöre nicht zu Ihrem Lebensglück, ich muß es Ihnen glauben und will versuchen, die Arme an den Gedanken zu gewöhnen, daß sie Ihnen entbehrlich sei, daß Sie sich oft glücklicher fühlen werden ohne das Bewußtsein, durch Liebe an sie gebunden zu sein. Aber

halten Sie den Gedanken fest, Sie sind durch die Ehre an Therese ebenso fest gebunden als durch Gesetze an Ihre Frau. Geben Sie, da Sie behaupten, Therese nicht mehr zu lieben, wie sie wünscht, geben Sie ihr statt der Liebe mindestens die Ehre vor der Welt, daß Sie ihren Besitz als ein Glück, als ein Gut betrachten, auf das Sie stolz sind – und lieber Gutzkow! das ist es doch. Es gibt wohl nicht viel Frauen, die Theresens Vorzüge in sich vereinen – so viel Güte, so viel Verstand bei ihrer Schönheit und der Liebe für Sie.
Ich bin vollkommen Ihrer Meinung, die Sie mir in dem letzten Briefe ausdrücken, daß Therese öffentlich nach Dresden kommen sollte. Die Auszeichnung, welche sie erfahren wird, die glänzende Aufnahme in der Gesellschaft, die ihr nicht fehlen kann, wird Ihnen gut tun und Ihnen das geben, was Ihnen fehlt – Selbstvertrauen. Sie kümmern sich viel zu viel um das qu'en dira-t-on, Sie vergessen, daß man sich selbst Gesetze gibt, wenn man nur die eigenen Gesetze anerkennt, man auch sein eigener Richter wird und die andern zwingt, jene selbstgegebenen Gesetze zu achten. Ihnen fehlt das Goethesche Insichselbstberuhen, sowohl im Leben als in der Literatur, Sie würden freier, glücklicher sein, dächten Sie nie an das Urteil der Menschen. Therese hat diese Charakterstärke, ohne welche niemand bestehen kann, der in der Öffentlichkeit lebt wie wir.
Sie wird in Dresden, vielfach abgezogen, weniger auf Sie angewiesen sein, sie wird Ihnen Anregenderes zu bieten haben als jetzt aus ihrer Einsamkeit, Sie werden nicht, wie Sie es nennen, allein die geistigen Elemente zu bieten haben und statt einer gegenseitigen Spannung wird ein Friede über Sie beide kommen, ein Genügen, das auch Ihre Frau empfinden wird in Ihrer Stimmung. Ich habe Therese überredet, bald im Laufe des nächsten Sommers nach Dresden zu kommen, kann ich es, so begleite ich sie, wie ich ihr denn überhaupt treu zur Seite stehen will, bis diese Wirren sich ordnen zur Beruhigung für Sie beide. Literarisch soll sich Therese auf ihre eigenen Füße stellen, sich von Ihnen emanzipieren. Sie soll arbeiten, ohne mit Ihnen zu beraten, so gut sie vermag; jemand, der die Revision übernimmt, wird sich finden lassen. Ich denke an Heinrich Landesmann, der sehr zuverlässig ist. Therese hat mir das *fest* versprochen. Ich rechne darauf, daß sie es hält und daß Ihnen dadurch

die Freiheit wird, über deren Mangel Sie klagen und die Ihnen unentbehrlich ist. Therese wird Ihnen weniger schreiben und mehr für sich lernen, weil sie selbst fühlt, daß ihr dies fehlt. Sie muß in sich aufnehmen, denn sie ist erschöpft von dem ewigen Produzieren.

So sehr ich nun zu Dresden rate, so dringend bitte ich Sie, gehen Sie nicht nach Paris, da Therese *gezwungen* ist, sobald als möglich dorthin zu reisen. Vermeiden Sie es, sie auf Reisen zu treffen, um Ihrer Frau, um Ihret- und um Theresens willen. Sie müssen alle daran denken, Friede und Ruhe zu erzielen, denn Sie alle bewegen sich in einem solchen Gewebe von Widrigkeiten, daß Sie alle – wenn nicht materiell, so doch moralisch zugrunde gehen müssen. Sie sind ein Mann, seien Sie es in der Tat.

Im letzten Brief an Therese erwähnen Sie einer Unterhaltung mit Frau von Lüttichau über sie – das ist vernünftig und doch so einfach. Folgen Sie mir, gewinnen Sie den notwendigen Mut des »tel est mon plaisir«, sagen Sie: dies Verhältnis ist mir wert, wem es nicht gefällt, der mag mich meiden. Sie haben der Welt viel in sich zu bieten, mag sie dies erkaufen – und sie wird es – mit der Achtung, die sie vor Ihrer Neigung, vor Ihrem Willen hat. Es ist kaum ein Kampf zu nennen, den man Ihnen zumutet, denn die große Welt und die literarische fordert Ihr Festhalten an Therese als Ehrensache. Seit Jahren hat man Ihr Heimlichtun, Ihre Zurückhaltung unnütz und unklug gescholten und Ihnen verargt.

Ihrer Frau erwächst durch Theresens öffentliches Auftreten kaum ein Nachteil. Diese Kreise, in denen die beiden Frauen leben, sind so verschieden, daß eine Begegnung leicht zu vermeiden ist, und im übrigen können Sie denken, daß nach den letzten Vorgängen Therese nicht im entferntesten wünscht, Ihrer Frau zu begegnen, daß sie es auf jede Weise vermeiden würde. In allem übrigen, was Sie von Ihrer Frau erwähnen, von Ihrer Ehe, steht mir kein Urteil zu! Es ist ein Band, das ich heilig achte und für fest erachte; je mehr es Sie zufriedenstellt, je weniger es Sie drückt, um so besser. Nur vor der Schwäche möchte ich Sie warnen, der gegenseitigen Abneigung der beiden Frauen durch Entstellung, durch Tadel der Abwesenden zu schmeicheln. Ihre Liebe verliert für jede an Wert, wenn die

Nebenbuhlerin unbedeutend ist, und die Rolle, welche auf Sie zurückfällt, verkleinert Sie selbst, wo Sie stark dastehen sollten.
Gewiß, lieber Gutzkow! es kann besser werden, es kann Ruhe, Frieden, Klarheit in Ihr Dasein kommen, wenn Sie handeln, wie ein Mann von Ehre es gegen eine Frau muß, die ihn drei Jahre lang beglückte. Geben Sie statt Liebe Anerkennung – das ist das wenigste, was Th. fordern kann. Daß Sie leiden, daß Sie unglücklich sind, begreife ich, aber helfen Sie sich durch Mut und Wahrheit und retten Sie damit die Zukunft von drei Menschen. Ihr Gewissen wird ruhig werden, und daß Therese ihre Vorsätze halten wird, dafür glaube ich Ihnen bürgen zu können. Handeln Sie aber so. Theresens öffentliches Erscheinen in Dresden ist das Schwert, das den gordischen Knoten zerhaut. Sehen Sie gut zu, daß dies bald im Sommer geschieht, wenn Sie von Ihrer Ferienreise und Therese von Paris zurückkehrt, wo Sie sich ja – ich meine in Paris – leicht ausweichen können, wenn Therese es so bald als möglich verläßt und Sie etwas später hingehen.
Möchte der Brief Sie überzeugen, Ihnen gut tun – und Gott sei mit Ihnen.

Fanny Lewald

Paula Becker an Otto Modersohn

Berlin, den 8. Februar 1901

An meinem Geburtstage, Lieber, und Dein Bräutlein ist jetzt fünfundzwanzig Jahre alt.
Du Lieber, Du Meiner, Du Inbrünstig-Guter Du.
Da kam es über mich geströmt aus der Holzkiste und es überrieselte mich Liebe, Liebe und wieder wonnige Liebe. Du hast soviel Schönheit und Güte auf mich herabgestreut – und einen traurigen Brief. Das mußt Du nicht tun, Lieber, mußt nicht Dir Gedanken machen über eine Karte in großer Müdigkeit geschrieben. Ich bin der Stadt und des Kochens und der Menschen und dieser tausend Rücksichten müde und sehne mich

nach Freiheit, nach Luft und nach Menschen und sehne mich nach Dir. Aber ich will tapfer sein und nicht klagen. Nur glaube ich, länger als Februar werde ich es wohl hier nicht aushalten. Ist das Dir recht?
Dein Bildlein, Lieber, waren süße Klänge aus einer andern, aus Deiner und meiner Welt. Hier höre ich so viel Teppichklopfen und Türenschlagen und man stößt sich an vielen eckigen Kanten die Gliederchen wund. O, wenn ich erst wieder bei dem Rosenbusch und bei den beiden Menschen und bei den Blümelein und bei der Birke bin. Hier sind Mauern, Mauern, Mauern und schwülstige Renaissanceschnörkel, wohin man auch schaue. Da ist es eine Wohltat, an Dich zu denken in Deiner Einfachheit. Nein, Lieber, Du bist nicht kompliziert. Das weiß ich und wußt ich und werde ich wissen. Und ich danke Dir das. Ich weiß nicht, ob ich kompliziert bin. Und wenn ich es wäre, müßte ich wohl so sein. Und dann würde ich Kompliziertsein auch keinen Fehler nennen. (Wenn ich nun bei Dir wäre, dann würde ich Dir bei diesem letzten Satze ganz schnell meine stark ausgebildete Zungenspitze zeigen.) Aber so, so, so. Eben, ich muß bald wieder bei Dir sein, nicht wahr? Soll ich? Ich koche fünfmal die Woche und da lerne ich schnell. Und kann bald genug für uns beide kochen. Weißt Du, sonst kommst Du ins Spinnen und Sinnen und ich vergehe an Luftmangel. Nun, Clara Westhoff wird Dir ja bald von mir erzählen.
Ja, Dein Bild ist so schön, so sehr, sehr schön. Dies Birkengeriesel auf dem Abendhimmel und dieser Blumenfrieden. Ja, Lieber, so sieht es in meiner Heimat aus. –
Nun schreibe mir bald. Schreibe mir gleich. Heute, meinen Geburtstag werden wir draußen im Grunewald im Schnee verleben. Ich brauche einmal wieder Natur. Da machen wir uns gleich auf nach Schlachtensee. Dort steht das Haus leer, in dem ich zwei Winter gewohnt habe. Du weißt, bei der Tante und dem Onkel, die in Australien sind. Derselbe Onkel ist auch der norwegische Onkel. Fühlst Du wohl, daß ich bei Dir bin? Eigentlich immer bei Dir. Oder bei Dir in meinen schönsten Augenblicken. Immer, wenn ich etwas Schönes sehe, sehe ich es mit Bezug auf Dich. Und wenn ich Musik höre, ist mir, als ob Du um mich wärst und als ob ich Dich ahne. Sei innig umarmt.

Else Lasker-Schüler an Jethro Bithell

O, Du dear König, [um 1910]

nun kommt dein schönes Bild, ich glaubte, da Du es nicht schicktest, Du seist häßlich oder verwachsen und darum forderte ich es nur aus Dearheit. Du bist Wilhelm von Kevlaar oder Tristan; ich, nein, bin ja kein Tristan und nicht Isolde. Und die feine Ironie um den Mundwinkel und der Accent zwischen Schläfe und Wange. Aber Wange hört sich hier weichlich an und affektiert, die feinen Zeichen deines Gesichts sind ihre Stärken und ich lese deine Geschichte von der Haut. Ich bin nun nicht mehr arglos, ich glaube mein Federhalter wird schüchtern werden, nicht, da ich zu früh (3 Stunden etwa) den gestern Abend geschriebenen Brief, in den Kasten warf, ich fühle mich getroffen durch dein Gesicht, weil es noch zu allem so lieblich ist und ich muß mich in eine dunkle Grube setzen wie ein Aussätziger. Die sind arg und schuldlos vertrieben, aber man muß so gerecht sein, sich, wenn es notwendig ist, vertreiben zu können. Wenn ich die Marga wäre, so würde ich dich verkuppeln denn die Marga küßt sich mit den [unleserlich] herum, aber ich bemühe mich, sie nicht zu betasten oder zu betasten wie die Fransen eines Perserteppichs, weil sie so leicht zu vernichten sind und weil sie dann häßlich aussehen; und die Fransen, die aus einem herrlichen Gewebe wie Finger herabhängen, sind nicht zu verkuppeln und ich liebe sie, weil sie Mond und Sterne haben. Aber wenn Du hier bist und dir begegnet so eine Perserfeine, so heirate sie. Ich komme auf deine Hochzeit als Indianer oder Muselman verkleidet. Ich liebe das so sehr – jede Wirtin ließ mich zu dir herein, sie würde meinen Schmuck bewundern und das Gerassel an meinen Füßen. So dachte ichs mir. Was scheert mich die Stadt, ich käme zu Dir gereist. Und das wäre das Keuscheste auf der Welt für mich auch für dich, Knechte sind meiner unwürdig, Prinzen aber stelle ich in meinen Tempel oder auf Marmorbergen oder Rosenholzhügeln im Garten meines Palastes. Ich weiß wohl, du kannst nicht fassen, daß ich so sprechen kann, aber ich bin immer wie ein Vogel frei – nicht frei im Sinne der Frauenrechtlerinnen mit breitem Fußstampfen. Ich kenne keine Sünde, die ich betreten könne die mir paßte, es geht mir so wie Aschenbrödel, der nur ihr eigener Schuh paßt. Aber am eigenen Schuh ist das Goldleder trübe geworden, ich ging zu viel durch Staub und ich kann dein Zimmer nicht betreten, ich bringe Entsetzen vielleicht und mein Gewissen ist zerrissen von Kämpfen. Wir haben zu viel Gewissen, das hat nichts mit dem Sündenregister zu tun. Du hast aber ein unbestaubtes. Wieviele Perlen und Saphire daran hängen, weiß ich nicht – meines ist besetzt voll Muscheln, es liegt noch halb im Meer oder in der Wüste. Ich kann die Tropfen nicht vom Sand unterscheiden. – Und wenn ich so deinen Brief wieder lese, ich lese ihn eben, so übersetze lieber nichts mehr von mir, ich meine es im Ernst ohne Margas Berechnung. (dies für den künstlerischen Wert des Buches nichts nachträgliches sagt) Ich möchte dich geliebt wissen auch vom Bürger, sonst muß ich ihn erwürgen. Ich könnte es heute Abend so schön, gleich gehe ich zum *Indianerfest* oder (Vögelfest) der Finkenschaft. Meine Nägel sind mit Hena gefärbt und meine Stirne habe ich *tätowiert* voll von Sternen. Rote Jacke Sammt, weißes Hemd, schwarze Hose mit Indianerfransen. 5 wilde Ketten, Federgurt, Federarmringe, Fußfederring. *Keule!* Ich bilde mir fest ein, du bist da. Ich werde dich unter jeder Larve suchen. Heute fallen 500 Mann, die du nicht sein wirst, da du sie nicht bist, durch meine Hand. Böse Sterne. Und hat der Verleger die Bücher nach Neuwied gesandt? Die Prinzessin schrieb, aber nicht vom Buch. Die Fürstin ist furchtbar in Anspruch genommen. Sie sind gewiß entzückt denn deine Dichtungen sagt Dehmel sind besser als unsere Gedichte und ich werde Dehmel morgen schreiben, er muß über dein Buch schreiben sofort. Ich sende dir mein Indianerbild und die *Essays* lasse ich dir senden. Vielleicht gefallen sie dir. Ich bin wirklich ein vollständig nobler Mensch, ich wollte ich dachte manchmal, daß ich so 4 Wochen auf deinem Schoß geschlafen hätte vor dir auf Knien wie eine Bibelgestalt und dann hätten wir uns in einem alten Tempel bigamieähnlich trauen lassen. Ich weiche doch darum nicht von meinem Gesetz; und die Gefängnisstrafe des Bürgers wäre mir mit dem Gedanken an den König von Manchester, dessen Herz ein weißer Burgunderbrunnen ist, die Askese aller Schwärmerei gewesen. Irgend ei-

nem Mundschenk hätte ich seinen Traum gedeutet und ein Pharao hätte auch einen Traum gehabt von sieben goldenen und sieben blassen Jahren. Alles geht wie in der Bibel. Ich bin bange aber, ich bin wahnsinnig krank und verloren.
Wie soll ich nun schreiben? (denn du bist nun wirklich.) Ich küsse deine Augenlider – oder ich, eine Prinzessin, den Rand deiner Hand, deinen Rahmen. Du stehst im Rahmen für mich, ich sehe immer in dein mildes Angesicht, dein dichtendes Angesicht – ich schicke dir einen gläsernen Federhalter und mehr und zwar in diesen Tagen. Lieber boy! Deine Tino. (immer soll ein Stern zwischen uns sein wie in der Sage das Schwert. Heute ist er furchtbar beängstigend.)

Zweites Kapitel
Familienleben

Liselotte von der Pfalz an Frau von Harling

St. Cloud, 10. Oktober 1676

Ob ich zwar schon heute an ma tante einen großen brief geschrieben habe, welches einer von den ersten ist, so ich seider meinem kindbett schreibe, so will ich doch diese post nicht vorbeigehen lassen, ohne Euch zu danken vor alle guten wünsche, so Ihr mir sowohl als meinem neugeborenen kind tut. Was mich anbelangt, so hab ich mich, seider ich niederkommen bin, gott sei dank über die maßen wohl befunden und bis auf die stunde nicht die geringste inkommodität gehabt, obzwar die kindsnöten diesesmal viel härter gewesen als die zwei andere mal; bin zehn stunden lang in den großen schmerzen gewesen, welches mich, um die wahrheit zu sagen, deromaßen abgeschreckt hat, daß ich gar nicht wünsche, eine orgelpfeife daher zu setzen, wie Ihr mir schreibt, denn sie kommen einem gar zu sauer an. Und wann sie denn nur noch leben blieben, dann wäre es noch eine sache, allein wann man sie sterben sieht, als wie ich das traurige exempel dies jahr experimentiert, dann ist wahrlich keine lust darbei. Was diesen meinen überbliebenen de Chartres, den ich Euch so manchmal wünsche, anbelangt, so ist er gott sei dank nunmehr in vollkommener gesundheit so wohl als sein schwesterchen, welche so fett ist wie eine gemäste gans und sehr groß vor ihr alter. Vergangenen montag seind sie beide getäufet worden und hat man ihnen Monsieurs und meinen namen geben, also daß der bub jetzt Philipp und das mädchen Elisabeth Charlotte heißt. Nun ist eine Liselotte mehr auf der welt; Gott gebe, daß sie nicht unglücklicher als ich sein möge, so wird sie sich wenig zu beklagen haben. Im übrigen aber so bin ich Euch auch sehr obligiert, daß Ihr sowohl als ich wünschet, meinen sohn bei Euch zu haben; ich glaube, daß wann ihn ma tante nun sehen sollte, würde er sie einen augenblick divertieren, denn er kann nun ganz reden und alleine gehen und den ganzen tag durch plaudert er einem den kopf so voll, daß man nicht weiß, wo man ist; er entreteniert immer den König und die Königin, wann sie herkommen.

Versailles, 11. Juni 1686

Ich weiß nicht, wo ma tante von Maubuisson aufgefischt hat, daß meine tochter schön soll sein, denn sie ist gar häßlich von gesicht, aber nicht übel geschaffen, also muß ma tante von Maubuisson sie nicht recht angesehen haben; verstand aber fehlt ihr nicht und wenn sie das glück haben könnte, Euer Liebden aufzuwarten, würde sie Euer Liebden divertieren, denn das maul ist ihr brav gelöst. Aber meines sohns figure ist besser anzusehen; er ist was seriöser als sein schwesterchen, aber all ebenwohl nicht melancholisch noch timide; es ist gar ein gut kind, docil und tut alles was man will; mein tochter ist nicht so docile, sondern viel mutwilliger, schlägt ihrem namen Liselotte nicht übel nach und wohl so eine dolle hummel als ich vor diesem war.

Versailles, 2. Februar 1698

Ich glaube gar gewiß, daß mein sohn mit dem dollen leben, das er führt, ganze nächte zu rasen und erst um acht morgens schlafen zu gehen, nicht lang wird leben können. Er sieht oft aus, als wenn man ihn aus dem grab gezogen hätte; man bringt ihn gar gewiß ums leben und sein herr vater will nichts dargegen sagen. Aber weilen, was ich auch hiervon sagen mag, zu nichts nicht hilft, so will ich nur davon still schweigen, muß nur das noch sagen, daß es wahrhaftig schad ist, daß man meinen sohn so in das luderleben steckt, denn wenn man ihn an etwas besseres und rechtschaffneres gewöhnt hätte, würde er ganz ein anderer mensch geworden sein. Er fehlt nicht von verstand, ist nicht ignorant und hatte von jugend auf alle inclination von was gut und löblich war und seinem stand zukommt, allein seit er sein eigener herr und meister geworden und sich nichtswürdige kerls an ihn gehängt haben und ihn mit so gar gemeinen huren met verlöff haben umgehen machen, ist er dermaßen geändert, daß man ihn nicht mehr kennt sowohl von gesicht als von humor, und bei so ein leben nimmt er nicht mehr lust in nichts; die lust zur musique, so eine passion war, ist auch nicht mehr vorhanden, summa: man hat ihn ganz unleidlich gemacht, und fürchte sehr, daß er endlich gar das leben drüber verlieren wird.

Maria Theresia
an ihre Tochter Marie Antoinette

21. April 1770

Verhaltungsvorschrift – jeden Monat zu lesen

Beim Aufwachen werden Sie sofort nach dem Aufstehen kniend Ihr Morgengebet verrichten und etwas Religiöses lesen, und sei es nur für eine halbe Viertelstunde, noch bevor Sie sich mit etwas anderem befaßt oder mit jemand gesprochen haben. Alles hängt von dem guten Beginn des Tages und der Verfassung ab, in der man ihn beginnt, was sogar gleichgültige Handlungen gut und verdienstvoll machen kann. Das ist ein Punkt, in dem Sie sehr genau sein müssen; seine Beachtung hängt nur von Ihnen ab und kann für Ihr Glück hienieden und im Jenseits bestimmend sein. Das gilt auch von den Abendgebeten und der Erforschung des Gewissens; doch wiederhole ich nochmals, daß die Morgengebete und die kurze religiöse Lektüre am wichtigsten sind. Sie werden mir immer mitteilen, welches Buch Sie zur Hand haben. Sie werden sich während des Tages so oft als möglich frommen Gedanken hingeben, besonders aber während der heiligen Messe. Ich hoffe, daß Sie sie jeden Tag mit Erbauung hören werden, und an Sonn- und Feiertagen sogar zweimal, sofern es an Ihrem Hofe Brauch ist. Wie sehr ich auch wünsche, daß Sie sich mit Gebet und guter Lektüre befassen, so wenig möchte ich, daß Sie etwas anderes einzuführen oder zu tun versuchen, als was in Frankreich Sitte ist; Sie sollen nichts Besonderes beanspruchen, weder anführen, was hier gebräuchlich ist, noch verlangen, daß man es nachahme; Sie sollen sich im Gegenteil unbedingt dem anpassen, was der Hof zu tun gewohnt ist. Gehen Sie nach Möglichkeit nachmittags und besonders jeden Sonntag zur Vesper und zur Abendandacht. Ich weiß nicht, ob es in Frankreich Brauch ist, den

Angelus zu läuten; doch geben Sie sich, wenn schon nicht öffentlich, so doch in Ihrem Herzen frommen Gedanken hin. Das gilt auch für den Abend, oder wenn Sie an einer Kirche oder einem Kreuz vorübergehen, ohne sich jedoch dabei irgendeiner anderen äußerlichen Handlung als dort üblich zu bedienen. Das hindert nicht, daß sich Ihr Geist konzentriere und innerlich Gebete verrichten kann, denn die Gegenwart Gottes ist hierfür bei allen Gelegenheiten die einzige Voraussetzung. Ihr unvergleichlicher Vater besaß diese Eigenschaft in vollendeter Weise. Seien Sie beim Betreten einer Kirche vom ersten Augenblick an von der höchsten Ehrfurcht erfüllt und geben Sie nicht Ihrer Neugierde nach, was nur Zerstreutheit zur Folge hat. Alle Augen werden auf Sie gerichtet sein, geben sie deshalb keinen Anlaß zu Ärgernis. In Frankreich ist man in den Kirchen und stets in der Öffentlichkeit sehr religiös; es gibt dort keine Gebetstühle wie bei uns, die zu bequem und oft Anlaß zu nachlässiger Haltung sind und Zwiegespräche erleichtern, was in Frankreich viel Ärgernis erregen würde. Solange Sie können, bleiben Sie auf den Knien; das wird die passendste Haltung sein, um als Beispiel zu dienen. Gestatten Sie sich keine unnatürliche Haltung; sie gibt den Anschein der Heuchelei; diesen Vorwurf muß man vor allem in diesem Lande vermeiden. Sie werden, wenn Ihr Beichtvater zustimmt, alle sechs Wochen, ebenso wie an den großen Festtagen und namentlich an den Marientagen zur Beichte und Kommunion gehen; vergessen Sie nicht während dieser Tage oder am Vortag die besondere Andacht Ihres Hauses für die Heilige Jungfrau, deren besonderer Schutz Ihrem Hause bei jeder Gelegenheit zuteil wurde. Lesen Sie kein Buch, selbst ein gleichgültiges nicht, ohne vorher von Ihrem Beichtvater die Zustimmung erlangt zu haben: das ist ein in Frankreich um so wichtigerer Umstand, weil man dort ununterbrochen Bücher voll Unterhaltung und Wissen verkauft, unter denen es jedoch unter diesem achtungsvollen Schein solche gibt, die für die Religion und die Sitten sehr schädlich sind. Ich beschwöre Sie also, meine Tochter, ohne Zustimmung Ihres Beichtvaters kein Buch und auch keine Broschüre zu lesen. Ich fordere von Ihnen, meine teuere Tochter, dieses echteste Zeichen Ihrer Liebe und Ihres Gehorsams gegenüber den Ratschlägen einer guten Mutter, die nur

Ihr Heil und Glück im Auge hat. Vergessen Sie niemals den Todestag Ihres seligen teueren Vaters und den meinen zu seiner Zeit: bis dahin können Sie an meinem Geburtstag für mich beten. Der Punkt betreffs der Jesuiten ist auch einer von denen, bei welchen Sie sich gänzlich einer Äußerung weder dafür noch dagegen enthalten sollen.

Besondere Verhaltungsvorschrift

Übernehmen Sie keine Empfehlung. Hören Sie auf niemanden, wenn Sie in Ruhe leben wollen. Seien Sie nicht neugierig; das ist ein Punkt, den ich besonders bei Ihnen befürchte. Vermeiden Sie jede Art von Vertraulichkeit mit kleinen Leuten. Fragen Sie in allen Fällen Herrn und Frau von Noailles, und verlangen Sie es sogar, was Sie tun sollen, da Sie Ausländerin sind und der Nation unbedingt gefallen wollen; verlangen Sie, daß sie Ihnen aufrichtig sagen, ob es irgend etwas in Ihrem Benehmen, in Ihren Reden oder in anderen Punkten zu korrigieren gibt. Antworten Sie jedermann freundlich, mit Anmut und Würde: wenn Sie wollen, vermögen Sie es. Man muß auch abzuschlagen verstehen. Sie werden für meine Länder und das Reich die Annahme von Petitionen nicht verweigern können; aber Sie werden Sie alle Starhemberg geben und jedermann an ihn oder an Schaffgotsch weisen, wenn der erstere verhindert wäre, und Sie werden jedermann sagen, daß Sie die Petitionen nach Wien schicken werden und mehr nicht tun können. Von Straßburg an werden Sie nichts mehr annehmen, ohne vorher Herrn und Frau Noailles um ihre Ansicht zu befragen; und an diese beiden werden Sie alle jene weisen, die Ihnen von ihren Angelegenheiten sprechen werden, wobei Sie ihnen ehrlich sagen werden, daß Sie selbst eine Ausländerin sind und es nicht übernehmen können, jemand dem König zu empfehlen. Wenn Sie wollen, können Sie, um die Sache energischer zu gestalten, hinzufügen: »Die Kaiserin, meine Mutter, hat mir ausdrücklich verboten, irgendeine Empfehlung zu übernehmen.« Schämen Sie sich nicht, jedermann um Rat zu fragen, und machen Sie nichts nach Ihrem eigenen Kopf. Es ist für Sie von großem Nutzen, daß Starhemberg mit Ihnen die Reise von Straßburg nach Compiègne machen wird. Er ist in Frankreich sehr beliebt und Ihnen sehr zugetan. Sie können ihm alles sagen und alles von seinen Ratschlägen erwarten; er wird überdies acht bis zehn Tage in Versailles bleiben. Sie können mir aufrichtig durch ihn schreiben. An jedem Monatsanfang werde ich von hier nach Paris einen Kurier absenden. Bis zu seiner Ankunft könnten Sie Ihre Briefe vorbereiten, um sie sofort mit ihm zurückgehen zu lassen. Mercy wird den Auftrag haben, zuerst seinen Kurier abzusenden. Sie können mir auch durch die Post schreiben, aber nur über unbedeutende Dinge, die jedermann wissen kann. Ich glaube nicht, daß Sie Ihrer Familie schreiben sollten, besondere Anlässe und den Kaiser ausgenommen, mit dem Sie sich über diesen Punkt einigen werden. Ferner glaube ich, daß Sie Ihrem Onkel und Ihrer Tante wie dem Prinzen Albert schreiben könnten. Die Königin von Neapel wünscht Ihre Korrespondenz; ich finde nichts dagegen einzuwenden. Sie wird Ihnen nur Vernünftiges und Nützliches sagen; ihr Beispiel soll Ihnen als Vorbild und zur Ermutigung dienen, denn ihre Situation war und ist im ganzen schwieriger als die Ihre. Durch ihre Klugheit und Nachgiebigkeit hat sie alle Widerwärtigkeiten, die groß gewesen sind, überwunden; sie ist mein Trost und wird allgemein geachtet: Sie können ihr also schreiben, doch fassen Sie es so, daß jedermann es lesen kann. Zerreißen Sie meine Briefe, was mir ermöglichen wird, Ihnen offener zu schreiben; ich werde dasselbe mit Ihren Briefen tun. Erwähnen Sie nichts über die hiesigen häuslichen Angelegenheiten; sie bestehen nur aus wenig interessanten und langweiligen Tatsachen. Über Ihre Familie sollen Sie wahrheitsgemäß und mit Zurückhaltung sprechen: trotzdem ich mit ihr oft nicht ganz zufrieden bin, werden Sie vielleicht finden, daß es anderswo noch schlimmer ist, daß es nicht nur hier Kindereien und Eifersüchteleien um Nichtigkeiten gibt, sondern daß sie anderwärts noch mehr zum Vorschein kommen. Es bleibt mir noch ein Punkt in bezug auf die Jesuiten zu erwähnen. Beteiligen Sie sich an keiner Diskussion, weder für noch gegen sie. Ich erlaube Ihnen, mich zu zitieren und zu sagen, daß ich von Ihnen verlangt habe, darüber weder im Guten noch im Schlechten zu sprechen: Sie können sagen, Sie wüßten, daß ich sie schätze, daß sie in meinen Ländern viel Gutes getan haben, daß es mir leid täte, sie zu verlieren, daß ich aber kein Hindernis in den Weg legen würde, wenn der Hof von Rom glaubt, diesen Orden auflösen zu müssen; schließlich, daß ich darüber immer mit Achtung sprach, aber sogar bei mir nicht gerne über diese unglückliche Angelegenheit sprechen hörte.

Charlotte von Medem an Elisabeth von Medem

Mitau d. 9. April 1771

Freundin meines Herzens, Vertraute meiner Seele! oder wüßte ich noch einen herzlicheren Namen, den die innigste Freundschaft giebt, so würde ich dich mit diesem nennen. Meine, ja meine liebste und mich liebende Lisette! Dein Brief hat mich innigst gerührt, und weder ich noch meine Stoltz konnten diesen Brief ohne Thränen lesen! Meine Lisette! Du wünschest, ich möchte den, den ich heiraten *soll* – mehr als meine Eltern, mehr als meine Freundinnen und mehr als den *Tanz* lieben, und bei diesem Wunsche, liebe Lisette, da finde ich Spuren deiner Thränen! Ich habe diese Spuren deiner Thränen so recht an mein Herz gedrückt, und auch ich mußte weinen, und Stolzchen weinte mit mir. Glaube mir, Freundin! alles wird gut gehn, und die Hochzeit ist erst in fünf Jahren. Bis dahin werde ich Herrn von der Recke mehr kennen lernen, und dann werde ich ihn auch mehr lieben. Das kann ich dir gewiß versichern, daß ich ihn, obzwar mir sein Gesicht und sein Körper nicht gefällt, dennoch lieber nähme, als den schönen Baron Rönne, denn Mama sagt mir, Recke soll einen vortrefflichen Charakter haben, und Rönne war so in seine schöne Figur, in seinen Verstand verliebt, daß ich ihn nur immer hätte bewundern müssen.

Du weißt es, liebe Lisette, wenn ein Freier kam, der reich war, wie alle meine Verwandten haben wollten, daß ich heirathen sollte. Geheirathet mußte nun werden, freilich hätte ich den alten Igelströhm genommen, der hat mir, als ich ein Kind war und von der Roppen gequält wurde, manches Gute gethan. Aber Mama wollte nicht, daß ihr hübsches 13jähriges Lottchen an die 74jährige Leiche, wie sie sagte, angebunden würde und verwesen solle. Von Brinck sagte man immer, er sei nicht reich genug – und wäre schwindsüchtig! liebste Lisette – nur dir und meiner Stoltz vertraue ich es: wäre Brinck nicht schon seit den ersten Tagen dieses Jahres ein Sterbender, dessen letzten Athemzug man stündlich erwartet, ich hätte es meinen guten Eltern dann nicht versprochen, Recke zu heirathen. Aber dann hätte ich einen andern heirathen müssen, und wer weiß, ob der ein so guter, ein so wohlthätiger Mensch als Recke gewesen wäre? ein anderer hätte vielleicht auch nicht fünf Jahre bis zur Hochzeit warten wollen.

Meine Lisette, sei also ruhig, und wenn man dir sagt, daß Rekkes Großvater schon ein schlechter Ehemann gewesen ist, der seine Frau bis zum Wahnsinn gemartert hat, daß Reckes Eltern sich gegenseitig unglücklich machten und daß sein Bruder seiner Frau übel begegnet, dann antworte – daß Mama durch Rekkes Vaterbruder glücklich war. Wenn man dir es wiederholt, daß die Männer in dieser Familie sehr ausschweifend sind und Mätressen haben, dann sage, daß es desto besser für mich ist, daß Recke einige 20 Jahre älter, als ich, ist. Sagt man, Recke sei nicht hübsch, er sei menschenscheu, er liebe nicht Gesellschaft, nicht Tanz, er würde also seine junge Frau einsperren – dann erwiedre, daß er seine junge Frau um so mehr lieben wird, wenn sie sich nach seinen Neigungen richtet. Dies zu thun, sobald die Hochzeit vorbei ist, habe ich fest in mir beschlossen. Doch hoffe ich, daß die Hochzeit noch fünf Jahre aufgeschoben werden soll. Du, meine Freundin, kannst also wegen meines künftigen Schicksals alle Furcht aus deinem mich liebenden Herzen verbannen und jedem, der meine theueren Eltern tadelt, gewiß versichern, daß diese mir Theueren mich nicht gezwungen haben. Alles, was die Zufriedenheit dieser guten Eltern vermehrt, dies zu thun gebietet mir mein Herz. – Auch werde ich durch meine Heirath nicht von meinen Eltern und meinem Geschwister getrennt, beide Güter meiner Eltern sind nahe bei Reckes Gütern. Auch von meiner guten Stoltz werde ich nicht getrennt sein, und ich hoffe, daß Recke es mir erlauben wird, wenn ich mich ganz nach seinen Neigungen richte, daß du, liebe, liebste Lisette, recht oft wirst in Neuenburg sein können. Von deinem würdigen Vater hoffe ich, er wird es aus Güte gegen mich vergessen, daß zwischen ihm und Recke Mißverständnisse waren, und meine Heirath wird mich nie von meiner lieben, liebsten Freundin entfernen. Habe du nur die Liebe für mich, allen Menschen zu versichern, daß meine liebreichen, meine guten Eltern mich nicht gezwungen haben und daß – so zuwider mir Recke vormals war, so schätzbar sei er mir jetzt, da ich so manchen schönen Zug seines Herzens erfahren habe. Meine liebe Stoltz will meiner noch lieberen Lisette, obzwar sie diese noch nicht persönlich kennt, selbst schreiben und diese um ihres schönen liebevollen Briefes an mich um ihre Freundschaft bitten. In 14 Tagen sind wir in Mitau; wie froh werde ich sein, wenn ich dich, edle Freundin, an mein Herz drücken kann.

Charlotte von Medem
[später: Elisa von der Recke]

an Mademoiselle Stoltz

Mitau, d. 23. April 1771

Ach! theure Freundin! meine Hochzeit soll schon im künftigen Monate sein! meine Großmutter will es, mein Bitten, mein Flehen half dagegen nichts. Und was das Ärgste ist, ich darf es nicht einmal zeigen, daß mein Herz mir blutet! meine guten Eltern versprachen es mir doch so fest, daß die Hochzeit erst in fünf Jahren sein soll. – Ich habe meine geliebte Mutter knieend gebeten, meine Beschützerin gegen den Willen meiner Großmutter zu sein. Nach 5 Jahren will ich Recke recht gern heirathen, aber jetzt – jetzt! – das ist schrecklich! Als Brinck um mich anhielt, da hieß es, ich sei zu jung, ich müßte noch vieles lernen, und erst nach meinem 20. Jahre würden meine Eltern mich verheirathen. »Mein Gott! warum wollen Sie denn jetzt ein pures Kind so schnell an Mann bringen?« dies letztere fragten die guten Eltern meiner Lisette Mama, und Mama sagte: »Ich bin nur die Stiefmutter; was der Vater, die Großmutter und die Mutterfreunde beschließen, das muß geschehen; sollte Recke aber meinem Lottchen zuwider geworden sein, weil Brinck noch nicht todt ist, oder weil ihr hier andre junge Herren besser gefallen, so kann ich die Heirath leicht auseinanderbringen, sobald ich Recken sage, daß meine Stieftochter keine Neigung für ihn hat; er ist ein viel zu edler Mann, als daß er sie dann nehmen sollte. Aber was werden Großmutter und Mutterfreunde für Lärm machen! Da wird es heißen: ich bin der Heirath mit Behr entgegen gewesen, ich habe mich der mit Rönne widersetzt, ich habe die mit Kettler auseinandergebracht! Doch aus Liebe zu meinem Lottchen will ich es gerne mit allen ihren Mutterfreunden aufnehmen; sollte aber auch diese Heirath zurückgehn, das wäre ein Nagel zum Sarge meines guten Mannes! Aber das verspreche ich Euch: hat mein Lottchen Abneigung gegen Recke, dann wird aus der Heirath dennoch nichts, und sollten auch alle darüber zu Grunde gehen.«

Lisette und ich hatten dies Gespräch im andern Zimmer gehört; nun wurde ich vorgerufen, und Mama sagte: »Hat dein Herz sich gegen Recke verändert, so vertraue es mir; fürchte dich nicht, daß man dich für wankelmüthig und kokett halten wird; es ist besser, mein Kind, daß man dies von dir denkt, als daß du dich und einen Mann, der dich liebt, unglücklich machst. Hast du einen Widerwillen gegen Recke?« – »Nein, liebste, beste Mutter; dies nur betrübt mich, daß die Hochzeit schon in diesem Jahre, sogar im künftigen Monate sein soll!« Ich konnte mich der Thränen nicht enthalten; meine gute Mutter küßte mich und versprach mir, ihr Mögliches zu thun, auf daß die Hochzeit ausgesetzt werde. Sie hat mir auch versprochen, recht viel in Neuenburg zu sein, falls es ihr nicht gelingt, die Hochzeit aufschieben zu können. Wir alle weinten herzlich.

Abends gegen 6 Uhr. Mama liest, und ich bin allein. Ach Stolzchen, wenn ich das alles so vorausgewußt und überdacht hätte, ich hätte mich, da Mama mir den Wunsch meines Vaters, Recke zu wählen, so dringend äußerte, zu ihren Füßen geworfen und würde sie gebeten haben, daß sie mir erlauben möge, Igelströhm zu heirathen, er ist ja auch reich; was thut's, daß er 74 Jahre alt ist, und was habe ich davon, daß ein Recke Heermeister gewesen und, wenn Gotthardt Kettler Komthur Recke nicht gefangen genommen hätte, *dieser* Herzog von Kurland geworden wäre und Recke jetzt Herzog sein würde. Mama

freut sich, daß da ein Heermeister Medem Mitau erbaut hat, nun eine Medemstochter die Reckenfamilie, die nahe am Erlöschen ist, emporheben würde. Um der Esserschen Güter und des Namens willen sollte ich Kettler heirathen, und nun muß ich wieder einen Namen und die Neuenburgschen Güter heirathen. Ja, wenn ich noch fünf Jahre hätte warten können, das wäre was anders – aber jetzt, liebe Stoltz, jetzt schon soll ich heirathen. Mama hat mich wieder vorgehabt und mich mit vieler Liebe gebeten, ich möchte doch keinen Widerwillen gegen die nahe Hochzeit äußern, dies würde Recke und meinen Vater betrüben, und alle Menschen würden mich für wankelmüthig halten und glauben, ich wäre von meinen Eltern gezwungen.
Gestern speiste der alte Igelströhm mit uns bei Großmama; er war so betrübt, er weinte fast darüber, daß ich einen andern heirathen werde. Hätte ich nicht gefürchtet, daß Mama böse sein würde, so hätte ich Igelströhm gesagt, daß, wenn meine Eltern und Recke es zufrieden sind, ich ihn lieber als Recke heirathen wolle, aber mein Stolzchen, das hätte Lärm gegeben, Mama und Großmama können den Gedanken nicht ertragen, daß ich an einen 74jährigen Mann verheirathet werden soll. Igelströhms selige Frau war freilich 15 Jahre älter, als ich, aber was thut das – Igelströhm that ihr alles zu Gefallen, er liebte sie sehr; mich würde er noch mehr lieben, denn ich würde gar nicht in der großen Welt leben – ich würde immer zu Hause sitzen, mit seiner Tochter um die Wette lernen, nur meine guten Eltern besuchen! Ach! wäre ich doch vor ein paar Monaten fest darauf bestanden, Igelströhm zu heirathen; aber jetzt, jetzt ist es zu spät! Nie hätte ich mich entschlossen, Recke zu heirathen, wenn meine Eltern es mir nicht so fest versprochen hätten, daß die Hochzeit erst nach fünf Jahren sein soll. Doch meine liebreiche Mutter hat mir versprochen, noch einmal zu versuchen, ob es möglich ist, Großmama dahin zu bringen, daß die Hochzeit noch auf ein Jahr ausgesetzt werde! Ach! – schon dies wäre Wohlthat für mich!
Abends nach 10. Ach! mein Stolzchen! was gab es für Lärm bei Großmama! – ich dachte, ich würde des Todes sein! – Man hieß mich eine verrückte Närrin, die durch alle Huldigungen der Männer einen Sparren zu viel im Kopfe hat, und was ich denn mit dem Aufschieben der Hochzeit wolle? ob ich denn noch

ein paar Dutzend Männer an der Nase herumzuführen dächte? Meine Tante Kleist und ihre Töchter, die Feindinnen meiner Kindheit, legten immer Holz zum Feuer, und da hieß es: da ich einmal mein Jawort gegeben habe, so müßte die Hochzeit beschleunigt werden; jeden Tag, der länger ausgesetzt würde – mache mich zur größeren Thörin. Jetzt müsse ich mich bei Zeiten von Hof, Stadt und allen großen Gesellschaften entwöhnen, um ganz Landfrau zu werden und für Recke zu passen. – Hierüber verzürnten sich Mama und Großmama so, daß ich schon zu hoffen anfing, die ganze Heirat werde sich zerschlagen, aber leider vereinigten sich beide darin, daß die Hochzeit in wenigen Wochen sein soll. Mama hofft, ihren künftigen Schwiegersohn Großmama zum Trotze zum Hof- und Weltmann zu machen, und Großmama hofft mich durch Anstiften der Kleistschen Familie, sobald ich Reckes Frau bin, dem Schauplatz der großen Welt zu entfernen. Meine Großmutter meint es bei allem Brausen gut mit mir, aber die Tante will mich nur an den Mann bringen, weil sie so eher für ihre Töchter, die meine Mutter sein könnten, Männer zu bekommen hofft. – Warum hat sich Recke nicht in eine von ihren Töchtern verliebt? – Dann würde ich nicht so geplagt sein.
Den 22. Apr. Mama hat meine Hochzeit leider zum 20. Mai festgesetzt und Recke geschrieben, daß ich an meinem 15. Geburtstage seine Frau sein soll, wenn er sogleich an Hof geht und den Winter in der Stadt zu leben verspricht; falls er beides nicht eingeht, so muß er noch fünf Jahre warten. Wie froh wäre ich, wenn er Mama ihr Verlangen ausschlüge! – Heute Abend ist bei Minister Simolin ein Ball für mich, Großmama ist über Mama ihren Brief an Recke und über den Ball gleich böse, und Mama verlangt, ich soll mich heute schön anputzen. Ach! ich möchte lieber weinen als tanzen.
D. 23. April: Mama schickt Welfert sogleich zu Papa nach Altautz, da will ich auch meinen Brief schnell schließen. Lassen Sie, theuere Freundin, sich ja nichts vom Inhalte meines Briefes merken. – Der Ball war mir peinlich – ich mußte heiter thun, und hätte weinen mögen! – Was mir sonst Freude machte, zerriß mein Herz. Oberjägermeister Grotthuß that, als wollte er von Sinnen darüber kommen, daß ich Braut sei, Rutenberg aus Ilsenberg dergleichen, kurz alle – alle stimmten in diesen Ton.

So viel ist gewiß: sobald ich Reckes Frau bin, so besuche ich keine Bälle, keine großen Gesellschaften mehr. Ich werde Ihnen, meine Freundin, schon sagen warum! Meine Lisette war so traurig, als ich, aber gegen diese Freundin stellte ich mich heiterer, als ich war. Brinck wird täglich schwächer, Matkewitz war heute zu ihm geschickt, um zu hören, wie er geschlafen hat, und da hat er ihn zu sich rufen lassen, hat viel nach mir gefragt. Er hat wissen wollen, ob ich gewachsen bin, ob ich gesund aussehe, und da Matkewitz gesagt hat, ich sei seit einigen Monaten größer und schöner geworden, so hat er gesagt, Matkewitz möge mich in seinem Namen bitten, daß ich recht oft in den Spiegel sehen und meine Seele so schön erhalten möge, als mein Körper ist, auf daß er sich dessen, wenn er mich im Himmel wieder fände, freuen könnte. Stolzchen, ich muß doch nicht so flatterhaft sein, als Tante Kleist es sagt, weil Brinck mit seiner Todesgestalt mir besser gefiel, als Rönne in voller Blüte der Schönheit! – Ach, ich wäre wahrlich nie mit Recke versprochen worden, wenn Brinck nicht schon seit dem November ein Sterbender gewesen wäre. – In vier Tagen drücke ich Sie wieder an mein Herz. Mitau ist mir jetzt verhaßt, und wenn ich meine liebe, liebste Lisette spreche, so ist mein Herz gepreßt. Ich wünschte, alle Welt glaubte, ich heirathe Recke gern. Nur gegen Sie will ich mein Herz ausschütten. Ich liebe Sie mit jedem Tage mehr. Grüßen Sie meine Schwester und meine Brüder von Ihrer treuesten Freundin

Charlotte von Medem

Karoline Jagemann an ihre Mutter

22. Dezember 1792

Es ist Sonntag, Frau Kriegsrätin und ihre Kinder sind in der Kirche, und ich wollte dasselbe tun; aber es predigt Herr Biton, eine dicke, rote, triefäugige sechzigjährige Maschine, und zwar von den Schmerzen beim Kindergebären und allerhand Sachen, wo jedermann, der Ehre im Leibe hat, sich ärgern und schämen muß. Und dann spricht er »vom Blute Jeesu Chrischti« zu seinen »liebschten Seeilen, in Chrischto vielgeliebeten Fereunden«, also blieb ich zu Hause und will mich mit meiner guten Mutter unterhalten. Sie schreiben mir, daß Ihr Einkommen durch den [Scheidungs-]Prozeß geschmälert wird; das tut mir leid, und ich wünschte nichts sehnlicher, als daß eine Partei nachgäbe. Ich merke, daß mein Vater auf seiner Forderung besteht, aber Sie bitte ich, geben Sie nach; jedermann wird Ihre Überwindung loben. Zudem glaube ich, daß mein Vater seines Sieges gewiß ist, und daß Sie Sorgen und Geld am Ende umsonst daransetzen. Enden Sie den Prozeß mit der Bedingung, daß [meine Schwester] Mariane gewisse Tage der Woche bei Ihnen verbringt; darauf geht man gewiß ein. Den Gedanken, meine Mariane zu mir nach Mannheim zu nehmen, nehmen Sie mir aus der Seele; seitdem ich engagiert bin, ist es einer meiner Lieblingswünsche, der auch über lang oder kurz erfüllt werden muß. [...]

Rebecca Claudius an Ernestine Voss

Liebe Voß! Wandsbeck d. 10. Sep. 1779

Grade den Tag, als ich an Sie schreiben wollte, um Ihrer Schwiegermutter den Brief mitzugeben, kam mein kleines Mädgen an, flink und rasch. Gott gebe Ihnen eine solche Entbindung und Wochenbett, als ich bis itzo habe, daß wünsche ich Ihnen von ganzer Seele. Die Nacht vom 1. aufn 2. Sep. hatte ich unbedeutende Schmerzen bis gegen Morgen, um 5 Uhr stand mein Mann auf, um mir Tee zu machen. Er glaubte, es sei Erkältung. Ich stand auch auf, fing an zu kramen, gegen 10 zeigte es sich, daß es bald ernst werden würde, da wurde die alte Harten geholt und mit dem Schlag 12 wars Mädgen da. Eine gute halb Stunde war ich nur auf dem Stuhl, die war freilich bitterlich sauer, aber Gott Lob daß sie so kurz war. Mein Mann mußte diesmal bei mir bleiben, weil noch niemand da war als meine Mutter, und die alte Heuers wurde erst geholt. Ein Jungen habe ich gar nicht vermutet, also mir auch nicht ge-

wundert, als wieder ein Mädgen kam. Ich habe herzlich einen gewünscht, bin aber doch recht fröhlich und danke Gott, daß es so ist, als es ist.
Es ist ein großes freundliches blauäugichtes Mädgen, hat langes Haar und mag gern saugen und pisst Mutter Heuers wohl 3 mal den Bund naß des Tags.
Haben Sie nur guten Mut, es geht mit Ihnen, wills Gott, eben so gut diesmal.
Madam Wilm geht auch in den letzten 3 Wochen. Die arme Mumsen, daß die wieder ein totes Mädgen hat, das ist doch recht traurig. Sie ist auch ganz mißvergnügt und melancolisch itzo. Ihren Kristian haben wir seit 12 Wochen bei uns, aber sie wird ihn wohl zu Michaelis wieder herein nehmen. Was sagte die arme Alberti, wie sie zu Ihnen kam? Es war ein gar trauriger Todesfall und ist mir in die Seele nahe gegangen. Ich habe sie noch nicht gesehen. Von Rachette einen Gruß. Er ist auf 10 Jahr Modell-Meister auf einer Porcelein Fabrik eine Meile von Petersburg geworden mit 1300 Rubel Gehalt und frei Haus und Holz und ein Gärtgen hinterm Hause, wo ein kleiner Bach durchfließt. Von Miller wissen wir nichts.
Daß mein Brief so schlecht geschrieben ist, nehmen Sie nicht übel. Ich liege ins Bett und der Kopf ist mir noch so hohl und die Augen tun mir weh und die Hand zittert. Ich wollte doch gern schreiben. Hernach möchte nichts daraus werden fürs erste. [...]
Gott stehe Ihnen bei, Liebe, und gebe Ihnen Mut und Kräfte.
Wir grüßen alle herzlich

Rebecca Claudius

Elisabeth Goethe an ihren Sohn

Lieber Sohn! den 19ten Jenner 1795

Den besten und schönsten Danck vor deinen Willhelm!* Das war einmahl wieder vor mich ein Gaudium! Ich fühlte mich 30 Jahre jünger – sahe dich und die andern Knaben 3 Treppen

* gemeint ist Goethes Wilhelm Meister

hoch die preparatoien zum Puppenspiel machen – sah wie die Elise Bethmann brügel vom ältesten Mors kriegte u. d. m. Könte ich dir meine Empfindungen so klahr darstellen – die ich empfand – du würdest froh und frölig seyn – deiner Mutter so einen vergnügten Tag gemacht zu haben – Auch die Romantzen die Reichart zum Glück vor mich in den Clavier sch[l]üßel gesetzt hat machten mir große Freude besonders was hör ich draußen vor dem Thor – was auf der Brücke schallen? die wird den gantzen Tag gesungen – also noch einmahl vielen Danck. Freund Stock war über deine Güte und Höfflichkeit sehr gerührt auch in seinem Nahmen dancke ich – Schlossern habe sein Exemplar so gleich überschickt – dem wird es auch wohlgethan haben. nun noch etwas vom äußern – was ist das vor herrlich Papier was vor vortrefliche Lettern!! das ließt sich mit Lust – Tausendt Danck daß du das herrliche Werck nicht mit Lateinischen Lettern hast drucken laßen – ich habe dir es schon einmahl geschrieben daß ichs nicht ausstehn kan. Jetzt von meinem Thun und laßen nur so viel, daß ich Gott Lob bey der entsetzlichen Kälte auser einem Cathar mich wohlbefinde – daß ich meinen Oberauditor nebst Ehegemahlin noch zur Einquartirung habe, daß es vor jetzt hir gantz ruhig ist /: versteht sich wegen der Frantzosen :/ denn sonst ist Lerm und Romur genug bey uns – die gantze Armme wird von hiraus versorgt 500 Wagen gehen beständig hin und her – mann weiß weder obs Sonn oder Werckeltag ist – Wenn nicht Friede wird, so fürchtet mann sehr aufs Frühjahr – Ich habe mich Gott sey Danck noch nie gefürchtet – und jetzt mag ich nicht anfangen – müßens abwarten – nehmen einstweilen die guten Tage mit – und grämen uns nicht vor der Zeit – Ein einziger Augenblick kan alles umgestalten... Lebe wohl! Küße den kleinen Augst – auch deinen Bettschatz von deiner

treuen Mutter
Goethe

Maria Kant an ihren Schwager Immanuel Kant

[Kurland]
16. Mai 1800

Wohlgeborner Herr
Insonders hochzuehrender Herr Professor
Verehrungswerter Herr Bruder!

Ich hielt es für meine Pflicht, Ew. Wohlgebornen schon vor vielen Wochen den erfolgten tödlichen Hintritt meines innig geliebten Gatten, Johann Heinrich Kant, weiland Predigers zu Alt- und Neurahden in Kurland, den am 22. Februar dieses Jahres der Tod mir und meinen unversorgten Kindern zu unser aller namenlosen Schmerz entriß, geziemend anzuzeigen. Zugleich war ich auch so dreist, im Vertrauen auf die dem wohlseligen von Ew. Wohlgebornen geschenkte brüderliche Gewogenheit mich und meine armen Kinder bei unsrer so zerrütteten und traurigen ökonomischen Lage Deroselben menschenfreundlichem Herzen zu empfehlen. Allein bis jetzt habe ich vergebens auf eine geneigte günstige Antwort von Denenselben gewartet und die Zukunft verdunkelt sich je mehr und mehr unsern tränenvollen Blicken. Daher wage ichs noch einmal, Ew. Wohlgebornen Mitleidsgefühl gegen die verlassene Familie Ihres seligen Bruders, der Dieselben so wie wir alle innig verehrte, in Ansprache zu nehmen. Mein letzter Brief hat Ew. Wohlgebornen eine getreue Darstellung unsrer Lage gegeben, die bei aller Ökonomie und Frugalität unsrer Lebensart, da besonders in den letzten Jahren die Einkünfte meines seligen Mannes sehr gering und die Ausgaben bei unser starken Haushaltung groß waren, traurig geworden, indem er nicht nur gar keinen Fond, von dem wir leben könnten, sondern noch dazu einige Schulden hinterlassen hat. Durch Veräußerung unsrer Wirtschaft hoffe ich zwar, die Schulden zu tilgen, allein wovon ich mit meinen drei unversorgten Kindern subsistieren soll, das weiß Gott, der Vater der Witwen und Waisen! Nochmals flehen wir daher Ew. Wohlgebornen menschenfreundliches Herz um einige Hilfe und Unterstützung in dieser traurigen Lage an und hoffen mit gutem Grunde, keine Fehlbitte zu tun.

Indem wir mit Zuversicht der Erfüllung unsrer notgedrungenen Bitte entgegensehen und schon im voraus Deroselben gütigen und menschenfreundlichen Gesinnungen, die unsern Kummer lindern, mit inniger Dankbarkeit verehren und die heißesten Segenswünsche für dieselben zum Himmel tun, habe ich noch besonders die Ehre, mit der vollkommensten Hochachtung und Ergebenheit zu sein

Ew. Wohlgebornen
ergebene Dienerin
Maria, verw. Pastorin Kant,
geb. Havemann.

19. Juli 1800

Wohlgeborener Herr
besonders hochzuehrender Herr Professor!

Mit gerührtem und von Dankbarkeit durchdrungenem Herzen habe ich Ew. Wohlgeboren menschenfreundliche Zusicherung einer wohlwollenden Unterstützung für mich und meine hilfsbedürftige Familie gelesen, und mit gleichen Empfindungen bereits das erste Quartal derselben erhalten. Die heißen Segenswünsche für Deroselben Wohlergehen und der innige Dank von mir und meinen noch unversorgten Kindern für diese nie genug zu schätzende Wohltat sind der unbegrenzten Hochachtung gleich, mit der wir Dieselben als unsern zweiten Vater verehren, und mit welcher ich noch ganz besonders mich zu unterzeichnen die Ehre habe als Ew. Wohlgeboren

ganz ergebene Dienerin
Maria verwitwete Pastorin
Kant, geb. Havemann.

Julie von Charpentier und Frau von Hardenberg

Freyberg, am 25. May 1800

Nur Ihre unverdiente Güte gegen mich, von der Sie mir schon einmal einen so großen Beweis gaben, der mein Herz mit dem unaussprechlichsten Dank gegen Sie erfüllte, macht mich so dreist, daß ich es wage, Ihnen jetzt zu schreiben. Dennoch fehlte es mir an Muth dazu, wenn mir nicht Ihr geliebter Sohn Hoffnung machte, daß Sie meine Kühnheit wohl verzeihen und meine Bitten gnädig annehmen würden. Ich weiß nicht wo ich Worte finden soll die Empfindungen nur schwach auszudrükken, die jetzt mein ganzes Herz beleben – die innigste Dankbarkeit für das unendliche Glück wodurch ich in Zukunft ein Recht haben soll Sie, meine theuerste Mutter, nennen zu dürfen; – meine wenigen Ansprüche an jene frohe Aussicht; – das heiße Bestreben, alle meine Kräfte aufzubieten, um durch die kindlichste Ehrfurcht, die große Bereitwilligkeit Ihren Wünschen zuvorzukommen, mir Ihren Beyfall zu erwerben und vielleicht einst so glücklich zu seyn, Sie mit einem Schritt auszusöhnen, den Ihr Sohn gethan, der Ihnen leider so vielen Kummer verursachte, und mir in der Hinsicht unzählige Thränen gekostet hat. – Ihre Mütterliche Sorgfalt, Ihre große Zärtlichkeit für alle Ihre Kinder mithin auch für Ihren Sohn, mußte Sie mit seiner getroffnen Wahl unzufrieden machen, da mein gänzlicher Mangel an Vermögen ihm freylich manche Sorge voraussehen läßt, die ich ihm mit nichts als der innigsten Liebe versüßen und der größesten Treue ertragen helfen kann. Der Gedanke ist mir oft unsäglich schmerzhaft gewesen, daß ich die Ursache von so mancher unruhigen Stunde, von so vielen Kummer war, die Ihnen die Liebe Ihres Sohnes machte; – meine theuerste Mutter, erlauben Sie mir, daß ich diesen Nahmen gebrauchen darf, werden Sie und Ihr Herr Gemahl, den ich grenzenlos verehre, mir wohl je Ihre Vergebung bewilligen? Dürfte ich wohl hoffen, daß Sie Beyde mich einst auch mit Ihrer gewohnten Güte unter Ihre geliebten Kinder aufnehmen werden? – Dieses ist das einzige was noch zu meinem vollkommenen Glück fehlt, dann erst werde ich ungetrübte Ruhe und

Heiterkeit genießen. – Doch auch hierinn vertraue ich auf die Vorsehung, die so gütig für mich sorgte: durch ihren Beystand erlange ich gewiß noch einst das einzige Gut, was mir nur noch zu wünschen übrig bleibt.

Mit der innigsten Verehrung ewig
Ihre

unterthänige
Julie von Charpentier

Weißenfels 22. Junius 1800

Ich habe von meinem Sohn die ängstlichen Besorgnisse erfahren, die Sie wegen der Verbindung mit ihm haben. Es würde mir und Ihnen Kummer machen, wenn wir fürchten müßten, daß Ihre Gesundheit darunter leiden sollte. Seyn Sie fest überzeugt, daß Sie mit Liebe und Freundlichkeit werden in unsre Familie aufgenommen werden, sowohl von mir, als auch von meinem Manne, und verbittern Sie sich nicht Ihre Tage mit ängstlichen Sorgen in die Zukunft. Der Gott, der auf unser Wohl bedacht, wird gewiß alles wohl machen. Dem wollen wir uns ganz froh und sorgenlos überlassen, und seyn Sie versichert, daß ich den treuesten und mütterlichsten Antheil an Ihrem Schicksal nehme und mit herzlicher Liebe bin

Ihre treu ergebne
von Hardenberg

P. P. Es fällt mir noch ein Ihnen zu sagen, sich über gewisse Dinge zu beruhigen, die keinen wesentlichen Einfluß auf Ihr Schicksal haben.

Henriette Vogel an Frau Manitius in Königsberg

[Stimmings bei Potsdam,
21. Nov. 1811]

Meine überaus geliebte Manitius! Hier mit diesen paar Zeilen übergebe ich Dir mein schönstes Kleinod, was ich nächst Vogel auf Erden zurücklasse. Erschrick nicht, teure Frau, wenn ich Dir sage, daß ich sterben werde, ja daß ich heut sterben werde. – Die Zeit ist kurz, die mir noch übrig ist, deshalb beschwöre ich Dich nun bei unserer Liebe, mein Kind, mein Einziges, zu Dir zu nehmen, Du wirst ihm ganz Mutter sein und mich so unaussprechlich beruhigen. Über meinen Tod werde ich Dir jenseit mehr Auskunft geben können. – Lebe denn wohl, meine liebe liebe Manitius, Vogel wird Dir wahrscheinlich Paulinchen selbst bringen und erzählen, was er davon begreifen kann. Herr von Kleist der mit mir stirbt, küßt Dir zärtlichst die Hände und empfiehlt sich mit mir aufs Angelegentlichste Deinem teuren Mann.
Adieu, adieu, Deine Deine bis in alle Ewigkeit

[Kleist:] Adieu, adieu! v. Kleist.

Rahel Varnhagen an ihre Schwester Rose

Frankfurt a. M., den 30. Dezember 1815
1 Uhr, Vormittag, in trübem windigen Wetter;
nach einer stürmischen Nacht, in welcher
auch Feuer in der Stadt ausgekommen war,
und wir erst um 3 Uhr zu Bette gingen.

Meine geliebte Rosentochter! Teure Schwester! Nur das Unglück, nur die Bosheit darüber, daß wir getrennt leben müssen, macht es, daß ich ohnerachtet unserer Freundschaft, und unserer Liebe zueinander, Dir beinah gar nicht schreibe; langsam aber, und ohne Worte, ja ohne Zeichen beinah, wirkt das Unglück, daß wir getrennt leben, immer ununterbrochen fort. An *einem* Stamm erwachsen, unter demselben Dache dieselben Dinge gesehen, erlebt, gelitten, genossen; gutgeartet, wie wir sind, zur Freundschaft gestimmt; verlieren Schwestern, wenn sie sich trennen, was sie auf der weiten Erde nicht wiederfinden; wenn ich auch lange mit den Brüdern liiert lebte: welches gut war; aber keine Schwester! Und wie Unendliches mag schlummern, und in meiner Seele zurückgeblieben sein in Ungeburt, was Du mir nur entlockt haben würdest, als süßes Vertrauen, als heitere Geist-Auflösung! Erst dieser Tage sagte ich zu Varnhagen: »Meine Schwester ist so gut wie tot für mich; außer, daß ich weiß, wo ihre Seele ist!« Diesen Sommer war ich fest entschlossen, Dich von hier aus zu besuchen. Es war auch dieser der erste im *Leben*, wo ich hundert Dukaten oder etwas mehr, ganz zu meinem Vergnügen, ausgeben konnte, und sie *wirklich hatte.* Varnhagen war in Paris mit dem Fürsten Hardenberg, und schrieb mir einen ganzen Roman von herzbrechenden Briefen – die ich Dir zu zeigen fest hoffe – einen Tag um den andern, ich solle kommen, Zimmer, alles wäre für mich bereitet; ich war es auch oft fest entschlossen, seines Jammerns wegen, fürchtete mich aber sehr, und konnte nie gute Reisegesellschaft von hier aus finden, welche nicht Tag und Nacht reisen wollte, welches ich nicht kann, und da nicht mochte. So kam der September heran; da hieß es schon, die Fürsten mit ihren Kabinetten kämen zurück; und da wartete ich wieder *nicht* angenehm von einem Tag zum andern, in der fremden ungeselligen Stadt, mit Mädchen und Bedienten allein; *bis* den 3. November; da kam endlich Varnhagen, vier Wochen dem Kanzler voraus; nun warten wir wieder hier. Diese unangenehme, alles Etablieren und Häuslichkeit störende Ungewißheit hielt mich bei den größten Gewissensschmerzen von Tag zu Tag ab, Dir zu schreiben; weil ich Dir doch auch gerne etwas Gewisses schreiben wollte. Ja, nicht einmal Raum noch Muße, des *Raumes* wegen, in der letzten Zeit hatte. Diesen Sommer mietete ich, wie ich glaubte, für wenige Wochen, zwei Zimmer, wovon eins eine Kammer ist, für mich – den 19. August kam ich hier an –, und nun bewohne ich diese, zusammengesperrt mit Varnhagen, Mädchen und Bedienten. *Ich!* – die ewig *gut* wohnte bei

Mama; der Quartier, *Lokal,* alles ist; die ein schlechtes gradezu *tötet:* und ein Beisammensein! Siehest Du! Ich habe kein Glück! denn *seit* meiner Verheiratung wohne ich so. In Wien kam ich den 3. November mitten im Kongreß hin: aber auch um dort angestellt zu *bleiben* beim preußischen Gesandten, der nach dem sich immer verzögernden Kongreß kommen sollte; also mieteten wir, bis der eintreffen sollte, kein anderes Quartier. Dann kam Napoleon, der Krieg ging los; Varnhagen wurde anders, nach Paris, bestimmt; von dort sollte er *wieder* zum Kanzler, nach Berlin; nun, plötzlich, nach Karlsruhe; und *ich* in der *Seele* bin *noch* nicht gewiß, ob wir *da* hinkommen. Also immer *sur chemin et voie;* was mich der Position wegen in der Jugend entzückt hätte! – jetzt aber, da die Welt ein Meer, und alle Positionen schwindende, nicht erkannte Wellen sind, mir ein Greuel ist, der mir Heimat, Asyl, und Ruhe, und Muße raubt; und mich bei mehrerem Einkommen schlechter leben und mehr ausgeben läßt. Alles für die *Zukunft,* Roseken! die immer einen Schritt vorwärtsgeht. Aber lebte Mama nur *ein* bißchen, und sähe Rahle *verheiratet,* und vergöttert von dem Mann; der sie ohne *einen Sou* genommen hat; denn *noch* hab' ich keinen Sou von meinem Vermögen zu sehen bekommen. Nicht einmal werden mir Interessen angeboten, das heißt, *geschickt;* wie sich's *gebührte.* (Wir sind aber *ganz* gut: ich und die Brüder.) Aber, was ich trage, meine Fluchtreise *vor* der Hochzeit, vor Brautwerden, *alles,* hab' ich von Varnhagen. Von dem schreibe ich nichts: den mußt Du mit mir sehen, dann wirst, dann kannst Du's glauben. Frankfurt ist näher zu Amsterdam als zu Berlin: bei Karlsruhe ist ein berühmtes warmes Bad gegen Rheumatism; dorthin, hat mir Markus *zugeschworen,* kommt er mich diesen Sommer mit Frau und Kinder besuchen; in der göttlichsten Gegend; Du wirst doch nicht *sterben wollen,* ohne *je* etwas für Dich zu tun? (Karl meint das auch nicht), ohne uns zu *sehen* – sieh, wie unsere Bekannte wegsterben zu Hause! Komme also, Dein Knabe ist erwachsen, mit oder ohne ihn nach Karlsruhe! Hundert Dukaten, die ich zur holländischen Reise hingelegt hatte, will ich Dir, geliebte Schwester, auf der Stelle assignieren. Dies ist keine *Schande!* Wer sie erst bei der Hand hat, der giebt sie zu solch einer Freude. Was hat man denn sonst! Was erlebt man denn? Ganze

Reihen kleiner Lebenswidersprüche. Große *Kriege,* Flucht, *Krankheit.* Ist es nicht genug, daß Du in einem Dich untergrabenden Klima, von der Jugendscholle abgerissen, leben mußt? – und das in einem Zustand, den Du noch Glück nennen mußt, der es *ist!* Ich empfinde das jetzt sehr hart. Ich bin, außer daß ich Varnhagen habe, ganz isoliert von allem, was sonst als Menschen und Dinge zu mir gehörte; und fühle es immerweg. Laß mich keine Fehlbitte tun! *Lieber* Karl! bring sie; und geht dies nicht, schicke sie! [...]

Adele Schopenhauer an ihren Bruder

5. Februar 1819

[...] Ich habe viel in meinem engern Kreise gelebt. Die Mutter schreibt einen Roman, der uns einen Teil der Abende beschäftigt. Sie liest ihn vor, er kommt mir ausgezeichnet vor, und ich glaube, gerade Romane schreiben Frauen am besten. Da ich anfange, die Stimme zu verlieren, habe ich mich aufs Klavier verlegt und treibe es mit großem Eifer. Nebenbei habe ich mir das Studium des Vasari auferlegt, weil ich nach Dresden (auf vier Monate) gehe und die Galerie dort mit etwas gescheuterem Blicke als sonst sehen möchte. Lieber Freund, schlucke die bittere Empfindung wieder hinunter: ich *weiß* wahrhaftig wohl, *wie weh* es tut, daß ich *jetzt* nach Dresden gehe – doch habe ich das Versprechen, Dich bei Deiner Rückkehr zu sehen. Ich reise nach Leipzig, und Du kommst hin oder läßt mich holen; wenn ich in Dresden bin, will ich das schon vorbereiten. Ich hätte Dir den Schmerz ersparen können, aber seit vier Jahren sehne ich mich nach einer Gelegenheit etwas Rechtes zu lernen. Du wirst mich entschuldigen! nicht wahr? Größtenteils danke ich der Mutter Erlaubnis, Dich gewiß zu sehen, Quandten. Ich wußte es wohl, daß Du ihn nicht liebtest; wir fühlen beide das Peinliche einer ganz unvollkommen gebliebenen Ausbildung und Richtung seines Wesens, es ist etwas ganz Ungeordnetes, Wildes in seiner Phantasie wie in seinem ganzen Leben. Mich

ängstigte er früher oft ganz unbeschreiblich – dagegen rührte mich seine himmlische Güte des Herzens, seine Treue, seine Hingebung. So wird es Dir auch oft ergehen. Er zieht nach Dresden, dort werde ich ihn jeden Tag sehen, er wird mich fragen, ob Du ihn liebst – ich will ihm sagen, was wahr ist, daß Du ihm sehr gut bist; aber betrügen kann ich ihn nicht, denn er glaubt jedem meiner Worte. Ehe ich nach Dresden gehe, erwartet mich noch eine große Freude: die Wolff kommt auf einige Wochen. Du kannst mein Glück Dir denken. Das Glück hat sich mir überhaupt wieder recht treu gezeigt, es drohte mir das Schlimmste, was mir begegnen kann. Unser Hausgenosse schien sich nach *Süden* begeben zu wollen, die Mutter, die ohnehin hier ungern lebt, wäre sicher auch fortgezogen. Eine Reihe der wunderlichsten Zufälligkeiten stellt mich für dies Jahr noch ganz *sicher.*
Was Du mir über mein Gefühl in der Schweiz schreibst, ist mir höchst erfreulich. Du hast also doch verstanden, was ich eigentlich wollte. Außer Dir aber auch noch niemand. Es ist wunderbar, wie in uns doch dieselbe Natur aus allen Verschiedenheiten, die uns Geschlecht, Erziehung und Leben aufdrang, hervorblickt. Nur in Deinem ungemäßigten Stolze finde ich mich nicht, und doch begreife ich, wie du dazu kommst. Zugeknöpft! sagst Du – und es tut mir weh, daß auch ich Dir sagen muß: zuknöpfen ist das einzige Mittel, Dich ruhig zu erhalten. Aber wie dich auch das Schicksal oder Deine Seele treibe: gegen mich immer *wahr,* nicht so, mein Freund?
Da schreibst Du närrischer Mensch, *außer mir* hättest Du nie eine Frau ohne Sinnlichkeit geliebt. Ich habe sehr gelacht. Möchte aber fragen, ob Du mich denn wohl, wenn ich nicht Deine Schwester wäre, hättest lieben können; denn am Ende gibts Frauen genug, die höher stehen als ich. Wenn also mein eigentliches Wesen und nicht der Schwestername mir Deine Neigung gab, könntest Du eine andere lieben, fast – sieh, ich sage *fast,* ebenso lieben. Das Mädchen, die Du nennst, jammert mich sehr, ich hoffe zu Gott, Du hast sie nicht betrogen; denn Du bist ja gegen alles *wahr,* warum denn gegen so ein armes schwaches Ding nicht? Was Du für Kleinigkeiten von Deiner Frau forderst! Nur eben alles, wie alle. Doch wäre, dünkt mich, sehr leicht ein Mädchen zu finden, die einem großen Teil Dei-

ner Wünsche entspräche, der Zufall walte nur – ihr findet eher zehn Frauen als wir einen Mann. Häusliches Glück ist wohl das Schönste, was uns dies Dasein gibt, und die meisten gehen stumm, ohne Klage hin und haben es nicht und dürfen es nicht einmal *suchen.* Ich habe es auch nicht; mich drängt, mich quält fremde Einwirkung, mich treibt mein Stolz oft zu Unfreundlichkeiten gegen Gerstenbergk, gegen die Mutter. Aber ich kann auch nur hier und dort wieder halten, was von meinem Glücksbau fällt, stützen und verdecken, mich zurückzuhalten streben und mich selbst in Schlaf singen, wenn mich der Schmerz zu heftig angreift. Und das tue auch Du.

Soeben erhalte ich noch eine Nachricht von Deinem Werke. Minister Gersdorf hat es gelesen und ist sehr davon erbaut. Gerstenbergk hat mich danach gefragt, ich möchte es ihm aber nicht gern geben. Ottilie sammelt immer alle Nachrichten Dich betreffend ein, wahrhaftig Du kannst stolz auf ihre Neigung zu Dir sein! Überhaupt fragen mich oft die Leute, besonders Eglofsteins nach Dir. Tinnette Reizenstein ist als Philosophin und Betschwester hier auf einige Wochen angelangt. Was sie mit all den Grazien angefangen haben mag, die ihr sonst günstig gewesen! Mich dünkt, Du warst auch ihr Anbeter? Übrigens alles beim alten, Fremde von Bedeutung sehen wir nicht; ich nehme die früher genannten Theaterkünstler aus. Pückler und Haugwitz sind nicht gekommen. So begnügt man sich mit den alten wenigen Freunden; Froriep und Könneritz sind am meisten bei uns. Letzterer muß mir immer den Kommentar zu dem von Dir Gesagten liefern, er hat Kunstsinn und Geschmack und erzählt sehr hübsch. Von der Fackelnbeleuchtung der Antiken haben wir schon oft gesprochen. Nebenbei lese ich Krysalides Reise durch Italien, kann also immer im Geiste Dir folgen.

In Venedig hast du Byron nicht gesehen. Das ist mir höchst fatal und unerklärlich; denn wenig Dichter haben mich so angesprochen, wenigere haben mir den Wunsch sie zu sehen gegeben. – Lebe wohl! mein Brief ist ein Buch worden – und ein neumodisches, ohne inneren Zusammenhang der Einzelheiten. Es hängt darum doch alles in mir ganz ordentlich zusammen; aber mein Leben bringt es mit sich, daß ich bald den Speisekammerschlüssel, bald die Palette, den Federhut und die Schreibfeder wechselnd ergreifen muß. Ich glaube zwischen den Zeilen dieses Briefes liegen wohl zwanzig Sorten von Stimmungen und Geschäften. Anfang und Ende aller ist meine herzliche Liebe zu Dir.

Adio! Deine Adele.

Christiane Strauss an ihren Sohn David Friedrich

Ludwigsburg am Himmelfahrtsfeste
Abends 5 Uhr. 28. Mai 1824

Lieber Sohn!

Alldieweilen ich diesen Abend so ganz allein und verlassen in meiner Klause size, so denke ich, es sey das gescheideste Geschäft vor mich, wann ich mich mit Dir unterhalte, und Dir sage daß uns Dein gutgelaunter Brief der uns am Dienstag Mittag zugekommen, viele Freude gemacht hat, denn jeder Brief derart überzeugt uns, daß es Dir nach allen Theilen gut geht, und dieß ist immer das erste das wir zu wissen wünschen. Bist Du schon wieder nasenweiß alles aus dem Würzele zu wissen? Was unseren neuen Commis betrifft sogar sein Name ist Dir nicht gleichgültig, Du kennst ihn ja nicht, herengegen ich! kenne einen jungen Herrn, der einem auch lang und breit Geschichten und Begebenheiten von andern erzählen kann, und wann man dann sich erfrecht, den jungen Herrn zu fragen, wie ist der Name desjenigen, oder woher ist der, so wird man gleich mit der Antwort abgefertigt: Du kennst ihn nicht. Dieß ist jetzt nur ein bischen den jungen Herren nachgemacht.
Der Vater und Wilhelm sind diesen Nachmittag nach Hoheneck und auch Du wirst einen Ausflug machen, ein Glück vor euch, daß der Himmel das lange regnen eingestellt hat, könnet ihr doch heute wieder ins freie, doch vor die dünne Pfluderles Hoßen die Du Dir hast vom Meister Girr verfertigen lassen, vor die wird der Sommer schwerlich warm genug ausfallen.
Einen schönen Gruß von der Hillerin und sie freut sich bis Du kommst, nun sinds eben noch 4 Wochen, dann bist du bey uns, was wir paßen, wird er wohl wieder größer worden seyn, wann er kommt, so heißts öfters.

Noch eins! Ich befinde mich wirklich im Besiz von 7 Stück wollener Strümpfe, die ich Reparieren wollte, als ich aber dieselben untersuchte, so fand sich, daß 5 davon, von ihren rechten Kameraden getrennt sind, 5 Stück befinden sich im Grustbiegele des Hochverehrlichen HE. Oekonomie Raths, es wäre daher meine Bitte HE. Oekonomie Rath möchten in ihrer wohlgeordneten Weißzeug Verwaltung nachsehen ob sich deren 5 dort befinden, und mir solche das nächste mal durch den Botten schicken, auch ein einzelner baumwollener armer Tropf, wünscht zu wissen ob er noch auf die Ankunft seines Spießgesellen zu hoffen hätte. Das übrige will ich dem Vater überlassen ich grüße und küsse Dich.

Deine Dich zärtlich liebende Mutter

Clara Wieck an ihren Vater Friedrich Wieck

Paris, d. 1. 5. 1839

Mein geliebter Vater, Deine Briefe aus Dresden haben wir erhalten, und ich danke Dir für Deine lieben Zeilen; große Sehnsucht hätte ich, Dich, mein lieber Vater, wiederzusehen und mit Dir so recht in aller Liebe und Eintracht einmal zu reden; so laß es mich jetzt wenigstens schriftlich tun. Ich las Deinen Brief an Emilie und gestehe Dir aufrichtig, daß Du manches berührt, was schon längst in mir sprach und worüber ich schon viel im stillen nachgedacht. Meine Liebe zu Schumann ist allerdings eine leidenschaftliche, doch nicht *bloß* aus Leidenschaft und Schwärmerei lieb ich ihn, sondern weil ich ihn für den besten Menschen halte, weil ich glaube, daß kein Mann mich so rein, so edel lieben und mich so verstehen würde als er, und so glaub ich auf der anderen Seite auch ihn mit meinem Besitz ganz beglücken zu können, und gewiß keine andere Frau würde ihn so verstehen wie ich. Du wirst mir verzeihen, lieber Vater, wenn ich Dir sage, Ihr alle kennt ihn doch gar nicht, und könnte ich Euch doch nur überzeugen von seiner Herzensgüte! Jeder Mensch hat ja seine Eigenheiten, muß man ihn nicht darnach nehmen? Ich weiß, was Schumann fehlt, das ist ein Freund, ein erfahrener Mann, der ihm beisteht und hülfreiche Hand leistet; bedenke, daß Schumann nie in die Welt gekommen war – kann es denn nun auf einmal gehen? Ach Vater, wärest Du ihm ein Freund – Du solltest ihn *gewiß* nicht undankbar finden, und Du würdest ihn gewiß achten; glaubst Du denn, daß Schumann so liebte, wenn ich ihn nicht achtete? Glaubst Du nicht, daß ich wohl seine Fehler weiß? Aber auch seine Tugenden kenne ich. Uns würde zu unserem Glücke nichts fehlen als ein, wenn auch kleines, doch sicheres Auskommen und Deine Einwilligung; ohne letzteres wäre ich ganz unglücklich, ich könnte nie Ruhe haben, und Schumann, der ja so viel Gemüt hat, würde das auch unglücklich machen; ich sollte verstoßen von Dir leben und Dich unglücklich wissen! Das hielt ich nicht aus. Lieber Vater, versprichst Du mir Deine Einwilligung, wenn Dir Schumann ein Einkommen von 1000 Talern ausweisen kann? 2000 Taler wäre doch etwas zu viel verlangt, das kann sich nur nach und nach finden. Gib uns die Hoffnung, und wir werden glücklich sein, und Schumann wird noch mit ganz anderem Mut darauf hinarbeiten, mich zu besitzen; ich verspreche Dir hingegen, Schumann nicht eher zu heiraten, als bis uns keine sorgenvollen Tage mehr erwarten. Gewinnt Schumann ein sicheres Auskommen, was ich sicher glaube, und wir haben alsdann Deine Einwilligung, so machst Du uns zu den glücklichsten Menschen – außerdem zu den unglücklichsten. *Nie* kann ich von ihm lassen und er nicht von mir – nie könnte ich einen anderen Mann lieben – ich bitte Dich, versprich es mir, sage mir aufrichtig, was Du verlangst, was Du in Deinem Innern denkst, mache mir keine Hoffnung, wenn es Dir nicht Ernst damit ist. Ach wie glücklich kannst Du uns machen! Mein Herz ist so voll Liebe – willst Du es brechen? Das hätte ich nicht verdient! Du hältst mich nicht für gut, Du sagst, mein Charakter sei verdorben, ich wisse nicht, wie Du mich liebst, ich sei undankbar – ach Vater, da tust Du mir doch gar zu unrecht. Emilie und Henriette sind Zeuge, mit welcher Liebe ich von Dir spreche, immer, selbst nach Deinen vorwurfsvollen Briefen! Oft weinte ich schon im stillen, von Dir getrennt zu sein, Dich auf Deinen Spaziergängen nicht begleiten zu können, mich von Dir undankbar genannt zu wissen und so vieles noch! Hing ich je an Dir, so ist es jetzt. Du zanktest mich in Leipzig, daß ich nie heiter war; bedenke doch einmal, in welchem Zustande ich in Leipzig war und wie man überhaupt ist, wenn man liebt, daß man da liebevoller teilnehmender Umgebung bedarf – hatte ich die? Durfte ich Dir je von meiner Liebe sprechen? Mit wem möchte man wohl lieber darüber sprechen als mit den Eltern? Und vollends ich mit Dir! Wie oft versuchte ich es, Dich durch mein Vertrauen zu Dir teilnehmender zu machen, hingegen machte ich Dich immer zorniger; nichts durfte ich! Im Gegenteil, ich mußte meine Liebe in mich verschließen, und mußte, ach so oft! mich und den Gegenstand meiner Liebe verspottet sehen – das kann ein liebend Herz wie das meine nicht ertragen; Ihr kanntet meine Gefühle nicht; und dachtet nicht, daß jedes Eurer Worte, ja nur eine Miene mir schon das Herz hätte zerreißen können! War es so nicht natürlich, daß ich mich unglücklich fühlte? Ach, mein lieber Vater, wie glücklich würden wir sein, wenn Du mich schonender behandeltest und einen Funken Liebe nur wieder in Dir erwachen ließest für Schumann, Du würdest ihn nicht undankbar finden – wir alle wären glücklich! Könnte ich Dir nur alles sagen, was noch in mir spricht, hätte ich Dich nur da, Du ließest Dich rühren! – oder hältst Du mich für eine Lügnerin? für falsch heuchlerisch? glaub ich es doch fast! Du kennst mich wirklich nicht ganz! Haben mich doch andere Menschen lieb, weil sie meinen, ich sei gut, und Du hältst mich nicht dafür? oh ja, doch! und darum gib mir einen Kuß – so! Ich bitte Dich, schreib mir gleich wieder, ich kann nicht lange in der Unruhe bleiben; Du solltest sehen, wie ich meiner Kunst leben würde; Du meinst, ich liebe meine Kunst nicht? Ach Gott, gibt es Augenblicke, wo ich ganz allen Kummer vergesse, so ist es am Klavier. Du schaltest mich, daß ich Dir nicht dankte für Deine Briefe; denke Dich doch an meine Stelle, die ich so ganz allein in dieser Weltstadt stehe! Bedarf ich da nicht des Mutzusprechens? Und Du hättest mir ihn eher benehmen können – Du kannst Dir doch denken, wie unglücklich mich das alles machte. [...]

Eingabe
an das Appellationsgericht

Wir Endesunterzeichnete hegen seit langen Jahren bereits den gemeinsamen und innigen Wunsch, uns ehelich miteinander zu verbinden. Doch steht der Ausführung dieses Entschlusses noch zur Zeit ein Hindernis entgegen, dessen Beseitigung ebenso notwendig zu Erreichung unseres Zweckes, als es uns mit tiefstem Schmerze erfüllt, dieselbe auf diesem Wege suchen zu müssen. Der Mitunterzeichneten Clara Wieck Vater verweigert uns nämlich, wiederholt an ihn gerichteter freundlicher Bitten ungeachtet, seine Zustimmung. Die Gründe seiner Weigerung wissen wir uns nicht zu erklären; wir sind uns keiner Fehler bewußt; unsere Vermögenszustände sind der Art, daß wir einer sorgenlosen Zukunft entgegensehen dürfen. Was daher Herrn Wieck abhält, diesem Bunde seine Zustimmung zu geben, kann lediglich eine persönliche feindselige Gesinnung gegen den Mitunterzeichneten sein, der doch seinerseits allen Pflichten, die man dem Vater seiner erwählten zukünftigen Lebensgefährtin schuldig ist, nachgekommen zu sein glaubt. Wie dem sei, wir sind nicht willens, deshalb von unserem wohlerwogenen Entschlusses abzustehen, und nahen uns daher dem H. Gerichte mit der ergebensten Bitte:
Hochdasselbe wolle Herrn Wieck zur Erteilung seiner väterlichen Zustimmung zu unserem ehelichen Bündnis veranlassen oder dieselbe nach Befinden anstatt seiner uns zu erteilen hochgeneigtest geruhen. Bloß die Überzeugung von der unabweisbaren Notwendigkeit dieses Schrittes vermag uns mit demselben zu versöhnen, und wir sind zugleich von der zuversichtlichen Hoffnung beseelt, daß die Zeit auch hier, wie schon manchmal, diesen schmerzlichen Zwiespalt ausgleichen wird.

Leipzig D.-September 1839

Robert Schumann,
Clara Wieck,
z. Z. in Paris

24. November 1841

Wie rücksichtslos, anmaßend, wie unbeschreiblich roh hat sich Conrad betragen! Seine Äußerungen schnitten mir durch die Seele und versetzten mich in einen so peinlichen Zustand, daß ich mir gleich vornahm, Sie recht von Herzen um Verzeihung zu bitten. Glauben Sie mir, es gehört zu den bittersten Prüfungen meines Lebens, in dem Sohne so ganz das Gegenteil des sanften, gemütvollen Vaters zu erblicken, und ich kann wohl sagen, daß ich mich namentlich wegen Conrad vor dem Leben *fürchte*.

25. November 1841

Liebe, gute Frau Meyer. Wie ist es möglich, daß Sie sich so ohne Not selbst quälen können, und zwar eines Sohnes wegen, der Sie zu den schönsten Erwartungen berechtigt! Wissen Sie denn nicht, daß junger Most gären muß, wenn er Wein werden soll? Frühe Gärung aber deutet auf innewohnenden Geist, und daß dessen viel vorhanden, konnte ich am Dienstag Abend recht gewahr werden, da Conrad einmal ein wenig auspackte und nicht, wie sonst, vor dem alten Zopf davonlief. Jede Zeit hat ihre besonderen Formen; die der jetzigen haben allerdings den Anstrich früher Emanzipation, sogar den Anschein der Anmaßung. Wenn aber in unseren Tagen die Jugend im sechzehnten Jahre mehr schon gelernt, in sich aufgenommen und verarbeitet hat, als ehemals im zwanzigsten, so ist sich nicht zu verwundern, wenn sie sich selbst fühlt und etwas keck auftritt. Im praktischen Leben stoßen sich in der Folge die Hörnlein von selbst ab.

Elisabeth Meyer und ihr Sohn Conrad Ferdinand Meyer

20. September 1852

Es ist wirklich stille bei uns, so stille, als wären deine Schwester und ich dem Leben abgestorben. Bei mir ist dies ziemlich natürlich, aber die Betsy sollte und könnte noch leben, und dazu kannst *du* ihr am Besten verhelfen. Raffe dich auf, lieber Conrad und glaube daß diese treue Seele erst dann wieder des Lebens froh werden kann, wenn sie den teuren Bruder gerettet weiß.

25. September 1852

Kann jemand Betsy mehr lieben als ich? Wenn ich ihr das Glück geben könnte, mein Gott, ich würde mich hängen oder was man will.

Betsy Meyer an ihren Bruder

27. September 1852

Du hast mich lieb, und ich dich auch, – das ist wahr und sehr natürlich. Du würdest, wenn es sich darum handelte, mich glücklich zu machen, große Dinge tun. Ich erkläre mich im Notfalle zu Ähnlichem für dich bereit; sage dir aber zugleich, daß es mit meinem sogenannten Glück, besonders seit deinem letzten Briefe, recht gut aussieht. Wenn du, lieber Bruder, zu einer tätigen und somit zufriedenen Existenz gelangst, so lebt die liebe Mutter wieder neu auf; wenn ich Euch beide befriedigt weiß, so bin ich so heiter, als man es sein kann, und brauche dann auf der Welt nichts mehr als von Zeit zu Zeit einen Strahl der ewigen Schönheit, daß sich meine Seele dran freue und erbaue.
Arbeite für dein Glück, lieber Conrad; dann tust du's auch für uns.
Unser Leben ist nicht verdorben. Es mußte alles so kommen, und ist gut so...

[Trier, nach dem 11. August 1844]

Mein teurer, einziger Karl! Du glaubst gar nicht, mein Herzensliebchen, wie hoch Du mich durch Deine Briefe beglückst und wie Dein letzter Hirtenbrief, Du hoher Priester und Bischof des Herzens, Dein armes Schaf wieder in Ruhe und Frieden gelullt hat. Es ist gewiß unrecht und töricht, sich mit allen möglichen Sorgen und Blicken in dunkle Fernsichten abzuquälen, ich fühle das alles selbst in jenen selbstquälerischen Momenten sehr gut – allein der Geist ist willig, das Fleisch ist schwach, und so vermag ich dann immer nur erst mit Deiner Hülfe jene Dämonen zu verbannen. Deine letzten Nachrichten waren aber wirklich so reell und handgreiflich Trost bringend, daß es unrecht wäre, nun von neuem zu grübeln. Ich sehe es nun kommen wie beim Bostonspiel und hoffe, daß irgendein äußerer Umstand den Zeitpunkt meiner Heimkehr bestimmen werde. Vielleicht Edgars Ankunft und dergl. äußerliche Anlässe. Ich berühre so ungern diesen peinlichen Punkt und werde ihn erst in Edgars Gegenwart zum Adamschen Entschied bringen. Jedenfalls rück ich vor Winterszeit ein, wie könnt ich auch solch lieber, herzlicher Freundlichkeit widerstehen, wie sie mir aus Deinen Zeilen entgegenleuchtet. Und dann im Hintergrund das dunkle Gefühl der Angst, der Furcht, die wirklichen Drohungen mit Untreue, die Verführungen und Lockungen der Weltstadt – das sind alles Mächte und Kräfte, die siegreicher in mir wirken als alles andre. Wie freu ich mich, nach so langer Zeit einmal wieder an Deinem Herzen, in Deinen Armen so sanft und selig zu ruhen. Was werd ich Dir vorzuplaudern haben, und wieviel Mühe wirst Du haben, mich wieder à la hauteur des principes zu bringen; denn in Kleindeutschland ist es nicht leicht, au courant zu bleiben.

Wie wirst Du Dich über das Mämerchen freuen. Ich bin überzeugt, daß Du das Kind nicht wiedererkennst, seine Kuckäugelchen und sein schwarz Naturhäubchen müßten es denn verraten. Alles übrige ist wirklich total verändert, nur tritt die Ähnlichkeit mit Dir immer sichtbarer hervor. Seit ein paar Tagen ißt es nun schon Süppchen von der Pflanze, die ich mitgenommen, und das mundet prächtig. Im Bad plantschert es so mit seinen kleinen Händchen, daß die ganze Stube schwimmt, und dann tunkt es seine Fingerchen in das Wasser und lutscht sie dann hastig ab. Das kleine Däumchen, das es immer so untergebogen hatte und dann so zwischen den Fingerchen herauslugte, ist durch diese Gewohnheit so seltsam biegsam und gelenkig, daß man sich erstaunen muß. Das kann man ein Klavierspielerchen werden – ich glaub, das kann mit dem Däumchen Hexereies machen. Wenn es weint, zeigen wir ihm rasch die Blümchen in der Tapete, und dann ist es mäuschenstill und kuckt so lange, bis es Tränen in die Augen bekommt. Wir dürfen nicht mehr lange mit ihm sprechen, weil es sich dabei zu sehr anstrengt. Es will jeden Ton nachmachen und antworten, und das Aufschwillen und Rotwerden der Stirn ist doch ein Zeichen zu großer Anstrengung. Übrigens ist es die Heiterkeit selbst. Jede Miene bringt es zum Lachen. Du sollst mal sehen, was ich Dir ein allerliebstes Mämerchen mitbringe. Wo es sprechen hört, guckt es rasch hin und so lange, bis wieder was Neues kommt. Von der Lebendigkeit des Kindes hast Du gar keine Vorstellung. Ganze Nächte lang kommt kein Schlaf in seine Äuglein, und wenn man es dann ansieht, lacht es laut auf. Am frohsten ist es, wenn es ein Lichtchen oder Feuer sieht. Damit kann man den größten Sturm beschwören. Karlchen, wie lang wird das Püppchen eine sola Partie spielen? Ich fürchte, ich fürchte, wenn Papa und Mama einmal wieder beieinander sind, in Gütergemeinschaft leben, dann wird bald ein Duo aufgeführt. Oder sollen wir es gut pariserisch anfangen? Gewöhnlich gibt es da die meisten kleinen Weltbürger, wo die geringsten Mittel sind. Neulich hat ein armer Mann mit 10 Kindern bei Oberbürgermeister Görtz Unterstützung begehrt, da hat er ihm Vorwürfe über seine vielen Kinder gemacht; der Mann sagt da weiter nichts als: mein Herr, es ist kein Dörfchen so klein und gering, es ist alle Jahr einmal Kirmes darin. Da hat er eine Beisteuer bekommen und wird wohl nun die 11te Kirmes feiern.

Mit den Deinen haben wir uns lange nicht gesehen. Erst der große erhabene Besuch und jetzt die großen Vorkehrungen zur Hochzeit, da ist man denn ungelegen, wird nicht aufgesucht und ist bescheiden genug, nicht wieder aufzusuchen. Die

Hochzeit ist am 28. August. Am Sonntag sind sie zum ersten Mal ausgerufen worden. Trotz all der Herrlichkeit wird Jettchen täglich elender, der Husten und die Heiserkeit nehmen zu. Sie kann kaum mehr gehen. Wie ein Gespenst geht sie einher, aber geheiratet muß sein. Man findet es allgemein entsetzlich und gewissenlos. Rocholl soll aber dafür sein, um für seinen Neffen noch was zu kapern. Ich weiß nicht, ob das gut gehn kann. Wenn sie noch in eine Stadt zu wohnen kämen – aber in ein elendes Dorf und das im Winter. Ich habe keine Ahnung von dem Wesen der Deinen, dabei lustig und vergnügt zu sein. Wenn das Schicksal sie nicht etwas dämpfte, man könnte vor ihrem Übermut sich nicht retten. Und die Prahlerei mit den glänzenden Partien und den Broschen und Ohrringen oder Schals! Ich begreife und fasse Deine Mutter nicht. Sie hat uns selbst gesagt, daß sie glaubt, Jettchen habe die Schwindsucht, und läßt sie doch heiraten. Aber Jettchen soll es mit Gewalt wollen. Ich bin begierig, wie es alles kommen wird.
In Trier ist schon ein Treiben und Leben, wie ich es nie gesehen habe. Alles ist in Bewegung. Die Läden sind alle neu aufgeputzt, jeder richtet Zimmer zum Logieren ein. Wir haben auch eine Stube bereit. Ganz Koblenz kommt, und die crême der Gesellschaft schließt sich an die Prozession an. Alle Gasthöfe sind schon überfüllt. 210 Schenkwirtschaften sind neu etabliert, Kunstreiter, Theater, Menagerien, Dioramas, Welttheater, kurz alles, was man sich denken kann, kündet sich schon an. Der ganze Palastplatz ist mit Zelten besäet. Vor den Toren sind ganze Bretterhäuser aufgeschlagen. Am Sonntag geht Trier. Jeder muß sich an eine Prozession anschließen, und dann kommen die Dörfer. Täglich 16000 Menschen. Die Stein hat schon für 400 Taler kleine Herrgottsröckchen verkauft, die sie aus ihren alten Bandresten fabriziert. An jedem Hause hängen Rosenkränze von 6 Pf. an bis zu 100 Taler. Ein klein Medaillon hab ich auch fürs Mämerchen gekauft, und gestern hat es sich selbst ein Rosenkränzchen geholt. Man hat gar keine Vorstellung von dem Getreibe hier. Für die nächste Woche kommt halb Luxemburg an; auch Vetter Michel hat sich angemeldet. Die Menschen sind alle wie wahnsinnig. Was soll man nun davon denken? Ist das ein gutes Zeichen der Zeit, daß alles bis zum Extrem gehen muß, oder sind wir noch so fern vom Ziel.

Bei Euch ist ja auch der Teufel los. Wird sich es denn nochmals beilegen? Und nun sag mal, was hat der Heuochs zu Deinem Artikel gesagt? Hat er sich revanchiert, geantwortet oder geschwiegen? Der Jung hat aber doch wirklich etwas selten Großartiges. Wie gut ist es, daß Du nun wieder ein bißchen bei Kasse bist. Denk nur immer, wenn der Säckel voll ist, wie leicht er sich wieder leert, wie schwer er sich füllt. Du lieber guter Herzens-Karl! Wie lieb ich Dich, wie sehnt sich mein Herz nach Dir. Ich möchte gar zu gern, daß Edgar sein liebliches Nichtchen noch sehen könnte. Wär er doch erst der Onkel Referendarius – dann kann ich auch der Mutter eher vom Abschied sprechen. Das Püppchen ißt eben sein Süppchen. Denk, es will gar nicht mehr liegen, immer aufrecht sitzen. Da kann es besser um sich schaun. Sag mal, Herz, es ist mir schon länger aufgefallen, daß Du Guerrier gar nicht mehr nennst. Ist mit der ehrenwerten Frau Base was vorgefallen? Keine Nova von Georg dem Göttlichen?
Ich bin gar zu begierig, was der Pommer nun beginnen wird. Ob er schweigt oder Skandal macht? Es ist doch eigen, daß von Köln aus nie Unangenehmes, immer das Beste kommt. Wie treu sind doch die Freunde, wie vorsorglich, zart und rücksichtsvoll. Wenn es auch peinlich ist, um Geld zu bitten, so verliert es sicher bei diesen Leuten alles Unangenehme und Drükkende. Ich kann kaum weiter schreiben, das Kind lenkt mich immer wieder ab mit seinem lieblichen Lachen und Sprechversuchen. Von der Schönheit seiner Stirnbildung, der Durchsichtigkeit der Haut, der wunderbaren Zierlichkeit der Händchen hast Du gar keinen Begriff.
Lieb gut Herzens-Herz. Schreib mir nur recht bald wieder. Ich bin gar zu glücklich, wenn ich Deine Handschrift sehe. Du gutes, liebes süßes Schwarzwildchen, Du Väterchen meines Püppchens.

Ade Herzens-Herz

Cosima Wagner
an ihre Tochter Daniela

[Sorrent in das Luisenstift, 7. Oktober 1876]

Nach meiner Berechnung werden diese Zeilen zu Deinem Geburtstag bei Dir eintreffen, mein Herzenskind. Dein sechzehnter Geburtstag! Als Du mir damals geschenkt wurdest, hatte ich schon viel Kummer erlebt; zehn Monate vor Deiner Geburt war mein Bruder gestorben, und ich begrüßte Deine Ankunft wie einen Gruß von ihm; schon damals mühte und härmte Dein Vater sich in dem Kampfe ab, welchen der Edle und Hohe hienieden unausgesetzt zu bestehen, für welchen es keinen Stillstand giebt, und wie die Taufe kam, gab ich Dir die zwei Namen Daniela und Senta; den letzteren um Dich der Treue zu weihen, der Treue bis in den Tod, und zwar gegen Deinen Vater, dem Du es schuldig bist, allen Unbill des Lebens zu vergüten! Und so wünsche ich Dir denn, mein geliebtes Kind, daß Du dieser Aufgabe Dich würdig zeigst, damit wünsche ich Dir den wahren Quell des einzigen Glücks, den Born des Heiles! Wie es nur ein wahres Unglück giebt, das Weh welches wir andren zufügen, so giebt es nur ein Glück: einer hohen Aufgabe zu genügen. Dieser schönste Beruf ist Dir, mein Kind, zu Theil geworden, Deinem Vater dereinst viel sein zu können, bereite Dich darauf vor; bedenke daß Dein Vater mit unsäglichen Mühen Euere Existenzmittel einem rauhen Schicksal abringt. Sage Dir daß die Unordnung, welche bei allen Frauen eine widerliche Eigenschaft ist, bei Dir zur Schmach wird, sage Dir daß die Sparsamkeit für Dich die heiligste Pflicht ist, denn wenn Du leichtsinnig mit Deinen Sachen umgehst (wie ich hörte Du habest die Kämme von den Kleinen genommen, zerbrochen, und gemeint: es koste nicht viel!), so vergeudest Du das Leben Deines Vaters. Ich lege einen Brief von Großpapa bei, welcher Dir zeigen wird wie krank Dein Vater aus Amerika zurück gekommen ist, wohin er schon sehr angegriffen doch hinging, um Euch eine anständige wenn auch *sehr bescheidene* Existenz zu sichern. Du siehst, mein geliebtes Kind, ernst, ja feierlich müssen meine Wünsche sein; auch kenne ich das Leben zu genau, um je etwas andres für meine Lieben zu erflehen als ihren eigenen Werth. So nimm denn diesen höchsten Wunsch mit meinem Segen heute hin, auch mein Dich ermuthigendes Lob, denn Du hast Dir ersichtliche Mühe gegeben Dich zu bessern. Nun strenge Dich an, moralisch und geistig, nur das Bedeutendste wird Deinem Vater genügen können, wenn er ein Mal Dich wird zu sich berufen wollen, Sprachfertigkeit (schreibe mir jetzt wieder französisch und m^{rs} Cooper englisch), ausgebreitete Geschicht- und Litteraturkenntnisse, und weibliche Handfertigkeit, um Deine Wäsche und die eines Hausstandes in Ordnung zu halten. Ich schrieb an Gräfin Vitzthum Dir Deine Wünsche, in meinem Namen, zu erfüllen, bitte sie auch um einen Regenschirm; eine Kette in Gold und Platina entsendete Dir Tante Claire aus Paris, Afra soll sie Dir zuschicken. Von hier aus läßt sich nichts schicken, weshalb wir auch auf die Reisetasche verzichten müssen. Sei nun fröhlich und heiter, mein liebes Kind! Deine Geschwister haben Dir wohl mitgetheilt wie es uns hier geht – es ist in der That träumerisch schön, gestern Abend spät wanderte ich noch mit Vater Richard auf der Terrasse beim Mondschein, und der Wellenschlag, die strahlenden Felsen, die Schluchten, der Duft der Bäume bildeten ein unbeschreibliches Ganzes. –

Du weißt wohl daß Sorrent die Vaterstadt von Tasso ist, hier kehrte er in Pilgertracht zu seiner Schwester Cornelia nach langen Leiden zurück. Goethe hat dieses Moment seines Lebens in seiner hehren Dichtung schön benützt, indem er in der letzten Scene zwischen dem Dichter und der Prinzessin dem ersten eine visionartige Voraussicht seiner Ankunft in Sorrent haben läßt. Lies dieses wundervolle Gedicht, Du wirst zwar noch nicht die ganze Schöne desselben empfinden können, denn die Jugend verlangt das Leidenschaftliche, aber wie eine milde hohe Luft wird Dich darin umwehen. Kein Dichter hat die zarte Entsagungs-Weihe einer edlen Frauenseele also geschildert. Was Shakespeare betrifft, so darf ein junges Mädchen nicht sagen, daß er sie ungemein interessirt, indem es sich um einen Dichterfürsten handelt, vor welchem Alle sich beugen. Es ist ungefähr wie wenn Du sagtest: ich möchte gern mit Kaiser Wilhelm umgehen. Ich wüßte wirklich kein Stück, welches Du lesen könntest; ich möchte mit Dir einige von den historischen Stücken vornehmen, und würde das auslassen, was Dir

unverständlich sein muß. Mir fällt ein daß Du *Coriolan*, Julius Caesar und Richard II. (nicht III.) lesen könntest, aber wie gesagt, ich hätte lieber Du wartest damit. [...]
Suche doch, mein Kind, Dir eine hübschere feinere Handschrift anzueignen, die Deinige ist gar klobig und dabei ausdruckslos. Nun lebe wohl, und sei innig geküßt!

C. W.

Mete Fontane an ihren Vater

Mein lieber Papa. Warnemünde, d. 11. Juli 1882

Seit gestern Abend bin ich im Besitz Deiner Briefe, in denen Du rührend eingehend über mich und meine Angelegenheiten schreibst. Es würde vielleicht genügen, wenn ich Dir einfach für Deine Stellung zu der ganzen Sache, die für mich immerhin vortheilhaft ist, dankte und es mit Tante Anna's wundervollem Brief an Dich bewenden ließe; aber es giebt auch ein Zuviel in der Reserve und der Abneigung gegen Auseinandersetzungen und ich denke, Du wirst damit einverstanden sein, wenn ich zum ersten und wie ich Dich bitte auch letzten Male über den Fall spreche.
Ich kann es ganz ruhig, ohne jede Erregung und ohne allzugroße Bitterkeit, denn die ganze Geschichte ist keine Erfahrung, die ein junges unschuldiges Mädchen macht, sondern sie bestätigt nur die allerfestesten Lebensanschauungen eines ziemlich fertigen, scharfblickenden Menschen, Deiner gehorsamen Tochter. Mir ist Dein wundervoller Haß gegen die sogenannte Biedermannschaft angeboren und anerzogen und ich habe Jahr für Jahr lebhafter empfunden, wie dünn und inferior diese ganze Tugend ist. Du schreibst in einem Deiner Briefe: man kann L'Adultera furchtbar angreifen, wenn man auf einem höchsten sittlichen Standpunkt steht; aber wer nimmt diesen höchsten sittlichen Standpunkt ein? Das paßt nicht nur auf dem Gebiete der Kunst, auch in den Fragen des Lebens ist es entscheidend; existirte eine wirkliche zuverlässige Tugend und Biederkeit, die keine Rücksicht, keine selbstsüchtigen Motive,

keinen persönlichen Vortheil kennt, existirte eben das, was so viele zu representiren *glauben*, so würde ich mich demüthig und anerkennend beugen; aber ich habe noch nie die Nothwendigkeit empfunden, das meinen Knieen zuzumuthen; sie bestehen Alle nicht, wenn die großen entscheidenden Minuten kommen und sie verdienen mehr unseren Zorn, wie die frischen, fröhlichen Sünder, die ihre Schwäche kennen und nicht diesen blöden Hochmuth haben, auf Dinge, die sie nicht besitzen.

Ich theile ganz Dein Gefühl von Befreiung; der lästige Zwang, den ich mir auferlegt hatte, doppelt lästig, weil er nicht rein äußerlich war, fällt fort. Ich kam mir immer leise unwürdig vor, wenn ich meine allerinnerste Natur, die doch auch ihre Berechtigung hatte, verleugnete. Und nun kommt der Punkt, wo Du mich fragen wirst: Ich that es bis vor ein paar Jahren, weil ich anhänglich und dankbar an das *Haus* Schreiner war, ohne jeden Nebengedanken; jeder hat ein paar Punkte im Leben, wo er sich als treu und anständig bewährt, für mich war meine Pflege meines Verhältnisses zu Sch. ein solcher Punkt. Seit 1-2 Jahren habe ich mich für gebunden gehalten; ich lachte über das Herzählen halbmystischer Äußerungen, über das ängstliche Abwägen der berühmten Händedrücke; das war es Alles nicht; sondern es war der ganze Charakter meines Verhältnisses zu dem Hause: ein Charakter, der eigentlich einen Ausgang, wie den, welchen wir schließlich vor uns haben, als eine Unmöglichkeit hinstellte. Daher treffen mich auch die leisen Vorwürfe in Deinen Briefen nicht; ich bin kein Schaf und war nicht einmal durch eine lebhafte Neigung geblendet oder leichtgläubig gemacht, ich hielt mich nach reiflicher Ueberlegung, *und* nach sentiment für gebunden. Von dieser Voraussetzung ausgehend, kann mich kein Tadel treffen.

Was nun den guten R. anbetrifft, so hast Du ihn glaube ich wundervoll erkannt. Ja, er hat es gewollt, sogar bis vor Kurzem; wo der Stein lag, an dem er sich schließlich stieß, ist mir nicht klar, aber Äußerungen von Marie machen mich glauben, daß der Abend bei uns einen ganz enormen Eindruck auf ihn gemacht hat. Er fand uns alle nett, klug, witzig, geistreich, aber wie er gesagt haben soll, er ist sich so entsetzlich unbedeutend und überflüssig vorgekommen. Diese Empfindung begreife ich

und soweit sie nicht nur kindlicher Eitelkeit entspringt, achte ich sie sogar. Wenn es sich aber so verhielt, wenn er scharf sah, was wir uns Alle jetzt sagen, man muß in seiner Atmosphäre bleiben, Verpflanzungen bringt kein Glück, ich meine hatte er einmal in seinem Leben eine wirkliche kräftige Empfindung, dann hätte er auch einmal im Leben den Muth haben müssen, seine charakterlose und folgenschwere Schweigsamkeit zu brechen; er war mir die doppelte Rücksicht schuldig, wie Jeder anderen und konnte nicht wissen, daß er schließlich einer alten bewährten Freundin seiner Schwester und seines Hauses, *nicht* das Herz brach.
Mama hat nichts dagegen, wenn Du mir auch ihre Briefe schickst; ich bitte Dich darum; sie werden eben so sicher aufbewahrt wie die Deinigen.
Ich bin wieder furchtbar erkältet, sonst aber leidlich wohl. Sonntag waren die Schwiggerower hier und wir hatten einen guten Tag; das junge Paar machte einen guten Eindruck und Lise war sehr heiter und liebenswürdig.
W. füllt sich und auch im Hause haben wir mehr Unruhe; ich habe nicht mehr so viel von Tante Anna wie im Anfang, aber ich bin auch für die wenigen Stunden des Alleinseins mit ihr dankbar; wir freuen uns der See, der Beleuchtung, unserer Kinder und führen weise, philosophische Gespräche, wie es älteren, erfahrenen Damen ziemt.
Ich habe mich ganz lahm geschrieben. Bitte schicke meinen Brief an Mama. Grüße die Brüder und meine Tilla und quäle Dich nicht so sehr.

In herzlichster Liebe
Deine alte Tochter
Martha Fontane

Franziska Nietzsche an Franz Overbek

Mein teurer guter Herr Professor! [Jena, 28. Februar 1890]

Es drängt mich Ihnen mein guter Herr Professor ein herzliches Wort des Dankes und zwar des *tiefempfundensten* zu sagen, für Ihren so lieben Besuch, welcher doch ein gar zu rührendes Zeugnis Ihrer Liebe und bewährten Freundschaft zu meinem lieben Sohn war. Auch der guten Frau Professor möchte ich noch danken, da sie mit ihrem teilnehmenden Herzen nicht dagegen gewesen, dieses Liebeswerk auszuführen, trotz des Winters und hoffe zu Gott, daß Sie auch die Heimreise ohne Schaden für Ihre Gesundheit zurückgelegt haben; waren wir doch die Stunden doch oft bei Ihnen. Gott sei gelobt, daß das schreckliche Winterwetter mit furchtbarem Schneefall und Gestöber erst heute Freitag eingetreten ist, denn ich wußte kaum wie ich vor tiefem Schnee in die Anstalt vor einer Stunde kommen sollte, um allda zu bestellen, daß wenn sich das Wetter nicht ändere, mein Sohn in der Anstalt essen solle, ändert es sich so holen wir ihn aber doch und er ißt auch gewiß gern noch einmal mit, denn es ist ihm doch eine kleine Veränderung. Der vorgestrige Tag verlief nur leidlich, denn als ich ihn gegen 10 Uhr in die Stadt holte, war er von der einen Straße nicht abzubringen, in dieselbe einzubiegen (ich behielt ihn aber fest am Arm) und sich die Sachen in den Schaufenstern zu betrachten, in einen Bäckerladen hineinzustürmen und sich Semmeln aller Art auszusuchen, desgl. in einem Delikatessenladen Feigen, Datteln und kleine Nüsse, und verzehrte es unterwegs, doch war er den Tag wie etwa am Montag daran, durch Ihrer so gütigen Frau Gemahlin überaus freundliche Gabe, wofür ich noch meinen besonderen herzlichen Dank sage. Aus derartigen Vorkommnissen *lernt* man einfach und darum holte ich ihn gestern erst gegen Mittag ab, wo er ganz heiter mit mir nach der Stadtwohnung ging und zwei gestrichene Milchbrödchen mit Zervelatwurst verzehrte. Dann machten wir noch vor Tisch einen kleinen Spaziergang und gingen in den »Stern«, wo wir drüben im Klavierzimmer essen mußten, weil das gewohnte Zimmer ausnahmsweise, durch Verbindungsbesuch veranlaßt, besetzt war. Natürlich spielte er sogleich etwas Klavier und sehr hübsch, dann nahmen wir unser Mittagessen ein und dann spielte Herr Köselitz, wo er mit dem heitersten Gesicht zuhörte und nachdem machte ich mit ihm allein einen großen Spaziergang vor dem Felsenkeller vorbei, bis nach der Eisenbahnbrücke die Chaussee entlang. Dort ist eine zerbrochene Barriere, wo ich ihm ein Stück von meinem Mantel unterlege und ruhen uns da allemal etwas. Rückwärts kehrten wir dann, die Hälfte Wegs etwa, in das Wirtshaus an der Chaussee ein und nahmen eine kleine Erfrischung. Dann schlief er zu Hause, aber nur wenig und ich las ihm später etwas vor, neben seinem Sopha, wobei ich ihm die Stirn aufwärts die ganze Zeit strich, auch die Hand sekundenlang darauf ruhen ließ und das schien ihm wohlzutun, ebenso wenn er mit der Hand die Gestikulationen macht und ich sie nahm und beim Vorlesen an meine Backe eine Zeit hielt, war er augenblicklich still und ließ es ruhig geschehen, bis ich die Hand wieder hinlegte. All die kleinen Dinge muß man nach und nach ihm ablernen, das langsame Vorlesen schien ihm aber wohl zu tun, denn ich mußte ganze halbe Seiten wiederholen und wenn ich ihn fragte (wenn er dazwischen selbst gestikulierend etwas sagte), »ich soll wohl aufhören?«, meinte er allemal »nein, bitte weiter«. [...]

So muß man Geduld haben und auf des treuen Gottes Gnade und Allbarmherzigkeit vertrauen, auch hinsichtlich der nächsten Zeit, wo unser guter Herr Köselitz uns verläßt, welcher ein großes Liebes- und Freundschaftsopfer gebracht hat. Für das Sein mit ihm im Zimmer habe ich nicht die geringste Sorge, nur für draußen ist mir mannigmal bange.

Heute hörte ich, Professor Binswanger werde einen Ruf nach Berlin bekommen an Prof. Westphals Stelle, welcher in seiner geistigen Umnachtung erst bei Binswanger hier und dann bei dessen Bruder in Konstanz in Kur war und vor etwa 8 Wochen dort gestorben ist. Wer weiß wer dann wieder hierher käme!

Doch ich will nun schließen und soll Ihnen und Ihrer Frau Gemahlin noch herzliche Empfehlung von dem guten Herrn Köselitz bringen. Wir wollen nun unsern lieben Kranken abholen und grüße Sie mein guter Herr Professor und meine gute Frau Professor auf das Allerherzlichste, als

Ihre
Ihnen ewig dankbar
ergebene Nietzsche

Minna Cauer an Frau von Witt

Berlin W
Wormserstr. 5

Meine liebe Muschka! den 25. September 1909

Sie haben mir schon viele Freundschaftsdienste erwiesen, so daß Ihnen kaum noch etwas »zu tun übrig bleibt«. Trotzdem bitte ich Sie, daß Sie beifolgenden Brief meiner Schwägerin aufmachen und lesen. Ich weiß, nachdem ich die Zeilen, [die] an Sie gerichtet [sind], gelesen haben, daß dieser Brief nur Vorwürfe enthält, und die würde ich nicht ruhig hinnehmen, denn ich habe sie weder verdient, noch hat irgend ein Mitglied meiner Familie das geringste Recht, mir etwas vorzuhalten. Nie hat irgend ein Familienmitglied sich um mich gekümmert, ob ich in Not und Sorge, in Kampf und Leid stand, *nie*. Ich habe für meine Familie weit über meine Kräfte gearbeitet und geleistet, immer war es nicht genug. Ich galt ja für wohlhabend, ja für reich und wollte nur nicht geben. Ich bin jahrelang wie ausgestoßen aus der Familie gewesen und wäre ich heute nicht die bekannte Frau, so würden mich heute noch alle ignorieren. Man hat sich nicht entblödet, die Zuneigung, welche ich einst für P. G. hatte, als unsittlich hinzustellen usw. Mühsam habe ich mich jetzt so weit hindurchgerungen, daß ich noch Teilnahme zeigen kann, aber ein inneres Band verknüpft mich niemand von der Familie mehr. Ich will nicht von neuem Bitterkeit einheimsen, überdies hat mein Bruder noch nie auch nur die geringste Teilnahme oder Freundlichkeit bewiesen, selbst wenn ich in bangen Sorgen und Krankheit war. Also, ich will mit dieser Sache nun und nimmermehr etwas zu tun haben. Darum, liebe Muschka, lesen Sie den Brief!

Wenn irgendetwas darin steht, was ich Gutes ausführen kann oder soll, so schreiben Sie es mir. Das Schlimme will ich nicht wissen.
Möchten Sie nie innerlich so weit kommen wie ich, liebe Muschka, das wäre der größte Lohn für alles, was Sie an Menschen Gutes tun. Ich stand auch einmal so da wie Sie und appellierte an das Beste im Leben. Jetzt weiß ich, daß auch das eine Illusion war. [...]

Treulichst
M. Cauer

Käthe Kollwitz an ihren Sohn Hans

Zum 14. Mai 1911

Mein liebster Junge! Vor mir steht Deine Büste. Wenn ich aufseh, seh ich Dein liebes Gesicht, das ich so gut kenne in *jeder* Stimmung. Liebster Junge, Du weißt, wie in diesen Tagen hier an Dich gedacht wird, immer in Liebe, aber in dieser Zeit wird man sich deren noch mehr bewußt. Vor 19 Jahren, als Du geboren wurdest, blühte auch schon der Flieder, ganze Büsche davon hatte ich in meinem Zimmer, wo ich mit Dir eben zur Welt Gekommenem lag. Du hattest schon damals ein ernsthaftes Gesicht.
Und dann von dem ersten Geburtstag an – wo ein einzelnes Lichtchen brannte – daneben das Lebenslicht – bis herauf zu dem jetzigen – all die vielen Jahre. Nur ein einziges Mal konnte ich an Deinem Geburtstag nicht bei Dir sein, das war, als ich in Italien war, und das war mir damals recht schwer. – Nur eines hat in der ganzen Zeit Deiner Entwicklung uns Sorge gemacht, das war Deine Neigung zur Melancholie und zum Gedrücktsein. Aber wir können nichts mehr dagegen tun, nur abwarten und hoffen, daß Du ihrer Herr wirst. Du hast soviel Kraft – Hans, Du wirst auch mit diesem Hang zur Traurigkeit fertig werden. Ich denke immer daran, daß auch mir die jungen Jahre schwerer zu tragen waren als die späteren. Die Lobpreisung auf das Leben, wie der alte Goethe sie im Lynceus an-

stimmt, ist wohl nur im Alter denkbar; derselbe Goethe ging in seiner Jugend mit Selbstmordgedanken um und, um nur an eins seiner Gedichte zu denken: »immer ist dem Herzen bang – Schmerzen sind der Jugend Nahrung – Tränen seliger Lobgesang.«

Liebster Junge – *durch* durch das Leben – es ist schließlich doch immer lebenswert. Mit Ausnahmen natürlich, aber warum sollen diese Ausnahmen, diese wirklichen Unerträglichkeiten, Dich treffen?

Drittes Kapitel
Freundschaften

Luise Kulmus
an Johann Christoph Gottsched

Danzig
Mein aufrichtiger bester Freund, den 4. Septbr. 1734

Ich weis keinen Ausdruck zu finden, Ihnen die Bestürzung zu beschreiben, die mir Ihr letztes Schreiben verursacht hat. Sie erzählen mir darinnen eine Lästerung, die mir an sich selbst nicht empfindlich seyn kann; weil sie gleich andern, die ich bisher erfahren, ganz ohne Grund ist. Aber Sie, mein bester Freund, sind dadurch beunruhiget worden, und dieses rührt mich. Ich weiß nicht, warum sich so viel Leute Mühe geben, unsere Freundschaft zu zernichten? Aber das ist gewiß, daß man bey mir eben so sehr daran arbeitet, als bey Ihnen. Ich bin noch im Zweifel, wem ich diesmal für den Stöhrer unserer Ruhe ansehen soll. Es ist mir leid, daß Sie den Brief verbrannt haben, vielleicht hätte man an der Hand den Verläumder errathen. Doch wer schon so boshaft ist, der wird auch die nöthige Behutsamkeit brauchen, die dazu erfordert wird.

Sie, einziger Freund, wissen am besten, daß ich selbst die erste gewesen, die Ihnen alle Umstände meiner Familie entdecket. Meine heimliche Eigenliebe freuet sich recht, durch diese Aufrichtigkeit meinem Feinde zuvorgekommen zu seyn. Vielleicht würden tausend Personen meines Geschlechts mit eben so großer Sorgfalt verborgen haben, was ich Ihnen alles, auch das Widrige zu offenbaren, mich bemühet. Dieses macht also den ersten Punct der Verläumdung zu Schanden. Was den zweyten wegen meiner Gesundheit betrift; so habe ich niemals kränklicher und entstellter ausgesehen, als bey meines Vaters Tode, und 6 Monate hernach. Es war eben um die Zeit, da die Reihe an mir war, eine Probe der Beständigkeit gegen Sie abzulegen. Ich bin standhaft geblieben, ohngeachtet ich von allen Seiten heftig bestürmet wurde. Ich hatte den Tod eines sehr liebreichen Vaters, und eine ganz unvermuthete Zerrüttung unserer Umstände zu bedauren. Nun zitterte ich selbst vor dem Verluste meines besten Freundes. Dieses schlug mich fast darnieder. Damals legte ich den Grund zu meiner letzten Krankheit. Dieses und alles allgemeine Elend sowohl, als der besondre nagende Kummer über den Tod meiner Mutter, hätte mir beynahe das Leben gekostet. Jetzt aber hat ein so heftiges Fieber meinen Körper gereiniget, mein Gemüthe ist viel heiterer, und mein Körper viel gesünder als jemals. Vor vier Jahren hätte man Ihnen schreiben sollen, daß ich übel aussähe; da kam ich aber meinen Neidern zuvor. Und warum hätte ich das nicht thun sollen? Sie waren nicht nach Danzig gekommen, schöne Gesichter und schöne Körper zu suchen; diese hätten Sie in Sachsen näher. Oder hätten Sie diese auch hier verlangt, so würde Ihre Wahl nicht auf mich gefallen seyn. Gesetzt auch, daß ich jetzt die Blattern gehabt hätte; gesetzt, daß mich diese sehr übel zugerichtet; so hätte ich Ihrer Standhaftigkeit doch so viel zugetrauet, daß Sie die treue Beschreibung meines narbigen Gesichtes ohne widrigen Eindruck würden gelesen haben. Ich glaube, ich hätte die Gruben gezählet, um Ihnen alles genau zu melden. Aber nein, bester Freund! diese Krankheit hat schon im vierten Jahre ihre Wuth an mir ausgeübet. Meine theure Mutter hat mich damals dem Himmel abgedrungen, weil ich eben sehr krank war. Diese Nachricht ist also jetzo ganz falsch. Mein Gesicht ist noch in eben der Verfassung, als ich Ihnen solches im Februario, durch die Hand eines guten Meisters verfertiget, zugeschickt habe. Was wollen wir aber, treuster und theuer geschätzter Freund, mit unsern gemeinschaftlichen Feinden machen? Ich zittere, wenn ich denke, daß sie noch sechs Monate Zeit haben, ihre Lästerungen aufs listigste fortzusetzen. Doch, ich hoffe, sie sollen an uns zu Schanden werden. Sollten sie fähig seyn, das Band zu lösen, welches die Tugend geknüpfet hat? Nein, Theuerster, an meiner Seite sollen sie diese Ehre nimmermehr erleben. Mein Herz wird sich bey den scheinbarsten Verläumdungen jederzeit auf die Tugend stützen, der ich bis in Tod treu bleiben werde. Meine Liebe wird zu Ihnen das beste Zutrauen haben; und kein Zufall wird den Entschluß ändern, bis ins Grab Ihnen ganz eigen zu seyn,

Kulmus

Frau Jacobi an Immanuel Kant

Aus dem Garten
Werter Freund! 12. Juni 1762

Wundern Sie sich nicht, daß ich mich unterfange, an Ihnen als einen großen Philosophen zu schreiben? Ich glaubte Sie gestern in meinem Garten zu finden, da aber meine Freundin mit mir alle Alleen durchgeschlichen, und wir unseren Freund unter diesem Zirkel des Himmels nicht fanden, so beschäftigte ich mich mit Verfertigung eines Segen-Bandes, dieses ist Ihnen gewidmet. Ich mache Ansprüche auf Ihre Gesellschaft morgen nachmittag. Ja ja, ich werde kommen, höre ich Sie sagen, nun gut, wir erwarten Sie, dann wird auch meine Uhr aufgezogen werden, verzeihen Sie mir diese Erinnerung, meine Freundin und ich überschicke Ihnen einen Kuß, per Sympathie, die Luft wird doch wohl im Kneiphof dieselbe sein, damit unser Kuß nicht die sympathetische Kraft verliert. Leben Sie vergnügt und wohl.

Jacobin

Elisa von der Recke an Elisabeth von Medem

Neuenburg d. 14. Juni 1771

In dir, meine Lisette, besitze ich das Ideal einer vollkommenen Freundin. Dank, Theure, daß du mich mit jedem Posttage über deine Abwesenheit zu trösten suchst. Liebe Theure! auch selbst die spanischen Fliegen behindern dich nicht, dich deiner entfernten Freundin zu vergegenwärtigen! – Habe Dank, du Gute, habe Dank! bis zum letzten Hauche des Lebens werde ich dich, du Theure, Entfernte lieben! Entfernte? – nein! nein! – in meinem Herzen habe ich dich! immer bist du mir gegenwärtig! und doch! – Entfernt! ach! nie hatte ich es gedacht, daß die Entfernung von Euch, die ich mehr, als mich selbst, Liebe, mir so schwer zu ertragen sein könnte! – Von meinen Eltern getrennt, von dir, Liebste, entfernt, hier in diesem großen, wüsten, alten Schlosse so allein! – Es wird mir schwer, meinen Schmerz vor dem zu verbergen, den ich so herzlich liebe und den ich gern glücklich machen möchte. Auch suche ich meine Thränen zu verbergen, meine Traurigkeit zu unterdrücken, weil ich den gern froh weiß, der gewiß sehr betrübt sein würde, wenn er den tiefen Schmerz meiner Seele nur ahnen könnte. Ich sage dir, Liebste, nichts vom rührenden Abschiede meiner geliebten Eltern, meiner Stoltz und meines Geschwisters! Ich mag mir das alles nicht zurückrufen, weil ich jede traurige Idee fliehen muß. – Wer aber kann meinen stillen Schmerz tadeln? – Habe ich mich nicht von einem Vater getrennt, der mit zärtlichster Sorgfalt für mein Wohl bedacht ist? Habe ich nicht eine Mutter verlassen, welcher ich mehr, als mein Leben – das ist: die Bildung meiner Seele – zu danken habe? Bin ich nun nicht von meinem guten Geschwister und von einer Freundin entfernt, in welcher ich unzählige Vollkommenheiten des Geistes und des Herzens liebe? – Alles um mich herum ist in diesem wüsten Schlosse so einsam und leer! Meine Augen werden wieder naß! – ich will lieber schweigen! Liebste Lisette, zeige meinen Brief keinem! – antworte mir auch nicht auf das was ich dir über die Trennung von meinen guten Eltern schreibe! Derjenige, der meine unbegrenzte Liebe für meine guten Eltern nicht kennt, würde mich mißverstehen und meine Traurigkeit vielleicht gar für eine Folge des Mißvergnügens über meine getroffene Wahl erklären. Und doch versichere ich dir, Liebste, wäre ich nur von meinen guten Eltern nicht getrennt, ich würde mich für die glücklichste Frau halten, denn von meinem geliebten Manne werde ich auf das innigste geliebt, auf das zärtlichste begegnet. Ja, meine Freundin, du kannst es deinen guten Eltern sagen, mein lieber Mann sucht meinen Wünschen zuvorzukommen, und ich fühle mich in meiner Lage recht glücklich. Die Gegend von Neuenburg ist ganz ausnehmend schön. Wie froh werde ich sein, wenn ich meine liebste Freundin hier bewirthen und in allen diesen schönen Spaziergängen umherführen werde. Ueber allen Ausdruck liebt dich deine

C. von der Recke [geb. Charlotte von Medem]

Philippine Gatterer an Elisa von der Recke

Cassel d. 29. Juni 1800

Darf wohl zu der, die gewiß nie etwas von geringem Gehalte geschrieben hat, ein geistloses Blättchen, mit fieberhaften Kopfweh aus dem Bette geschrieben, sich wagen? Wenn ich den so lang genährten Wunsch meines Herzens ausführen und mein liebliches Mädchen im Geist einige Augenblicke in Ihre Arme legen will, um dadurch lebenslange Liebe für diese kleine Unschuldige zu erwerben – so ists nun wohl die höchste Zeit, da ich, glaub ich, schon 10 Tage im Kindbett bin. Ich war sehr wohl – vielleicht leg ich Ihnen ein kleines Gedicht bey, welches ein Beweis davon ist, und am zweyten Tage entstand. Zwey Tage war ich auf, Reinhard hatte mich um Lieder gebeten, welche ich ihm abschrieb, und dadurch in meinen Schreibereyen kramend gleich mehr schrieb und las. Dadurch in geistigen Gang gebracht, wollt ich heute am Posttage wahrscheinlich in Versen an Sie, theuerste gnädige Frau! schreiben: eine Epistel, die nicht unwerth seyn sollte, vor Ihre Augen zu kommen. Aber wir arme kurzsichtige Menschen! Diese Nacht bekam ich Fieber und habe heut ganz unaussprechliches Kopfweh. Nun will ich doch meinen Vorsatz ausüben, weil ich übermorgen taufen lasse, und Ihnen nur kurz melden, daß ich meinem Mädchen die lebenslange Ehre gönnen möchte, Ihren Namen zu tragen: und die Hoffnung (die ehmals fester Glaube war), daß es dann Ihre neunte Ader erben wird.
Sie haben sich selbst diese, ich möchte sagen gezwungene Pathenschaft zugezogen. Wissen Sie noch, daß Sie mir, die damals schwanger war, beym Abschied nach dem frohen Nachmittag, wo ich mich ordentlich sonnte und erquickte an Ihrem Gespräche und Anblick, daß Sie mir sagten: Wenn Sie einen Knaben zur Welt bringen, so nennen Sie ihn mir zu Ehren Karl. Meinem Bruder war aber die Pathenschaft schon in die Hand versprochen, und einem Knaben hätt ich auch kaum die Ehre gegönnt. Allein mit so fruchtbaren Weibern ist nicht zu scherzen. (N.B. Ich habe nun zehn lebendige Kinder). So lang ich dies Kind mit ungewöhnlicher Beschwerde trug, so war mir

Tag und Nacht der Gedanke tröstend und labend, daß es, wenn es Tag und Leben erblickte, ein Band zwischen mir und der Trefflichen von Recke knüpfen solle. Denn ich hoffe, bald einige Zeilen von Ihrer Hand zu empfangen – sie beantworten zu dürfen und so einen ehrenvollen und höchst angenehmen Briefwechsel dadurch unter uns zu stiften. Die Briefe sollen künftig nicht so elend seyn als dieser.
Als ich kaum zu Bette gebracht war, fiel mir meine arme kranke, vermuthl. bald sterbende Lotte in Erfurt ein, die immer böse war, daß ich sie nicht zu Gevatter bat. Die kluge Tochter des albernen Epigrammatisten von Einem. Ich werde ihr schreiben, da auch sie Charlotte heißt, sie solle Nebengevatterin seyn und ich wolle auch an sie denken, wenn ich das Kind nenne. Ich hoffe, es wird Ihnen, meine Gnädige, nicht unangenehm sein. Heißen Sie denn aber auch Charlotte, wie ich schwören wollte? Melden Sie mir bald, wie Sie als Kind genannt wurden, denn nur so soll mein hübsches Mädel heißen.

Phil. Engelhard [geb. Gatterer]

Caroline Schlegel an Johann Wolfgang Goethe

[Braunschweig, 26. November 1800]

Wenn Ihre eignen Hoffnungen von Schelling und alles, was er schon geleistet hat, wenn er selbst Ihnen so lieb und wert ist, wie ich es glaube, so werden diese Zeilen Ihre Entschuldigung finden, ungeachtet ihrer Seltsamkeit, die Sie bitten sollen, ihm zu helfen. Ich weiß in der Welt niemand außer Ihnen, der das jetzt vermöchte. Er ist durch eine Verkettung von gramvollen Ereignissen in eine Gemütslage geraten, die ihn zugrunde richten müßte, wenn er sich ihr auch nicht mit dem Vorsatz hingäbe, sich zugrunde richten zu wollen. Es kann Ihnen fast nicht unbemerkt geblieben sein, wie sehr sein Körper und seine Seele leidet, und er ist eben jetzt in einer so traurigen und verderblichen Stimmung, daß sich ihm bald ein Leitstern zeigen muß.

Ich bin selbst müde und krank und nicht imstande, ihm die kräftige Ansicht des Lebens hinzustellen, zu der er berufen ist. Sie können es, Sie stehn ihm so nah von seiten seiner höchsten und liebsten Bestrebungen und der persönlichen Zuneigung und Verehrung, von denen er für Sie durchdrungen ist. Sie haben das Gewicht über ihn, was die Natur selber haben würde, wenn Sie ihm durch eine Stimme vom Himmel zureden könnte. Reichen Sie ihm in ihrem Namen die Hand. Es bedarf weniges weiter, als Sie wirklich schon tun, Ihre Teilnehmung, Ihre Mitteilung ist mehrmals ein Sonnenstrahl für ihn gewesen, der durch den Nebel hindurchbrach, in dem er gefangen liegt, und manches, was er mir geschrieben, hat mir den Gedanken und den Mut gegeben, Sie bestimmter für ihn aufzufordern. Lassen Sie ihn nur wissen, daß Sie die Last auf seinem Herzen und eine Zerrüttung in ihm wahrnehmen, die ihm nicht ziemt, und wenn das Geschick auch noch so ausgesucht grausam ist. Lassen Sie ihn einen hellen festen Blick auf sich tun. Sie werden durch jeden Wink auf ihn wirken, denn mag er noch so verschlossen und starr erscheinen, glauben Sie nur, sein ganzes Wesen öffnet sich innerlich vor Ihnen, wenn Sie sich zu ihm wenden; und wenn er nicht die heftige Erschütterung scheute Ihnen gegenüber, so hätte er vielleicht selbst getan, was ich sanfter, obwohl sehr bekümmert an seiner Statt tue: sein Heil Ihrer Vorsorge übergeben. Es ist das Beste, was die Freundin für ihn zu tun vermochte, die ihn nicht auf die Art trösten kann, wie sie sich selbst trösten darf. Ich habe es gewagt im Vertrauen auf Ihre Güte und den ernsten Sinn meines Anliegens. Meine Augen sind trübe, ich sehe nur noch, daß er leben muß und alles Herrliche ausführen, was er sich gedacht hat.
Wenn ich einen Wunsch besonders aussprechen darf, so ist es der, daß Sie ihn um Weihnachten aus seiner Einsamkeit locken und in Ihre Nähe einladen.
Ohne weitere Antwort hoffe ich, es beruhigend zu erfahren, daß Sie meine Bitte geachtet haben, und nur zum Überfluß ersuche ich Sie, ihrer auf keine andere Weise zu erwähnen.

Caroline Schlegel

Karoline von Günderode an Gunda Brentano

Hanau, d. 11. August 1801

Wie sonderbar sind doch die ersten Tage des Aufenthalts an einem fremden Orte, die Bande die uns an den vohrigen Aufenthalt knüpften sind aufgelöst für die Gegenwart, sie tretten gleichsam in den Hintergrund der Empfindung, und der Zustand bis man sich wieder an seine neue Umgebung angeknüpft hat ist durchaus unangenehm; er ist eine Leere die man aus sich verdrängen möchte; so ist mirs wenigstens. Jedes interessante Wissen, wen es der andere noch nicht mit mir theilt, Empfindung und Erfahrung ist mir ein Berg der mich von dem, mit dem ich mich vereinigen möchte, trent. Dir gegenüber war es mir oft so; aber ich wuste nicht ob ich den Berg zwischen uns wegzuschaffen versuchen sollte; denn ich dachte oft es könnte nur gleichgültig sein mich zu sehen wie ich bin. Du weist wie schwer es der Eigenliebe wird einem *andern* etwas gemeines an sich selbst zu zeigen.

Ich war Dir schon mehrmals ein (ich schmeichle es mir) treuer Spiegel, in dem Du Dich beschauen kontest; ja ich warf Dir das empfangne Bild mit groser Aufrichtigkeit zurük; niemals aber habe ich mich noch in Dir beschaut, sage wie komt das? ich zeige mich nicht immer gern, (ich habe es schon vorhin gesagt) doch wenn ich mich gezeigt habe, so liebe ich es unmäßig mich wieder in andern zu erblikken; denn ich hoffe der Andere wird mich ein schöneres Gemählde sehen lassen als ich selber erblikke. Oder vielmehr ich habe zuweilen gar keine Meinung von mir, so schwankend sind meine Selbstbeobachtungen. Überhaupt ist mirs ganz unbegreiflich daß wir kein anders Bewustsein haben, als Wahrnehmung von Wirkungen, nirgends von Ursachen. Alles andere Wissen scheint mit (sobald ich dies bedenke) nicht wissenswürdig, solang ich des Wissens Ursache, mein Wissensvermögen, nicht kenne. Diese Unwissenheit ist mir der unerträglichste Mangel, der größte Widerspruch. Und ich meine wenn wir die Gränze eines zweiten Lebens wirklich betretten, so müßte es eine unsrer ersten innern Erscheinungen sein, daß sich unser Bewußtsein vergrösere und

verdeutlichere; den es wäre unerträglich, diese Schranke in ein zweites Leben zu schleppen.
Viele Fragen hätte ich wohl an Dich zu thun, z. B. ob Klemenz geschrieben? wie Du lebst? ob Klötchen wieder da sei? nur die Vermuthung Du mögtest Fragen für ein Erpressungsmittel Deiner Antworten halten, läst mich sie nicht geradezu thun. Ich ergebe mich hierin auf Gnade und Ungnade Deiner Launen, denn ich weis daß sie schon dadurch das sie Dein sein, liebenswürdige Kinder, mit schönen bunten Fittigen sind.
Wahrscheinlich werde ich Dich viel länger als ich dachte, nicht sehen; meine Schwester Lotte ist sehr übel, lange kann sie nicht mehr leben, und die wehnige Tage kann ich ihr noch durch mein Hiersein Vergnügen machen. Nie habe ich jemand gesehen der dem Tode so reif ist als sie; ihre Laufbahn ist auch ihren intellektuellen Kräften nach geendet; denn ihre Seele ist so geartet, daß sie sich nie nach außen glüklich entwiklen wird, nie wird man ihren Blick aus ihrem Innern abziehen könen, und dieses Innere hat geblüth und seine Früchte (nur in, und für sich) getragen. Jetzt kann in ihr nichts mehr wachsen, als der Tod, und die Vernichtung; glüklich daß der phisische Tod ihr zu Hülfe komt. –
Wie findest Du folgende Definition? »Der Zorn ist eine unduldsame Liebe, nicht zu dem Gegenstand über den man zürnt, sondern zu dessen Gegensaz.«
Ich hätte Dir noch mancherlei zu sagen, aber ich kann nicht, ein andermal, wen ich alsdenn noch daran denke, oder es mir noch interessant dünkt.

Karoline

Elisabeth Goethe
an Bettina Brentano

[Frankfurt
Liebstes Vermächtnüß meiner Seele 28. August 1808]

Das ist einmal ein gar erfreulicher Tag für Uns, denn es ist unseres lieben meines liebsten Sohnes, und deines Bruders Geburtstag ich weiß zwar gar wohl daß du es gar nicht leiden kanst daß ich [ihn] dir als Bruder schenk aber warum? – ist er dir zu alt? – da sey Gott vor, denn ein so kostbarer Stoff wie in diesem seinem Leib und Seele verwirkt ist der bleibt ewig neu, und ja sogar seine Asche soll einst vor andern das beste Salz haben an die eine Mutter absonderlich am Geburtztag zu denken Bedenken Tragen möcht, aber wir zwei sind nicht Abergläubig, und für seine Unsterblichkeit schon dergleichen Ängstlichkeit überhoben. Ich vorab hab gewonnen Spiel denn in diesem Jahr zähl ich 76jahr und hab also den Becher der Mutterfreude bis auf den letzten Tropfen gelehrt; mir kann nicht unklücks-Schicksal aufgeladen mehr werden. – Doch ich muß dir zutrinken, denn mein Lieschen hat mir alleweil den besten Wein heraufgebracht und eine Boutelle Wasser, denn du weißt daß ich ein Wassernympf bin; und zwey Pfyrsich sind daneben, der ein für dich, der ander für mich, ich werd sie beid verzehren in deinen Nahmen, – und jezt stoß ich mit dir an, Er soll Leben! Dann wollen wir weiter sprechen. Du wirst doch auch wohl heunt an irgend einem plaisirlichen Ort seine Gesundheit Trinken. – Jetzt sag ich dirs, es hat geschmeckt – ja es ist recht einsam in deiner und meiner Vatterstadt! – das hab ich mir heunt überlegt beim Aufwachen; die Sonn hat geschienen aus allen Kräften, und hat mir bald zu heiß eingefeuert, aber sonst auch nichts hat geschienen; Heunt Morgen kommen ein paar – keiner denkt daran daß ich Mutter bin heunt. – Nun! – dacht ich, was ist das vor ein ärgerlich geschicht daß meine Bettine nicht da ist – denn die hätt mir gewiß den schönsten Straß heunt gebracht, – so ein recht herrlicher Strauß wie im vorigen Jahr da warst du noch nicht 3 Wochen mein Täglich Brod, und warst doch schon meine beste Bekanntschaft von allen die ich aufzählen kann. – Den Federkiel in die Hand nehmen und mühsam zackern, das ist nicht meine Sach da ich lieber im vollen Waitzen schneiden mag und lieber erzehl als schreib; aber für den heutigen Tag und diese Empfindung in meiner Brust ist Kraut gewachsen dem muß einmal mit einem verdienstlichen Schweiß sein Recht gethan werden. Die Plapper Elstern die Stadtmadamen was verstehen die von unsern goldnen Stunden die wir mit einander verplaudern, die sollen daran kein Theil haben, aber du sollst und must dein Theil genießen sonst könnt mirs Herz bersten. jetzt hab ich schon in der Früh wie meine Stube ganz vom Morgenroth durchschienen war an dich gedacht und da ist die Lieschen an mein Bett gekommen die hat gesagt wie Schad es ist daß du in der Ferne bist an so einem schönen Tag; ich hab ihr aber Bescheid gesagt daß einerlei ist wo du bist wirst du deiner Freundin deiner Mutter die dich gern zu ihrem Sohn zehlt und schon daran gewohnt ist schriftlich wie mündlich es dir zu repetiren an die wirst du denken heut und mit ihr Gott danken daß der sie so gnädig bis ans End in ihrem Antheil an den Himmlischen Freuden einer Mutter geschützt hat. – was kann ich dir noch hinzufügen? – – – daß ich Gott auch für dich dank als meine Beste Freud hier auf Erden in der mir alles genossene aufs neue lebendig geworden ist; das ist, Erstens – und dann zweitens hab ich dich in mein Herz geschlossen; apart, weil du nicht zum Narrenhaufen gehörst und hast dich zu mir retirirt als weil ich allein einen rechten Verstand von dir hab denn du gehörst zu der Art die mir Seel und Blutsverwandt ist; – die wird aber nicht so leicht gefunden und auch nicht gekannt, so nehme doch meinen Dank daß du deinem Wegweißer der Gott ist gehorsam warst, und hast dich nicht gewehrt bei einer alten Frau, so jung wie du auch bist dein Lager aufzuschlagen; – und erkenne in diesen schwachen Zeilen mein zu volles Herz, das mit Sehnsucht deiner baldigen Ankunft entgegen schlägt. Ich kann nichts mehr hervorbringen und verspare alles auf eine baldige köstliche mündliche Unterhaltung. Behalt Lieb deine dich ewig liebende Mutter

Goethe

Pauline Wiesel an Rahel Varnhagen

Bern, den 22. September 1810

Liebe Ralle, ich kann heute einen großen Brief schreiben, Zeit und Gelegenheit sind da; womit aber soll ich anfangen? Wie geht es Ihnen? Doch besser? Ich habe seit vier Wochen keine Silbe von Ihnen bekommen. Ich bin noch immer hier, der Ort ist göttlich, die ganze Gegend rundum göttlich; alles gefällt mir und entzückt mich; nur die Menschen sind infam, *dumm*, kleinlich, erbärmlich, kurz unausstehlich, sie sind nicht für diese Schönheiten gemacht; auch ist mir dies ein Greuel, so allein zu sein. Wenn wir beisammen wären, liebe Ralle, wie würde uns dann diese Natur hier vorkommen!

Ralle, welche Pläne haben Sie? Sind Sie immer noch krank? Haben Sie keine Lust und Möglichkeit hierher zu kommen? Mit mir, Ralle, kann es Ihnen nicht ganz schlecht gehen; erinnern Sie sich unsrer Gespräche auf der Terrasse zu Charlottenburg, wie so ganz anders war es da! Wo liegt unsere Königin begraben? Ich möchte den Platz wissen. Gott, wie geht es in der Welt! Warum mich nicht? – Ich könnte sterben, ohne daß ein Hahn darnach kräht. –

Wie geht es Ihrem Bruder Moritz? höre ich gar nichts mehr von ihm? hat er sich ganz von mir losgerissen? soll unser projektiertes Wirtshaus für uns beide nicht mehr blühen? – Wieder hab' ich jemand gesprochen, der Christel Eigensatz kennt in Venedig, sie ist noch immer reizend, glücklich als Gastwirtin, – Pedrillo heißt ihr Mann –; wollen wir zu ihr, Ralle? Wir brauchen dort nicht viel Geld; das Meer ist dort schön. –

Ich lese einen Roman von Goethe, der mir gar nicht gefällt, – *weitläufig*, ennuyant, keine Liebe, nichts als Tugend, Entsagen auf alles. Eine einzige gute Seite ist im ganzen Buch; es kommt mir vor wie ein dummes Stammbuch, wo viele hineinschreiben, – der Roman heißt: »Die Wahlverwandtschaften« …

Ralle, wo sind Sie diesen Herbst? Die Weinlese ist höchst lieblich, wenn Sie doch hier wären! In den Weinbergen ist es jetzt so angenehm, und das Götterwetter dazu! Auf lebt alles, was Gefühl hat, in diesem Wetter. Ralle, Ralle, ein Verbrechen ist unsere Entfernung.

Haben Sie keine Aussichten für den Winter? Schreiben Sie mir alles umständlich, und was meine Berliner Bekannten machen. Ist Jette Fromm schon verheiratet? Was macht Quast? Schack? Vetter? ... Zwei Jahre sind es nun, daß ich Berlin verlassen habe, und Sie sind noch immer dort! Ralle, ein Raub der Natur ist es. –
Leben Sie wohl, Ralle! Antworten Sie mir bald ...

Rahel Varnhagen an Pauline Wiesel

Karlsruhe, den 23. April 1818
Endlich warmes schönes Wetter

Aber ich, wie melancholisch! Ich darf es nicht zeigen; Sie aber werden es glauben. Denn ich ändere mich nicht. Das wissen Sie auch; denn Sie ändern sich auch nicht. Lauter Mittel zum Leben, lauter Anstalten dazu, und nie darf man leben; nie soll ich. O! und untersteht man sich's einmal, wie Sie es manchmal taten, so hat man die elende Welt, die ganze Welt gegen sich. *Teure* Pauline! hätten wir uns *vor* Wiesel gekannt, so hätte Sie *eine* Freundin gehabt, die Ihnen *nicht* wie eine Pedantin hätte vorkommen können, und die Ihnen doch sanft, Ihre Natur anerkennend, hätte raten können! Diese Freundin wär' ich gewesen. *Welch* Leben, kluges, gutes, naturgemäßes *freies* Leben hätten *wir* uns mit *den* Mitteln, die *uns* zu Gebote standen, bereiten können! Welch Leben! Ganz der Natur, unseren innersten Forderungen gemäß, und nah; ein antikes, *richtiges,* und auch jetziges, ganz in Gegenwart gegründetes Götterleben! Wir mußten uns um zehn Jahr verfehlen! und Sie zerstört werden; und auch ich. Jeder auf seine einzige Art. Ja, das kann ich wohl sagen! denn einzig bildete uns beide die Natur; und dies was folgt, *wiederhole* ich: *Eine* hätte die Natur aus uns beiden machen sollen. Solche wie Sie hätte mein Nachdenken, meine Vorsicht, meine Vernünftigkeit haben müssen! Solche wie ich Ihren Lebensmut, und Ihre Schönheit. Sonst haben wir vollkommen, was eine begabte Menschennatur beglücken kann. Sinn, Sinne, Verstand, Laune, empfindliches Herz, Kunst- und

Natursinn – das heißt auf unsere Sprache, »wir lieben Grünes«. – O! Pauline, und doch müssen wir *so* verschmachten! *Ich* kann die *Welt nicht bezwingen* ohne große Fortüne; das heißt, mit dieser wollt' ich sie nicht zwingen nach meiner Art, mit mir zu leben – weil sie mich *ennuyiert* –, aber sie *hindert* uns, und bändigt uns, wenn wir sie nicht zwingen können, uns nicht zu *stören*. Sie sehen schon, liebe Einzige, was mir diese Betrachtungen, diese Schmerzen in Worte gekleidet, ausgepreßt. Aber verzweifeln Sie nie an mir: auch an meiner endlichen *Tätigkeit* zu unserm Zusammenleben nicht!!! Es ist mein *ganzes Dränglen,* und auch Varnhagen bezweckt das für mich: weil er meine innerste *Natur kennt* – endlich dringt hart vom Herzen, bei *diesen* Worten, eine Träne durch mein Aug! – und weiß, daß nur der wahrhafteste Umgang mich beglücken kann: der ist der mit Ihnen. Erinnern Sie sich, wie er Sie in Paris aufsuchte, liebte und zu mir brachte. So wird's wieder. Können Sie uns jetzt besuchen ohne das Kind, so wohnen Sie bei mir, und gehen mit mir nach Heidelberg. *Können* Sie das nicht: so komme ich mit Varnhagen zu Ihnen. Er will so diesen Sommer in jedem Fall nach der Schweiz ...

Annette von Droste-Hülshoff an Sibylla Mertens

Rüschhaus, den 19ten [Febr. 1835]

Ich bin krank, Billchen, deshalb soll ich gar nicht schreiben, nicht lesen; nun, das Verbot ist überflüssig, die Buchstaben schwimmen und rennen durcheinander wie Wassertierchen. Ich will versuchen, wie weit ich komme. Das Wechselfieber ist's, was mich so mitnimmt, nur, leider, wechselt es nicht, alle Tage, die Gott gibt, von abends neun bis nachmittags um drei. In den wenigen freien Stunden, eben jetzt z. B., bin ich wie einer, der am Katzenjammer leidet, halb krank, halb zerschlagen, halb besoffen, und zu allem unfähig. So geht es schon seit 5 Wochen, deshalb wundere Dich nicht über die späte Beantwortung Deines letzten Briefes. Von früherhin ließe sich allerdings manches sagen, und müßte sogar gesagt werden, aber für dieses Mal wird's nicht gehen, mein Kopf läuft mit mir um. Nur so viel, ich war Dir böse und bin es nicht mehr, denn ich habe mich entschlossen, jenes, was mich kränkte, und zu verschiedenen Zeiten oft und sehr gekränkt hat, in Zukunft als etwas Unabänderliches zu tragen. Ich meine Deine Unfähigkeit, persönliche Mühe für Deine Freunde zu übernehmen, selbst wenn der Erfolg für jene von Wichtigkeit und die Mühe gering wäre. Du kannst wohl nicht zweifeln, daß für dieses Mal von meinen Gedichten die Rede ist, die ich so mühsam für Dich abschrieb, und dafür nichts verlangte, als daß Du sie mit Adelen [Schopenhauer] und D'Alton kritisch durchsehen mögest, da ich befürchte, daß durch allzu vieles Streichen manches unzusammenhängend geworden, dem aber durch Einschieben des Gestrichenen leicht zu helfen. Auch sonst, fürchte ich, sei manches zu gewagt et cet. Du magst das Weitere in den zwei zu jener Zeit geschriebenen Briefen nachsehen, heute darf ich kein überflüssiges Wort schreiben. Ferner um Anweisung bat ich, an wen ich mich wohl wegen des Verlags zu wenden, und auf welche Weise. Hättest Du nur nicht so enthusiastisch, so überaus dienstwillig geantwortet, und hätte ich Dir nur nicht so fest geglaubt und mit so ängstlicher Spannung von einem Posttage zum anderen geharrt, es würde mich weniger geärgert haben, daß *so gar nichts* geschehen ist, ich würde nicht so allen Mut und Lust verloren haben, je wieder etwas zu unternehmen. Doch passons la dessus! Dieses heftige Ergreifen und schnelle Fahrenlassen ist eine stehende Eigenschaft bei Dir, aber nur des Kopfes, vielmehr der Phantasie, keineswegs des Herzens, deshalb kann ich sie Dir übersehen und Dich lieben wie zuvor. Laß Dich durch das, was ich geschrieben habe, nur ja nicht verleiten, Dich etwa jetzt, mit Deinem Kopfleiden, grade recht mal a propos an die Sache zu geben, laß sie überall beruhen, Du kannst ohne Adelen doch nicht voran, und meine letzte Frage oder Bitte betrifft sie allein, drum werd' ich ihr schreiben, sobald ich besser bin.

Ich war übrigens schon mit meinen Gefühlen für Dich im reinen und Dir gar nicht böse mehr, wie Dein vorletztes Schreiben kam. Für dieses Mal hinderte mich der Ring am Antworten, Du fordertest ihn auf eine trotzige Weise zurück, fast als ob Du

dächtest, ich wollte Dich drum bringen. Drum wollte ich keine Antwort *ohne* denselben schicken... Ich wollte, das Unglücksding wäre nie vor meine Augen gekommen.
Du beklagst Dich, daß ich Dir die Heirat meiner Schwester nicht notifiziert – Kind Gottes, ich habe es Dir ja geschrieben, mit meiner eigenen Hand, ist das nicht besser wie eine gedruckte Annonce? Ich hoffe, daß Jenny glücklich wird. Laßberg hat manches Originelle, aber noch mehr Vorzügliches, doch das Urteil über jemand, den man nur als Gast und Bräutigam sah, muß einseitig bleiben, mich verlangt, ihn zwischen seinen Mitbürgern, in seinen Familienverhältnissen zu sehen. Wahrscheinlich reisen wir im nächsten Frühling (Mai) hin, d. h. die Mutter und ich, dann geht's über Bonn und auf einige Stunden nach Plittersdorf. Das ist mir aber zu wenig. Du mußt es möglich machen, auf einige Tage nach Bonn zu kommen, denn so lange, denke ich, wird Mama sich wohl von ihrem Bruder halten lassen. Ich will's nur bekennen, so wenig Du es verdienst, daß ich mich recht herzlich, Dich wiederzusehn, sehne. Bist Du noch krank? Nein, jetzt nicht mehr, ich denke mir, du läufst wieder auf Deine »zwei Beine« gleich 'ner Wachtel. Ich wollte, mit mir ständ's auch so. Die Buchstaben krimmeln mir vor den Augen wie ein Regiment Läuse (von welcher Gattung, bleibt Deinem Geschmack überlassen, Du magst wählen, die Dir am liebsten sind).
Laßberg hat mir manches Schöne geschenkt, unter anderem eine herrliche gebrannte Scheibe, die Anbetung der Hirten vorstellend, und einen goldenen Nero vom größten Kaliber, fast Guldengröße. Qu'en dis-tu? Er hat mir dabei ein langes und breites erzählt, wie sich von römischen Goldmünzen dieser Größe in allen bekannten Sammlungen nicht hundert Stück fänden, das Wiener Münzkabinett, das größte in Europa, besitze zwölf, und dieses sei sein Hauptstolz et cet. Kriege ich nicht ordentlich etwas Ansehen in Deinen Augen?
Adieu, mein liebes, böses, garstiges Herz.

Deine Nette

Schreib mir sehr bald wieder, das seltene Schreiben tut doch nicht gut! Ich will auch wieder fleißig werden und siegle doch mit Deinem geschnittenen Stein, wenn Du, seit 5 Jahren, neue bekommen hast.

Rüschhaus, 24. Mai 1843

[...] Lieb Herz, mir liegt fortwährend die Frage nach Deinem Befinden auf der Zunge, und die Scheu, Dich unangenehm zu berühren, drängt sie zurück; aber ich muß doch wissen, wie es steht. Nach Deinem Briefe schienst Du ziemlich wohl, und ein gewisser Entschluß vorläufig verschoben oder aufgegeben zu sein. Bitte, antworte mir nur mit zwei Worten hierauf! Ich weiß, Du denkst ungern daran, aber meine Unruhe um Dich zwingt mich indiskret zu sein. Auch über Deine Kinder mußt Du mir recht ausführlich schreiben, ich muß fortan wieder alle Deine Sorgen und Freuden teilen wie früher. Wahrlich, Billa, unser Verständigen miteinander, das Wiedereintreten des alten innerlich belebenden Verhältnisses hat mir so wohl getan, daß ich ihm allein die bessere Wendung meiner Krankheit zu verdanken glaube. Vorher ließ ich mich sinken, jetzt kämpfe ich gegen den Strom und werde seiner, wenn auch langsam, doch sichtlich, Meister. Ich bin zwar heitern, leicht befriedigten Gemüts, aber doch zu einer gewissen Apathie geneigt, die mich dann auch körperlich erschlafft, und Du hast mir die liebste und heilsamste aller Aufregungen gegeben, die auch nachhaltig wirkt und in diesem Grade nur von Dir ausgehen konnte. Alte Billa, freut's Dich auch, daß Du mich wieder gesund machst? [...]

an Maria von Brenken

Rüschhaus, 29.ten 8. [1843]

[...] Die Mertens wird nun mindestens zwei Jahre in Italien bleiben und nach der zu- und abnehmenden Wärme ihren Wohnort wechseln, im Sommer Mailand oder Genua, im Frühling und Herbst Florenz oder Rom, im Winter Neapel oder Sizilien. Findet sie das Klima so bedeutend zuträglicher für ihre Gesundheit, daß sie Lebensverlängerung davon hoffen kann, so wird sie am Ende wohl ganz dort bleiben, und diese wunderliche phantastische Erscheinung ist dann für immer von einer Bühne verschwunden, für die sie auch allerdings schlecht genug paßte. Jetzt, hintennach, kömmt mir die ganze Frau wie ein Traum vor, kein angenehmer, aber doch ein merkwürdiger, wie man ihn nicht jede Nacht hat. [...]

Fanny Lewald an Prinz Karl Alexander

Berlin, d. 22. März 1849

Versteht sich, Königliche Hoheit! Daß Männer neugierig sind und sehr neugierig! Darum sollen Sie auch nicht einen Tag auf die Bettina-Geschichte warten, nachdem Sie sie zu hören verlangt haben. Nur diese eine schreibe ich, da ich notwendig zu arbeiten habe, und behalte mir es vor, Ihren eingehenden liebenswürdigen Brief in der ersten freien Stunde recht in Ruhe zu beantworten.

Als der Belagerungszustand erklärt wurde oder vielmehr erklärt worden war, geht Bettina am nächsten Morgen nach dem Schlosse, um Frl. von Kalb oder Frl. von Arnim vom Hofstaat der verstorbenen Prinzeß Wilhelm zu besuchen.

Sie kommt an das Portal, das Gitter ist zu, eine Schildwache davor, und man sagt: non si entra! – Sie können nicht herein! –

»Ich will aber eine Hofdame, eine Verwandte besuchen!«

Soldat: »Hat sie Ihnen eine Karte gegeben, daß Sie rein sollen, dann können Sie rein, haben Sie keine Karte, so können Sie nicht rein.«

Bettina: »Nun, du Mensch, wie soll sie denn wissen, daß ich kommen werde?«

Soldat: »Ja! Das ist wahr! Na warten Se, ich werde zum Unteroffizier gehen, der kann den Offizier fragen, ob Sie zu den Hofdamen können.«

Der Soldat in pflichtwidrigem Diensteifer, in Belagerungskonfusion, verläßt seinen Posten, um ins Schloß zu gehen. Bettina bleibt außen am Gitter und kuckt ihm nach. Mit einem Male, wie er schon fort ist, ruft sie: »Höre Se mal! Kommens mal her! Sagen Sie Ihrem Unteroffizier, er soll dem Offizier sagen, er könnt sich seine alte Hofdame einpöckelen, so viel sind se gar nicht an Lauferei wert.«

Soldat: »Na! Das is im Grunde auch wahr.«
Bettina, höchlich belustigt durch dies Zugeständnis: »Und sagen Sie dem Unteroffizier, er soll dem Offizier sagen, ich ließ den Hofdamen und den königlichen Herrschaften gratulieren zum schönen Belagerungszustand, und ich wär de Frau von Arnim!«
Da haben Sie, Königliche Hoheit!, Bettina, wie sie leibt und lebt. Sie kennen Sie gewiß. Ich liebe sie *sehr* und sehe sie oft.
Mirabeaus Briefe müssen Sie ganz mit »primitiv *menschlichen*«, nicht mit »zivilisiert weltlichen« Augen lesen, wenn Sie mich daraus kennenlernen wollen. Um diese Briefe zu verstehen, muß der weite Weg von der falschen Kultur zur reinen gottberechtigten Natur glorreich überwunden sein. Sie, der so glücklich »menschliches« und »weltliches« Urteil zu unterscheiden wußte, können sie lesen, ohne mich zu verkennen – und werden allerdings besser wissen, was Sie an mir haben, als vorher.
Ich sehe – aber ohne Schreck – daß ich respektwidriges Oktavpapier genommen habe. Ich war eilig, schreibe immer auf solchem, nahm es also – und Sie hätten ja auch die weiße Zeremonieserviette zu entbehren vermocht.
Ich schreibe bald, sehen Sie heute in der fliegenden Eile nur den sehr guten Willen. Leben Sie wohl, Königliche Hoheit!

Minna Cauer an Frau von Witt

Berlin W
Nettelbeckstr. 21
d. 11. Feb. 1894

Meine liebe, teure Frau von Witt,

Sie werden von mir denken, daß ich nicht mehr diejenige bin, welche ich sonst war. Gewissermaßen haben Sie recht, nur würden Sie sich irren, wenn Sie je glauben könnten, daß meine Treue und meine Freundschaft zu Menschen sie ändern könnten. Man hat Special-Tugenden, die einem sein Lebelang ohne viel Verdienst eigen sind u. zu diesen rechne ich bei mir – die Treue. Was auch geschehen mag, wie auch die Menschen zu

mir sind, (es müßte denn wirkliche Bosheit vorhanden sein) ich bleibe treu.
Schwere Wochen liegen hinter mir. Seitdem ich aus Metz heimgekehrt bin, habe ich nur Kämpfe gehabt, Kämpfe ernstester Art wegen meine Ideen u. der Art u. Weise, wie ich dieselben ausgeführt sehen will. Sie hatten recht, als Sie mich vor Frau Dr. Lange warnten; sie hat sich als ganz falsch entpuppt. Sie hatten recht mit Frau Professor Albrecht, sie ist falsch und unbedeutend, Sie hatten recht mit Frl. Mellien, daß dieselbe eine boshafte Katze ist und dazu gesellte sich die Schlange Frau Dr. Schubert-Feder u. der Wolf in Schafskleidern Frau Dr. Gnauck-Kühne u. im Hintergrund das Raubtier Helene Lange u. alle verbündeten sich, mir meine Arbeit u. meine Stellung sich anzueignen u. kein Mittel war ihnen zu gering u. zu gemein, um das fertig zu bringen. Am 30ten Jan. schlugen sie diese Schlacht u. 3 Stunden lang mußte ich den feindseligen Angriffen standhalten u. eine gemeine Gesinnung nach der anderen zeigte sich in widerwärtiger Nacktheit. Dennoch wählte man mich wieder. Ich habe die Wahl angenommen, allein aus der Überzeugung heraus, daß sie alle dort, die mich verderben wollten, untereinander ein falsches Spiel spielten u. mich u. mein Werk verderben wollten um dem eigenen Ehrgeiz zu fröhnen.
Ich habe tiefe Einblicke in die Menschenseelen getan, speciell in die Frauenseelen. Neid, Haß, Ehrgeiz, kleinliche Intriguen wuchern üppig u. all das muß erst heraus, ehe die Frauen als Mitarbeiterinnen in den Kulturaufgaben gelten können. Ich habe einige Tage so gelitten, daß ich eine Verachtung gegen alle hätte schleudern mögen, um mich dann für immer vom öffentlichen Leben zurückzuziehen, doch dann hätten meine holden Feindinnen triumphiert u. meine jahrelange Arbeit wäre nur zerstört worden. So habe ich das Martyrium auf mich genommen u. ein Martyrium ist es nun geworden.
Zum Glück sind die Megären aus dem Vorstand heraus u. ich arbeite nun mit anderen Kräften, wie mir scheint, ruhigen und sachlich denkenden Frauen. Die Verfolgungswut der Gegnerinnen dauert fort; man greift mich an bis auf mein persönlichstes Leben. So sind die Frauen! Und für diese arbeite ich. Auch sie wollen erst ihr ›Kreuzige, kreuzige‹ ausführen. –

So viel von mir! Vielleicht ist es schon viel, zu viel. Ich bin besorgt Ihretwegen. Bitte, schreiben Sie mir, oder lassen Sie schreiben, ob Sie operiert sind, ob alles gut gegangen ist, ob Sie viel zu leiden haben und wie Ihr Gemüt beschaffen ist. Ich freue mich, daß Frl. v. Egidy noch bei Ihnen ist. Sie können sich dann aussprechen u. das ist ein großer Trost. Ich verlerne auch das u. trage alles still für mich. –
Oftmals denke ich mir aus, wie es sein müßte, wenn Sie hier lebten, aber es muß sehr nahe bei mir sein, womöglich in diesem Hause hier. Sie haben eine so schöne Art sich behaglich zu fühlen. Man ruht sich gern aus bei Ihnen. Sie sehen, mein Egoismus ist noch lange nicht erstorben, so viel man auch an mir arbeitet in der Öffentlichkeit, daß ich ein Nichts werden soll, immer kommt doch das Beharrungsvermögen zum Vorschein, d. h. der Wille zum Leben u. sein Ich zu behaupten.
Leben Sie wohl! Schreiben Sie mir recht bald! Grüßen Sie Ihre Eltern, Frl. von Egidy, Frl. Büttner.
Gedenken Sie in Treue meiner,
meine liebe Frau von Witt! Ihre
M. Cauer

Else Lasker-Schüler an Richard Dehmel

Kalif. [um 1912]

Daß Sie *mir* nicht den Preis der Kleiststiftung gegeben haben, ist direkt das größte Unrecht der Erde. Wo ich so nötig Geld hab – bin allein. Herwarth Walden hat sich in eine blödsinnige Lockenundame verliebt mit langen, bangen Perlengehängen in den [ein Ohr mit blütenförmigem Ohrgehänge, dahinter:] en ich bin seit 14 Tagen geschieden. [...]
Ich sitz nun alleine in einer Spelunke wenn auch zwischen ausgefrorenen Bäumen – mein Jüngelchen habe ich in der Odenwaldschule damit er gesund bleibt. Ich arbeit, ich raube Tag und Nacht – aber ich *kann* bald nicht mehr. Und wenn ich meinethalb die Hälfte von Kleist seinem hinterlassenen Vermögen

gekriegt hätte 500 Mk, da hätt ich mich doch ein bischen erholen können, ich meine wenigstens *schlafen* können in der Nacht! *Geht's* nicht *noch* zu machen? Ein dritter Ausnahmepreis, ich teil ihn dann mit Jemand – Unsinn!! ich halt ihn allein. *Was* haben Sie getan, Richard Dehmel, was haben Sie getan? Und dabei hab ich Sie doch so *großartig* gemalt im Buch Mein Herz. Roman (norw. Briefe) Sie haben es doch schon gestern gesandt bekommen und meine neuen hebräischen Balladen? In der Kleiststiftung ist *(unter Discretion)* oder war mein Vetter Dr. Paul Schüler, der ist millionenreich, aber er giebt mir *nichts*.
Das hätt ich *nie* von Ihnen gedacht, wo Sie doch meine Gedichte lieben wie ich geradezu nur für Richard Dehmel *Ehrenwort* bis zur *Schlacht* eintrete von allen lebenden Dichtern. Nur Richard Dehmel – ich las nur Sie und ich wenn wir [...] stehn. Und das haben Sie getan! Schauerlich von Ihnen! Interessieren Sie wenigstens wenn Preis unmöglich (aber ich glaub es nicht) 5 Damen der Geldmänner für mich, sie sollen mir *monatlich* jede 20 Mk geben, das ist auch schön mal 3 Jahre *lang*. Bin entsetzt über Ihre That, da soll man sich ja aufhängen.

Prinz von Theben

Was seid Ihr alles für Menschen – und ich dachte Sie seien ein Fürstenkalif.
Nicht spotten!
Grunewald-Berlin
Humboldtstr. 13 II.
(bei Enderlein)

Lieber Herr Professor, [Berlin] 29. x. 1913

vor einigen Tagen sah ich bei Dr. Eitingon ein großes, außerordentlich gut getroffenes Profilbild von Ihnen, aufgenommen durch einen Ihrer Söhne. Und nun kann ich mich garnicht enthalten, Ihnen mit der Anfrage und Bitte zu kommen, ob es wohl möglich wäre, daß er mir ein Exemplar dieser Aufnahme beschafft? Ich wär riesenfroh und ihm von Herzen dankbar. [...]

Herzlichste Grüße! Ihre Lou Andreas

6. Nov. 13

Verehrte Frau Wien, ix., Berggasse 19

Ich gehe auf Ihre Absicht (mit einer Modifikation) ein, wenn ich dabei ein gutes Geschäft machen kann, dh: wenn ich für mein Konterfei Ihr Bildnis erwerbe.

Das vor 7 Jahren von meinem Sohn hergestellte, heute stark anachronistisch wirkende Bild ist meines Wissens heute nicht zu haben. Ein Photograph in Zürich hatte es seinerzeit hergestellt [sc. reproduziert], vergrößert und vertrieben, wir stehen nun aber mit Z[ürich] so, daß ich seinem Namen nicht nachfragen kann. Hingegen werde ich, vielleicht noch in diesem Monat, in den Besitz von Kupferdrucken kommen, denen eine Aufnahme von 1909 zu Grunde liegt. Wenn Sie mir Ihre Bereitschaft und ihre derzeitige Adresse mitteilen, wird ein solches Kunstwerk den Weg zu Ihnen finden.

Es geht nicht schön zu seit München. Eine Krise liegt in der Luft. Möge sie bald ausgebrochen sein und die Luft sich gereinigt haben!

Mein jüngster Sohn, der jetzt in München studiert, derselbe der für R[ainer] M[aria] R[ilke] schwärmt, berichtete mir sehr enttäuscht, daß er Sie nicht angetroffen habe.

Möge es Ihnen sehr gut gehen und Ihr Lebensglauben sich bewähren, wo immer Sie verweilen.

In herzlicher Ergebenheit
Ihr Freud

Berlin W., Margarethenstr. 12

Lieber Herr Professor, 11. XI. 1913

Von einem kurzen Ausflug kommend, finde ich eben Ihren Brief vor; den herzlichsten Dank dafür! Ich freue mich so sehr über Ihre Zusage betreffs des neuen Bildes; innerhalb dieses Monats würde es mich noch hier erreichen, dann in Göttingen (Loufried). Auch den Namen des Mannes in Zürich kundschaftete ich inzwischen aus, und will Sie auf diese Weise 2× haben. Was Ihnen am Züricher Bilde »anachronistisch wirkend« erscheint, erschien mir so ganz Gegenwart; Ihre Bezeichnung gilt jedoch in dermaßen verstärktem Grade von den einzigen von mir vorhandenen Aufnahmen, daß ich mich auf ihnen überhaupt kaum noch für mich selber ausgeben könnte: sie sind über ein Dutzend Jahre alt! [...]

Mit herzlichsten Grüßen
Ihre Lou Andreas

29. XII. 13

Verehrteste Frau Wien, IX., Berggasse 19

Empfangen Sie meinen herzlichen, ernst gemeinten Glückwunsch für das nahende Jahr 1914 und helfen Sie mir, eine Ungerechtigkeit beseitigen, die ich entdeckt habe. Sie besitzen um diese Zeit wahrscheinlich zwei Bilder von mir, ich keines von Ihnen. Ist das gerecht? Natürlich stelle ich mir die Abhilfe nicht so vor, daß Sie mir von den beiden eines zuschicken.

Ihr ergebenster
Freud

Lieber Herr Professor, Göttingen, 7. I. 1914

von Herzen erwiderte ich Ihre lieben Neujahrswünsche. Alles Gute Ihnen und den Ihrigen. Für mich ist ein Jahr vergangen, worin das Beste so eng mit Ihnen verknüpft ist, daß ich nie zurückdenken werde ohne noch mal innerlich »Danke!« zu sagen.

Beifolgend kommt nun ein jüngeres Frauenzimmer zu Ihnen, von dem ich Ihnen schon von Berlin aus im November schrieb, ich stände nur noch in sehr loser Beziehung zu dieser Person. Da Sie es dennoch wollen, so sende ich sie also – wenn auch mit gemischten Gefühlen. Außerdem aber mit vielen warmen Grüßen

von Ihrer
Lou Andreas

12. 1. 14

Verehrte Frau — Wien, IX., Berggasse 19

Die junge Dame, die jetzt der Einladung nachgekommen ist, gehört offenbar zu Ihrer nächsten Verwandtschaft, wenn Sie es vielleicht auch nicht selbst sind. Diese Beziehung sichert ihr auf alle Fälle einen Ehrenplatz. [...]

Ihr ergebener Freud

Marie von Thurn und Taxis an Rainer Maria Rilke

Wien 6 – 3 – 15 [Samstag]

Dottor Serafico!!! Eigentlich möchte ich Sie furchtbar verschimpfen – ich glaube Sie würden es nothwendig brauchen wirklich ausgezankt zu werden wie ein baby – der Sie ja auch eines sind, obwohl dabei ein großer Dichter …
Aber Dottor Serafico! *Jeder* Mensch ist einsam, und *muß* es bleiben und *muß* es aushalten und *darf* nicht nachgeben und *muß* die Hilfe nicht in anderen Menschen suchen sondern in dem geheimnißvollen Walten das wir in uns fühlen ohne es zu kennen oder zu verstehen –
Und wer fühlt es so wie Sie, Sie Gottbegnadeter, Sie Undankbarer!
Und was brauchen Sie immerfort dumme Gänse retten zu wollen, die sich selbst retten sollen – oder der Teufel soll die Gänse holen, – er wird sie ganz bestimmt wieder zurückbringen (Sie brauchen sich nicht zu ärgern denn ich kenne Niemanden und weiß von Niemandem)
Es kommt mir vor, D. S. daß der selige Don Juan ein Waisenknabe neben Ihnen war – Und Sie thun sich immer solche Trauerweiden aussuchen, die aber gar nicht so traurig sind in Wirklichkeit, glauben Sie mir – *Sie, Sie selbst* spiegeln sich in allen diesen Augen –
Mein kleiner Enkel Hansi, der 6 Jahre alt ist (aber ein Gemüth, denn er zieht seine Hose nur dann an, wenn man ihm bestimmt versichert daß sie nicht von England kommt) hat letzthin eine Zeitung genommen und seinen Geschwistern folgendes vorgelesen: »Gott sprach zu den Menschen: Gewiß werd ich Euch helfen, aber Ihr müßt gut und tapfer sein; die Feinde werden weglaufen. Und jetzt gebts Ruh.« –
Und es ist ganz sicher; die Gänse, die Eseln, die Schlangen, die Nachteulen, die Mistkäfer, die Skorpione die uns das Leben versauern werden alle einst abgeschoben werden –
Ich höre Sie: O Gott o Gott! und Sie schauen herum ob Sie von allen diesen niedlichen Thierchen umgeben sind. – Das sind alles Schatten, D. S. – Afflavit Dominus et dissipati sunt – Schat-

ten wie unsere Schmerzen und Sorgen – alles Schatten welche vergehen, und nur eines bleibt und ist ewig – die Freude – Ja D. S. glauben Sie es einer Frau die weiß Gott ein hartes Leben gehabt hat – es gibt ein Gefühl des extatischen Jubels der *über* unsere Menschlichkeit schwebt und uns ruft –
Hören Sie diese Stimme – lauter für Sie – trotz allem – als für alle anderen –
Und nicht die klagenden Unken – welche dann ganz vergnügt in ihrem Tümpel herum schwimmen werden!

Rosa Luxemburg an Luise Kautsky

(Aus dem Gefängnis Barnimstraße) 18. 9. 15
(nach Frankfurt a. M. Städtisches Krankenhaus)

Geliebte Lulu! Heute schreibe ich Dir wieder an einem kleinen Jubiläum: Es ist zwar kein Geburtstag, aber es sind genau sieben Monate um, seit ich »brumme«. Dein Brief und Dein Bildchen waren mir die größte Freude in dieser Zeit. So frisch und warm und lebensprühend! So kenne ich meine Lulu und so liebe ich sie. Also hast Du Dich wieder prächtig herausgemacht, wie bin ich froh! Ich wagte es nach den Berichten von Hans wahrhaftig nicht zu erwarten. Gegen den revolutionären Eingriff in Deine Gallenblase bin ich auch sehr entschieden; *diesmal* bin ich für »Ermattungsstrategie«, denn der Eingriff ist jedenfalls ein Sprung ins Ungewisse, den soll der operationslustige Herr Professor erst an sich vormachen.
Und dann hast Du recht, was ist der Mensch ohne Gallenblase? Und zumal jetzt, *jetzt* ohne Gallenblase auskommen!! Nein, das bringt auch ein Engel nicht fertig, und wir beide wollten ja nie Engel sein. – Wie fand ich rührend und wie macht mich stolz, daß Du meinen Schmöker [*Die Akkumulation,* 1913] mit Interesse liest! Aber lachen mußte ich, daß Du Dich verwahrst, ich soll mit Dir nicht darüber disputieren wollen. Glaubst Du denn, ich habe das Buch noch im geringsten im Sinne? Das war damals wie ein Rausch, als ich es schrieb, – ich schwöre Dir, daß es von Anfang bis Ende die erste Niederschrift ist, die ich

ungelesen in Druck gab, so hatte es mich gepackt. Genau wie vor sechs Jahren das Malen, wo ich von morgens bis abends nichts machte als vom Malen träumen. Dann aber war das Buch fertig und erledigt und verschwand mir völlig aus dem Sinn; ich las jetzt extra den Teil nach, den Du angabst, um zu sehen, was Dir dort gefallen konnte; ganz fremd kam es mir vor. Das kommt wohl gerade daher, weil es ein so starkes Erlebnis für mich war. Vor zwei Jahren – das weißt Du gar nicht – hatte ich einen anderen Rappel: in Südende packte mich die Leidenschaft für Pflanzen; ich fing an zu sammeln, zu pressen und zu botanisieren. Vier Monate lang machte ich buchstäblich nichts anderes, als im Feld schlendern oder zu Hause zu ordnen und zu bestimmen, was ich von den Streifzügen mitbrachte. Jetzt besitze ich zwölf vollbepackte Pflanzenhefte und orientiere mich sehr gut in der »heimischen Flora«, z. B. im hiesigen Lazaretthof, wo ein paar Sträucher und üppiges Unkraut zur Freude der Hühner und der meinen gedeihen. So muß ich immer etwas haben, was mich mit Haut und Haar verschlingt, so wenig sich das für eine ernste Person ziemt, von der man – zu ihrem Pech – immer etwas Gescheites erwartet. Auch Du, Liebste, willst nichts von meinen »Glück im Winkel« hören und hast dafür nur Spott. Aber ich muß doch *Jemanden* haben, der mir glaubt, daß ich nur aus Versehen im Strudel der Weltgeschichte herumkreisle, eigentlich aber zum Gänsehüten geboren bin. Also Du sollst es glauben, hörst Du? Und damit bin ich absolut nicht einverstanden, daß Du mir resigniert schreibst, Du »dürfest mir nichts sein«. Doch, Du bist und sollst mir – der Hafen sein (entschuldigen Sie!), zu dem ich von Zeit zu Zeit laufen kann, wenn mich im geheimen der Teufel holt, damit wir zusammen plaudern und lachen können und uns von Hans den Figaro vorspielen lassen. Denn Hans Naivus muß doch dabei sein, um mit melancholisch auf die Seite geneigtem Köpfchen zuzuhören, was zwei gescheite Frauen plappern und versonnen von einer zur anderen zu blinzeln. Wenn Du, wie ich hoffe, in Berlin bist, so ich aus dem Loch auftauche, veranstalten wir gleich eine solche Saturnalie (mit strohgelbem Hanseschem Tee). – Was Du mir von Felix berichtetest, war wirklich erfreulich; Karli hat sich nicht um eine Bohne verändert auf dem Bildchen, und so ein Lausbub leitet

schon ein Krankenhaus! Es sind eben diese frechen Dachse, die man noch vor wenigen Jahren mit hinten fliegendem Hemdzipfel sah und die plötzlich auch erwachsen sein wollen, was unser einen undelikat mahnt, daß man selbst alt wird. Aber wir machen uns ja nichts daraus und bleiben allem zum Trotz jung, nicht wahr? Deinen Bendel sah ich übrigens vorigen Winter jeden Sonntag in meinem Kursus in Neukölln, was sehr nett war. Was machen die Hans'schen Buben und Mädels? Denk Dir, von der Medi hatte ich noch kurz vor meiner Verhaftung Briefe; ich will auch später den Anschluß mit ihr wieder aufnehmen. –
Klaras Sache macht mir Sorge, denn ich bin ganz im Ungewissen, was mit ihr wird. Auch ich habe schon Gottlob eine neue Sache auf dem Buckel (von wegen der »Internationale«), die möglicherweise dafür sorgen wird, daß ich auch im Februar die Nase nicht herausstecken kann. Aber lassen wir, wie der gute Onkel Paulus sagte, – »die Dinge an uns herantreten«. – Lulu, bevor Du Frankfurt verläßt, mußt Du – falls Du das noch nicht getan hast, dem Palmengarten einen länglichen Besuch abstatten. Ich war dort aus Anlaß meines Prozesses im Februar und sah mir das Gewächshaus an. Es ist traumhaft schön im ersten Vorfrühlingsflor; und so schön eingerichtet, daß man dort sitzen und plaudern kann: namentlich die Primelabteilung! Du siehst, meine botanische Leidenschaft dauert noch an (und hat schon manche andere überdauert). Und für Dich bewahre ich im Herzen nicht ein »kleines Winkelchen«, Du Schaf, sondern Du teilst darin die gute Stube mit Mimi, von der ich übrigens auch eine entzückende Photographie eben erhalten habe. Schreibe bald, Liebste, ich umarme Dich tausendmal und grüße herzlich Hans und Deine übrigen Jungen!

Deine R.

Viertes Kapitel
Sterben

Liselotte von der Pfalz an Frau von Harling

St. Cloud, 20. April 1676

Es ist mir unmöglich gewesen, Euch eher als nun zu antworten, denn ich gar zu bestürzt gewesen bin über den unversehnen fall, womit mich Gott der allmächtige heimgesucht hat, kann mich als noch nicht davon erholen. Jetzt seht Ihr wohl, daß ich nicht umsonst gewünscht, daß meine kinder unter Eueren händen sein möchten, denn ich hab mein unglück von weitem her kommen sehen. Man hält hier eine wunderliche anstalt mit den kindern und ich habe leider nur zu viel gesehen, daß es auf die länge kein gut tun würde. Mein unglück ist, daß ich gar nicht weiß, wie man mit kindern umgehen muß und gar keine experienz davon habe; drum muß ich glauben, was man mir hier vorschwätzet. Aber genug hievon, denn je mehr ich es nachdenke, je trauriger macht es mich; und jetzt hab ich keinen trost, denn Monsieur ist vergangenen donnerstag mit dem König nach der armée verreiset. Dieses alles wird auf die länge meiner milz kein gut nicht tun, und so lustig ich auch von natur sein mag, so hält es doch keinen stich bei dergleichen abscheulichem unglück; glaube nicht, daß man aus übermäßiger traurigkeit sterben kann, denn sonsten wäre ich ohne zweifel drauf gangen; denn was ich in mir empfunden, ist unmöglich zu beschreiben. Wann Gott der allmächtige diesem kind nicht absonderlich hilft, womit ich jetzt schwanger gehe, sonsten hab ich schlechte opinion von seinem leben und gesundheit, denn es unmöglich ist, daß es nicht etwas mit von meinem innerlichen schmerze empfunden. Aber apropos von schmerzen: ich hoffe, daß Ihr nunmehr wieder in vollkommener gesundheit sein werdet und Euern arm nicht mehr empfindet, insonderheit bei diesem schönen frühlingswetter. Aber in diesem augenblick ruft man mir zum nachtessen, drum kann ich nichts mehr sagen, als daß monsieur Harling meinen gruß hier findt und daß ich versichert bin, daß, wann er mich jetzt sehen würde, so würde er mich nicht mehr kennen, denn ich bin gar kein rauschenblattenknechtchen mehr und ist mir das rauschen abscheulich vergangen.

Wilhelmine von Bayreuth an Friedrich II.

Liebster Bruder! Baireuth, 10. August 1758

Nicht an den König, sondern an den Freund und Bruder wende ich mich. Ich bin so schwach, daß ich kaum kritzeln und nicht einmal lange schreiben kann. Ich weiß, Du forderst das Herz; das meine ist ganz Dein, und meine Anhänglichkeit wird erst mit meinem Leben enden. Ich lebte bisher in der Hölle, mehr geistig als körperlich. Um mir den Verlust, den wir soeben erlitten haben, zu verheimlichen, hat der Markgraf alle Briefe von Dir zurückbehalten; ich hielt alles für verloren. Nun bekomme ich Deine lieben Briefe; sie lindern meinen Gram über den Tod meines Bruders, der mir äußerst nahe ging.

Du fragst nach meinem Zustand. Wie ein armer Lazarus liege ich seit sechs Monaten im Bette. Seit acht Tagen trägt man mich auf einem Tragsessel und fährt mich im Rollstuhl, um meine Lage etwas zu ändern. Ich leide an einem heftigen, trockenen Husten, der nicht weichen will. Meine Beine, Hände und Gesicht sind unförmlich geschwollen; deshalb muß ich mir wichtigeres für den nächsten Brief aufsparen. Ich habe mich in mein Schicksal ergeben; ich werde zufrieden leben und sterben, wenn Du nur glücklich bist. Mein Herz sagt mir, daß der Himmel noch Wunder für Dich tun wird. Deine Feinde sind dem Untergang nahe. Haben sie einen kleinen Erfolg errungen, so macht ihr Dünkel sie anmaßlich und verführt sie zu den größten Torheiten auf der Welt.

Wir sind glücklich unsere unbequemen Gäste los. Die letzte Abteilung, die hier durchzog, hat alles ausgeplündert und das Land fast völlig zugrunde gerichtet, die Saaten und Obstbäume vor der Reife niedergeschlagen, aber man muß sein Leid geduldig tragen. Wir sind nicht mehr wert als alle übrigen Fürsten, die noch unglücklicher daran sind als wir. Verzeih, wenn ich schließe; meine Brust ist so schwach, daß ich kaum sprechen kann. Mein Herz würde von früh bis spät schwatzen, könnte es reden und alles sagen, was es über den lieben Bruder denkt.

Meta Klopstock an ihre Schwester E. Schmidt

[wohl Sept. 1758]

Klopstock will nicht haben, daß ich der weißen Frießel [Nervenfieber] wegen hinkomme, sonst wäre ich heute bey dir u. hülfe dir. Ist das denn gewiß mit den weißen Frießel? So nehmt doch ja die andern Kinder u. euch selbst in Acht. Ich höre die v. d. Heydsch hat *für sich* versprochen, daß ich Verse auf dem Sarge schiken wollte. Ich weis nichts davon. Und habe auch nicht eher daran denken können als diesen Augenblick, weil man mir gestern sehr sorgfältig den Tod des Kindes verborgen hat. Ich habe so viel gefragt u. wollte es so gerne wissen, weil ich dann gleich wieder zu dir gekommen wäre u. alles noch gestern mit dir in Ordnung gebracht hätte. Du wirst doch mit der Beerdigung eilen, so viel, wie möglich? Freytag oder *spätens* Sonntag. Auch meiner Entbindung wegen. Denn ich denke, du kannst *itzt* kommen. Wenn du das Kind kleiden willst, so kannst du das selbst thun, u. zwar gewickelt, wie ich den ersten Martin machte. Betty ist noch nicht zu groß dazu, u. das ist das bequemste. Du must dich nur in Acht nehmen, daß du weder das Sargtuch noch den Bund zu kurz schneidest, das ist ein unersätzlicher Fehler. Das Sargtuch ist ein länglich vierekt Stük das du rund umher ausfrenst u. in Wolken steckst. Den Bund legst du nur um den Leib u. wikelst das Band herum. Er muß aber ja unten über dem Sarge hängen u. da auch ausgefrenst seyn. Die Ermel apart. Nichts ist nötig geneht zu werden. – Dies sind die Verse, die ich gewählt. Staub: muß aber ja der erste [Vers] u. auferstehn: der zweyte seyn, obgleich dieser kürzer ist. Soll nur Einer drauf, so nimm Staub: Hast du auch schon andre gewählt, so ist *mir* das gleich.

Staub bey Staube, ruhst du nun
In dem friedevollen Grabe!
Möchten wir, wie du, auch ruhn
In dem friedevollen Grabe!
Ach! der Welt entrannst du schon,
Kamest früh zu deinem Lohn!

Auferstehn, ja auferstehn wirst du,
Mein Staub, nach kurzer Ruh!
Unsterblichs Leben
Wird, der dich schuf, dir geben
Halleluja!

Elisabeth Goethe
an Johann Caspar Lavater

Frankfurt.
Meine theuern Freunde! d. 26 Xbr. 1774

Ihr wollt den ganzen Umfang von der Krankheit u. dem Tode unserer Fräulein Klettenberg wissen? Ein schmerzlicher Auftrag! Dies kann ich euch versichern. Mein Gemüth ist so ganz in Traurigkeit verlohren, daß ich mir nicht zu rathen noch zu helfen weiß. Ich weiß, ich werde sie wieder sehen; aber izt, izt fehlt sie mir! Meine Rathgeberin, in deren Schooß ich alles ausschütten konnte, ist in die Herrlichkeit eingegangen, wovon sie so oft mit Entzüken sprach. Ihr seyd noch hier, ich bin noch hier – aber es wird ein Tag kommen, dann wird sie auferstehn! Dann werden wir auferstehen, u. uns freuen mit unaussprechlich herrlicher Freude! Amen.
Am 7 Xbr. waren wir sehr vergnügt beisammen, ich habe sie lange nicht so munter gesehen, nicht der kleinste Gedanke von Krankheit fiel mir ein. Um 8 Uhr gingen wir von einander. In der Nacht bekam sie einen heftigen Frost, hernach Hize. Am 8ten erfuhr ich nichts davon, am 9 früh ließ sie mir sagen, sie wäre krank; wie ich zu ihr komme, fand ich sie ganz leidentlich, sie selbst glaubte, es werde nichts zu sagen haben; den 10. wurde sie schlimmer, aber in der Nacht wurde es dem Anschein nach wieder besser, ich verließ sie nicht. Als am 11. der Medicus in die Stube kam, lief ich voller Freude ihm entgegen – »sie ist besser!« sagte ich. »Das gebe Gott, sagte Er, aber wir sind noch nicht über den Berg.« Am 12ten, sobald ich früh Morgens zu ihr kam, sagte Sie: »Gute Nacht, Räthin, ich sterbe!« Vor Weinen konnte ich kein Wort reden. Sie winkte,

ich sollte näher kommen, drükte mir die Hand u. sagte: »wandle vor ihm und sey fromm!« – sahe mich mit unaussprechlich heiterm Gesichte an, u. war sehr ruhig u. vergnügt.
Nachmittag kamen einige christliche Freunde zu ihr. Wir fragten: »ob sie leiden könnte, wenn wir einige christliche Verse sängen?« »O ja« sagte sie. Wir sangen: Komm! ist die Stimme deiner Braut u. Sie verlangte das Lied: Die Seele Christi heilige mich. Ein Freund fragte sie: »Wie ihr beym Anblik des Todes zu Muthe sey?« »Ich bin so voll Seligkeit, daß die arme Hütte es nicht aushält, sie muß davon zerbrechen«, sagte sie. Ich sagte aus einem Lied: Hier ist nichts als die Todsgestalt u. den Stachel hat er verlohren! Hallelujah.
Des Abends, da die andern Freunde weg waren, u. ich allein bei ihr saß, sagte sie: »Der Doctor!« Ich bildete mir ein, sie meine den Medicus, u. sagte: »Er ist weggegangen.« »Nein, sagte sie u. deutete auf mich. »Meinen Doctor meinen Sie?« Sie nikte mit dem Kopfe. »Ach, sagte ich, der glaubt so wenig, daß sie sterben, daß er mir aufgetragen hat, Ihnen zu sagen, wie er morgen mit dem Prinzen von Weimar nach Mainz reisen werde – dreymal hab ich schon angefangen, ihn auf Ihren Tod vorzubereiten, es ist aber alles vergebens. »Sie stirbt nicht! sagt er immer, das kann nicht seyn, Sie stirbt nicht.« Sie lachte. »Sag ihm Adieu, ich hab ihn sehr lieb gehabt.« »Ach meine Beste, sagte ich, Sie gehen izt in die Ewigkeit, auf die Sie sich schon so oft im Geist gefreut haben – ich gönne Ihnen Ihre Ruhe u. Seligkeit von Herzen – aber ich bleibe noch zurük. Wenn die Seligvollendeten noch an Ihre zurükgebliebenen Freunde denken – o so denke an Deine treue Räthinn.« Sie gab mir ein Zeichen mit dem Kopf, daß sie es thun wolle. Ich blieb die Nacht bei ihr. Thee, den sie in ihren gesunden Tagen am liebsten trank, war auch in diesen lezten noch ihre beste Erfrischung; überhaupt war diese Nacht sehr erträglich. Sie hatte keinen großen Schmerzen, u. wenn man die Freundlichkeit in ihrem Gesichte sah, konnte man nicht glauben, daß sie so krank, u. ihrem Ende so nahe sey. Mein lieber Sohn, Lavater! hat ihren freundlichen Blik gesehen, u. kann sich einen Begrif davon machen. Morgens, als am 13 kamen die Freundinnen wieder, wir sezten uns ums Bette herum, um bis auf die Lezte bei unserer lieben Freundinn auszuhalten. Sie sahe uns an, u. lächelte. »Habt euch

unter einander lieb« – war ihr lezter liebevoller Befehl. Wie sie das Singen überaus liebte, sangen wir etliche Verse aus dem Lied: Christi Blut u. Gerechtigkeit etc.
Um sie nicht zu ermüden, redeten wir nicht viel, dann u. wann einen schiklichen Spruch, oder aus schönen Liedern einen schönen Vers. Um 8 Uhr kam der Medicus, D. Metz, ein rechtschaffener Mann, u. einer ihrer besten Freunde, der sein Vermögen darum gegeben hätte, sie beym Leben zu erhalten; ich sagte zu ihm: »Lieber Herr D. ist es dann gewiß, daß unsere Freundinn stirbt? Haben Sie gar nichts mehr, Ihr zu helfen?« »Frau Räthinn, sagte er mit seiner gewohnten Ernsthaftigkeit: da Elias sollte gen Himmel fahren, kamen die Propheten Kinder zu Elisa u. sprachen: Weißest du auch, daß der Herr wird deinen Herrn heute von deinen Häuptern nehmen. Er aber sprach: Ich weiß es wohl, schweiget nur stille.« – Hierauf ging er ans Bett, u. nahm einen solchen christlichen Abschied, der uns allen durch die Seele ging; doch versprach er Nachmittag wieder zu kommen, nicht als Arzt, weil seine Kunst am Ende war, sondern als Freund. Um 11 Uhr kam der Chirurgus, u. wollte nach der Ader sehen, die Fräulein hielte das für unnöthig, bath ihn aber, ihr zu sagen, ob ihre Augen nicht gebrochen wären? Der gute Mann, dem das in seinem Leben villeicht nicht vorgekommen, wußte nicht, was er sagen sollte. Nach einigem Besinnen sagte er: »Die Augen sind noch helle, aber der Puls geht schwach.« Die Frl. schüttelte den Kopf, und lachte. Um 1/2 12 Uhr sagte sie, »nun ists besser, ich habe keinen Schmerzen mehr –« rükte sich im Bette zurecht, u. sagte mit halbgebrochener Stimme: »Gute Nacht!« Darauf lag sie stille, redte nichts mehr, der Othem wurde kürzer, blieb manchmal aus, kam wieder, um 12 Uhr nahm endlich der erlöste Geist von seinem Körper Abschied.
Meine Seele sterbe des Todes dieser Gerechten!! – Einige Minuten blieben wir ganz stille. Eine Freundinn, die vom Schmerz weniger betäubt war, als die andern, that ein herrliches Gebeth, dankte Gott für alle, der seligen Frl. von Klettenberg erwiesne Wohlthaten an Seele u. Leib, munterte uns auf immer mehr dem Ziele nachzujagen, immer mehr auf Jesum, den Anfänger und Vollender des Glaubens zu sehen, u. Fleiß anzuwenden, daß unser Keiner dahinten bleibe. Noch muß ich

sagen, daß das 17 Kap. Johannis, u. die Sprüche: Wer an mich glaubt, der wird den Tod nicht sehen ewiglich! – Ich bin die Auferstehung u. das Leben – u. dgl. ihr ganz besonders lieb waren...
Den 16. wurde sie zur Erde bestattet.

Ich seh im Geiste Gottes Sohn
Holdselig ihr entgegen eilen,
um seinen höchst glorreichen Thron
mit ihr als seiner Braut zu theilen.
Willkomm, Willkomm, Willkomm – erklingt,
das durch den ganzen Himmel dringt.
Von den verklärten Geistersphären
da wird sie ihren Namen hören –
und was sie hier im Herrn gekannt,
beut ihr frolokend Mund und Hand.

Hier habt ihr, liebe Freunde, die ganze traurige Geschichte. Gönnt mir einen Plaz in Eurem freundschaftlichen Herzen, u. seyd versichert, daß ich bis ins Grab u. noch drüber hinaus seyn werde,

Eure treue Freundinn
E. Goethe

Constanze Mozart an Kaiser Leopold II.

Eure Majestät! [Wien, 11. Dezember 1791]

Unterzeichnete hatte das Unglück, den unersetzlichen Verlust ihres Gatten erleben zu müssen und von demselben mit zwei unmündigen Söhnen in Umständen zurückgelassen zu werden, die sehr nahe an Dürftigkeit und Mangel grenzen. Sie weiß zu ihrem noch größeren Betrübnisse, daß sie bei noch nicht vollendeten zehn Dienstjahren ihres seligen Mannes nach dem bestehenden Pensions-Normal nicht den mindesten Anspruch auf irgendeinen Gnadengehalt habe und ihr daher nichts übrig bleibe, als ganz in Euer Majestät Gnade und der bekannten liebevollen Vorsorge für Dürftige jeder Art zu beruhen.

Um aber der allerhöchsten Milde nicht vielleicht unwürdig zu scheinen, wagt es dieselbe, eine schwache Schilderung ihrer höchst mißlichen Lage und deren Urquelle alleruntertänigst vorzulegen:

1tens hatte ihr sel. Gatte nie das Glück, hier in Wien eine günstige Gelegenheit abzuwarten, welche ihm erlaubt hätte, seine Talente zu Begründung besserer Aussichten der Welt auffallend genug zu machen, und eben daher war er außerstande, einiges Vermögen zu hinterlassen. Zwar wäre es demselben

2tens sehr leicht gewesen, im Auslande sein Glück zu finden und seine Familie in einen glänzenden Zustand zu versetzen, wenn er den so häufig gemachten Anträgen Gehör gegeben und nicht in der Gnade, dem hiesigen allerhöchsten Hofe zu dienen, seinen größten Ruhm gesucht hätte.

3tens gestatteten seine noch blühenden Jahre und die sehr wahrscheinliche Aussicht, den Wohlstand seiner Angehörigen durch das seltenste Talent noch immer früh genug dauerhaft gründen zu können, auch dem entferntesten Gedanken von der Möglichkeit der gegenwärtigen Lage in seinem Gedächtnisse keinen Raum.

Daher geschah es auch, daß er nicht einmal daran dachte, durch Einverleibung in die musikalische Witwen- und Waisen-Gesellschaft seinen Nachkommen diese obgleich geringe Versorgung zu versichern.

4tens endlich wird dieses Gemälde um so rührender, als er der Welt gerade zu demjenigen Augenblicke geraubt wurde, wo seine Aussichten für die Zukunft ringsumher heiterer zu werden begannen.

Denn nebst der vor kurzem erhaltenen Anwartschaft auf die Kapellmeistersstelle am Dom zu St. Stephan langte noch wenige Tage vor seinem Tode von einem Teile des ungarischen Adels die Versicherung einer Subskription von jährlichen 1000 Gulden und von Amsterdam die Anweisung eines noch höhern jährlichen Betrages an, wofür er nur wenige Stücke ausschließend für die Subskribenten komponieren sollte.

Bittstellerin wagt es noch einmal, sich in die allerhöchste Gnade und bekannte väterliche Vorsorge, besonders gegen Dürftige dieser Art, um so mehr gänzlich zu ergeben, als dieselbe in ihrem jammervollen Zustande nur die Zuversicht, Eure

Majestät werden sie mit ihren zwei unmündigen Söhnen von der allerhöchsten Mildtätigkeit nicht ausschließen, noch einigermaßen aufrecht zu erhalten fähig ist.

Constantia Mozart, geborne Weber, hinterlassene Witwe des seel. Wolfgang Amadeus Mozart, k. k. Kammer Kompositor

Marie Antoinette an ihre Schwägerin Elisabeth

[Oktober 1793]

Dir, liebe Schwester, schreib ich zum letzten Mal. Ich wurde soeben verurteilt, nicht zu einem schmachvollen Tod, der nur für Verbrecher gilt, sondern dazu, Deinen Bruder wiederzufinden. Unschuldig wie er, hoffe ich ihm in seinen letzten Augenblicken zu gleichen. Ich bin ruhig, wie man es ist, wenn das Gewissen dem Menschen keine Vorwürfe macht. Ich bedaure tief meine armen Kinder zu verlassen. Du weißt, ich habe nur für sie gelebt und für Dich, meine gute, zärtliche Schwester. Du, die Du aus Freundschaft alles geopfert hast, um bei uns zu bleiben – in welcher Lage lasse ich Dich zurück! Durch das Plädoyer meines Prozesses habe ich erfahren, daß meine Tochter von Dir getrennt worden ist. Ach, die arme Kleine! Ich wage es nicht, ihr zu schreiben, sie würde meinen Brief nicht erhalten – weiß ich doch nicht einmal, ob dieser hier Dich erreichen wird. Empfange für sie beide hierdurch meinen Segen. Ich hoffe, daß sie später einmal, wenn sie größer sind, sich mit Dir vereinigen und ganz Deine zärtliche Sorgfalt werden genießen können. Mögen sie beide an das denken, was ich sie unablässig gelehrt habe: daß die Grundsätze und die genaue Befolgung der eigenen Pflichten das wichtigste Fundament des Lebens sind, daß die Freundschaft und das Vertrauen, das sie einander entgegen bringen werden, sie glücklich machen wird. Möge meine Tochter, als die ältere, fühlen, daß sie ihrem Bruder immer beistehen müsse mit Ratschlägen, die größere Erfahrung und ihre Freundschaft ihr eingeben werden. Möge mein Sohn hinwieder seiner Schwester alle Fürsorge und alle Dienste erweisen, die sich aus der Freundschaft ergeben. Mögen sie endlich beide fühlen, daß sie in jeder Lage ihres Lebens nur durch ihre Eintracht wirklich glücklich sein werden. Mögen sie sich uns zum Beispiel nehmen! Wie viel Tröstung hat uns unsere Freundschaft in unseren Leiden verschafft! Und das Glück genießt man doppelt, wenn man es mit einem Freunde teilen kann. Wo aber kann man einen zärtlicheren, innigeren Freund finden als in der eigenen Familie? Möge mein Sohn niemals die letzten Worte seines Vaters vergessen, die ich ihm mit Vorbedacht wiederhole: Möge er niemals danach trachten, unseren Tod zu rächen!

Ich muß zu Dir von einer Sache sprechen, die meinem Herzen sehr wehe tut. Ich weiß, wie dieses Kind Dir Qual bereitet haben muß, verzeih ihm, liebe Schwester, denk an seine große Jugend, und wie leicht es ist, ein Kind das sagen zu lassen, was man will, und sogar das, was es selber nicht versteht. Ich hoffe, ein Tag wird kommen, da es um so besser den Wert Deiner Liebe und Zärtlichkeit begreifen wird, die Du beiden entgegen bringst.

Ich muß Dir noch meine letzten Gedanken anvertrauen. Ich hätte sie vom Beginn des Prozesses an niederschreiben mögen, aber abgesehen davon, daß man mir nicht gestattete zu schreiben, verlief er so schnell, daß ich in der Tat keine Zeit dazu gehabt hätte.

Ich sterbe im apostolischen, römisch-katholischen Glauben, der Religion meiner Väter, in der ich erzogen wurde und zu der ich mich immer bekannt habe. Da ich keinerlei geistliche Tröstung zu erwarten habe, da ich nicht weiß, ob es hier noch Priester dieser Religion gibt, und da auch der Ort, an dem ich mich befinde, sie allzu großen Gefahren aussetzen würde, wenn sie zu mir kämen, bitte ich Gott von Herzen um Vergebung für alle meine Sünden, die ich begangen habe, seit ich lebe. Ich hoffe, daß er in seiner Güte meine letzten Gebete erhören wird so wie alle jene, die ich seit langem an ihn richte, damit meine Seele seines Erbarmens und seiner Güte teilhaftig werde.

Ich bitte alle, die ich kenne, und im besonderen Dich, liebe Schwester, um Vergebung für jedes Leid, das ich ihnen unwissentlich etwa zugefügt habe. Ich verzeihe all meinen Feinden

alles Böse, das ich durch sie erlitten habe. Ich sage hiermit den Tanten und all meinen Brüdern und Schwestern Lebewohl. Ich hatte Freunde. Der Gedanke, daß ich von ihnen für immer getrennt bin, und das Bewußtsein ihres Schmerzes gehören zu den größten Leiden, die ich sterbend mit mir nehme. Mögen sie wenigstens wissen, daß ich bis zu meinem letzten Augenblick an sie gedacht habe.
Leb wohl, gute, zärtliche Schwester! Möge dieser Brief Dich erreichen! Vergiß mich nicht! Ich umarme Dich von ganzem Herzen, sowie die armen lieben Kinder! Mein Gott, wie herzzerreißend ist es doch, sie für immer zu verlassen! Leb wohl, leb wohl! Ich werde mich nun nur noch mit meinen geistlichen Pflichten befassen. Da ich nicht frei in meinen Entschlüssen bin, wird man mir vielleicht einen Priester zuführen. Aber ich erkläre hiermit, daß ich ihm kein einziges Wort sagen und ihn wie einen völligen Fremden behandeln werde.

Caroline von Kühn an Caroline Just

Gute Caroline! [Grüningen, c. 25. März 1797]

Du erzeigest mir eine große Wohlthat indem Du mir Gelegenheit giebst Dich von meiner guten unvergeßlichen Sophie zu unterhalten, die gute Seelige fragte gleich nach Deinen weg gehn [Sonnabend, 18. März] nach Dir, fragte ob Du bald wieder kommen würdest, ich sagte ihr alles was Du mir ihr zu sagen aufgetragen hatest und sie war sehr zufrieden als sie hörte Du woltest den Montag wiederkommen – sie wurde schon dennselben Nachmittag immer mehr krank ihr Husten wurde immer heftiger es wurde ihr selber bange weill sie glaubte zu ersticken, die Nacht war fürchterlich keine Minute ließ die schreckliche Angst welche Du an ihr kennst [sie] ruhen [Sonntag] den Morgen früh um 4 Uhr mußte der Docktor geweckt werden, sie wollte Ader gelaßen haben dießes hielt aber der Docktor nicht für rathsamm, nun fieng sie an zu Fantasiren glaubte Pferdegetrappel zu hören und rufte Georg und so hatte sie mehr erscheinungen, dieß versicherte mir die Mandelsloh, welche die Nacht mit der Mademoisell wacht wäre schrecklich geweßen, auf einmal fängt sie an zu lachen und schüttelt mit dem Kopf, nachdem sagt sie wieder zum Docktor ich fühle ich bin närrisch, ich bin nichts mehr nütze auf der Welt ich muß fort in der schrecklichen Angst wünscht sie ihre Geschwister alle um sich danckte Gott daß die Mandelsloh bey ihr war danckte der Mademoisell so vielfach für ihre Pflege und verlangte mich zu sich da ich kam mußte ich mich zu ihr setzen, nun mußte auch der Vater geweckt werden als er kam freude [sie] sich so herzlich zog ihn an sich und sagte Verzeih auch uns bat sie um Vergebung, der gute Engel der uns nie beleidiget hat, der Magister [Kegel] mußte auf ihr verlangen auch geholt werden sie wollte sich noch erbauen und so ergab sie sich ganz geduldig in den Willen Gottes, sie wurde wieder ruhig ihre Angst verließ sie und sie schlief einige Minuten recht sanft als sie erwachte, mußte ich ihr eine Butter-Semmel geben welche sie noch mit großen Appetit verzehrte sie bestellte sich auf den Mittag eine Fricasirte Daube und eine halbe Stunde darauf machte eine Blutung ihren Leben ein Ende und sie schlummerte recht sanft hinüber in ein beßeres Leben für uns war sie zu gut, ich konnte mich nicht von ihrer Leiche trennen bey welcher ich rechte gute Vorsätze gefaßt habe Gott wird mir beystehn daß ich sie auch vollführe daß wenn mein Ende naht ich auch mit der Ruhe auf meine verfloßenen Tage zurück sehen kann wie die gute verklärte durch Ausübung meiner Pflichten glaube ich ihr Andencken am meisten zu ehren am Mittwoch [22. März] früh um zehn Uhr wurde sie begraben daß war eine schreckliche Stunde, wo unsre gute Sophie uns nun ganz entrißen wurde du hast fein Gefühl würst Dir also unsern unermeßlichen Schmerz denken können, die gute Mutter ist jetzt ganz getröstet wir alle sin[d] ruhig manchmal kommen noch Augenblicke der innigsten Wehmuth, welche sie gewiß auch nie verliehren werden. Die Mutter und der Vater läßten sich Dir Deiner Frau Tande und Herrn Oncel ganz gehorßamst empfehlen sie ist von dem Antheil überzeugt welche sie an unsern Leiden nehmen. Bleibe meine Freundin wie ich ewig seyn werde die Deinige.

Caroline

[Grüningen, Anfang April 1797]

Hier überschicke ich Dir die Theuren Sachen meiner Sophie, ich kann nicht läugnen daß es mir weh tuht die Schreibereien von der guten weggeben zu müßen sie waren mir so theuer daß ich sie mir schon zu geeignet hatte und es ist ein großes Opfer was [ich] Hardenbergen dadurch bringe, möchten sie ihn aber doch nur in etwas beruhigen daß würde mir genug Belohnung seyn, sein Schicksaal geht mir sehr nahe es vermehrt die Zahl meiner traurigen Tage um ein großes. Seit einiger Zeit hat sich meiner eine schreckliche Sehnsucht nach meiner lieben Sophie bemächtigt, könnte ich sie doch nur zuweillen eine Minute sehn da dießes aber nicht möchlich ist so ist meine Lage peinlich. Sollte Hardenberg noch mehr von der Sophie ihren Sachen wünschen so wirst Du mir es wohl gleich schreiben und sollte ich noch etwas finden wo mir mein Gefühl sagt daß es ihm theuer sein könnte so werde ich Dir es schicken, ich habe ja ihr Grab an dießen kann ich mich all ihrer guten Handelungen recht oft errinneren. Wenn es Dir möchlich so komm recht bald einmal zu uns, Du liebtest ja die gute Seelige so herzlich daß ich glaube Du theilest unsere tiefe Traurer um sie, die uns unvergeßliche, gern mit uns. Leb wohl gute Caroline sey versichert daß ich ewig bleiben werde

Deine
Caroline

Charlotte Schiller an Luise Frankh

Liebe Schwester! Weimar, den 12. Juni 1805

Ich schreibe Dir, da ich eben einen ruhigen Moment finde. Was wir eigentlich verloren haben, fühlt niemand als wir; Ihr verlort einen Bruder, der in jeder Lage des Lebens mit Rat und Tat sich gezeigt hätte und seinen Verwandten mit treuer Kindlichkeit anhing, so liebte er auch seine Kinder wieder! – Aber unter uns allen verlor niemand so viel als ich, weil ich ihn liebte, weil ich in ihm die ganze Welt fand! Wie öde mir das Leben vorkömmt, kann ich nur fühlen; diesen treuen Anteil an meinem Wesen wie die höhere geistige Existenz, deren ich durch seinen Umgang teilhaftig wurde, kann mir nichts, nichts mehr auf Erden ersetzen und sollte es auch nicht, wenn es auch möglich wäre; denn dieses Wesen, das vielleicht in Jahrtausenden nicht wieder so erscheint, muß auch einzig geliebt sein. –

Mein Trost, meine Kinder seiner würdig zu bilden, ist noch der einzige, den ich haben kann auf dieser Welt; sie allein halten mich noch am Leben, ich kann sonst nur im Grabe wieder Ruhe finden. – Sein Geist ist um mich und gibt mir Mut in die Seele, das Leben ohne ihn zu tragen. Er gab mir ein Vorbild, wie ich leben soll; denn er, mit den unendlichen Leiden seines Körpers, vergaß in der Nähe seiner Geliebten sich selbst und war heiter, liebend, teilnehmend. Er wurde immer milder, immer zufriedener mit seiner Lage, seinen Umgebungen, sah das Leben immer mehr aus einem höheren Gesichtspunkt an. –

Liebe, gute Luise! Ich fühle mit Schmerz, aber mit Ergebung in Gottes Fügung, daß er uns nicht leben konnte, daß sein Leben, hätte es auch gefristet werden können durch ein Wunder, doch nicht ohne völlige Kränklichkeit, ohne Versiegung seines hohen Geistes hätte dauern können. Alles war in ihm zerstört; seit dem vorigen Jahr im Julius, wo er die fürchterliche Kolik hatte, daß G. R. Stark, wie er jetzt selbst gestand, ihm keine halbe Stunde mehr Leben gegeben hätte, hat er sich nicht wieder recht erholt. Weil ich ihn schon öfter so krank gesehen hatte, hoffte ich auch jetzt, freute mich seit der Zeit über jeden Beweis seiner Kräfte, ach Gott! und umsonst! Husten, Katarrh, Fieberanfälle hatte er seit der letzten Krankheit beinahe immer; dreimal diesen Winter kam der Fieberanfall, und der letzte dauerte neun Tage. Er war viel ruhiger als sonst, nahm teil, solange er konnte, an unsern Gesprächen, verlangte nach den Kindern; von Dienstag bis Donnerstag phantasierte er beinahe immer, wollte nichts essen und wenig trinken; in den ersten Tagen brach er alles von sich.

Wir machten ihm begreiflich, daß er sich baden müsse; er tat es, und das erste Bad bekam ihm so gut, daß er sagte, er habe nun völliges Vertrauen zu sich und wüßte nun, wie er sich behandeln müsse in der Zukunft. Ich mußte an Cotta in Leipzig schreiben, daß es besser sei; Cotta hatte ihn krank gefunden,

als er hier durchreiste; meine Schwester sollte es Wolzogen schreiben; kurz, er war heiter und voll Vertrauen. Aber dies war Montags; von Montag nacht schlief er wenig mehr; Dienstag und Mittwoch phantasierte er noch viel. Aber Ernst und Emilie ließ er kommen, freute sich über die Kleinen; kurz, wenn er sich seiner bewußt war, war er liebevoll, freundlich.
Meine Gesundheit beunruhigte ihn schon lange; weil ich beständig Neigung zum Katarrh habe, viel angegriffen war, mußte ich immer etwas gegen den Husten nehmen in seiner Gegenwart, und er sprach auch mit dem Arzt über mich, daß er mit mir nach Brückenau wolle, in ein Bad, zwanzig Meilen von hier, das man uns rühmte. (Jetzt geh ich zu Ende dieses Monats mit meiner Mutter und Karl und Ernst hin.) Ach Gott, warum ist er, um den ich gern mein Leben hingegeben, nun nicht mit uns! Den einen Abend ging ich nahe zu ihm; da nahm er meine Hand und sagte: ›Liebe Gute!‹–– Von mir nahm er ein, wenn er noch so sehr phantasierte, verlangte auch oft nach meiner Schwester, die mit treuer Liebe ihn pflegen half. Kurz, wenn er sich selbst fühlte, fühlten wir seine Liebe. Sein letztes Zeichen von Bewußtsein war, daß er mich anlächelte mit einem Blick, den ich malen möchte, aber nicht ausdrücken kann, so heiter himmlisch! Ich hob seinen Kopf auf die bessere Seite, und er sah mich so an und küßte mich – ach Gott! Dies war das letzte Zeichen seines Gefühls für mich! Dieser Blick gießt Frieden in mein Herz, wenn die Welt ihm zu enge wird. Dafür, daß ich Hoffnung hatte bis zuletzt, danke ich Gott; denn ich hätte sonst den Mut verloren, hätte ihm nicht beistehen können. Den letzten Tag schlief er gegen Nachmittag ein; ich saß, um ihn nicht zu wecken, in der Nebenstube mit meiner Schwester und sagte: ›Da er jetzt schläft, habe ich Hoffnung; denn seine Natur ist gut‹ (ich rief mir die gute Natur unsrer geliebten Eltern zurück); ich hatte Hoffnung – als der Mensch, den wir an das Bett gesetzt hatten, da wir hinausgingen, uns rief, und der Krampf verzog sein Gesicht; nach wenigen Minuten war er kalt, und ich suchte umsonst die geliebte Hand zu erwärmen. Sein Geist, der vielleicht noch seiner Hülle näher war, hat auch da meine Liebe noch gefühlt! –
Nun fürchte ich nichts mehr in der Welt, da ich das einzige Wesen mußte sterben sehen und leben muß. Es war der erste

Mensch, den ich sterben sah, und der Tod hat alle Schrecken verloren auf einmal. Er winkt mir freundlich, ich kann mich innig sehnen nach diesem Moment. Solange ich kann, will ich für unsre Kinder leben und wirken, um ihm zu zeigen, daß ich seiner Liebe wert war; denn sie sind sein teures Erbteil. Sie sind gut und brav und lieben mich herzlich. Ich will vor allen Dingen ihre Konstitution stärken und sie nicht in die strengen Regeln der Erziehung beugen, denen gewiß die starke Natur ihres Vaters unterlag; denn das Leben in der Akademie, der Mangel an ganz freier Bewegung des Körpers war gewiß der erste Grund zu unsres Geliebten Kränklichkeit. Er gab in seiner Jugend zu wenig auf sich Achtung, und als er in Mannheim das kalte Fieber so gewaltsam kurierte, war es der zweite schlimme Einfluß auf seinen Körper. –

Bei meinem Leiden ist mir der Rückblick auf mein Leben mit ihm ein Trost; denn ich suchte mit allem, was in meinen menschlichen Kräften stand, von ihm abzuwenden, was ihm hätte nachteilig sein können. Ich habe seinen Geist, seine volle rege Tätigkeit unterhalten, indem ich nur für ihn lebte. Ohne mich wäre er vielleicht nicht so lange in der Welt geblieben. Dieser schöne Zweck des Lebens ist nun nicht mehr für mich; ich muß meine Kinder an mein Herz drücken und fühlen, warum ich noch lebe, wenn mir mein ganzer Verlust einfällt. – Wenn wir an sein Leben denken, liebe Luise, wenn wir denken, wie hundertmal tätiger und wirkender er lebte und in der Nachwelt leben wird als eine ganze Generation von Menschen, so sollten wir nicht klagen über seine Tätigkeit des Geistes. – Er war nicht wie andere Menschen, die sich mühsam anstrengen, um etwas hervorzubringen; wenn er etwas hervorbrachte, so ward es ihm leicht, und er war am glücklichsten in diesem Moment! Ich suchte nur die ängstlichen Vorstellungen gern von ihm zu entfernen und alle Rücksichten, daß sein Geist nicht sollte gehemmt werden. Ich fühlte aber immer, daß ich diesem Geiste keine Fesseln anlegen könne, und suchte lieber ihm das wirkliche Leben nicht drückend zu machen durch Störung seiner Wirksamkeit. Ich hätte jedes Schicksal mit ihm geteilt und hätte alle Aufopferungen ihm gebracht, das kann ich mir sagen. Andere, die seinem Geist nicht so nahe lebten, hielten das, was der Erguß seines Wesens war, für künstliche, gefährliche Anspannung. Er hat lange nur noch durch seinen Geist gelebt, so zeigte es sich leider, wie alle sagen. – Welchen Anteil, welche Liebe er hatte, werden Dir die öffentlichen Nachrichten sagen; ich lese nicht darüber, denn ich allein habe mehr als die Welt verloren. –

Aber als meiner lieben Schwester muß ich Dir sagen, daß Dich freuen wird, was uns noch als Beweis der Verdienste unsres Geliebten aufrichtet: daß die Großfürstin, die hiesige Erbprinzeß, mir gleich in den ersten Tagen die Versicherung gab, daß Karl und Ernst ihr gehörten; sie sorgt für ihre Erziehung bis in ihr zwanzigstes Jahr und behält sich noch vor, sie auch anzustellen. Sie hat es auf eine so edle, feine Weise mir geschrieben, daß ich auch mit Feinheit diese Tat behandeln muß. Also sage ich es nicht, und Du und Dein lieber Mann werdet als meine Freunde auch keinen unvorsichtigen Gebrauch davon machen, Ihr werdet es fühlen. Sie hat mir gleich geschrieben, ehe sie noch dieses für die Söhne entschied, daß ich mich bei allem, was mir begegnen könnte, an sie zuerst wenden solle, weil sie Schiller geschätzt hätte und herzlichen Anteil an mir nähme. – Ach, hätte dieses unser Geliebter noch wissen können! –

Jetzt nimmt er auf diese menschliche Weise nicht mehr teil an den Ereignissen; wenn ich aber nun manches möglich machen kann, was ich sonst nicht konnte für die guten Kinder, so will ich es als den Segen Gottes und ihres Vaters betrachten. –

Wenn die geliebte Großfürstin aber auch sich nicht so edel bezeigt hätte, so hätte sie mein Herz ewig gewonnen durch ihren Anteil und ihre Rührung. Sie war bei mir mit der Herzogin und weinte so herzlich innig an meinem Halse, als hätte sie einen Bruder verloren. –

Für mich werde ich niemals ihre Großmut ansprechen. Die Vorsehung hat Schillers Unternehmungen gesegnet: ich kann ohne Entbehrung leben. Was ich aber kann, werde ich zurücklegen, um den Kindern ein Kapital zu lassen, daß sie doch nicht einst abhängig werden und im Notfall, wenn sie sich einschränken wollen, unabhängig leben können. Gibt mir Gott Kraft und Mut, so werde ich alles anwenden, um dies zu erreichen, und zurücklegen, was ich kann. –

Cotta hat sich auch als ein teilnehmender Freund gezeigt, und wie er Schiller liebte, ist rührend. –

Was mir Wolzogen und meine Schwester sind, kann ich nicht aussprechen; von meiner Schwester erwarte ich stets das Herzlichste und Beste im Leben; aber wenn Du Wolzogens Teilnahme, seine Betrübnis um Schiller gesehen hättest und die Art, wie er mit mir und meinen Kindern umgeht, wie er uns zu sich rechnet, so würde es in Dir innige Liebe und Achtung und Dankbarkeit erwecken. –
Daß man im Unglück auch wieder irgendwo Trost finden kann, dies ist Hilfe, die von oben kommt. – In den Nächten, wo Schiller nicht ruhete, sagte er inbrünstig: ›Komm von oben herab und bewahre mich vor langwierigen Leiden!‹ Auch zum Himmel laß uns blicken, liebe Luise! Von den letzten Stunden unseres Verewigten laß uns gegen andere Menschen schweigen; sie sind mir zu heilig, als daß ich davon sprechen sollte, und die Menschen sind so zudringlich und wollen unter der Hülle des Mitleidens nur Nahrung für ihre Neugierde und Schreibsucht. –
Wir müssen uns nun auch im Namen des Geliebten lieben, und unsre Freundschaft sei treu und unverbrüchlich; was wir uns unter dem Siegel der Verschwiegenheit vertrauen, bleibe auch verwahrt. Du wirst immer eine treue Schwester an mir finden. –
Lebe wohl! Der Brief ist so lang, daß, wenn er nicht von einem solchen Gegenstand handelte, er zu beschwerlich zu lesen sein würde. Aber Du wolltest viel wissen. Gott erhalte Dich und den lieben Schwager, den ich herzlich grüße und um den Teil der Freundschaft für mich bitte, die er unserem geliebten Verstorbenen schenkte.
Die Kinder sind wohl; Emilie ist entwöhnt und zahnt, da ist sie etwas schwächlich, aber sehr heiter und freundlich. Es ist mir immer, als wär es ein Blick, den mir ihr Vater sendet, mich zu trösten, wenn sie mich so liebend anlacht; sie schmiegt sich immer so herzlich an mich an, und ich muß sie immer tragen, wenn ich zu ihr komme. –
Küsse Deine lieben Kinder herzlich!

Lotte

Henriette Vogel
an Ernst Friedrich Peguilhen

[Potsdam, 21. Nov. 1811]

Mein sehr werter Freund! Ihrer Freundschaft, die Sie für mich bis dahin immer so treu bewiesen, ist es vorbehalten, eine wunderbare Probe zu bestehen, denn wir beide, nämlich der bekannte Kleist und ich, befinden uns hier bei *Stimmings,* auf dem Wege nach Potsdam, in einem sehr unbeholfenen Zustande, indem wir *erschossen* daliegen, und nun der Güte eines wohlwollenden Freundes entgegensehn, um unsre gebrechliche Hülle der sicheren Burg der Erde zu übergeben. Suchen Sie, liebster Peguilhen, diesen Abend hier einzutreffen und alles so zu veranstalten, daß mein guter Vogel möglichst wenig dadurch erschreckt wird; diesen Abend oder Nacht wollte Louis seinen Wagen nach Potsdam [schicken], um mich von dort, wo ich vorgab hinzureisen, abholen zu lassen; dies möchte ich Ihnen zur Nachricht sagen, damit Sie die besten Maßregeln darnach treffen können. Grüßen Sie Ihre von mir herzlich geliebte Frau und Tochter vieltausendmal, und seien Sie, teurer Freund, überzeugt, daß Ihre und Ihrer Angehörigen Liebe und Freundschaft mich noch im letzten Augenblick meines Lebens die größte Freude macht.

Ihre A. Vogel

Ein kleines versiegeltes schwarzes ledernes Felleisen, und einen versiegelten Kasten, worin noch Nachrichten für Vogel, Briefe, Geld und Kleidungsstücke, auch Bücher, vorhanden, werden Sie bei *Stimmings* finden. Für die darin befindlichen 10 Rth. Courant wünschte ich eine recht schöne *blaßgraue Tasse,* inwendig vergoldet, mit einer goldnen Arabeske auf weißem Grunde zum Rand, und am Oberkopf im weißen Felde mein Vornamen, die Fasson, wie sie jetzt am modernsten ist. Wenn Sie sich dieser Kommission halber an Buchhalter Meves auf der Porzellanfabrik wendeten, mit dem Bedeuten, diese Tasse am *Weihnachts-Heiligabend* Louis eingepackt zuzuschicken, doch würden Sie, mein lieber Freund, mit der Bestellung eilen müssen, weil sie sonst nicht fertig werden möchte. Leben Sie wohl und glücklich. Einen kleinen Schlüssel werden Sie noch eingesiegelt im Kasten finden, er gehört zum Vorhängeschloß des einen Koffer *zu Hause bei Vogel,* worin noch mehrere Briefe und andre Sachen zum Besorgen liegen.

Elisa von der Recke an Johanna Schopenhauer

Carlsbad, d. 3 July 1816

Mit schmerzhafter Rührung, liebe Theure, habe ich Ihre Darstellung, der traurigen Verlassenheit, der guten Göthe, in ihrem schreckhaften Todeskampfe, gelesen. Wahrlich! Diese gutmüthige Frau, hätte es wohl verdient daß danckbare Herzen ihren letzten bittern Kampf erleichtert, und die unter furchtbaren Krämpfen, Sterbende nicht verlassen hätten. Im Leben That sie vielen wohl! und aus meiner Erfahrung weiß ich es, daß das Bewußtseyn uns bey heftigen Krämpfen, und Todesähnlichen Erstarrungen bleibt ... Der furchtbare Tod der noch im Grabe verfolgten Göthe hat mich schmerzhaft erschüttert! – Sie haben Recht, theure Frau! Die im Leben auf einer Seite so glückliche – im Sterben aber höchst unglückliche Göthe hatte doch viele gute Seiten! Warum richten die Menschen denn immer ihre Blicke nur auf die Fehler der andern, statt diese nur stille für sich als Warnungen zu betrachten die uns vor Fehler schützen? – Wodurch die Verstorbene sich mir empfohlen hat; ist, daß ich sie nie von andern böses sprechen hörte; auch war ihre Unterhaltung, so weit ich sie kannte, immer so, daß ich mir es wohl erklären konnte, daß ihr anspruchsloser heller ganz nathürlicher Verstand Interesse für unsern Göthe haben konnte, der mir seine Frau mit den Worten vorstellte, – »Ich empfehle Ihnen meine Frau mit dem Zeugnisse, daß, seit sie ihren ersten Schritt in mein Hauss that, ich ihr nur Freuden zu danken habe.« – Die Frau, welche von ihrem Gatten ein solches Zeugniss erhält, über deren Fehler werden alle Diejenigen, welche den Gatten schätzen einen Schleier zu werfen suchen. Wir, liebe Theure! wir wollen immer der guten Seiten der Verstorbenen gedenken, und ihre Schwächen in Vergessenheit zu bringen uns bemühen! – Wann Sie Gelegenheit dazu finden so versichern Sie unseren Göthe auch meiner Theilnahme.

Charlotte Stieglitz an Heinrich Stieglitz

Berlin, 29. Dezember 1834

Unglücklicher konntest Du nicht werden, Vielgeliebter! Wohl aber glücklicher im wahrhaften Unglück! In dem unglücklich sein liegt oft ein wunderbarer Segen, er wird sicher über Dich kommen!!!! Wir litten Beide ein Leiden, Du weißt es, wie ich in mir selber litt; nie komme ein Vorwurf über Dich, Du hast mich vielgeliebt! Es wird besser mit Dir werden, viel besser jetzt, warum? ich fühle es, ohne Worte dafür zu haben. Wir werden uns einst wieder begegnen, freier, gelöster! Du aber wirst noch hier Dich herausleben, und mußt Dich noch tüchtig in der Welt herumtummeln.
Grüße Alle, die ich liebte und die mich wiederliebten! Bis in alle Ewigkeit!

Deine Charlotte

Zeige Dich nicht schwach, sei ruhig und stark und groß!

Charlotte von Kathen an Ernst Moritz Arndt

Stralsund, den 13. Mai 1842

Als Dein letzter Brief mir gebracht wurde, mein alter, teurer Freund, da grade waren meine Kinder *alle* um mich versammlet in tiefer Trauer und in stillem Dankgebet gegen Gott, der dem langen, namenlosen Leiden des geliebten Vaters durch einen gar sanften und seligen Tod ein Ende gemacht. Er starb die

Nacht zuvor, 2 Uhr morgens, den 8. Mai, an einer Lungenlähmung, die plötzlich und unerwartet eintrat grade zu einer Zeit, wo er sich eines ungewöhnlichen Wohlseins erfreute. Er starb so ruhig und so gottergeben, daß das Andenken an diese Stunde uns zur Erbauung dienen soll, solange wir leben. Kurz vor seinem Ende sprach er es noch einmal aus – mit schon gelähmter Zunge –, was in der ganzen Leidenszeit sein Wahlspruch war: »*Wie mein Gott will*«. Ein paar Minuten vor seinem Scheiden fragte er nach der Uhr, und als wir sagten, es sei bald zwei, zweifelte er und erwiderte: »Es tagt ja schon, es wird ganz hell«. Dies war sein letztes Wort, und darauf schlief er ein ohne Angst und Schmerz, ohne Kampf und Widerstreben. Der alte liebe Vater hat neben all dem vielen Guten und Lieben, was er an mir getan in meinem Leben, auch noch die Wohltat mir erzeigt, daß er durch sein Sterben alles und jedes Grauen vor dem Tode *gänzlich* von mir genommen. Wir haben stundenlang gesessen an seinem Totenbette; er sah aus, als wolle er sagen: Kinder, wüßtet Ihr nur, wie wohl mir ist. An seinem Sarge standen alle seine Kinder und Kindeskinder bis auf die entfernten Berliner. Furchau sprach ein paar sehr innige, eindringliche Worte. Darauf ging der Leichenzug nach der Fährbrücke nieder, an welchen die Seinigen alle sich schlossen. Er wollte kein andres Gefolge als seine Kinder. Von dieser letzten Reise nach dem Gustower Gewölbe, da seine Eltern ruhen, hatte er so oft gesprochen. Ich fuhr bis zur Brücke mit, sah den Sarg einschiffen und die Segel aufspannen. Das Wasser war wie eine klare Spiegelfläche. Der hellste Sonnenglanz lag darüber, und wie das Schiff sich fortbewegte, zog ein heller Lichtstrahl hinterdrein.

Aber zu Hause in der Krankenstube, da sie ihn hinausgetragen, ach! da war es so öde, dunkel und leer. Die Frühlingsblumen der Erde werde ich nun wohl wieder haben, aber sie ziehen mich jetzt nicht an. Unablässig noch muß ich immer nach oben blikken und flehen: Gib mir ihn wieder, laß mich ihn wiederfinden bei dir, Vater des Lebens, laß unser Lieben reiner, treuer, inniger noch sein bei dir, und vergib mir *alles, alles,* was ich gegen ihn gefehlt, wie ich gewiß es weiß, daß *er mir alles* vergeben.

Am Abend des Begräbnistages wurde das Lied hier vom Turme geblasen: »Jesus, meine Zuversicht«, und am Sonntage nach Pfingsten versammeln wir alle uns, die wir ihm nahe angehören, um den Tisch des Herrn. Uns verlangt nach diesem Liebesmahle, und wer weiß, kommt *er* nicht mit dem Herrn zu mir und gibt mir Trost und Frieden und die Versicherung der Vergebung meiner Sünden in das Herz.

Wie oft hab' ich in dieser Zeit Deiner Worte gedacht, mein teurer, geliebter Freund: Das Sterben geliebter Menschen ist wie das Abendmahl des Herrn. Es stellt *uns vor Gericht und deckt uns jede Tiefe des Herzens auf;* aber es hat auch dieselbe alles versöhnende, alles in Liebe versenkende Kraft.

Und nun, meine geliebten Freunde, Du und Dein liebes Weib, haltet mich recht fest an Eure Brust, daß ich gern und freudig bleiben und weilen kann auf Erden, solange Gott noch will. Grüßt die lieben Bekkers auch, sie waren mir immer so freundlich gesinnt. Denkt meiner mit gewohnter Treue, aber ohne ängstliche Sorge; ich bin angegriffen, aber nicht krank, und der so lange mit sichtbarer Huld und Gnade dem flimmernden Lämpchen täglich neues Öl eingegossen, kann es auch noch ferner tun. Zuletzt setze ich Euch den schönen Spruch noch her, den wir gewählt zur Einschrift an Kathens Sarge:

»Unser keiner lebet ihm selber, und keiner stirbt ihm selber: Leben wir, so leben wir dem Herrn; sterben wir, so sterben wir dem Herrn. Darum wir leben oder sterben, so sind wir des Herrn.« …

Dem Schutze des Höchsten seid empfohlen, und bleibt mir in Liebe zugetan.

Eure
E. Kathen

E. Janinski an Friedrich Hebbel

Theurer Hebbel. Hamburg d 15 Nov 1843

Über den Tod Deines Sohnes vermag ich Dir kein tröstendes Wort zu sagen. Für das grausame Ende eines so lieblichen Engels, wie dieses Kind war, giebt es keine andre Theilnahme als die stille Thräne.

Dein letzter Brief an Deine Braut spricht tief und erschütternd aus was Dich, nicht beruhigt, nein, nur den Brand der Umstände kühlt.

[...]

Während der Krankheit Deines Sohnes, bewieß Deine Braut eine Kraft des Geistes eine Thätigkeit Umsicht und Sorge, die ans Unglaublich gränzt. – Als das Kind todt war – schien auch sie gestorben zu sein. – Das Licht in ihren Augen erlosch, oder verbarg sich so tief daß es nicht mehr vorhanden zu sein schien, sie war still – ihr *ganzes* Gesicht war *ein* Zug des unendlichsten Schmerzes. [...]

Dein E. Janinski

Friedrich Hebbel an Elise Lensing

Teure Elise! Paris, den 5. Dezember 1843

Heute nachmittag um 3 erhielt ich Deinen Brief, ich stand gerade im Begriff, auszugehen, und steckte ihn zu mir, aber nicht, um ihn unterwegs zu lesen, sondern nur, um ihn bei mir zu haben, denn ich wollte mir die Freude für den stillen einsamen Abend aufsparen. Jetzt ist die Uhr 7, ich habe ihn gelesen und ich will Dir nicht verhehlen, daß er einen sehr peinlichen Eindruck auf mich gemacht hat. Daß der fromme christliche Trost wie Quecksilber am Marmor an Dir abgleitet, wie Du sagst, ist natürlich, denn eine Lücke wird nicht durch Luft wieder verstopft und Worte sind Luft; daß Du aber jetzt, wo schon 8 Wochen verstrichen sind, noch immer nicht über die strudelnden Wirbel der ersten Empfindung hinaus bist, macht mich im höchsten Grade besorgt. Mein Gott, ist denn der Unterschied zwischen Mann und Weib so groß, so unermeßlich groß, daß ein Geschlecht das andere nicht einmal begreifen kann! Es kommt mir fast so vor. O wie recht hatte ich, daß ich ehemals mit solcher Angst auf Deine krampfhafte Liebe zu dem Kinde blickte! Nun bestätigt es sich: für Dich war nur Max in der Welt, sie ist leer, nun Max nicht mehr da ist. Napoleon schrieb einmal an die Königin Hortense, als sie über den Verlust eines Sohns untröstlich war, er habe bisher geglaubt, ihr auch etwas zu sein, aber er müsse jetzt daran zweifeln. Dies Wort paßt ganz auf mich und Dich. Ich glaube gern, daß Dein Schmerz sich vergrößern oder richtiger, daß er sich mit auf mich erstrekken würde, denn die Vergrößerung ist nicht möglich, wenn der Tod auch mich abriefe, aber das kann ich kaum für etwas anschlagen, da mein Dasein ihn um nichts zu verringern vermag. Der Gemütszustand, in dem Du Dich befindest, ist nicht der einer auch nur notdürftigen Fassung, das sehe ich aus jeder Zeile Deines Briefs, und doch, scheint mir, sollten wir in unserer Lage eher, wie tausend andere, den Verlust verschmerzen können, wenn auch die Art des Verlustes, das schwere Leiden des himmlischen Geschöpfs, einen ewigen Stachel in der Seele zurücklassen mußte. Das Leben an und für sich ist das höchste Gut, und es ist mehr als ein Gut, denn es ist die Bedingung aller übrigen Güter; wenn man Dir also damit kommt, daß die Toten es besser hätten als die Lebendigen, so ist das frömmelnder Unsinn, und Du kannst darauf antworten: dann haben die Steine es wieder besser, als die Toten, denn sie brauchten nicht erst zu sterben! Aber, was das Leben für Dein Kind war, das ist es auch für Dich. Bist Du Dir selbst in Deinem eigenen Gefühl denn gar nichts? Bist Du nur etwas in Deinem Verhältnis zu anderen, zu dem Kinde und zu mir? Dein Kind sollte doch erst etwas *werden,* und Du mochtest von ihm erwarten, was Du wolltest, Du *hofftest* es doch nur; Du selbst aber bist etwas *geworden,* und wie Du gelebt und Dich des Daseins erfreut hast, ehe Du dies Kind hattest, so wirst Du auch jetzt leben und Dich des Daseins wieder erfreuen können, wenn Du nur willst und Dich durch unaufhörliche Aufreizungen Deines Gemüts nicht selbst zerstörst. Der Mensch, dem gar nichts übrigblieb, mag den Schmerz um das *Letzte,* das er verlor, festhalten wie eine Feuerkohle, damit er ihn verzehre, aber das ist, wenn Du mich wirklich liebst, noch lange nicht Dein Fall; ich bin da, und auch für das Kind wird Dir Ersatz, Du brauchst den Kreis Deiner Lieben nicht einmal zu *verengern.* Ich werde diese Punkte nicht wieder berühren, sondern ich werde, wenn alles in den Wind gesagt ist, über die weibliche Natur ganz andere Ansichten fassen wie bisher. So viel sehe ich schon jetzt: ihr seid beneidenswert. Das ungeheure Weh der Welt muß euch gar nicht berühren, denn so groß könnte der Schmerz um das *Einzelne* gar nicht werden, wenn ihr irgendeinen Schmerz um das *Ganze* hättet, euch quälen die Rätsel des Daseins erst dann, wenn sie euren eignen Kreis verfinstern, und nur so weit, als dieses geschieht. Mein Gott, sieh Dich in der Geschichte um, wie ganze Völker hingeschlachtet wurden und man sich umsonst fragt: warum! Lies die großen Dichter und sieh, was in den Abgründen des Geistes vorgeht, erinnere Dich an mich selbst, an die zwischen Wahnsinn und Vernichtung schwankenden Zustände, in denen ich mich so oft befinde, dann wirst Du erkennen, daß der Tod eines geliebten Kindes noch nicht das Schrecklichste ist, was sich auf Erden ereignet. Du weißt, ich glaube nicht daran, daß ein guter Hausvater über den Sternen sitzt, der, zu ohnmächtig, seine lieben Kinder gegen Wunden zu schützen, doch für jede Wunde einen Balsam bereithält, aber allerdings zieht sich ein Faden ewiger Weisheit durch die Welt, und diese Weisheit betätigt sich gerade darin, daß das Leben sich *aus sich selbst* herstellen *kann,* und also auch muß. Dein Kind *lebt* und ist *mehr,* als es *war;* Du wirst es nicht um den Weihnachtsbaum tanzen sehen, aber dafür tanzt es vielleicht um einen Baum, auf dem jedes *Licht* ein *Stern* ist, um den Baum der Welt, und nichts fehlt, als daß Du seine Freude nicht siehst, es ist also nicht *sein,* nur *Dein* Entzücken weggefallen, und das kannst Du doch am Ende wohl ertragen. Ich möchte mich um alles in der Welt an Deinem Mutterherzen nicht versündigen, aber ich sehe, daß Du Dich mit aller Gewalt in Deine Empfindungen, wie in einen Strom, der Dich selbst zurückstößt, hineinwirfst, und dagegen muß ich ankämpfen, ich würde Dich nicht lieben, wenn ich es nicht täte. Ich sagte vorhin: ein solcher Schmerz geziemt sich nur um das *Letzte;* war Max Dein Letztes, so habe ich nichts zu sagen. Mit Deiner Mutter ist es etwas ganz anderes, die hat mit der zerfallenden Hülle von Staub alles verloren, für sie war das Kind nur eine Spielpuppe, es wäre ihr fremd und gleichgültig geworden, sobald es sich als Geist entwickelt hätte, wie könnte sie der Gedanke beruhigen, daß es als Geist noch immer da ist, mit dem Geist hatte sie ja nichts zu tun, nur mit den roten Backen, blauen Augen und blonden Haaren. Aber Du solltest Dich jetzt, nun acht Wochen verstrichen sind, doch über diese beschränkten Anschauungen des ersten Moments erheben.

Meinst Du denn, daß wir, ich und Du, dies Wesen hervorgerufen haben? Es *war* von Ewigkeit her, denn alles ist ursprünglich, nichts *wird,* es wechselt nur die Formen, darum wird es auch in Ewigkeit *sein,* und Du wirst es wiederfinden, so oder so, mit oder ohne Bewußtsein, worauf nichts ankommt, denn das *Verwandte sucht sich,* das ist kein Dogma einer positiven Religion, das man *glauben* soll, es ist ein Weltgesetz, das man *wissen* kann. Dies, teuerste Elise, sind keine schöne Reden, die verachte ich, es sind ewige Wahrheiten, auf die ich lebe und sterbe; willst Du auch diese zurückweisen, wie die christlichen Nichtigkeiten, deren Dein Brief gedenkt, und die Du mit Recht verschmähst? Tu mir denn die Liebe, geh nicht alle Tag zum Grabe, brüte nicht so vor Dich hin, lies – die Welt des Geistes ist so groß, es brausen so gewaltige Ströme in ihr dahin, sollte denn kein einziger imstande sein, Dich mit sich fortzureißen? Aber nimm nur das Große zur Hand, und wenn es auch noch so furchtbar ist, es tut nichts: lies *Shakespeare, Goethe, Byron, Kleist,* einiges von *Hoffmann* und *Tieck,* auch *Scott;* nur nicht seine Nachfolger; die *Sand,* Lappalien helfen nichts, *Don Quichotte,* genug, Sachen, die von der Vogelperspektive herab in die Literatur geschleudert sind, nicht die Froschlaiche, die im Sumpf ausgeheckt ist. [...]

Sophie Schröder an Luise Neumann

Augsburg,
den 11. Oktober 1849

Meine liebenswürdige, freundliche Luise!

Wie soll ich Ihnen, wie soll ich Ihrer guten Mutter, wie all meinen wackern Kollegen danken für die wirklich herzliche Teilnahme, die sich bei der Nachricht meines Todes kundgab? Worte würde ich schwer dafür finden – aber mein Herz, das noch immer frisch und empfänglich für alles Gute und Schöne ist, hat es freudig und tief empfunden. Würde ich hundert Jahre alt, so würde der Gedanke, daß Ihr mir doch im Grunde alle gut gewesen, daß ich keine Feinde habe, unauslöschbar in die-

sem Herzen fortleben. Wahrlich, so zu sterben, ist das schönste, reichste Leben! –
Diese Liebe und Teilnahme war ein süßer Tropfen in den bittern Kelch, den ich habe leeren müssen. Mein guter, vortrefflicher Sohn Alexander mußte sich aus meinen Armen, aus meinem Herzen reißen und seiner Pflicht folgen. Mir wurde somit die letzte Stütze, der letzte Trost meines Alters geraubt, daß ich mich nun sehr allein und verlassen fühle.
Nun möge der Allmächtige, auf den man doch bauen und vertrauen muß, die Herzen der Fürsten und Völker lenken, daß sich alles zum Guten wenden und Millionen Tränen getrocknet werden!
Die Nachricht, welche Sie mir über meinen Enkel Fritz mitgeteilt, hat mich erfreut und verdient gleichfalls meinen innigsten Dank. Möchte er bei diesen guten Vorsätzen beharren und für jetzt noch die *Kunst* seine einzige beste Geliebte sein. Er wird sehen, wie dankbar dieselbe ist und wieviel Ersatz sie gibt, wenn man sich für sie opfert. Sie gewährt dann Trost für viele, viele Leiden, Kränkungen, Verrat, Täuschungen und *Verirrungen!!*, die auch er, wie beinahe jeder Mensch, wird durchmachen müssen. Was wäre ich ohne diese Göttliche gewesen? wohin hätte es mich führen können, wenn ich mich nicht an ihrem tröstenden Busen wieder aufgerichtet und erhoben?
Darum soll auch er sie fest umklammern. Und wenn Revolution und Kriegsgeschrei sie augenblicklich einschüchtern und in den Hintergrund treten lassen... es kommen auch wieder andere Zeiten, die er bei seiner Jugend gewiß noch erleben wird. Und dann ist es gut und nützlich, eine so treue Freundin in der Zeit des Unglücks nicht vernachlässigt zu haben.
Daß der arme Junge sich über die dumme, boshafte Todesanzeige in der Zeitung so alteriert hat, daß er, wie mir der gute Herzfeld schreibt, krank davon geworden, hat mir wahrhaft leid getan, mir doch aber auch gezeigt, daß er das gute Schrödersche Herz im Busen trägt, worauf sich viel bauen läßt. Grüßen und küssen Sie ihn herzlich von mir – (nun, nun, einen Kuß in Ehren... Sie kennen ja das alte Sprichwort!). Auch wird der Kuß von einem so edlen Mädchen, im Namen der Großmutter gegeben, ihm ja nur als Weihe zu allem Guten gelten, und er wird ihn mit Ehrfurcht empfangen. Sollte künftiges Frühjahr

wieder alles ruhiger geworden und ins alte Geleise zurückgekehrt sein... wenn ich noch lebe und gesund bin, dann will ich es gar nicht verreden, daß ich Euch noch einmal besuche, um meinen Dank mündlich zu wiederholen, wo mir dann auch die Freude zuteil werden würde, meinen Enkel näher kennen zu lernen. Für heute leben Sie wohl, meine liebenswürdigste Luise, Sie reizende, liebliche Künstlerin.
Grüßen Sie alle, alle, vor allen Ihre gute Mutter und meinen redlichen Freund Herzfeld und seine Familie. Mit nächstem werde ich ihm auch wieder schreiben.
Unter Versicherung herzlichster Freundschaft und Hochachtung nenne ich mich Ihre

Sophie Schröder

Franziska Gräfin zu Reventlow an Emanuel Fehling

[Lübeck] 6. 5. 1891

Ich muß Dir heute abend noch schreiben, um meine Gedanken zu entlasten. Es hat sich hier ein großes Drama abgespielt, infolgedessen alles auf dem Kopf steht. Georg Reventlow, der bei Pastor Bernhard war, hat sich gestern nacht erschossen. Nun sind die Eltern hier bei uns heute abend angekommen und es ist alles so wirr und verstört, wie ich nie etwas erlebt habe. Ernst und Ludwig sind ja auch hier, entweder ist alles bei Bernhards oder der Pastor hier. Wir 4 Geschwister fliehen aus einer Stube in die andere. Mir hat Georg nie besonders nahe gestanden, aber die Eltern zu sehen ist allerdings sehen, was Jammer und Verzweiflung ist. Er hat in einem 4 Seiten langen Brief an die Eltern nur dunkle Andeutungen auf etwas, was er getan habe, was herauskommen werde und woran er doch unschuldig sei und dergl. geschrieben, lauter verwirrtes Zeug, ebenso an seine Schwestern und Bernhard. Eine Schulgeschichte mit *Timpe*, der ihm mit Ohrfeigen und Karzer gedroht hat, scheint den letzten Anstoß gegeben zu haben –
Die Art und Weise, wie dieser Fall von meiner Familie betrach-

tet und besprochen wird, macht mir die Haut schaudern – ich kann nicht dagegen an. Agnes mit öden Bemerkungen, Mama leichenfreudig geschäftig und Papa sozusagen mit Seitenhieben auf mich. Erst kam er zu mir – wir hatten seit dem Jubiläum nicht gesprochen – und sagte »Bedenke, daß Tatsachen unwiderruflich sind«, Händedruck und ab. –
Bei Tisch wurde mir von dem Gerede etc. so schlecht, daß ich nachher mit Ernst zu Pastor Bernhards gehend vollkommen übel und schwindlig war; während Ernst drin war, saß ich auf einem Grab und es kam mir alles so roh und beschränkt vor und der Selbstmord dieses Kindes wie eine befreiende Tat. Ich habe dann lange im heißen Sonnenschein gesessen.
Du wunderst Dich vielleicht, daß mich diese Geschichte so beschäftigt, aber es ist alles so sonderbar, wenn jemand, mit dem man vor 2 Tagen noch gealbert hat, auf einmal so davon geht. Die grenzenlose Lüge des Lebens wird einem einmal so recht klar und greifbar und von einem grellen Streiflicht erhellt vor Augen gerückt. Es ist doch etwas Großes, wenn jemand ein solches »heiliges Neinsagen« vor dieser Lüge ausübt und von diesem Jungen hätte ich eine solche Größe des Entschlusses nie erwartet.
Nun aber gute Nacht, ich bin nach aller Wirtschaft entsetzlich müde. […]

Fanny

Franziska Nietzsche an Franz Overbek

[Naumburg,
Mein teurer lieber Herr Professor! 26. September 1892]

[…] Auch heute muß ich meine Klage, daß ich Ihnen nicht in der Zeit einmal geschrieben habe, wiederholen, ich weiß aber immer nicht, wo ich die Zeit zu Briefen hernehmen soll; könnte ich es abends an der Seite meines guten Sohnes, wenn er ruhig wäre tun, so würde es sich hin und wieder tun lassen, aber es raubt mir die Nachtruhe, die ich nach dem Spazierengehen und Pflegen so nötig habe, denn sonst erscheint mir letztere anderen Tags dann kaum ausführbar, eben wenn ich nicht geschlafen und mich mit Sorgen gemartert habe. Meistenteils machen wir bis etwa 1/2 10 Uhr unseren Abendspaziergang nach Tische, da der Weg den wir dazu nehmen zur Hälfte erleuchtet ist und da es Chaussee der andere Teil immer belebt ist und es ist mir immer eine Art Beruhigung, da er von Nachmittag an immer mehr oder weniger erregt ist (Tage natürlich ausgenommen), wo es gut ist, daß wir in Dunkel gehüllt sind, sei es auch nur, zu schnelles Gehen an meinem Arm oder sich plötzlich davon losreißen oder kleine Kämpfe, daß ich ihn vor dem Fallen in den Chausseegraben bewahren will, da er am äußersten Rande am liebsten geht, und doch halte ich Bewegung des Körpers für das Beste auch für ihn, da er doch zu Hause nur von Stuhl zu Stuhl oder Sofa kommt. Außerdem baden wir nun zwei- dreimal die Woche *warm* und die Zwischentage bekommt er eine Abseife und Abspülung, danach im Bett sein Frühstück und darauf gehen wir. Sein Aussehen ist unberufen *sehr gut,* selbst sein so liebes Auge, hat oft ganz den lieben Ausdruck wie in gesunden Tagen, natürlich auch manche Stunden nicht. Sein *ganzes Wesen* hat aber *nicht* das geringste etwa Furcht einflößendes, er ist heiter und zufrieden und ahnt nicht, daß er krank ist oder ihm irgendetwas fehle, aber nicht etwa willenlos, läßt sich aber gütlich anders stimmen, wenn man ihm seinen Willen nicht lassen *kann;* zu Hause ist das alles zu machen, doch geh ich auch früh immer mit ihm in einer gewissen Bangigkeit die ersten fünf Minuten bis zum Bürgergarten, dann gehen wir unterhalb desselben, wo wir selten einem Menschen begegnen, nach dem prachtvollen Buchenwald; er vom Bürgergarten aus ohne Hut und Handschuh mit meinem Sonnenschirm zur Kopfbedeckung und ich nehme als Fächer seinen Hut und in dem schattigen Walde brauchen wir beide nichts und so geht er seine Hände auf dem Rücken und ich die Sachen tragend, kräftigen Schrittes hinter mir drein, denn ich muß immer das Tempo angeben. Zu Hause angekommen setzt er sich in unserer Wohnstube, die Sie als Eßstube kennen, auf den Großvaterstuhl an das Fenster, und untersucht seine Schätze, die im Fenster neben ihm liegen, das sind 5 Portemonnaies, welche allerlei, außer kleinen Münzen in sich bergen und drückt über Hasekiels Kriegslieder, welcher in seinen Versen alle die Feldherren von 1866 nennt, sein Entzücken beim Durchblättern des Büchelchens aus, oder z. B. schickte gestern Teubner in Leipzig seinen Bücherkatalog, wo er mir dann mit Eifer erzählt, »daß er von 1000 Menschen eben gelesen habe«, dann ißt er zu Mittag, wo es ihm immer recht gut schmeckt, verlangt aber *nie* nach Speise *von selbst,* dann schläft er oder auch nicht, wenn er wie heute jetzt noch um 9 Uhr, schläft, indem er gestern seinen unruhigen Nachmittag hatte, ich auch abends, da Alwine, meine Treffliche, ihren Ausgehetag hatte, nicht mit ihm gehen konnte, hat er sich bis 1/4 1 Uhr in seinem Bett noch weiter müde geredet. Er hat so stehende Sätze, die er vielfach wiederholt, so jetzt: »ich bin tot weil ich dumm bin«, auch umgekehrt sagt er es, oder »ich habe eine feine Beurteilung für die Dinge« oder »ich bebe keine Pferde« anstatt liebe, welches Wort ich ihm hundertfach auf unseren Gängen wiederhole, bringt er es aber trotzdem selten richtig hervor, so diesen Morgen als ich bei ihm war, war es sein erstes Wort »ich bebe keine Pferde«. Er hat aber allem Anschein nach nicht das geringste Gefühl eines irgendwelchen Entbehrens, sondern wahres Vergnügen an dem Leben und manche Tage besonders zu kleinen Scherzen aufgelegt, so wenn er sein Mittagsschläfchen gemacht hat, wirft er öfter die Schlummerrolle oder Taschentuch mit dem vergnügtesten Gefühl nach mir und natürlich gehe ich auf das Animieren eines Bombardements ein, was ihm vielen Spaß macht und so kommt man wie es gerade der Augenblick gibt auf allerlei kleine Belustigungen für ihn. –

So weit kam ich heute Morgen und nachdem wir über 2 Stunden in dem nach der Dürre ganz verjüngten prachtvollen Wald waren, wo wir heute buchstäblich keinen Menschen begegnet sind, gegessen und ich geschlafen habe, schreibe ich weiter, da er nach seinem Glas Limonade noch einmal eingeschlafen ist, das ist so der Lauf der Krankheit. Einen Tag Unruhe in allen Gliedern und wenig Schlaf und den Tag darauf kann er sich dann vor Müdigkeit kaum halten. Meine Seele ist aber täglich und stündlich voll Dank gegen meinen lieben guten Gott, daß es eben geht wie es geht, nachdem mir jetzt Binswanger dasselbe schriftlich sagte, indem das Leiden meines Sohnes nicht zu heilen sei, was doch gar zu schmerzlich und tiefbetrübend ist.

Von meiner Tochter habe ich fortan gute Nachrichten erhalten, sie war von Hamburg aus und ebenso war es mit dem Flußschiff, auf denselben Schiffen gefahren als vor 7 Jahren mit ihrem guten Mann und so waren ihre Nachrichten mit vieler Wehmut und Sehnsucht gepaart. So bald sie aber Paraguay betreten hatte, schrieb sie: daß sie wieder mit voller Begeisterung allda und bei ihrer Lebensaufgabe sei. Es sind heute eigentlich die ersten Nachrichten von der Kolonie und auch nur auf einer Karte von ihr eingetroffen, da sie länger in Asuncion und an dem Ort, wo ihr guter Mann ruht, bleiben mußte, indem sie in Asuncion mit der Regierung manches zu verhandeln hatte und an den Ort der Trauer das von hier mitgenommene Denkmal legen ließ. Von hier ist aber der Sohn von Frau v. Peteri wenige Wochen vor meiner Tochter mit einem anderen Oekonomen aus Kösen, beides prächtige Menschen, nach Neu-Germanien gegangen, haben sich äußerst günstig angekauft und sehr befriedigt über die Bodenverhältnisse geschrieben und in dem Brief mit erzählt, »daß sie vorgestern alle zu Pferde, der Direktor an der Spitze, welcher die Frau Dr. Förster mit einer höchst schwungvollen und ihre Verdienste um die Kolonie besonders betonten Rede, empfangen hätten«, und Lieschen schreibt heute, daß sie furchtbar in der Arbeit stecke, nächstens aber länger schreiben werde. – So habe ich Ihnen Lieben vorgeplaudert, als ob ich damals in Ihrer so lieben Mitte saß. Hoffentlich bekomme ich bald einmal von Ihnen zu hören und so grüße ich Sie heute und die liebe Frau Professor auf das Allerherzlichste als

Ihre
ewig dankbare
Nietzsche

Eben frug ich meinen guten Sohn, »soll ich denn Deine lieben Overbecks grüßen« – da erwiderte er ein sehr übereinstimmendes »Ja«.

Käthe Kollwitz an Freunde und an ihren Sohn Hans

[November 1914]

Liebe Frau Schröder und liebe Dore! Der schöne Schal kann unsern Jungen nicht mehr wärmen. Er liegt tot unter der Erde. Er ist bei Dixmuiden als erster seines Regiments gefallen. Er brauchte nicht zu leiden.

Bei Sonnenaufgang hat das Regiment ihn begraben, seine Freunde haben ihn ins Grab gelegt. Dann sind sie an ihre furchtbare Arbeit gegangen. Wir danken Gott, daß er so sanft hinweggenommen ist vor dem Gemetzel.

Bitte kommen Sie noch nicht zu uns. Aber Dank für den Schmerz, den Sie – wir wissen es – fühlen.

Karl und Käthe Kollwitz und Hans

4.1.15

Lieber Erich Krems! ... Vor nun sechs Wochen brachte uns Walter Koch die erste Nachricht. Dann waren wir bei Hans Koch im Lazarett, und er sagte uns das Nähere. Ihr Brief berichtete uns das auch, und was in Hans Kochs Bericht nicht drin war, war in Ihrem Brief, die Liebe und der Schmerz um Peter. Ich habe Sie lieb, Krems, weil Sie Peter lieben und er Sie liebte. Sie haben den Freund verloren. In *unser* Leben ist ein Riß gekommen, der nie wieder heil wird. Soll auch nicht. Ein Kind zu gebären und groß zu ziehn und nach achtzehn köstlichen Jahren zu sehen, wie alle Anlagen sich entfalten, wie reich der Baum Frucht tragen will – und dann aus.

Ich habe eine Arbeit im Sinn, Peter zu Ehren. Das ist ein Ziel. Sie schreiben, Sie halten Peter die Treue. Sie tun es, ich weiß es. Hier haben Sie sein Bild, das Regula Stern damals aufnahm. Auf Wiedersehn, Erich Krems.

4.1.15

Mein lieber Junge! ... Neulich spielten hier Kinder Krieg, und ein kleines Jungchen wird von einer Übermacht gefangen genommen. Da flehte es folgendermaßen um sein Leben: ach lassen Sie mich doch leben, ich bin zahlreicher Familienvater und der einzige Sohn meiner Frau.

Die Prostituierte Fini D. an Egon Friedell

Sehr geehrter Herr Docktor Friedel [Januar 1919]

Was nur hat den lieben guten Hern Peter [Altenberg] gefehlt? Ich kan es nicht glauben, das ich nun nie mehr ein liebes gutes Wort von ihm hören werde. Ob Herr Docktor sich an meinen Namen erinern, weis ich nicht. Mein Namen ist Fini, in tiefen Schmerze bitte ich mir einige Zeilen zu schreiben, wie es Hern Peter in letzter Zeit ergangen und woran der Arme gestorben, mir ist so weh und es tut mir so sehr leid das ich nicht doch einmal hinauf gegangen, ich habe einige Mal beim Potier gefragt wie es Hern Peter ginge, da hies es imer gut aber er wäre nicht zu sprechen weder Vormitag noch Nachmitag. Und nun werde ich die liebe gute Stime die doch nur so wenige gekant nie mehr hören, ich verlire damit sehr sehr viel den ich bin arm und mit mir war noch nie jemand so lieb und gut.
Nun werde ich halt hie und da hinaus wandern zu den stillen Hügeln und weinen weinen um meinen lieben guten Hern Peter.

In aller Hochachtung
Fini D ... p. Atr. Cafee R. ...

Fünftes Kapitel

Geschichte und Alltag

Liselotte von der Pfalz an Raugräfin Luise

St. Cloud, 2. Dezember 1717

Es ist mir lieb, daß meine briefe Euch wohl überliefert werden. Monsieur de Torcy ist gar mein freund nicht; könnte er was finden, mir zu schaden, würde er es nicht unterlassen. Aber da ist mir nicht bang bei, mein sohn kennt mich zu wohl und weiß, wie herzlich ich ihn liebe, also würde es schwer sein, mich mit ihm zu brouillieren. Daß die briefe wohl zupitschiert sein, will nichts sagen; sie haben eine materie von quecksilber und ander zeugs, das pressiert man auf das pitschier, das nimmt just die größe vom pitschier. Wenn sie es abgedruckt haben und man es in der luft läßt, wird es gar hart, daß man wieder mit pitschieren kann, brechen alles siegelwachs vom brief ab, sehen, ob das wachs schwarz oder rot ist. Wenn sie die briefe gelesen und abkopiert haben, pitschieren sie es wieder sauber zu; es kann kein mensch sehen, daß es aufgemacht worden. Mein sohn kann die gama (so heißt man die materie) machen; ich brauch es nur zu kurzweil.

Luise Gottsched an Dorothee Henriette von Runckel

Theureste Freundin — Leipzig den 13. Oct. 1758

Gerne wollte ich mich diesesmal wegen meines Stillschweigens selbst anklagen, wenn nicht so viel traurige Zerstreuungen, als diejenigen, die mich des Vergnügens an Sie zu schreiben beraubet haben, die Ursache davon wären.
Sie werden ohne Zweifel schon im voraus Ihre arme Freundin und unser Leipzig, in jenen fürchterlichen Tagen, bedauret haben, die für eine empfindliche Seele eine der härtesten Prüfungen gewesen sind. Stellen Sie sich den schrecklichen Tumult der Soldaten am ersten Meßsonntage, die herumschwärmenden Husaren, die stumme Angst der Einwohner, die Annäherung

und Bedrohung des schrecklichsten Schicksals vor. Wir sahen mit gerührtem Herzen den unterbrochenen öffentlichen Gottesdienst, das unterbliebene Geläute der Glocken, die gesperrten Thore, die furchtbaren Anstalten zur Abbrennung der Vorstädte, das Flüchten vieler unglücklichen Einwohner auf die Kirchhöfe, weinende Kinder, trostlose Eltern, zitternde Greise, wie sie ihre Häuser und ihre Habseligkeiten zum letztenmale zu sehen glaubten, und nur die Rettung eines kümmerlichen Lebens dem Verluste jener Güther vorzogen. Sehen Sie, beste Freundin, hier nur einen schwachen Abriß von unsern Leiden, und denken Sie sich dabey die schmerzliche Unruhe Ihrer Freundin, welche für sich und andre fühlte und bebte. Größtentheils ist nun wohl, Gott sey gelobt, das Unglück überstanden: allein die Erwartung der Zukunft, einer vielleicht noch schrecklichern Zukunft, welche vielleicht das wahr machen könnte, was wir jetzt nur vermuthet und gefürchtet haben, diese foltert mich und raubt mir die wenigen Augenblicke der Ruhe, die mir überhäufte Geschäfte und häusliche Sorgen und eine zerrüttete Gesundheit übrig lassen.
O dächten doch die Großen dieser Erde das mannigfaltige Elend, welches den Krieg begleitet, das Elend, welches sich bis auf die Nachkommen erstrecket, und oft für Jahrhunderte eine Quelle des Jammers ist; wo Tugend und Künste und Wissenschaften verwaist stehen: sie würden zu ihrem eigenen Vortheile dem blühenden Wohlstande ihrer Staaten den Durst der Ehrsucht willig aufopfern. – Wie würde nicht ein Fürst lachen, der eben erst von dem Schlachtfelde triumphirend zurück kommt, wenn er meine frommen Träume, wie er sie nennen würde, lesen sollte; aber Sie, Sie lachen nicht, liebste Freundin. Sie beweinen mit mir das allgemeine Unglück, welches wir der Ehrbegierde einiger Sterblichen zu danken haben. Ach!...
Verzeihen Sie mir meine Strafpredigt. Ich habe dem Triebe, sie niederzuschreiben, nicht widerstehen können, so wie auch demjenigen nicht, mit welchem ich Sie mit aller Zärtlichkeit und mit den sanftesten Empfindungen der Freundschaft umarme.

Gottsched

Fromet Gugenheim
an Moses Mendelssohn

ב״ה בערלין עש״ק יג תמוז תקל״ז לפק [Berlin, 18. Juli 1777]

Lieber Mausche leb! Ich hoffe daß Dir mein Schreiben, munter und vergnügt in Königsberg finden wird, wir befinden uns *t'hillo lo-el* alle munter und gesund, und wann Du die Versicherung öfter von mir er-halten werst, so wirst Du auch wol munter und vergnügt auf Deine Reise sein.

Chadoschim [Neuigkeiten] sind hier noch wenig passiert, auser daß Madame Plessen mit eine junge Tochter end-binden is, is noch all's auf den Fuß, wie Du Berlin ver-lassen hast. Ich muß Dir also um Dir etwas zu sagen, ein Journal machen, wie meine Zeit hin-geht. Den Abend wie Du uns verlassen hast, da war mir nun all's nit recht, ich zankte mich mit ein jeden, in Haus rum, bis endlich Mayer Warburg zu laufen kam, und Abschied von Dir nehmen wollte, wie ich ihm sagte, daß Du schon fort bist, da häst Du die Miene von dicken Mayer sehn sollen. Er stand wie eine Säule vor mir, und tat so ängstlich, daß ich darüber lachen muste. Endlich durch vieles Bitten, daß er sich doch finden sollte, bat ich ihm bei mir zu Tische. Nach dem endlich daß er ein par Stücke Fisch und etwas Lachs zu sich genommen hat, ließ das Er-Staunen nach, und er wünscht Dir, wie alle andre Menschen, eine glückliche Reise. Nach Tisch spielt uns Brendel noch eine Stunde auf den Klavier was vor, auch *gißi* [mein Schwager] R. Selig kam auch den Abend noch, und weil es ihm nix kost, mir es weis zu machen daß er kam mit Dir Abschied zu nehmen, so muß ich mir das Compliment gefallen lassen.

Donnerstag beim Auf-Stehen, waren schon viele gute Freunde bei mir die sich er-kundigt haben, wie ich die Nacht geschlafen habe. Nach Mittag kam Herr Lessing und holte mich, mit Brendel und Reikel, zum Café bei seiner Frau ab, Professor Engel war auch da. Wir tranken also da Café, und rudelten da-bei auf die deutsche und französische Truppe. Ein jeder behauptete, daß es ihm recht wäre von solche elende Aktörs sich amusieren zu lassen. Was meinst Du wol, lieber Mausche, was wir nach den Café taten? Wir Frauen-Zimmer gingen nach die französischen Komödie die Manns-Leute nach der deutsche. Und das schönste is, wir amusieren uns beider Seiten. Ich werde mir so-gar Mühe geben öfter mit die Kinder hin zu gehn, ich glaube daß es für unser Kinder nützlich ist. Brendel hat die Komödie ziemlich ver-standen. Und Reikel wird sich nun Mühe geben sie ver-stehen zu lernen, wenigstens sizt sie doch heute schohn mit ein französisch Buch in der Hand. Ja, lieber Mausche, nun Visite an-genommen Visite gegeben, in der Komödie gewesen. Und bei allen dem lange Weile, die ich doch gar nit empfinde wenn Du bei mir bist, Du mags mir es glauben daß es die drei Tage die erste vergnügte Stunde is, die ich mich hier mit Dir unter-halte. Mach mir nur öfter das Vergnügen und schreib mir fleißig, Du kanns vor der Hand keine größre Woltat tuhn, an

Deine Fromet

An *ha-kozin* [hochmögenden] R. Binjomin mein Gruß, ich hoffe daß Sie sich recht munter befindet bei Ihrer Abreise waren Sie es. Wenn Sie nur den Koffer mitgenommen hätten, wär er nit nötig gewesen?
Immi taarich jomim [Meine Mutter, lang seien ihre Tage] läßt Dich, mein lieber Mausche, und R. Binjomin freundlich grüßen. Mein Compliment an R. Seligman und Madame.
Deine gute Freunde ver-melden alle ihr Gruß, ich kann nit ein jeden aparte melden, sonsten werd mir der Bogen zu klein. Unser Awrohom leb und Jente grüßen, sie befinden sich gottlob recht wol.

Elisa von der Recke an Johann Caspar Lavater

[Ende 1788]

Ihren letzten Brief unbeantwortet zu lassen, war mein Vorsatz. Aber je mehr ich über Ihr Betragen und den Einfluß, den dies gehabt hat, nachdenke, desto mehr macht mein Herz es mir zur Pflicht, mit aller Offenherzigkeit meine Gedanken über Sie zu sagen.

Sie lassen mir Gerechtigkeit widerfahren, wann Sie von mir glauben, daß ich die Wahrheit liebe; denn diese ist mir wirklich heilig, und die öffentlichen Schritte, die ich im literarischen Fach tat, tat ich der Wahrheit wegen, die auf Menschenwohl so großen Einfluß hat, nicht aber um eiteln Ruhmes oder einer andern Absicht willen.

Wann ich von Ihnen Beweise sehe, daß auch Sie die Wahrheit mit redlicher Seele lieben, dann wird meine ehemalige Hochachtung gegen Sie wieder anfangen, die sich bei mir immer mehr verminderte, seitdem ich deutlich sah, daß Sie bei so vielen unüberlegten und schiefen Schritten nie aufrichtig und geradezu gestehen wollen, daß Sie geirrt hatten, sondern sich immer mit Behelfen herauszuziehen suchen und sich hinter unbestimmte Worte verstecken, anstatt offenherzig und mit Reue zu gestehen, daß Sie unrecht handelten. Ich bin anderer Gesinnung; wann ich fehle, dann bereue ich aufrichtig meinen Irrtum und sogar vor den Augen der Welt, sobald ich glaube, die Bekenntnisse meiner Irrwege könnten der Welt nützlich sein und andre gute Seelen warnen. Darum bekannte ich öffentlich, wie sehr ich und andre würdige Menschen von Cagliostro irregeführt wurden, von ihm, dessen letztere Betrügereien in Biel Sie und Ihr Anhang, wie man mir an verschiedenen Orten versichert hat, zu vertuschen gesucht haben. Wann ein Betrüger unsere Imagination irregeführt hat, so ist es keine Schande zu gestehen, daß man betrogen worden sei und sich so mit dem Bewußtsein eines guten Gewissens der Welt zu zeigen, wie man ist. Sie scheinen hierin anderer Gesinnung zu sein. [...] Den Magnetismus nehmen Sie in Schutz und schreien diejenigen als schändliche Unchristen aus, welche für diese das Christentum entehrenden und die Sitten und Moralität verderbenden Dinge warnen.

Daß Schwärmerei und irrige Religionsbegriffe eine gute enthusiastische Seele zu solchen Schritten treiben können, das finde ich noch begreiflich; aber unbegreiflich ist es mir, wie selbst ein edler enthusiastischer Schwärmer von gutem Charakter einen ehrlichen Mann, wenn dieser auch ein Gegner seiner Meinung ist, andichten könne, er trage ein naturalistisches Glaubensbekenntnis umher und wolle die christliche Religion über den Haufen stürzen. [...]

Ich schätze übrigens das Urteil der Leute, die bloß nach dem Scheine urteilen, sehr gering. Auch habe ich auf meiner zurückgelegten Reise gefunden, daß die edelsten Menschen, Gelehrte und Personen aller Stände meine öffentlichen literarischen Schritte, zu welchen ich gewissermaßen durch Cagliostros Frechheit gezwungen wurde, billigen. Dieser Beifall der edelsten und weisesten unserer Nation ist meine Beruhigung, mehr aber noch dies, daß mein Gewissen diese Schritte billiget. Nie habe ich das Vertrauen irgend eines rechtschaffenen Menschen gemißbraucht und werde dies auch nie tun; wenn ich aber Betrüger und Heuchler, welche durch ihre Machinationen und Schriftwege das Vertrauen des Publikums oder geheimer Zirkel gutmütiger Leute mißbrauchen, vor dem Publikum in ihrer wahren Gestalt zeigen oder ihnen die Larve abziehen kann, so halte ich mich in meinem Gewissen verpflichtet, dies zu tun. [...]

Elisabeth Goethe an ihren Sohn

Lieber Sohn! den 13ten Jenner 1794

Nun wirst du meinen langen Brief vom 7ten Jenner erhalten – und meine Meinung daraus zur Gnüge ersehen haben. Vor deinen lieben Brief vom 8ten Jenner worinn du mir deine Hülfe zu meinem fortreißen so hertzlich und Liebevoll anbietest – dancke ich dir recht von Hertzens grund. Ich habe noch zur Zeit nicht die geringste Furcht – eben so wenig dencke ich ans Weggehen – Ein panischer Schrecken hat sich freylich über gantz Franckfurth verbreitet – und es wäre kein Wunder wenn mann mit dem Strudel fortgerißen würde – Furcht steckt an wie der Schnupfen – ich hüte mich daher so viel ich kan den Memmen auszuweichen – um mir den Kopf nicht auch verdrehen zu laßen – doch ist das sehr schwer zu vermeiden – den es ist ein Gemeinplatz wo /: wie bey Feuer Unglück :/ jede Ganß und jeder Strohkopf sein Scherflein wischi waschi anbringen kan – und wie ein Kind dem die Amme ein Gespenster Mährgen erzählt hat sich vor dem weißen Tuch an der Wand entsetzt – gerade so gehts bey uns – Sie glauben /: wenns nur recht fürchterlich klingt wahrscheinlich oder nicht das wird nicht mit kaltem Blut untersucht – das ist alles eins, je toller je glaubwürdiger :/ *alles*. Zum beweiß nur /: unter Tausendt :/ ein Geschichgen. Den 3 Jenner kommt Abens um 7 uhr Frau Elise Bethmann im Nachthabit, außer Odem zu mir gerent – Räthin! liebe Räthin! Ich muß dich doch von der großen Gefahr benachrichtigen die Feinde bompardiren Mannheim mit glühenden Kuglen – der Commandant hat gesagt, länger als 3 Tage könte er sich nicht halten u. d. m. Ich bliebe gantz gelaßen – und sagte eben so kalt – wie machen sies dann – daß sie Mannheim beschießen können – sie haben ja keine Batterien schießen sie dann vom flachen Ufer hinüber – da werden ja die Kuglen biß sie über den breiten Reihn kommen wieder kalt – und was der Commandandt zu thun gedenckt, wird er schwerlich austrommlen laßen – woher weiß denn das euer Coreßpondtend – schreibe du ihm, er wäre ein Haßenfuß – So ein Gerüchte verbreitet sich nun, und da die Bethmanns als gewaltige Leute bekandt sind, so glaubt alles sie habens aus der ersten Quelle – da dancke ich nun Gott, daß ich so viel Verstand habe, das trierum trarum nicht zu glauben – und das lustigste ist, das sie alle gute Nachrichten nicht glauben – Die Obrigkeit hat den Senator Luther an den Herzog von Braunschweig – den Kaufmann Jordis an Generahl Wurmser abgeschickt um von der Lage der Sachen Gewißheit zu erfahren – Beyde kamen mit den besten Nachrichten und Versicherungen zu rück – das hielft aber alles nichts – sie wollen sich nun einmahl fürchten – sie wollen nun ohne Brandschatzung doch Brandschatzung geben – denn glaubst du wohl daß die Transportirung der hir gelegenen Wahren schon eine Milion f fortzuschafen gekostest hat! Aber so was hat mann auch sehen müßen um es zu glauben! Der Roßmarckt wo alles gewogen werden muß, ist doch ein großer Platz – aber da war vor Fuhren keine Möglichkeit durchzukommen – und das nicht etwann einen Tag, nein, vom ersten Rückmarsch der Deuschen biß auf den Augenblick wo ich schreibe. Da sind 10 Meßen Kinderspiele dagegen. Vorgestern ist mein Nachbar Dübari mit Frau und 6 Kinder auch auf und davon. Ich wolte nur daß alle feige Memmen fort gingen, so steckten sie die andern nicht an. All das Zeug und wirr warr hat mir nun Gott! sey Danck noch keine trübe Stunde gemacht – ich schlafe meine 8 Stunden nett hinweg – eße und trincke was manirlich ist – halte meine Montag Commpanie und die ditto Sontag in Ordnung – und welches das beste ist, befinde mich wohl. Den plesirten Leutnant habe ich nicht bekommen, davor aber einen Preußischen Obristen nahmens Jungherrn mit 4 seiner Leute – die glauben nun wenigstens im Paradieß zu seyn – Aber was die auch freßen!! die waren so ausgehungert daß es ein jammer war! Gestern ließe ich ihnen einen Schweinebraten zu Tische tragen – das war dir eine Königliche pläsir. Ich bin nicht gern Überbringerin bößer neuigkeiten – also wenn Gerning noch bey dir ist; so sage ihm folgendes nicht – seine Mutter ist vermuthlich auch aus Angst über die gegenwärtige Zeitläufte – Närisch geworden – will nach Italien zu ihrem Sohn u. d. m. ... Noch einmahl sagt dir vor deine Liebe und Aufmercksamkeit vor mein Wohl den besten Danck.

deine
treue Mutter
Goethe

N. S. glaube nicht alles was von hir geschnackt wird – es sind viel feurige kuglen von der Bethmann drunter.

Luise von Preussen an ihren Vater

Bester Vater! [Königsberg, April 1808]

Mit uns ist es aus, wenn auch nicht für immer, doch für jetzt. Für mein Leben hoffe ich nichts mehr. Ich habe mich ergeben, und in dieser Ergebung, in dieser Fügung des Himmels bin ich jetzt ruhig und in solcher Ruhe, wenn auch nicht irdisch glücklich, doch, was mehr sagen will, geistig glückselig. Es wird mir immer klarer, daß alles so kommen mußte, wie es gekommen ist. Die göttliche Vorsehung leitet unverkennbar neue Weltzustände ein, und es soll eine andere Ordnung der Dinge werden, da die alte sich überlebt hat und in sich selbst als abgestorben

zusammenstürzt. Wir sind eingeschlafen auf den Lorbeeren Friedrichs des Großen, welcher, der Herr seines Jahrhunderts, eine neue Zeit schuf. Wir sind mit derselben nicht fortgeschritten, deshalb überflügelt sie uns. Das siehet niemand klarer ein als der König. Noch eben hatte ich mit ihm darüber eine lange Unterredung, und er sagte, in sich gekehrt, wiederholentlich: das muß auch bei uns anders werden. Auch das Beste und Überlegteste mißlingt, und der französische Kaiser ist wenigstens schlauer und listiger. Wenn die Russen und die Preußen tapfer wie die Löwen gefochten hatten, mußten wir, wenn auch nicht besiegt, doch das Feld räumen, und der Feind blieb im Vorteil. Von ihm können wir vieles lernen, und es wird nicht verloren sein, was er getan und ausgerichtet hat. Es wäre Lästerung, zu sagen, Gott sei mit ihm; aber offenbar ist er ein Werkzeug in des Allmächtigen Hand, um das Alte, welches kein Leben mehr hat, das aber mit den Außendingen fest verwachsen ist, zu begraben.
Gewiß wird es besser werden: das verbürgt der Glaube an das vollkommenste Wesen. Aber es kann nur gut werden in der Welt durch die Guten. Deshalb glaube ich auch nicht, daß der Kaiser Napoleon Bonaparte fest und sicher auf seinem, jetzt freilich glänzenden, Thron ist. Fest und ruhig ist nur allein Wahrheit und Gerechtigkeit, und er ist nur politisch, das heißt klug, und er richtet sich nicht nach ewigen Gesetzen, sondern nach Umständen, wie sie nun eben sind. Damit befleckt er seine Regierung mit vielen Ungerechtigkeiten. Er meint es nicht redlich mit der guten Sache und mit den Menschen. Er und sein ungemessener Ehrgeiz meint nur sich selbst und sein persönliches Interesse. Man muß ihn mehr bewundern, als man ihn lieben kann. Er ist von seinem Glück geblendet, und er meint alles zu vermögen. Dabei ist er ohne alle Mäßigung, und wer nicht Maß halten kann, verliert das Gleichgewicht und fällt. Ich glaube fest an Gott, also auch an sittliche Weltordnung. Diese sehe ich in der Herrschaft der Gewalt nicht; deshalb bin ich in der Hoffnung, daß auf die jetzige böse Zeit eine bessere folgen wird. Diese hoffen, wünschen und erwarten alle bessern Menschen, und durch die Lobredner der jetzigen und ihres großen Helden darf man sich nicht irre machen lassen. Ganz unverkennbar ist alles, was geschehen ist und was geschieht, nicht das

Letzte und Gute, wie es werden und bleiben soll, sondern nur die Bahnung des Weges zu einem bessern Ziele hin. Dieses Ziel scheint aber in weiter Entfernung zu liegen, wir werden es wahrscheinlich nicht erreicht sehen und darüber hinsterben. Wie Gott will; alles wie er will. Aber ich finde Trost, Kraft, Mut und Heiterkeit in dieser Hoffnung, die tief in meiner Seele liegt. Ist doch alles in der Welt nur Übergang! Wir müssen durch. Sorgen wir nur dafür, daß wir mit jedem Tage reifer und besser werden.

Hier, lieber Vater, haben Sie mein politisches Glaubensbekenntnis, so gut ich als eine Frau es formen und zusammensetzen kann. Mag es seine Lücken haben, ich befinde mich wohl dabei; entschuldigen Sie aber, daß ich Sie damit behellige. Sie sehen wenigstens daraus, daß Sie auch im Unglück eine fromme, ergebene Tochter haben und daß die Grundsätze christlicher Gottesfurcht, die ich Ihren Belehrungen und Ihrem frommen Beispiel verdanke, ihre Früchte getragen haben und tragen werden, solange Odem in mir ist.

Gern werden Sie, lieber Vater, hören, daß das Unglück, welches uns getroffen, in unser eheliches und häusliches Leben nicht eingedrungen ist, vielmehr dasselbe befestigt und uns noch werter gemacht hat. Der König, der beste Mensch, ist gütiger und liebevoller als je. Oft glaube ich in ihm den Liebhaber, den Bräutigam zu sehen. Mehr in Handlungen, wie er ist, als in Worten ersehe ich die Aufmerksamkeit, die er in allen Stükken für mich hat, und noch gestern sagte er schlicht und einfach, mit seinen treuen Augen mich ansehend, zu mir: ›Du, liebe Luise, bist mir im Unglück noch werter und lieber geworden. Nun weiß ich aus Erfahrung, was ich an dir habe. Mag es draußen stürmen – wenn es in unserer Ehe nur gut Wetter ist und bleibt. Weil ich dich so lieb habe, habe ich unser jüngst geborenes Töchterchen Luise genannt. Möge es eine Luise werden.‹ – Bis zu Tränen rührte mich diese Güte. Es ist mein Stolz, meine Freude und mein Glück, die Liebe und Zufriedenheit des besten Mannes zu besitzen, und weil ich ihn von Herzen wiederliebe und wir so miteinander eins sind, daß der Wille des einen auch der Wille des andern ist, wird es mir leicht, dies glückliche Einverständnis, welches mit den Jahren inniger geworden ist, zu erhalten. Mit einem Worte, er gefällt mir in allen

Stücken, und ich gefalle ihm, und uns ist am wohlsten, wenn wir zusammen sind. Verzeihen Sie, lieber Vater, daß ich dies mit einer gewissen Ruhmredigkeit sage; es liegt darin der kunstlose Ausdruck meines Glückes, welches keinem auf der Welt wärmer am Herzen liegt als Ihnen, bester, zärtlicher Vater! Gegen andere Menschen, auch das habe ich von dem Könige gelernt, mag ich davon nicht sprechen; es ist genug, daß wir es wissen.

Unsere Kinder sind unsere Schätze, und unsere Augen ruhen voll Zufriedenheit und Hoffnung auf ihnen. Der Kronprinz ist voller Leben und Geist. Er hat vorzügliche Talente, die glücklich entwickelt und gebildet werden. Er ist wahr in allen seinen Empfindungen und Worten, und seine Lebhaftigkeit macht Verstellung unmöglich. Er lernt mit vorzüglichem Erfolge Geschichte, und das Große und Gute zieht seinen idealistischen Sinn an sich. Für das Witzige hat er viel Empfänglichkeit, und seine komischen, überraschenden Einfälle unterhalten uns sehr angenehm. Er hängt vorzüglich an der Mutter, und er kann nicht reiner sein, als er ist. Ich habe ihn sehr lieb und spreche oft mit ihm davon, wie es sein wird, wann er einmal König ist.

Unser Sohn Wilhelm (erlauben Sie, ehrwürdiger Großvater, daß ich Ihre Enkel nach der Reihe Ihnen vorstelle) wird, wenn mich nicht alles trügt, wie sein Vater, einfach, bieder und verständig. Auch in seinem Äußern hat er die meiste Ähnlichkeit mit ihm; nur wird er, glaube ich, nicht so schön. Sie sehen, lieber Vater, ich bin noch in meinen Mann verliebt. Unsere Tochter Charlotte macht mir immer mehr Freude; sie ist zwar verschlossen und in sich gekehrt, verbirgt aber, wie ihr Vater, hinter einer scheinbar kalten Hülle ein warmes, teilnehmendes Herz. Scheinbar gleichgültig geht sie einher, hat aber viel Liebe und Teilnahme. Daher kommt es, daß sie etwas Vornehmes in ihrem Wesen hat. Erhält sie Gott am Leben, so ahne ich für sie eine glänzende Zukunft. Karl ist gutmütig, fröhlich, bieder und talentvoll; körperlich entwickelt er sich ebenso gut als geistig. Er hat oft naive Einfälle, die uns zum Lachen reizen. Er ist heiter und witzig. Sein unaufhörliches Fragen setzt mich oft in Verlegenheit, weil ich es nicht beantworten kann und darf; doch zeugt es von Wißbegierde – zuweilen, wenn er schlau lächelt, auch von Neugierde. Er wird, ohne die Teilnahme an

dem Wohl und Wehe anderer zu verlieren, leicht und fröhlich durchs Leben gehen. – Unsere Tochter Alexandrine ist, wie Mädchen ihres Alters und Naturells sind, anschmiegend und kindlich. Sie zeigt eine richtige Auffassungsgabe, eine lebhafte Einbildungskraft und kann oft herzlich lachen. Für das Komische hat sie viel Sinn und Empfänglichkeit. Sie hat Anlage zum Satirischen und siehet dabei ernsthaft aus, doch schadet das ihrer Gemütlichkeit nicht. Von der kleinen Luise läßt sich noch nichts sagen. Sie hat das Profil ihres redlichen Vaters und die Augen des Königs, nur etwas heller. Sie heißt Luise; möge sie ihrer Ahnfrau, der liebenswürdigen und frommen Luise von Oranien, der würdigen Gemahlin des Großen Kurfürsten, ähnlich werden.
Da habe ich Ihnen, geliebter Vater, meine ganze Galerie vorgeführt. Sie werden sagen: das ist einmal eine in ihre Kinder verliebte Mutter, die an ihnen nur Gutes siehet und für ihre Mängel und Fehler keine Augen hat. Und in Wahrheit, böse Anlagen, die für die Zukunft besorgt machten, finde ich an allen nicht. Sie haben, wie andere Menschenkinder, auch ihre Unarten; aber diese verlieren sich mit der Zeit, sowie sie verständiger werden. Umstände und Verhältnisse erziehen den Menschen, und für unsere Kinder mag es gut sein, daß sie die ernste Seite des Lebens schon in ihrer Jugend kennen lernen. Wären sie im Schoße des Überflusses und der Bequemlichkeit groß geworden, so würden sie meinen, das müsse so sein. Daß es aber anders kommen kann, sehen sie an dem ernsten Angesicht ihres Vaters und an der Wehmut und den öftern Tränen der Mutter. Besonders wohltätig ist es dem Kronprinzen, daß er das Unglück schon als Jüngling kennen lernt; er wird das Glück, wenn, wie ich hoffe, künftig für ihn eine bessere Zeit kommen wird, um so höher schätzen und um so sorgfältiger bewahren. Meine Sorgfalt ist meinen Kindern gewidmet für und für, und ich bitte Gott täglich in meinem sie einschließenden Gebete, daß er sie segne und seinen guten Geist nicht von ihnen nehmen möge. Mit dem trefflichen Hufeland sympathisiere ich auch in diesen Stücken. Er sorgt nicht bloß für das physische Wohl meiner Kinder, auch für das geistige derselben ist er bedacht; und der biedere, freimütige Borowsky, den der König gern sieht und lieb hat, stärkt darin. Erhält Gott sie uns,

so erhält er meine besten Schätze, die niemand mir entreißen kann. Es mag kommen, was da will, mit und in der Vereinigung mit unsern guten Kindern werden wir glückselig sein.
Ich schreibe Ihnen dies, geliebter Vater, damit Sie mit Beruhigung an uns denken. Ihrem freundlichen Andenken empfehle ich meinen Mann, auch unsere Kinder alle, die dem ehrwürdigen Großvater die Hände küssen; und ich bin, und ich bleibe, bester Vater, Ihre dankbare Tochter

Luise

Annette von Droste-Hülshoff an ihre Schwester

Motto: Ach! liebste Freindin, sweigen Sie mich nur gans still, von Alles, was Sie paasirt, das ist jar Nichts gegen meine Ferluste! (Die Erben aus der Groß..)
1. Brief der P...(?)

Rüschhaus, d. 2ten Oktober [1833]

Niemals ist es einem Menschen so kläglich gegangen als mir, seit Ihr fort seid. Ich begreife in der Tat nicht, wie ich noch dabei auf den Beinen bleiben kann. Keine vergnügte Stunde habe ich gehabt, außer den ersten 4 Tagen, wo ich schöne Versteinerungen fand. Deshalb wundere Dich nur nicht, daß ich erst jetzt schreibe, aber nun will ich Dir auch alle meine Unglücker der Reihe nach klagen. Nachdem also die guten Steine gefunden worden waren, am 5ten Tage nach Eurer Abreise, fand ich des Morgens meine Amme sehr krank. Sie bekam die Grippe in sehr hohem Grade, und da sie sich ihr auf den Kopf warf, sie deshalb zuweilen wie besinnungslos war, nicht antwortete, wenn man sie fragte, auch ihr der Hals ganz zuging, so dachte ich einige Tage lang, sie würde sterben. Das war die *erste* Tour. Ich schlief des Nachts wenig und meinte damals schon, ich sei ganz herunter, aber das war nur Aberglauben, ich bin es noch nicht und habe doch seitdem ganz andere Suppen ausessen müssen. Indessen hatte ich beständig Anfechtungen von der Frau v. Schonebeck, die mich eins übers andre Mal durch die

Bückersche fragen ließ, wann sie mich zu Hause treffen könne. Ich ließ mich mit der Kranken entschuldigen, es war aber doch unangenehm.
Indessen kam ein Brief von Galieris, der nach Rüschhaus kommen wollte. Die Amme war grade wieder besser, und so fand ich es bequemer, die 3 Tage seines Aufenthalts mit ihm in Münster zuzubringen, da ich Tony und Cris auch noch nicht gesehn hatte. So geschah es auch. Es waren widerliche Tage. Tony sieht nicht so übel aus, wie ich es mir vorgestellt, aber doch etwas, sie ist stiller geworden und sehr herzlich. Letzteres ist Cris auch im hohen Grade, sonst weiß er auch nicht allzu gut, was sich schickt. Aber das Verhältnis zwischen den Kindern und dem Vater ist elend, von beiden Seiten die größte Kälte. Ich mußte, auf Tonys Bitte, immer mitgehn, und so stundenlang dazwischensitzen, wenn die, mitunter sehr groben, Spitzen hin und her flogen. Wär ich nicht dazwischen gewesen, ich glaube, es wär mitunter sehr gemein geworden. Ging ich dann mit Tony, Engel und Cris zu Hause, so wurde die übrige Zeit mit Nachkauen des eben Geschehenen und Klagen darüber zugebracht. Zudem mußte ich mich halb tot ärgern über Galieris, der mit der größten Indelikatesse, in meiner Gegenwart, auf Bökendorf und Wehrden loszog (un wenn man mich ne Million giv, dann geh ich nich wieder nach Beukendorp). Der alte Herr ist ein kompletter Esel, die langen Ohren kommen immer mehr hervor.
An Nebenergötzlichkeiten fehlte es auch nicht. Arno fiel in diesen Tagen grade durchs Examen und kam wie ein halbverrückter Mensch zu mir, und Fr[au] v. Sch[onebeck] fiel mich auf der Straße an. Ich sagte ihr zwar, ich habe kein Geld; sie lief aber immer neben mir her, und ich entsprang endlich bongré malgré in Katerkamps Haus. So vergingen diese 3 Tage. Eben zu Rüschhaus angekommen, machte ich mich gleich wieder auf, nach Hülshoff, wo die Mamsell, vor 2 Tagen, krank geworden war. Wie es mir dort ergangen ist, wird Dir Linchen wohl geschrieben haben, obgleich sie es selbst nicht recht wissen kann, denn sie hat sich, wie billig, gar nicht bei der Kranken sehn lassen und Werner, in all der Zeit, nur zweimal, auf ein paar Minuten. Er hatte eine gewaltige Scheu vor der Kranken, und es war auch kein Spaß, sie war viel schlimmer wie die

Schürmann, ebenso desperat, und dabei übrigens ganz klug, was die Sache erst recht greulich machte, und sterbenskrank, so daß zuweilen wir und der Doktor selbst ihren Tod stündlich erwarteten. In den ersten 14 Tagen setzte sie die Versuche, sich umzubringen, nicht anders aus, als wenn sie vor Ermattung umfiel und dann eine halbe Stunde mit gebrochnen Augen wie sterbend lag, und dann ging das fürchterliche Geheul, die Verwünschungen, das Sich-in-Arm-und-Finger-Beißen wieder an. Dabei kannst Du nicht denken, wie sie aussah. Werner, der sie einmal, bei einem ganz gelinden Anfalle, sah, kann das Bild noch nicht wieder loswerden. Anfangs meinte ich, ich müßte verrückt werden, aber man gewöhnt sich endlich selbst an so etwas.

In dieser Zeit schickte mir Frau von Schoneb[eck] einen Boten mit einem Briefe, dem Boten sollte ich doch gleich das Geld mitgeben, worum sie mich im Briefe bat. Sie wollte ein Gut kaufen, und zu den ersten Auslagen sollte ich ihr 11 Rt. leihen. Ich war verlegen, denn 11 Rt. einer solchen Frau abzuschlagen, ist unangenehm, und doch wollte sie es nur irgendeinem brotlosen Advokaten in den Hals werfen. Mama ließ dem Boten sagen, ich sei abwesend in Darfeld; wenn ich wiederkomme, wolle man mir den Brief geben.

Nachdem ich 5 Wochen in Hüls[hoff] zugebracht und die Mamsell anfing etwas vernünftiger zu werden, wollte Werner, daß ich auf einige Tage nach Münster gehn sollte, um mich zu erholen und aufzuheitern. Ich ging, sobald ich angekommen, zur Looz und fand Victorine Dussaillant am Verscheiden. Daß sie ein Brustfieber gehabt hatte, wußte ich, aber nach den letzten Nachrichten war alles glücklich überstanden. Du kannst Dir denken, wie mir zumute war. Victorine starb in derselben Nacht. Ich mochte die arme Charlotte nicht im Stiche lassen und habe bei ihr ausgehalten, bis alles, Begräbnis, Exequien et cet. vorüber war. Das Lokal war fatal, alle Zimmer einzeln an einem langen schmalen Gange, und in dem ersten lag die Leiche; man konnte nicht ins Haus und heraus, auch im Hause nirgends hin, ohne immer etwas davon zu sehn, wenigstens die schwarzen Fackeln, denn die Türe stand immer offen, und eine Unzahl von Menschen strömte aus und ein. Dabei ein Weihrauchdampf und Leichengeruch durcheinander zum Erstik-

ken! Zudem war das Fieber ansteckend gewesen (Nervenfieber); man mußte immer Kalmus kauen; kurz, es war abscheulich! Trübselig!
Und draußen tanzten die Kinder noch immer um die Lambertskränze, das war erst recht greulich, wenn man so aus dem Totenhause kam. Niemals habe ich mich auf eine so erbärmliche Art aufgeheitert!
Jetzt bin ich seit Sonntag hier und werde morgen oder übermorgen wieder nach Hülshoff ziehn. Notabene in Münster hat mich die Schonebeck morgens im Bette überfallen. Sie brachte zwei große Stammbäume, woraus ich ihr die Familien sollte suchen helfen, bei denen sie, auf dem Grund einer fast antediluvianischen Verwandtschaft, betteln könnte; dann sollte ich Geld leihen, und, als ich ihr bewies, daß ich gegenwärtig nichts habe, sollte ich ihr Kredit machen für ein Paar neue Ärmel und ein schwarzseidenes Kleid. Das habe ich denn tun müssen, d. h. die Ärmel für sie kaufen, auch item 2 Taler in den Dreck geworfen!
Einmal wollte ich mich etwas erholen und die Kunstausstellung sehn. Das kostete nur 4 Groschen und war sehr hübsch fürs Geld, aber kaum trete ich in die Aula, packen mich Carvacchi und Hindorf, ich muß zur nächstens stattfindenden Verlosung 2 Lose nehmen, wiederum 2 Taler – bin ich nicht zum Unglück geboren?
Hier taugt es jetzt auch nicht. Ich bin erst den vierten Tag hier und habe schon allerlei Kalamitäten gehabt. Erstlich Samstag abends angekommen, starkes Kopfweh! Sonntag sehr übel geworden in der Kirche, schlechtes Wetter, alle Birnen ausgepreßt, alle Pflaumen gebacken, nichts für mich zu schnabelieren. Montag starkes Kopfweh, die Amme wieder eine Art Grippe, ich den ganzen Tag über im Hause versteckt, weil die Schonebeck in der Wehr ist, zu Nienberge, und schon zweimal am Hause vorbei und runddrumher gegangen ist. Sie haben ihr weisgemacht, ich sei in Hülshoff. Dienstagmorgen Kopfweh, die Amme krank, nachmittags will ich mich erholen und gehe nach Högemans herunter. Högemans packen mich und wollen mir Geld ableihen, zu ihrer Reise nach Amerika. Ich echappiere glücklich. Zu Hause angekommen, sagt mir Lisette, daß Fritz Hüger tot und vorgestern begraben ist. Dann kommt Werner,

erzählt mir, daß Mama die *belle rose* hat und die Spiegel verlobt ist. Wie er fort ist und ich in meiner Betrübnis und Ärger dazu in die Allee gehe, um mich aufzuheitern, kriegt mich die Hürländersche, meine Freundin, und ich muß ihr 10 Taler leihen. Mittwoch (heute) morgens Kopfweh, Amme krank, Lisette erzählt mir die Details von Hügers Tode. Ich will mich aufheitern und gehe in den Garten. Therese Oelpers, die im Hause nach Mama gefragt und die man schon abgewiesen hatte, kömmt heran (ick sog ehr do jüst gohn, da wull ick ehr doch guden Dag seggen), ach du lieber Himmel! »Heraus, heraus, mein Beutelein, Ein jeder will bezahlet sein!« Nein! Niemals will ich mich mehr aufheitern, niemals! Lieber will ich Dir schreiben. Seit ich die Feder angesetzt, ist mir auch noch kein Unheil weiter geschehn. Zu Hülshoff wird auch gewiß die Mamsell packen, Werner sagte gestern: »Man darf sich nicht zu viel mit ihr abgeben.« Das lautet ominös!
Übrigens stehen Deine Blumen gut. Die acht Orangen an dem *einen* Bäumchen sind schon ganz gelb. Thereschen ist gestern fortgegangen, und Lisbethchen noch nicht wieder hier, weil Felitz zu Eggermühlen ist und wenigstens 14 Tage ausbleibt. Ich dringe auch nicht auf ihr Kommen. Die Köchin ist etwas knapp mit Fleisch und Butter, ich gehe ja wieder nach Hülshoff, und, was allenfalls zu stopfen ist, kann ja Mathilde vorerst tun, die auch gestern fortgegangen von der Hügemann. Die Blage muß doch jetzt wohl etwas können und hat sonst nichts zu tun. Auch hat Lisbethchen alles das, was sie noch lernen sollte, z. B. frisieren, so spät angefangen, daß es recht gut ist, wenn sie noch etwas dran bleibt. Was hat Mama mit Mathilde vor? Sie muß vorerst hier bleiben, bis Mama mir etwas Bestimmtes über sie schreibt.
Johanna Bartels hat ein Töchterchen gehabt, es ist gleich nach der Geburt gestorben, große Trauer für die Großeltern! Aber Johanna ist doch wohl. Die Äbtissin Decken wird noch diesen Monat nach Münster kommen, wie es heißt. Bestimmtes weiß ich nicht darüber. Soeben schickt mir Werner Deinen Brief an Linchen. Also Sophie kömmt mit, das ist brav, sehr brav; setze ihr doch recht zu, der Tüntelklaas bedenkt sich am Ende sonst doch noch anders, sie hat mich schon mehrere Male so angeführt. Adieu.

Bettine von Arnim und Friedrich Wilhelm

Durchlauchtigster Kronprinz! [Berlin, 12. April 1840]
Gnädigster Herr!

Ich habe einen günstigen Augenblick erwartet, um für die Gnade danken zu dürfen, durch die mir im Dezember vorigen Jahres ein Schreiben von Ew. Königlichen Hoheit zukam.
Schon früher war der Wunsch in mir rege geworden, mich dem Kronprinzen vorzustellen, und ich habe diesem Verlangen heimlich gefröhnt, indem ich in Gedanken oft Gespräche mit dem Kronprinzen führte, wie Menschen sich besprechen, die der Wahrheit allen Schein opfern.
So hat ein Vertrauen in mir sich begründet zu meinem gnädigsten Herrn, der wie die Göttlichen das Knechtische nicht liebt und auf den auch ich gesehen habe, wie man auf Göttliches sieht, indem ich vor Ihm innerlich alles aussprach, was mir die Seele bewegte. Aber da jetzt eine Zeit war, wo jener frühere Wunsch wieder in Anregung kam, da merkte ich erst, wie groß die Kluft sei zwischen diesem inneren rückhaltlosen Vertrauen und jener fremden Annäherung, die mir erlaubt sein würde in der Wirklichkeit, und da ich das erstere, aus dem so manches Begeisternde mit hervorgegangen war, nicht aufopfern wollte, so hab ich mir versagt, aus dem Kreis meiner innern Welt zu treten. Doch liegt mir eins auf dem Herzen, ein Gelübde, was ich mir getan habe und was eben, weil dies innere Vertrauen so ungestört sich in mir entwickelt hatte, mir so leicht zu erfüllen schien.
Ich habe zwei Freunde, deren reines Gewissen ihnen allein alles vergütet, was sie ihm opferten, die an die Welt nur dies eine Begehren haben, daß die Reinheit ihrer Gesinnung von den Besseren ihrer Zeit anerkannt werde; denen hab ich gelobt, ihre Lauterkeit vor den Augen des Kronprinzen darzulegen. Denn nach allem Großmutvollen, nach allem Vorurteilfreien und Selbstverleugnenden, was durch diesen inneren Verkehr sich mir im Charakter und Geist des Kronprinzen enthüllte, schien Er mit der erste, ja der einzige, dessen Erkenntnis Ersatz ihrer Opfer gewähre.

Wie soll ich aber die Lösung meines Gelübdes der ungefälschten Anschauung des Fürsten vertrauen, der mitten im Umschwung der Zeiten der Wahrheit Steuer zu lenken berufen ist, ohne die Grenzen, in denen die Scheu Ihm gegenüber mich hält, zu überschreiten und an jenen inneren Freund mich zu wenden, der absichtloses Vertrauen mit Nachsicht aufzunehmen geneigt ist! – Und warum nicht? – Ist doch ein großer Fürst zu sein nur dies eine: die Rechte der Menschheit vor dem inneren Gewissen geltend zu machen.
Ich wende mich daher nicht an den Kronprinzen der Welt, ich wende mich an den herablassenden Freund jener inneren Mitteilungen, der mir erlaubt, ohne Rückhalt den entschiedensten, den in die Wahrheit eingreifendsten Weg zur Lösung meines Gelübdes einzuschlagen.
Möchte dies einemal der Kronprinz geneigt sein, die Rolle jenes Freundes einzugehen und das Vertrauen, was ohne fremden Rat und ohne Mitwissen Anderer allein sich Ihm zuwendet, so willfährig aufnehmen, als ob ein wirkliches Anrecht an die herablassende Güte meines gnädigsten Herrn mir zukomme; dann bin ich auch überzeugt, dieser Weg, den ich wähle, kann nicht mißbraucht noch mißdeutet werden.
Ich unterzeichne nicht. Sollten diese Zeilen dem Kronprinzen mißfallen, so hab ich sie nicht geschrieben.

Berlin,
Ostermontag 20. April 1840

Meine gnädigste Frau,

Ich habe meine lieben alten närrischen Jungen, die Kronenwächter [Roman von A. v. Arnim] mit großer Freude empfangen und sage Ihnen herzlichsten Dank, daß Sie sie mir nicht trocken, sondern mit einer so eigentümlichen Anfeuchtung von Tinte gesendet haben. Besagtes Tintenergüßlein hat zwar manches Rätselhafte. Seitdem ich jedoch mit Lepsius verkehrt, kommt mir keine Hieroglyphe zu kraus vor – Und Sie sehen an der Aufschrift des Couverts, daß ich mit edler Unbescheidenheit vorangehe und dem anonymen Kinde einen Namen gebe. Damit laß ichs nun zwar nicht laufen (wie der Nachsatz zu lauten pflegt) – im Gegenteil! ich *wollt' es liefe nicht,* denn es munkelt so etwas von intendiertem Entweichen, *das mich sehr kränkt*. Doch dahin wollt ich ja nicht, sondern zum Enthieroglypheln.

Aus den halb klassisch-versailler, halb hochländisch-romantischen Arabesken des Schreibens treten als zweites Rätsel die Gestalten zweier Ihrer Freunde heraus. Mit forschendem Grimme, wies meine Art ist, nahm ich die Entzifferung vor und denken Sie sich mein Erstaunen: wie ich in den Wald gerufen, rief es zweimal zurück; anders gesagt: die Frucht meines forschenden Grimmes war – zwei forschende Grimme!! Hat mich nun meine Cabala betrogen, was Sie allein entscheiden können, so liegt die Schuld daran, daß ich mich gern mit jenen Grimmen beschäftige, manche Lanze für sie gebrochen und Manches vergeblich zu ihrem Besten anzuregen gesucht habe. Aber glauben Sie mirs aufs Wort, meine huldvoll-phantasiebilderredende Anonyma! ich bin darum nicht matt und müde geworden, in jedem Augenblick bereit aufs Neue zu beginnen. Vielleicht wissen Sie Rat mir größere Gewalt zu geben. Drum reden Sie! – Es horcht Ihnen willig und gespannt

Ihr ergebner Diener und quasi-phantasie-Gebilde F W K P

Charlotte von Kathen an Ernst Moritz Arndt

Putbus, den 10. Mai [1848]. Abends spät

Glückauf nach Frankfurt! mein einzig lieber, teurer Freund. *Einstimmig* bist Du gewählt, und tausend Herzen und Hände heben sich für Dich zu Gott und flehen Beistand und Segen von oben herab. In mir ist ein Jubel, den ich nicht beschreiben kann. Das alte Herz schlägt mir so mächtig laut, daß ich darüber nicht zu Worte kommen kann. Alles Vertrauen, alle die Liebe, die Dir bewiesen worden, es ist wie ein Strom der Gnade meines Gottes, der auch mein Leben mit überströmt wie ein lieblicher Morgentau, der das kranke Herz erquicket und tröstet.

Du gehst in schweren Kampf. Du wirst getreulich kämpfen bis in den Tod. Der Herr aber wird mit Dir sein. Er wird es kund-

werden lassen, was das sagen will, das Leben daransetzen für Recht und Wahrheit, und welche Kraft in dem Worte liegt, das Er geheiligt und gesegnet hat, und so sehe ich Dich gehn in Seinem Namen und in Seiner Kraft; ich sehe Dir nach mit dankerfülltem Blick, daß so Großes, so sehr Großes Dir vertraut worden, und falte meine Hände und bin getrost und voller Zuversicht.
Mein Karl, glaube ich, wäre sehr gerne Dein Stellvertreter gewesen. Er hatte gleiche Stimmen mit Schwerin. Da wurde noch einmal gewählt, und er mußte zurückstehn. Das hat mir um ihn leid getan.
Gib mir auch ein Zeichen Deines Lebens von Frankfurt aus. Bitte, mein Herzensfreund, versäume das nicht: nur einen einzigen Lebens- und Liebesgruß. Mache Dich nur auf recht viel Unsinn gefaßt, und der Herr, der alle Gewalt in Händen hat, gebe Dir selber das Schwert, mit welchem Du den Sieg erlangen sollst.
Gott behüte und segne Dich!
Alles für Ihn! Alles durch Ihn!

Deine treue
C. v. Kathen

Baronin Sophie Scharnhorst an Gräfin Eveline Sickingen-Hohenberg

Wien, 22. Mai 1848

Auch ohne Eure Aufforderung würde ich Euch geschrieben haben, liebe Freundinnen. Ihr seht, wir sind hier. Meine K[önigliche] H[oheit] befindet sich trotz aller Gemütsbewegungen wohl. Gott sei Lob und Dank!
Wir haben eine in den Annalen Wiens ewig denkwürdige Epoche durchlebt. Der Himmel gebe, daß sie beendet ist und die durch ein Wunder gerettete Monarchie endlich zur Ruhe und Ordnung komme. Die Abreise der kaiserlichen Familie, die den 17. abends geheimnisvoll erfolgte, war der Wendepunkt der seit Wochen zunehmenden Anarchie. Der 15. Mai, dieser

ewig denkwürdige Tag, der Triumph wühlerischer Umtriebe, gesetzloser Frechheit und Verwirrung, brach den Stab über eine Partei, die den Umsturz alles Bestehenden beabsichtigte und durch die niedrigsten Mittel herbeiführte. Wien, die Vorstädte und nächste Umgebung, waren mit dem Netz einer Verschwörung überzogen, dessen Fäden in den Händen einer mißbrauchten Jugend lagen und nur eines Zuges bedurften, um namenloses Unglück über Monarchie und Residenz zu entfesseln. Es soll alles so vortrefflich angelegt gewesen sein, daß es durch ein verabredetes Zeichen am 15. zu den blutigsten Szenen gekommen wäre, wenn die Mäßigung des Hofes dieses Losbrechen der anarchischen Furien nicht durch momentane Nachgiebigkeit verhindert hätte. Die Nationalgarde hielt die Stadt und die Tore besetzt, während die Deputation der Studenten ihren Empörungsstreich in der Burg ausübte und bewaffnet mit scharf geladenen Gewehren ihrer Sturm-Petition Bewilligung verschaffte.
Das Militär lagerte auf dem Glacis, um die in das Komplott gezogenen bezahlten Volksmassen abzuhalten, die zu 20000 bis 30000 Mann die Stadt stürmen und eine kommunistische Bewegung machen sollten. Obgleich die Nationalgarde die Tore besetzte, ließ sie doch eine Menge Arbeiter herein. Das sah ich aus meinen Fenstern, die dem Franzenstor gegenüber sind. Diese sollten mit Schaufeln, Hacken und ähnlichen Werkzeugen die Burg stürmen und zuerst das Monument Kaiser Franzens niederreißen. In allen Straßen waren Barrikaden beabsichtigt, sie hatten mit Hilfe der Polen und französischen Emissärs die Plätze dazu ausgesucht. Alles war vorbereitet und die Sturmpetition an den Kaiser nur der Vorwand zu einer blutigen Revolution, die im Verweigerungsfalle ausgebrochen wäre. Aber Gott lenkte den milden Sinn der kaiserlichen Familie und ließ durch sie die Rettung der Residenz und der Monarchie in dem Augenblick vorbereiten, als alles verloren schien.
Diesem fürchterlichen 15. Mai folgten zwei schmerzlich drükkende Tage. Eine Gewitterschwüle der Gefühle, die allen dem Kaiserhause treu Ergebenen bittere, schmerzliche Tränen auspreßte. Den 17. waren wir zur gewöhnlichen Stunde um zwei Uhr bei der innig geliebten Frau Erzherzogin Sophie. Während meine K. H. mit ihr im Interieur war, weinte ich im vorderen

Salon mit der Schönborn und Mimi Stadion. Meine Tränen flossen dem Geschehenen, während die beiden anderen den Plan der Abreise, welche einige Stunden später erfolgte, wahrscheinlich schon kannten. Diese ganz geheime und geschickt ausgeführte Abreise geschah unter Gottes Schutz und Segen, und heiße Danklieder steigen auf zu ihm, der sie gelingen ließ.
Den 18. morgens um 6 Uhr trat meine Kammerjungfer mit den Worten an mein Bett: »Die kaiserliche Familie ist gestern Abend abgereist! Die Aristokratie flieht nach allen Seiten. Diese Nachricht wird soeben veröffentlicht!« Ich fühlte Eis in meinen Adern rinnen! Es war ein Augenblick, den ich nie vergessen werde! Ein Abgrund öffnete sich vor meinen Blicken, in den alles hinabstürzte. Ich eilte zur Prinzeß und mußte sie mit der Schreckenspost wecken. Auch sie hatte nicht die leiseste Ahnung von der Reise gehabt. Der Prinz kam bald nachher, um seiner Schwester Lebewohl zu sagen, weil er die Truppen auf dem Glacis kommandierte. Wir blieben allein und machten Vorbereitungen zur Reise, ohne daß die K. H. einen Entschluß gefaßt hatte. Denn sie hätte nur mit schwerem Herzen ihren Bruder verlassen, und wir wären wahrscheinlich nicht fortgelassen worden, weil die Linien um 1 Uhr geschlossen wurden. Die Prinzessin verlor keinen Augenblick den Mut. Ich muß gestehen, daß ich sehr geängstigt war.
In den Straßen nahm das Getümmel zu, am Tor, wo die Abreise des Kaisers angeschlagen war, drängten die Massen. Die Nationalgarde marschierte in zahlreichen Patrouillen, eine beängstigende Aufregung schwankte zwischen Vernichtung und Festhalten der letzten Rettung.
Auf einmal erschienen weiße Kokarden, Binden, Schleifen. Ich begrüßte sie jubelnd. Nationalgarde, Studenten und Bürger erschienen mit diesem Zeichen des Friedens, sie führten gebundene Aufwiegler durchs Franzenstor, wohl bedeckt, auf den Hof. In den Vorstädten ergriffen sie die abscheulichen Schreiber der »Constitution« und des »Freimüthigen«, die laut die Republik proklamierten und Aufruhr predigten. Eine elegant gekleidete Dame, eine Baronin und die Frau eines Radikalen verteilten Geld und schrien die Republik aus. Beide Kreaturen wurden ergriffen und eingeführt. Zwei Fürstinnen Czartoriski und die Fürstin Sapieha, die vor zwei Jahren in Galizien sich

auszeichneten, sollen auch herumgerannt sein und Geld verteilt haben. Sie zogen sich aber zurück, als das Volk sah, wohin man es führen wollte und ihnen die aufrührerische Proklamation zerrissen ins Gesicht warf. Die Arbeiter wollten den abscheulichen Heffner auf dem Glacis an einen Laternenpfahl hängen, wurden aber leider daran gehindert. Gegen Mittag war die Wut gegen die Empörer und der Schmerz über die Abreise des Kaisers allgemein. Das Volk soll laut geheult und Tränen vergossen haben und mit drohender Gebärde seinen Kaiser von den Studenten verlangt haben. Diese schlichen mit gesenkten Köpfen daher, der Übermut und die laute Säbelsprache der vergangenen Tage hatten sich in totbleiche Gesichter verwandelt. Sie ließen freundschaftliche Beruhigungs-Aufforderungen an ihre »lieben Freunde«, die Arbeiter, anschlagen und zeigten unverstellt den Kleinmut des schlechten Gewissens. Die Sehnsucht nach dem Kaiser und die Zerknirschung, ihn verloren zu haben, äußerten sich ebenso lebhaft wie allgemein. Man soll sie aber nur zappeln lassen, diese leichtsinnigen Wiener, die sich so hinreißen ließen, so mißbrauchen von einer niederträchtigen Partei, welche Europa durchwühlt und am 15. Mai in Paris, Berlin, Frankfurt und Wien ihre schändliche Verbrüderung manifestierte! Das Ministerium trat nun gleich sehr kräftig auf, ließ polizeiliche Sicherheitsmaßregeln anschlagen und befahl, daß abends um 9 Uhr die Straßen von Menschen gesäubert sein müßten. Das war auch der Fall, seit zwei Monaten verlebten wir keine so ruhige Nacht. Alles trat in dem Gleise der Mäßigung, Ordnung und schmerzlichen Erkenntnis der Schuld. Nur ein Ruf: »Ferdinand kehre zurück zu deinen Kindern!« ging von Mund zu Mund. Die abscheulichen Studenten sind klimperklein. Es ist eine Wonne, sie so begossen daher schreiten zu sehen!
Den 23. Erst heute kann ich diese Zeilen schließen und sage Dir noch in aller Eile, daß ich eben einen Brief vom 20. von der Auersperg aus Innsbruck erhielt. Die Herrschaften sind, Gott sei Dank, trotz der schnellen unbequemen Reise gut angekommen und mit Jubel allenthalben aufgenommen worden. Wie könnte es auch anders sein! Sie fühlen sich nach so traurigen Tagen beglückt unter den treuen Tirolern, die sich mit Recht viel darauf einbilden können, die Auserwählten zu sein. Gottes Segen ruht

auf den Geweihten. Er bewahre und behüte sie ferner. Die K. H. grüßt Euch beide freundlich. Wir genießen erst jetzt, da wir wissen, wie es der kaiserlichen Familie geht, das Glück der wiederkehrenden Ruhe.

Elise Lensing an Christine Hebbel

Hamburg
Meine beste Tine! d. 14ten November 1848

Nach dem Empfang des Geldes hab ich drei Briefe an Dich gesandt, Dich dringend gebeten, mir ein Lebenszeichen von Euch zukommen zu lassen; – von Tag zu Tag hab ich vergebens darnach ausgesehnt – Ich kenne unsre Verabredung: nur wenn sich etwas Besonderes ereignete wollten wir schreiben – aber, nach einer solchen Katarstrove – nach einer Begebenheit wie die Weltgeschichte sie nicht aufzuweisen hat --- Was kann Euch da nicht Alles betroffen haben!! – Mann kann ja fragen mit Recht, lebt Ihr noch Alle drei? Du hast meine Briefe die ich alle frankirt gewiß nicht erhalten sonst könntest Du nicht so hart sein, und mich ohne alle Nachricht zu lassen. – Ich bitte Dich dringend sag mir wie es Euch ergangen? was Ihr jetzt macht, ob Ihr Alle gesund seid? was das Kind macht, ich hab mehrere Nächte von ihr geträumt. Wie ist es beste Tine – wahrscheinlich hast Du keine Gage gezahlt erhalten – und wer hat jetzt Geld das Theater zu besuchen! ich fragte Dich, ob ich Dir den 100 Guldenschein zurücksenden sollte, die 50 Gulden hab ich eingewechselt weil ich Geld brauchte – und da die Wiener in der Zeit des Kampfes nicht das Geld nehmen wollten – mit bedeutenden Verlust beim Wechsler es umgesetzt; es ist ein peinlich und schmerzlicher Gedanke für mich Dich vielleicht in Verlegenheit zu wissen, Du kannst nicht um ein Darlehn ansprechen, auch wüßt ich nicht bei Wem? Ihr seidt Eure Drei und dann noch das Mädchen, ich bin allein mit dem Knaben, kann etwas geborgt erhalten u verdiene auch etwas, können uns einschränken, u die Miethe zahl ich erst nach verflossenen halben Jahr – also schreib mir es umgehend ob ich den Schein die 100

oder soll ich die Hälfte 50 G. senden – dann wechsele ich es in 2 Fünfzig Guldenscheine um – wie Du es willst – ich send es in recommand. Brief – willst Du es nicht, so wollen es die Wiener nehmen, welche Ende d. M. abreisen, also Ende d. M. oder Anfang k. M. erhälst Du die Wurst, entweder bringt er sie selbst nach Wien, wohin er doch reisen muß, oder wonicht sendet er es Euch von Brün nach Wien. – Wie unendlich gern sendete ich Euch ein groß Stück Fleisch noch bei, aber die Menschen haben selbst so sehr viel Ueberfracht. – Hier ist es ruhig auch die Cholera hat, bei der strengen Kälte welche seit acht Tagen herrscht, täglich sind die Fenstern zugefroren – ganz aufgehört. Carl ist ganz wohl und lernt fleißig. Die Nachricht zeigt heut an, daß Blum am 9ten Nov. auf der Brigittenau erschossen ist; ebenso der Commandant Messenhauser. ––
800,000 Briefe sollen sich in Wien angehäuft haben, welche während der Zeit daß die Stadt abgesperrt gewesen nicht besorgt sind in Wien, wenigstens wird dies von Wien berichtet. –
Das Leichentuch, was über Wien gebreitet will man auch über Berlin ziehn – Am 12ten November ist auch Berlin in einem Belagerungszustand erklärt worden, und das Ministerium Brandenburg hat dem General v Wrangel mit Ausführung der erfoderlichen Anordnung beauftragt. Ein Officier der Schloßwache verkündete das herrliche Product der Camerilla vom Sansouci unter Trommerschlag vom Schloßportal – Heut bekam ein Berliner von seinen Eltern die Nachricht, daß sie wie Viele Hunderte schon Berlin verlassen hatten – Dort wo das Volk so gemäßigt sich verhalten, kein Schritt vom Boden des Gesetzes gewichen, kein Blut, kein Gewaltschritt geschehen – Die Wuth und der Haß soll aufs Äußerste gestiegen sein von der ganzen Bevölkerung Berlins So vereinsamt als das arme liebe Wien, steht Berlin nicht – Schon hat *Stettin Magdeburg Spandau, Breslau* und eine Menge kleine Städte haben ihre Hülfe dem Volk zu gesagt. – Von 26,000 Gewehren die das Volk Berlins abliefern soll, sind nur 36 abgeliefert. Die freie Presse ist aufgehoben, und nur was General Wrangel zu schreiben gestattet ist erlaubt. Jeder Einpassirende wird nach Waffen untersucht – Als der königl. Befehl den Berliner kund gethan, daß die Bürgerwehr Berlins aufgelöst sei, auf Grund, daß sie

die Landesversammlung beschütz haben! – Als die Vertreter des Volks der Gewalt weichen mußten, indem eine starke Militairmacht vor dem Sitzungsgebäude der National-Versamlung aufgestellt u den Abgeordneten den Eintritt verweigert sich der Zug nach dem Hotel de Russie begeben, hat das Volk sie mit einem donnernden Hurrah dahin begleitet – und dazwischen ein förmliches brüllen der Wuth des aufgeregten Volkes vernehmen lassen –. Von Wien schreibt man: so lange das Schwert des Damokles über unser Haupt schwebt erwarten sie keinen wahren Bericht von uns. –
So eben sagt unser Hauswirth, daß hier auch eine dumpfe Gährung längst Raum gefaßt und daß der Winter auch nicht ruhig vorüber ginge. Nun meine beste Tine, weiß ich, die sowenig unter Menschen kommt, Dir nichts mehr mitzutheilen, Noch einmal aber bitt' ich Dich dies ist der 4te Brief gieb mir Antwort – und schnelle – Wie bist Du in Deine neue Wohnung gelangt? wie gefällt es Dir dort? – Die Wohnung an u für sich ist ja schön – aber die 4 Treppen, ich braucht lange Zeit sie zu steigen – Wie ist es mit Louisen? Du hast so viel Stoff zum schreiben – ich hätt' Dir schon ganze Bogen geschrieben. –
Mutter, Vater, auch Carl warten Alle auf Nachricht von Euch – Mutter jammerte immer wenn die Berichte von Wien kamen: »Ach Gott wenn sie das kleine Kind man nicht todtschießen! wenn sie doch man alle hier wären.«
Noch einmal leb wohl! mögen diesen Zeilen Euch gesund antreffen das ist mein innigster Wunsch!

ewig Deine Freundin
Elise

N. S. vom 15ten.
So eben lese ich in der Nachricht daß das 24ste Regiment, aus Märkern bestehend – entschieden zu Gunsten des Volkes gestimmt ist – Thatsache ist, daß eine Abtheilung des Kaiser Franz-Regiment als es gegen einen Haufen Erzähler auf den Dönhoffsplatzen einen Bajonettenangriff machen sollte, *das Gewehr bei Fuß setzte* daß ihnen das Volk es mit einem donnernden Hurrah lohnte

Baronin Crescent Speth an Gräfin Eveline Sickingen-Hohenberg

Würzburg, Mai 1853

Etwas sonderbares muß ich berichten: das Tischrücken! Gestern Abend waren mehrere Damen bei mir. Die Seinsheim behauptet, daß ein kleiner Tisch bei ihr nicht allein gerennt sei, sondern auch Antwort gegeben habe. Sogleich war alles in Alarm. Es wurde ein kleiner runder Tisch herbeigebracht, zwei junge Mädchen und zwei Damen legten die Hände darauf in Kette. Nach einer Viertelstunde fing er an zu rennen, wo sie nur die Finger leicht drauf liegen ließen. Sie hießen das Tischchen still stehen, nach einigen Minuten blieb es stehen. Dann fragten alle zugleich, wieviel Uhr es sei, und befahlen ihm zu antworten. Nach ein paar Minuten machte er eine Bewegung wie zum Umfallen, erhob sich schnell wieder und hob sich und so fort, bis er die Stunde: 8 Uhr, und mit einem kleinen Ruck $^1/_2$ anzeigte. Dann blieb er etwas ruhig und fing wieder an, sich herumzudrehen im Kreise wie früher. Man gebot wieder Stillstand und fragte, wieviel Kinder Josef habe. Er gab die Zahl 6 an.

Die Kette veränderte sich, es traten einige aus und andere ein. Nur den Schönborn selbst gab er nicht richtig an. Auch was Geldstücke betraf, traf nicht zu, aber das Alter, der Monat und Monatstag. Sie fragten, wieviel Kinder ich habe, er blieb bei zwei. Ich ließ fragen, wieviele Kinder mir gestorben – keine Antwort. Dann drehte er sich wieder schneller. Wir blieben bis 11 Uhr beisammen. Der Varicourt bekam es übel, denn sie bekam Fieberfrost. Es alterierte uns alle.

Dieses ist die reine Wahrheit, keine Täuschung. Kein Drücken, Beugen oder Schieben. Alle nahmen sich sehr in acht. Bei einer Frage ging es bis in 60 ganz richtig, immer das Beugen und schnell Heben, gegen Ende immer langsamer, als ob der Tisch sich besinnen wollte. Urteile Du selbst. Was ich Dir sage, ist bestimmt, man könnte überschnappen dabei!

Anna von Helmholtz an ihre Mutter

Vert-Bois, August 1857

[...] Wir leben hier sehr ruhig und unendlich angenehm, fahren gegen Abend immer bald nach Versailles, bald nach St. Germain.

Onkel und Tante kommen eben von Lea-Hurst zurück. Sie haben Florence Nightingale wieder gesehen, sind ganz erschüttert von dem Zustande der Erschöpfung, in welchem sie heimgekehrt ist. Es sind nun gerade drei Jahre abgelaufen, seit wir zuerst von ihrem Entschlusse gelesen haben, auf den Schlachtfeldern zu arbeiten – wie Du Dich erinnern wirst. Sie zog damals unter dem Schutze der Regierung hinaus, begleitet von 38 Schwestern, darunter 24 Nonnen – alle von ihr selbst ausgewählt in den Klöstern und Hospitälern, woselbst sie deren Arbeit bereits geprüft hatte. Als sie vor Skutari eintraf, wo alle Verwundetentransporte abgelagert wurden, hatte sich gerade im September 1854 die Schlacht von Balaklava abgespielt. Die grausamen Berichte, welche Florence herbeigerufen haben, waren nicht übertrieben gewesen. Tatsächlich war nichts vorbereitet für irgendwelche Pflege und nichts stand zur Verfügung als der Inhalt ihre eigenen Kisten voller Verbandzeug und Stoffballen, mitgeführt von den großen Schenkungen der Stadt London.

Sie konnte nur auf dem Boden, auf Brettern und Matten die Sterbenden lagern. Was man dort erlebte, habe die Menschen zu Engeln werden lassen oder zu wahren Teufeln verwandelt, und zwar die Frauen gerade so wie die Männer. Schon in den ersten Tagen hatten sie in der Länge von vier englischen Meilen Lagerstellen errichtet bei Zwischenräumen von achtzehn Zoll. Florence mußte selbst Matratzen stopfen und zusammenheften, um alle diese Arbeit in strenger Disciplin für die Schwestern als Beispiel aufzustellen.

Von den militärischen Vorgesetzten wurde sie nur teilweise höflich, wesentlich mißmutig empfangen – von den Ärzten wurden ihr, mit ganz wenigen Ausnahmen, dauernd Schwierigkeiten gemacht, die Arbeit zum Teil geradezu unmöglich gemacht. So bat sie den Oberbefehlshaber, sie nur dort ein-

zusetzen, wo ärztlich ihre Schwesternarbeit nicht gehindert würde.
Auch die Schwestern haben ihr Enttäuschungen bereitet; als sie dieselben einkleidete in ihre Kriegsschwestern-Aussteuer, erklärten einige von ihnen, sie hätten von Hauben nichts erfahren in London und sie würden nichts tragen, was ihnen so wenig gut steht. So wurde eine der Damen mit dem nächsten Schiffe zurückgeschickt und Florence untersagte jedwede Nachsendung von Schwestern, nachdem sie monatelang Not durchlebt hatte, um die draußen Arbeitenden zu erziehen. Sie wurde zu einem Brigadier-General ernannt, weil es mehr bedeute, vierzig Frauen zu kommandieren als viertausend Soldaten.
Mr. Bracebridge, den ich in England kennen lernte bei Abfahrt weiblicher Arbeitskräfte für Australien, war während der ganzen Zeit Florence beste Stütze und Hülfe, ebenso blieb Mr. Sidney Herbert für lange Monate auf dem Kriegsschauplatze. Als man es trotz ihrer inständigen Bitten ratsam fand, weitere Damen hinauszusenden, waren dieselben in keiner Weise unterzubringen und mußten in einigen Klöstern und Baracken in der Krim damit beschäftigt werden, 50000 Hemden zu nähen, weil man in Erwartung eines ganz schnellen Sturmes auf Sebastopol den armen Soldaten ihr gesamtes Gepäck abgenommen und verloren hatte.
Florence richtete Diätküchen ein und lehrte Schwestern wie Köche Krankenspeisung zuzubereiten. Daneben schrieb sie nach den Tagen ohne Rast fast noch alle Nächte hindurch, um in der Heimat für die Angehörigen der Verwundeten und Gefallenen sorgen zu lassen. Sie ist während vieler Monate mit keinem Schritt aus den Hospitälern von Skutari heraus gekommen, nachher nur, um auf der Krim nach langen stürmischen Schiffsreisen zu Pferd die weit auseinander liegenden Pflegehäuser und Baracken bei Nacht und Schnee zu kontrollieren und für die dortigen Schwestern zu sorgen. Dort brach sie dann auch nieder mit dem sogenannten Crimean fever, und es war sowohl bei den Truppen wie in London bis hinauf zur Königin eine dumpfe Consternation, bis die erlösende Kunde kam, daß die Gefahr überstanden und Miß Nightingale gerettet sei. Sie hat 4500 Soldaten sterben sehen – alle aber, ob sterbend oder verstümmelt oder heilend, sollen ohne Klage alles still getragen

haben, wenn sie kam. Sie war nur ein Schatten ihrer Selbst geworden, mit unendlich großen Augen unter ihrer tief verhüllten Stirn, aber sie wollte und durfte nicht weichen, weil andere Schwestern forderten, mit ihr zurückzukehren, falls sie sie verlassen müsse.

Inzwischen waren in England ungeheure Anklagen in den Zeitungen laut geworden, je mehr ihr Ruhm und die schwärmerische Liebe der Soldaten bis in die fernsten Hütten gedrungen waren. Die Behörden fühlen den furchtbaren Vorwurf, welcher für sie selbst in dieser Adoration für die heilige Heldin erhoben wurde. Es wurde ihr als Gottlosigkeit vorgeworfen, daß sie mit katholischen Nonnen und mit allerhand protestantischen Schattierungen gemeinsam arbeite. Sie schrieb, als sie ferne davon Kenntnis erhielt – »ich bin so dankbar, daß mein Gott nicht der Gott der High Church und nicht der Gott der Low Church ist – er ist auch nicht ein römischer oder ein anglikanischer Katholik, ich glaube auch nicht, daß er ein Russe ist – obgleich die Begebenheiten zeigten, daß Er gegen uns kämpft. Sie möchten mich richten, wie sie die Jane of Arc gerichtet haben.«

Ein Feldgeistlicher aber schrieb an die Times zurück: Miß Nightingale gehört einer Sekte an, welche leider sehr selten geworden ist – sie nennt sich die Sekte der Barmherzigen Samariter.

Nach ihrer Genesung und Rettung wurde im Namen der Queen Victoria eine Sammlung durch das gesamte Weltreich gemacht, um Florence irgend einen Wunsch zu erfüllen: derselbe wird in einer School for Nurses verwirklicht werden. Die Soldaten im Felde spendeten vom Obersten bis zum Letzten ihren Tagessold, was allein von den Frontsoldaten 4000 Pfund Sterling zusammentrug. Jetzt ist sie schon in einem neuen großen Feldzug gegen die grünen Tische tätig, denn sie wünscht etwas durchzufechten, was sich in Preußen die Pepinière nennt, zur Erziehung der Militärärzte. Aber das scheint noch in weiter Ferne zu stehen. Sie betrachtet ihre Mission überhaupt erst als am Anfang stehend.

Longfellow hat ein paar schöne Verse über sie geschrieben, so wie sie die Herzen der Soldaten empfunden haben – da sie zu Allen mit ihrer weichen Glockenstimme nicht sprechen konnte, sollen sie ihren Schatten an der Wand geküßt haben, wenn sie schweigend nachts mit ihrer kleinen Lampe durch die Reihen schritt.

Lo! in that house of misery
A lady with a lamp I see
Pass through the glimmering gloom,
And flit from room to room.
And slow, as in a dream of bliss,
The speechless sufferer turns to kiss
Her shadow, as it falls
Upon the darkening walls.

Deine Anna

Jenny Marx an Conrad Schramm

[London], 8ten Dezember [1857]

Lieber Herr Schramm! Wir haben so lange nichts von Ihnen gehört, daß wir uns alle sehr nach Nachrichten von Ihnen sehnen. Recht oft sprechen wir von Ihnen und bedauern nichts so sehr, als Ihnen die langen, einsamen Wintertage und Stunden nicht etwas verkürzen und erheitern zu können.
Wenn es Ihnen nicht zu lästig ist, so geben Sie uns mal ein Lebenszeichen. – Was haben Sie denn zu dem allgemeinen Kladderadatsch gesagt? Nicht wahr, an dem allgemeinen Krach und Zusammenrumpeln des alten Drecks hat man doch noch eine Freude. Hoffentlich haben sich Ihre Verwandten Ihnen gegenüber noch nicht hinter die Krise versteckt und verschlampt und Sie so noch nicht praktisch mitgelitten. Obgleich wir die amerikanische Krise an unserm Beutel sehr verspüren, indem Karl statt zweimal wöchentlich nur mehr einmal an die »Tribune« schreibt, die *allen* europäischen Korrespondenten, außer Bayard Taylor und Karl, den Abschied gegeben, so können Sie sich doch wohl denken, wie high up der Mohr ist. Seine ganze frühere Arbeitsfähigkeit und Leichtigkeit ist wiedergekehrt sowie auch die Frische und Heiterkeit des Geistes, die seit Jahren

gebrochen war, seit dem großen Leiden, dem Verlust unseres lieben Herzenkindes, um das mein Herz ewig trauern wird. Karl arbeitet am Tage, um fürs tägliche Brot zu sorgen, nachts, um seine Ökonomie zur Vollendung zu bringen. Jetzt, wo diese Arbeit ein Bedürfnis der Zeit, eine Notwendigkeit geworden, wird sich doch auch wohl ein elender Buchhändler finden. Außer uns haben auch Lupus und Steffen schon direkt durch die Krise gelitten. Ersterer hat seine Hauptstunden verloren, da das Haus Bankerott gemacht, und letzterer konnte sich wegen der indischen Geschichte nicht länger in Brighton halten, da das Unterrichten der indischen Cadets plötzlich ein Ende nahm. Dazu hat noch seine Schwester ihr kleines Vermögen durch die Faillite eines Bankiers verloren. Der kleine Dronke hatte auf eigene Faust ein Geschäft in Glasgow begonnen. Ich glaube, daß die ganze Glasgower Zeitungspolemik gegen »die gewissenlosen Menschen, die ohne alles Kapital Geschäfte beginnen«, sich auf das kleine Männchen bezieht. Freiligrath sitzt einstweilen noch fest auf seinem diminutiv Crédit mobilier. Sollten aber die finstern Gerüchte über den Pariser Crédit mobilier, der täglich tiefer sinkt, sich verwirklichen, so wird er auch bald nachpurzeln und die Managerwirtschaft an den Nagel hängen müssen. Auf unseren gediegenen, würdigen Freund Liebknecht scheint die Krise noch keinen tiefen Eindruck gemacht zu haben, wenigstens n'a-t-elle pas encore frappé son physique; er ist noch im vollen Besitz des wohlbekannten fatalen famosen, fabelhaften Hungers und der jungen Liebe zum rasher bacon. Engels schreibt gestern aus Manchester:

Unter den Philistern hier wirkt die Krise stark aufs Trinken, niemand kann es zu Hause allein mit der Familie und den Sorgen aushalten, die Klubs beleben sich, und die Konsumtion von Likör wächst stark. Je tiefer einer darin sitzt, desto gewaltsamer strebt er, sich aufzuheitern. Am nächsten Morgen ist er dann das schlagendste Exempel von moralischem und physischem Katzenjammer. In Manchester sind dieser Tage schon 8-9 Fabrikanten gepurzelt.

Nirgends sieht es aber so großartig aus als in Hamburg. So komplett und klassisch ist noch nie eine Panik gewesen. Das Haus Ulberg & Cramer, die mit Schulden von 12 000 000 Mark

Banko falliert sind (worunter 7 Millionen Wechsel auf sie!), hatten ein Kapital von nicht mehr als 300000 Mark!! Alles ist dort jetzt wertlos, absolut wertlos außer Silber und Gold. Christian Matthias Schröder fallierte auch vorige Woche. Der J. H. Schröder Com. in London telegraphierte, wenn 2 Millionen M. hinreichend wären, wolle er das Silber dafür schicken. Antwort: 3 Millionen oder gar nichts, die 3 Millionen konnte er nicht missen, und der Christian Matthias flog. Das große amerikanische Haus, das neulich nach zweitägiger Unterhandlung von der Bank von England eine Million vorgeschossen erhielt und sich dadurch rettete, war der Mr. Peabody. Bei diesem 4ten July-anniversary-Dinner-man fällt mir der Lümmel Heinzen ein. Obgleich sein »Pionier« (trotz der Mitarbeiterschaft des größten revolutionären Staatsmanns, des Studiosen Karl Blind) durch die Krise zur Hälfte zusammengeschrumpelt ist, so erklärt der Rüpel doch immer noch, »Krisen seien nur Marxsche Erfindungen und Hirngespinste«. Bei diesem Kommunistenfresser fällt mir der rote Becker wieder ein, der jetzt freigekommen ist, und so müssen Sie, lieber Herr Schramm, denn nolens volens die Riesensprünge übers Weltmeer mit mir machen und sich von Europa nach Amerika und wieder zurückführen lassen, da wir mit dem roten Becker nun mal wieder im lieben Vaterland, dem Veilchen, das diesmal auch nicht mit einem blauen Auge davonkommen wird, ja gar im lieben Köln angelangt sind, so muß ich Ihnen doch noch etwas von unserem alten Freund Mevissen und seiner Familie erzählen. Der alte Leiden hat 2 Kinder ganz vor kurzem an der Schwindsucht verloren, darauf Frau Mevissen, und ein Sohn kam auf dem »Pacifique«, das unterging, um.
Sie können sich denken, was die Demokraten jetzt alle verbrummt und vermummt sind. Hat doch das alte politische Gesalbader und Gekannegießer ein Ende, seitdem diese sehr verhaßte Messer- und Gabelfrage wieder aufgekommen ist und die Fürschten und Tyranne nicht mehr an allem schuld sind.
Doch nun hab ich Ihnen so viel vorgeschwatzt, daß es Zeit ist, daß ich Ihnen Adieu sage. Seien Sie von mir und den Mädchen, die so lieb und herzig sind und nett heranwachsen, aufs herzlichste gegrüßt.

Ihre Jenny Marx

Apropos. Wir haben die Photographien von Freiligrath und Engels. Wenn es Ihnen nicht zu lästig ist, lassen Sie uns auch eine von sich machen. Karl hätte so gern seine besten Freunde im Bilde um sich.

Betsy Meyer an Hermann Haessel

Felsenhof, Männedorf, 26. Sept. 1884

[...] Ich habe eine Kranke neben mir, die mir folgt wie mein Schatten, ein armes, erstarrtes, versteinertes Wesen, das »Stimmen hört«, also an Gehörshalluzinationen leidet. – Diese Tochter einer meiner Schulfreundinnen ist aus Blutarmut krank, das ist die physische Ursache, die moralische aber ist oder war der peinigende Gedanke, sie sei *nichts*, leiste nichts, habe keinen eigentlichen Beruf in der Welt, also mit Schiller zu reden: »ihres Nichts durchbohrendes Gefühl«; beleidigtes oder erdrücktes Selbstgefühl, – Eitelkeit, wenn Sie wollen. In diesem Schutt von Sinnestäuschungen und verkehrten Gedanken ragt nun ein Stein, der auch schief steht, von dem aber Herr Zeller sagt, man solle ihn ja nicht umstürzen, vielleicht lasse sich doch ein Mäuerlein daran lehnen, die Stütze zu einem bescheidenen Neubau. Sie hat nämlich die fixe Idee, wenn sie *Diakonisse* werden könnte, dann wäre sie *etwas*, und dann in diesem Berufe könnte sie gesund werden. – Nun lasse ich sie täglich dreimal beim Abräumen der Tafel und beim Abwaschen des Geschirrs helfen und sage ihr, – das sei das Erste, was z. B. im Diakonissenhause zu Straßburg die eintretenden Schwestern in der Vorprobe tun müßten. Es verhält sich auch wirklich so. – Und, siehe, es geht. Aber, natürlich, dabei sein muß ich, mit gutem Beispiel vorangehen und sie beaufsichtigen, sonst verschwindet sie alsobald aus dem Eßsaale und stellt sich, statt zu arbeiten, an irgend ein verborgenes Plätzchen auf einem obern Boden, um gesenkten Hauptes ihren »Stimmen« zuzuhören, die lauter Unsinn sprechen. Durch diese Übungen im Speisesaale ist meine ehmals frei Zeit ausgefüllt. [...]

Kilchberg
Mittwoch, 4. März 1891

[...] Seh ich mich unter meinen Bekannten um, so finde ich die meisten Erkrankungen dieser Art bei jungen Mädchen, die durch irgendeine Gouvernanten- oder Gesellschafterinnenstelle aus ihren bescheidenen Verhältnissen herausgehoben und in andere Gesellschaftskreise gebracht wurden. Das verursacht diesen vergiftenden Wahn. – Ich glaube aus dem Munde des frühern hervorragenden Direktors von Illenau gehört zu haben: »3/4 meiner weiblichen Kranken sind frühere Gouvernanten.« Das Unverheiratetsein ist sicher auch kein genügender Grund. Wie viele kranke Frauen mit denselben Ideen kenne ich! Bei jenen wird die Krankheit der Übermüdung durch Stundengeben, bei diesen dem Blutmangel zugeschrieben! Diese überhandnehmende Seelenkrankheit ist eine Zeitkrankheit, ein sich nicht bescheiden können und wollen bei dem, was man *ist* und *soll* nach Gottes Willen. Die Leute streben über ihre innern und äußern Grenzen hinaus und werden leer. Wie ist heutzutage auf allen Gebieten so wenig fester Gehalt und Charakter!

Minna Cauer an Frau von Witt

Berlin W
Wormser Str. 5

Meine liebe Muschka! den 23. Juni 1908

Seit gestern bin ich wieder hier, die Woche in Amsterdam war interessant, jedoch recht anstrengend. Ich wußte Ihre genaue Adresse nicht, sonst hätte ich Ihnen von dort ein Lebenszeichen gegeben. Hier fand ich Ihren Brief und Ihre Karte vor. Ich bleibe bis 7. oder 8. Juli hier, also werde ich Sie noch treffen. [...]

Ich sehne mich danach, einmal Mensch sein zu dürfen und nicht nur Arbeitstier für eine Sache, die in Deutschland, besonders in dem total reaktionären Preußen, und den schwerfälligen deutschen Frauen nun einmal geradezu eine Sisyphusaufgabe

ist. Die englischen Frauen erklärten in Amsterdam, daß ihre Geduld zu Ende sei, daß sie nunmehr in »Ausstand« ständen und Rebellion proklamierten. Wann wird den deutschen Frauen die Geduld ausgehen? Vorläufig sind sie noch nicht einmal so weit, *Ehrgefühl* zu haben, aber auch der deutsche Mann ist ein Trottel.
Wir sind im Auslande gründlich verhaßt nicht wegen unseres brutalen Auftretens allein, sondern unserer durch und durch reaktionären Politik. Ich begreife das vollkommen, denn kaum überschreitet man die Grenze, so empfindet man, wie der Ton im öffentlichen Leben ein anderer ist – feiner, anständiger und entgegenkommender. Deutschland war in Amsterdam gut vertreten; ich lebte in einer internationalen Pension, wo die Präsidentin, Mrs. Chapman-Catt, auch wohnte. Ich war die einzige Deutsche dort unter 10 anderen Nationen; ich habe mich dort sehr wohl gefühlt. Es waren fast durchweg bedeutende, in sich ruhende Persönlichkeiten, die alle mehr oder weniger viel im Leben geleistet hatten. Es war eine Wohltat, mit diesen sachlich und klar denkenden Frauen zu verkehren. Trotz aller Meinungsverschiedenheiten hinsichtlich des Vorgehens in der Frauenbewegung, so war doch durchweg eine vornehme Gesinnung sichtbar, die auch dem Gegner Anerkennung zollte. Wann wird das bei uns der Fall sein? Haben Sie Helene Lange's Zerstörung in der letzten Frauenbewegung gelesen? Ist das nicht tieftraurig?
Ich freue mich, liebe Muschka, mit Ihnen ein Plauderstündchen bald haben zu können.
In treuer Gesinnung mit herzlichem Gruß

M. Cauer

Fürstin Mechtild Lichnowsky an Graf Hermann Keyserling

Lieber Graf, [Berlin] 22. März 1910

[...] seit Ihrer Abreise habe ich viel erlebt und viele Einfälle gehabt – im gewohnten Rahmen. Ich gehe allmorgenlich in das Deutsche Theater, wo die »Braut von Messina« geprobt wird. Sie können sich vorstellen, was für Arbeit und was für Ausdrucksmöglichkeit in der künstlerischen Handhabe der Chöre steckt; und ich kann Ihnen sagen, daß die Wirkung derselben eine dämonische ist. Schade, daß Sie nicht mit mir die Eindrücke teilen können.

Sie müssen wissen, daß ich [in] dem großen stockfinsteren Theater der einzige Zuhörer bin und die Mittagsstunde vergeht, und mir kommt es vor als sei ich erst eine halbe Stunde da, und doch zeigt meine Uhr auf III.

Vor einigen Tagen wurde bei Fr. Richter [bekannter musikalischer Salon] die Appassionata gespielt, von der gleichen Frau, die bei Henckel den falschen Bach gegeben hatte.

Es war wunderbar. Wenn ich solche Kammermusik höre, will ich Angst haben, daß der Spieler stecken bleibt, und doch soll er bei jeder Klippe glatt hinüber kommen – als wäre es Zufall; und jede Nuance soll nach Zufall schmecken, aber man muß sagen können: »ein ungewöhnlicher Zufall war es, ein merkwürdiges Zusammentreffen, – daß der kleine Finger das As noch erreichte... und nicht zu spät kam... und noch so viel Kraft steckte drinnen... und unten griffen die Finger glockenreine Arpeggien... und das Ritardando kam gerade gelegen...«

Als sie geendet, kamen die Krähen und die Hyänen und stürzten sich trunken auf ihr Opfer. Einer sagte: »Man hat in Beethovens Werkstätte geblickt.« (Das liebe ich ganz besonders, wenn sie den »Altmeister« als Musik-Zimmermann sehen.) Dann begann die Frau, Adele aus der Ohe, heißt sie, etwas anderes vorzutragen, und als sie beim 10. Takt angelangt war, gleitet eine Dame zum Flügel, ergreift ihre Rechte, mitten aus einer komplizierten Passage heraus, und nimmt Abschied, bedauernd, daß sie dienstlich verhindert sei, länger zu lauschen.

Wer von uns würde es wagen einem ausübenden Künstler so ins Wort zu fallen mit fein ziseliertem Hof-Lächeln? Die Betreffende hat das Recht zu jeder Kritik und jeder Begeisterung, denn sie stellt das musikalische Element dar in dem Kreis, dem sie angehört. Ihre Musik erblicke ich in dem, was man ihr Grübchen nennt, was längst wie eine Grube aussieht, in welches die Mitglieder ihres Kreises hereinfallen.
Eine gefrorene Zärtlichkeit in den Augen über einem Haufen schlapper Muskeln, die mit einem Stich von reiner mädchenhafter Knopflochseide in der Mitte der Wange festgenäht wurden: so entstand das Grübchen – und mit diesem Grübchen wird Liszt mit Chopin verwechselt, wird die IX. Symphonie geschlürft, und das Air von Bach verlangt –– und viel mehr noch darüber geredet! Ich verschweige Ihnen vorläufig den Namen, der ganz uninteressant ist und Ihnen vielleicht nicht einmal bekannt!
Leben Sie wohl. Es wäre schön, wenn Sie uns im Herbst besuchen könnten. Es freut mich, wenn Sie mir schreiben.
Gestern Abend sang ich 5 Lieder von Schumann bei Richter. Aber die Begleiterin – Ossip Schubin – hatte eine unerträgliche Tendenz zum sentimentalen Schleppen. Bei Plessen war es besser gewesen. Adieu!

Herzlichst
M. Lichnowsky

Marie von Thurn und Taxis an Rainer Maria Rilke

Dottor Serafico carissimo – Lautschin 3-1 [1913, Freitag]

Ich war in Wien und bin jetzt am Sprung auf ein paar Tage nach Berlin zu fahren / theilweise zu Ihrem Bödeker / von wo ich dann direct nach Wien *pour de bon* weiter radle oder vielmehr zurück radle –
Darum bin ich in großer Hetze und Packereien – wenigstens bilde ich mir's ein, und bin nicht dazu gekommen Ihnen für Ihren lieben Brief aus Ronda zu danken – und jetzt sind Sie womöglich wieder wo anders –

Also vor allem wenn auch verspätet tausend gute Wünsche zu Neujahr – Was mich anbelangt, so hoffe ich doch Gott sei Dank und unberufen daß die Insanität eines Krieges nicht Platz greifen wird – diese blöden Serben (ich sage blöd aus Wuth, eigentlich sind sie jedenfalls gescheidter wie wir es waren – *pourquoi au fond est-ce que la parenthèse est toujours la chose vraie, la chose essentielle??*) also zurück zu den Serben – sie scheinen nachzugeben; wenn es nur dabei bleibt – wir haben so viele Überraschungen gehabt in der letzten Zeit, daß man kein Vertrauen hat – und auch Rußland (wo wir *entre nous soit dit* einen sehr netten und sehr schönen aber sehr heftigen und *par conséquent* ungeschickten Botschafter haben) ist mir eher unheimlich. Lassen wir die Politik – ich habe Kassner gesehen und er hat mir seinen »Indischen Gedanken« vorgelesen, nachdem wir im Bristol ein sehr lustiges komisches *déjeuner* gehabt haben, Alex, ich, Kassner und eine »Suffragette« (war eingesperrt bei Zwangsarbeit!!!) eine Miss Ethel Smythe die nebenbei eine wirklich sehr begabte Componistin ist, und außerordentlich gescheidt, temperamentvoll scheußlich garstig und decidirt. Sie hat uns fort über ihre Suffragette-schaft erzählt, hat erklärt, daß sie jeden Tag wenn sie wach wird unserm Herrgott dankt daß sie eine Frau ist, daß sie, wenn sie nach England zurück ginge sofort wieder eine Bombe in ein Theater werfen würde, oder ein Haus anzünden, oder ein[en] Minister am Parapluie aufspießen würde (darum bleibt sie jetzt hübsch in Wien), – hat Alex über die Feigheit der Männer, Dr. K[assner] über ihre Dummheit vorlamentirt – kurz es war zum *entrée* zahlen – Dabei ist sie wirklich eine exceptionelle, interessante Frau – (nur wie oft Engländerinnen, ganz instinctlos.)

Und abends ist Kassner zu mir gekommen und wir haben eine andere Welt betreten – eine Welt von Träumen die reeller sind als Wirklichkeiten und von Wirklichkeiten die sübtiler sind als Träume – eine Welt von Geistern und Chimären, in welcher der »Gerechte« entlarvt wird, und endlich »der Heilige« vor uns steht –

Ja aber gibt es diesen Heiligen? ist er nicht eine Fata Morgana – oder sucht K[assner] – dieser merkwürdige Geist – in den tiefsten Tiefen des Menschen etwas das wird oder etwas das zurückblieb – und reißt es zum Licht empor und befiehlt dem Phantom zu leben –

Schließlich war es vielleicht Franz von Assisi – und endlich – theilweise – vielleicht er selbst, aber in einer düstereren, härteren Tonart. Das ist wohl der Grund daß er uns mit einem so geheimnißvollen Zauber bannt – und doch etwas in sich hat, das unserer Menschlichkeit fremd und unheimlich bleiben wird – bleiben muß – immer...
Nein Dottor Serafico, Sie sind kein »Heiliger« – und wenn Sie den ganzen Tag und die ganze Nacht auf Ihre Knie (auf Ihre geistigen Knie *bien entendu*) herum rutschen. Und es ist gut so.
– Ein Heiliger hätte niemals die Elegien geschrieben –

Ricarda Huch an Marie Baum

München, 9. August 1914

Ich dachte mir wohl, daß Ihr dort den Krieg noch ganz anders spüren würdet als wir hier. Hier kann man fast sagen, daß man mehr das Erhebende von einem allgemeinen Gefühlsaufschwung merkt. Not ist ja hier gar nicht, die meisten Fabriken und Firmen zahlen den Zurückbleibenden weiter, es ist einstweilen alles gut organisiert und eine enorme Hilfsaktion. Ich persönlich stehe allem fern, und ich bin ja nun einmal für das Komische empfänglich, ich kann nichts dafür – ich muß über manches lachen –, zum Beispiel, daß jetzt schon jeder ein Schurke ist, außer den Deutschen und der zu ihnen hält, und daß alle Gott anrufen und überzeugt sind, er würde die verfluchten Feinde vertilgen usw. Das Hetzen der Spione berührt mich auch so schrecklich, besonders hier, wo fast nur ganz harmlose Leute darunter zu leiden hatten. Schon jetzt leben die häßlichsten populären Instinkte auf – unter der Maske patriotischer Begeisterung, d. h. Maske ist nicht das richtige Wort, denn sie glauben es wohl selbst. Ich rege mich einstweilen noch nicht sehr auf, weil ich mir denke, es kann und wird nicht sehr lange dauern, und weil ich von der Überlegenheit der deutschen Kraft und Kultur wirklich überzeugt bin.
Ich glaube, es fehlt mir an Phantasie, mir das Zukünftige und Etwamögliche so lebendig auszumalen, sonst weiß ich nicht,

warum alles in einer so bodenlosen Aufregung ist und ich nicht. Marianne [Plehn] ist so erregt, daß ich manchmal Mühe habe, ohne Zusammenstoß mich durchzuschlängeln. Es gibt so viele Sachen, die mich mehr aufregen. Zum Beispiel diesen Sommer erzählte mir mein Doktor einmal, es vergingen keine acht Tage, daß nicht ein Mädchen oder eine Frau zu ihm käme und ihn himmelhoch anflehte, sie von einer Schwangerschaft zu befreien, und es täte ihm im Herzen weh, weil er sähe, daß ihre ganze Existenz davon abhinge, und er dürfe es doch nicht tun. Es wäre einmal vorgekommen, daß eine Frau schon vier blödsinnige Kinder geboren hätte und wieder schwanger geworden war, und viele Ärzte hätten sich dafür eingesetzt, aber man hätte nichts erreicht, die Frau hätte das Kind austragen müssen. Die Leiden der Frauen sind permanent, und es kümmert sich kein Mensch darum, d. h. Du natürlich schon, aber im allgemeinen. Nun also, diese dauernden Leiden nehme ich mir viel mehr zu Herzen, und übrigens, wenn es dann wirklich schlimm kommt, dann muß man es eben tragen.
Ein bißchen fängt die Haltung Italiens mich zu beunruhigen an – ich meine für mich persönlich –, das könnte in Bezug auf Manno bedenkliche Konsequenzen haben. Von meiner Schwester habe ich nichts gehört [...] Rodi hat nicht gedient, aber im Landsturm wird er ja sicher mitmüssen, wenn er nicht freiwillig gegangen ist.
Wenn ich ein Mann wäre, ginge ich gerne mit, aktiv sein ist immer schön. Das bist Du ja auch, wenn auch in der weniger wohltuenden Form; aber ich fürchte, wenn das lange dauert, werde ich mir noch recht überflüssig vorkommen. Für Krankenpflege und dergleichen ist ein solcher Andrang, daß man einstweilen alle zurückschicken muß [...]

Else Lasker-Schüler an Ludwig von Ficker

Sehr verehrter Landvogt. [1914]

Als ich vor einem Jahr etwa *auf Wunsch* von Georg Trakl seine Schwester besuchte – Heinrich zu grüßen (glaube ich) hat die Frau Langen mich direkt *unverschämt* von der Thüre gewiesen. Mit Ausreden. Nun aber ging ich dennoch hin, da ich es um Georg Trakl tat. Ich habe gut mit der Schwester gesprochen zu gut trotzdem sie mir widerlich ist. Ich mag keine Copie meiner Freunde. Ich empfinde kein wahr Wort an Frau Langen. Sie schimpfte bei mir über ihren Mann etc. schimpfte schauerlich über *Juden*, bei einem Bekannten von mir bei dem Schwager Louis Corinths. Diese Frau bei der ich die Nacht saß hat nicht das recht mich zu beschimpfen. Ich mag diese *verlogenen* Marlitt angebildeten Geschöpfe nicht. Ich sandte dennoch Ihren Brief ein den ich heute mit einer *unverschämten* Antwort des Herrn Langen erhielt. Ich muß gestehn, ich kenne keine Leute, die sich so anlügen. Ich habe mich einigemale überwunden. Diese Frau mit dieser nüchternen philosophischen Romantik. Sie sagte mir *nichts* wie Bosheiten, mit Eifersucht verfolgte sie mich. Ich hab nie so eine Antipathie erlitten und ging hin und lud sie ein wegen Georg Trakl. Diese Sauferei ist *nur* Nachahmen und ihr Schmerz war mir *eckelhaft*. Ich bin zu feierlich für solche Mätzchen, zuviel Schellen hängen an mir um diesen Ton zu hören und nicht Ekel zu kriegen. Ich bin nicht verlogen genug. Bitte glauben Sie kein Wort. Aber ich *bitte* Sie im Interesse Ihres Freundes, der Frau Langen beizustehn, Ihnen will ich sie nicht verekeln. Ich kann Ihnen nur alles erzählen. Bitte denken Sie und Ihre Frau gut von mir – ich mag sonst das Geld nicht. Ich habe getan was in meiner Kraft stand, ich habe alles sanft und zart und zärtlich getan, nun konnte ich nicht mehr. Ich kann nicht *zur Pose*. reden zu dieser Eitelkeit wo nichts hinter ist.

Bitte gut denken von Jussuf
Nürnbergerstr. 46 II *Berlin* W. Pension Benecke.

Ich hätte Ihnen *nie* etwas geschrieben, damit Sie immer die Schwester Ihres Freundes hätten auch lieben sollen – aber bitte lesen Sie inl. Brief. Diese Frau hat direkt einen Neidanfall im Café bekommen, weil ein Componist mich um meine Gedichte bat.
Dann begann diese Frau bei dem Bekannten über die Juden schauervoll, grausam zu schimpfen. So war es.
Hat Trakl auch so Ansichten über J. gehabt? Das trifft *mich*. Ich bin Jude. Gott sei Dank.
Viellieber, verehrter Landvogt, bei diesem Bilde dachte ich der Prinz, daß sie *ebenso* wie Sie es getan hatten noch an die Schwester Georg Trakls denken. Sie kam vielleicht nur immer ins falsche Milieu. Ich weiß nicht. *Ich* kann mich nicht beherrschen; das was mir nicht gefällt, ertrag ich nicht lang. Darum.
Jussuf von Theben betet für die Seele des Ritters Georg Trakl.

Hochverehrter, lieber, guter Landvogt. 27. Dez. 1914

Ich sandte Frau Langen den Brief, den Sie mir schrieb, retour. Dieser Mensch hat gar nichts von Rasse zu schreiben. Wer noch nicht einmal Spezie ist – aber Familienkleinbürgerei übertüncht mit wertloser Eitelkeit und Überklugheit (Pfui Teufel!) Ich konnte *nicht* anders nachdem ich die Schwester meines verehrten Georg Trakl *wieder* kennen lernte. Sie hat schuld, daß ich nicht über ihn schreiben kann. Ich sah seine schlechte Copie und bekam Ekel.
Ich kann Falschheit, Bosheit, Lüge nicht ertragen.
Wenn *Sie* von Antisemitismus reden ist es politisch (wenn auch nicht weit politisch nach meiner Empfindung) – aber wenn ein Gänschen, das schlau ist – sagt: Die ganzen Juden müßten nach Asien geschafft werden *etc.* etc. so ist das vorwitzig und *grausam* vor allen Dingen noch *jetzt* wo tausende Juden ihr Blut lassen darunter feine Künstler. Es giebt kein Mensch, Landvogt, der internationaler, ist wie ich, ich liebe *alle* Menschen, die den Tempel jeder Art Gotteshaus oder Gotteshauch auf den Gipfel tragen. Rühme sich nur niemand seiner kühlen Übersicht, seiner nüchternen Nichterkenntniß dem fehlen die Augen zu Höherem. Ich bin nicht sentimental genug, nun da ich eben das Unglück habe solche Erfahrung zu machen, einen Mantel um

die Schulter der Schwester meines Freundes zu legen. Das ist eben das Geschick bedeutender Brüder. Ich finde *darum* die Dinge tragisch. Bitte darum wenden Sie sich nicht im Geringsten ab von der Schwester Ihres Freundes. Sie scheint wenig Freunde zu haben.
Ihre Ihnen *ewig* dankbare und Ihrer reizenden Prinzessin

Else Lasker-Schüler

Käthe Kollwitz an ihren Sohn Hans

18.2.1917

Mein lieber Hans! Nun endlich will ich in Ruhe einen ordentlichen Brief schreiben [...] Eysoldts gaben einen Vortragsabend bei Cassirer. Nicht öffentlich, nur vor Geladenen. Vater und ich waren eingeladen. Das Programm bezog sich mehr oder weniger auf den Krieg. Die ersten Sachen gingen an einem vorüber (Kolb und Däubler). Dann aber las die Durieux eine Geschichte von Leonhard Frank: Der Kellner. Ein Kellner bekommt im Jahre 94 ein Söhnchen, ein einziges. Die alte Geschichte vom Arbeiten nur für dies Kind. Besucht die höhere Schule, soll studieren. Dann kommt der Krieg. Der Sohn fällt. Der Vater bekommt den Zettel mit den bekannten Worten. Das »auf dem Felde der Ehre« bleibt ihm wie aus einer fremden Sprache. Die Arbeit wird sinnlos für ihn, er vergrübelt ganz. Und dann einmal geht ihm der Mund auf, als er bedient in einer Gewerkschaftsversammlung oder so etwas. Er fängt an zu sprechen und seinem Nichtfassenkönnen des Krieges stammelnde Worte zu geben. Die Menschen, die alle geschlagen und getreten sind durch den Krieg, verstehen ihn. Große Erregung kommt über sie. Sie drängen heraus, draußen schließen sich andere an. Bald ist es ein Zug, ein drängender, von Leidenschaft vorwärtsgerissener. Das Wort Frieden schwillt an, alle zusammen schreien nach Frieden.
Dieses las die Durieux mit einer eigenen wachsenden Leidenschaft und Erregtheit. Es war fast nicht zum Aushalten. Ich

fühlte, daß nicht nur ich es war, die kaum an sich halten konnte. Als sie geendet hatte und ihr letzter Ruf »Frieden« nachklang, rief einer aus den Zuhörern laut, wie in übermäßiger Sehnsucht immer weiter – Frieden, Frieden –, es war, als ob wir alle hochgehoben wurden von derselben Welle. Dann wurde das Licht angedreht und dann kam die Eysoldt und las noch anderes – aber ich glaube, niemand hörte das mehr.
Das war mal eine Stichprobe. So sieht es in den Menschen aus, die scheinbar gut den Krieg ertragen. Und wie erst in denen, die ganz und gar durch ihn zu Boden geworfen sind? So sieht es überall in Europa aus. Überall unter der Oberfläche blutige Wunden und Tränen. *Und doch geht der Krieg weiter und kann nicht aufhören.* Nach anderen Gesetzen.

22. April 1917

Mein lieber Hans! [...] Du weißt, wie zu Anfang des Krieges Ihr sagtet: die Sozialdemokratie hat versagt. Wir sagten: die Idee des Internationalismus muß jetzt zurücktreten, hinter allem Nationalen steht aber doch das Internationale. Dann war mir diese Auffassung ganz zugeschüttet, und jetzt ist sie wieder da. Die nationale Entwicklung, *wie sie jetzt ist*, führt in Sackgassen. Es *muß* ein Zustand gefunden werden, der das völkische Leben erhält, der aber das verhängnisvolle nationale Wettrennen unmöglich macht. Die Sozialdemokraten in Rußland sprechen die wahre Sprache. Das ist Internationalismus. Trotzdem sie ihr Heimatland weiß Gott lieben.
Mir will scheinen, als ob hinter all den Krämpfen, die die Welt jetzt durchmacht, doch schon eine neue Schöpfung sich ankündigt. Und das millionenfach geflossene geliebte Blut, es ist geflossen, um die Menschheit höher zu heben, als sie stand.
Das ist mein Politisieren, Junge, es kommt auf Glauben heraus.

Sechstes Kapitel

Reisen

d. 19ten Apr. 1757

[...] Was macht Johanchen? Du nimmst ihn immer doch sehr in Acht, Schmidten? Wenn euch *itzt* ein Kind sterben sollte; so habt ihr immer noch den Trost, daß ihr *noch* nicht hättet inoculiren *können*. – Aber ich will von dieser traurigen Materie abbrechen; u. zu einer im eigentlichsten Verstande, *lustigen* übergehn, worum ich auch dieses große Blatt genommen habe, nämlich um meine übrige Reisebeschreibungsschuld auf einmal zu bezahlen. Wenn meine Erzählung aber schläfrig wird; so nehmts nicht übel, ich bins selbst durch meinen Spatziergang. – Ich glaube ich habe diese Vorrede schon mehrfach gemacht –

Wir segelten also. Ich war in meiner Cajüte, allein. Ich lag im Bette u. hatte nur meine Schelle zur Gesellschaft; das war auch alles was ich brauchte. Ob ich gleich keine eigentliche Gefahr fürchtete, so war ich doch sehr ernsthaft u sehr ruhig. Aber mein armer Körper wars nicht, ich war so seekrank wie man nur seyn kann, u. wenn ihr meinen letzten Tag u meine beyden letzten Nächte bedenkt, so könnt ihr euch vorstellen, wie matt ich ohne dies war. Kl[opstock] kam einmal in die Cajüte u. erschrack vor mir, denn bey einem immerwehrenden Erbrechen strömte mir der dicke kalte Schweiß vom Gesicht, u ich war so matt daß ich nicht mehr ächzen konnte. Seht, das muß man leiden, wenn man zu euch will! – O wie gerne leide ichs! – So blieb ich bis Mittag, eben so krank, aber auch in einer so vortreflichen, *christlichen* Ruhe. Nun merkte ich daß Sturm ward, an der Bewegung des Schifs, an der Gewalt des Windes u am Lärmen der Schiffer. Dieses machte mich noch ernsthafter aber auch noch krän[ker]. Mit einmal schlug eine große Welle aufs Schif. Alles fing an zu lärmen, zu laufen, zu schrein, zu lachen u zu brechen. Sieben Personen stürzten einer über dem andern in die Cajüte herein. Kl kam mit einer lächelnden Mine an mein Bett: Es ist ein bischen Sturm Meta, u. war ganz naß von der Welle. Meine Frankfurterin warf sich in der Mitte der Cajüte auf eine Kiste: Ach Kott! ach Kott! ich schterpe, ich schterpe! Cha, das ischt kewiss ich sterpe! Ach Kott! ach Kott! (einige

20 mal mit der grösten Geschwindigkeit nach einander). Ach ich pihn schon todt! ich piehn schon todt! Nur ins Krapp mit mir nur ins Krapp nur ins Krapp (wieder 20 mal). Dabey sich beständig auf ihrer Kiste herum gedreht u hingespieen wo sie zu kam. Unterdeß, daß sie diese schöne Scene machte, gegen welche, weder mein Ernst noch meine Krankheit halten wollte, ich muste lachen so matt ich war, unterdeß sassen 2 Herren bey ihr, u. spieen als wenn sie sichs verabredet hatten, beständig in einem Bogen gegen einander an, so daß es immer über ihren Rock kam. Sie that böse wie sie sah daß sie so *bekozt* war (ein frankf: Wort, vermutlich) aber ich glaube nicht daß sie es würklich war; denn es gab ihr Gelegenheit, Andres zu sagen, daß er die Schlüssel zum Kofre nehmen, u. einen andern Rock *langen* sollte: Den rothen, nein, den blauen, nein toch Antreß, den grünen, toch laß esch nur paim gelben bleiben. Der Sturm legte sich etwas, wir kriegten contrairn Wind, u legten mit Einbruch des Abends bey Falster Anker. Nun fing alles um mich herum an zu Essen, ich aber, die seit Montag Mittag (es ist Dienst. Abend) nicht gegessen hatte, u. auch da sehr wenig, denn das war die erste Maalzeit ausser Hamb., ich konnte nicht. Nach dem Essen kam alles, was in die Cajüte gehörte, herein, um zu schlafen. Wer diese Leute waren, u wie wir alle schliefen, denn wir waren 8, das will ich euch künftig erzählen, denn ich sehe, daß meine Materie viel zu reich ist, als daß ich heute damit fertig würde. – Wie gefällt euch meine Dame? Sie wird noch oft vorkommen. Aber könnt ihr ihren Dialekt auch verstehn? oder soll ich sie kü[nftig] niedersächsisch reden lassen doch dabey würde sie manchmal zu viel verliehren. Adieu alle M.

Dorothea von Schlözer an die Hofrätin Loder

[Rom, 29. Januar 1782]

Zip, zip, liebe Tante; nun bin ich ja doch in Rom! – Vor einem halben Jahr haben Sie es noch nicht glauben wollen. Ich denke nun wol, daß wir fast dritthalb hundert deutsche Meilen von einander sind: aber ich kam diese dritthalb hundert Meilen so allmälich durch, wie im Schlafe, eben so wie man achtzehn Meilen allmälich, wie im Schlafe, von Göttingen nach Jena macht.

Heute vor vierzehn Tagen kamen wir hier, Dienstags den 15. Januar, an. Dieses wird mir immer der wichtigste Tag in meinem ganzen kleinen Leben seyn. Den Morgen in aller Frühe fuhren wir von Rignano ab. Dieses war ein sehr schlechter Ort an sich selbst, und noch schlechter war das Wirthshaus, in dem wir übernachtet hatten. Es war so elend, daß wir nicht einmal Kaffe kriegen konnten. Wie wir in dem Orte rumspazierten, sahen wir ein großes, aber ganz miserables Haus; es begegnete uns eben ein kleines Mädchen, das fragten wir, wem das Haus gehöre? Das Mädchen sagte, es sei *il Palazzo Ducale,* der herzogliche Palast.

Als wir von hier wegreisten, war es noch dunkel, daß wir die Laternen anstecken mußten; also besahen wir die Via Flaminia, die hier anfängt, mit Laternen. Diese uralte Chaussée geht bis Castel nuovo in einem fort. Sie sieht ganz anders aus, als unsere Hannöverischen Chausséen. Die Steine sind fast alle so groß wie unsre breiten Steine und liegen auch so; einige sehen weislicht, andre mehr bläulicht aus. Unser Bedienter wollte durchaus nicht glauben, daß sie älter wie Christi Geburt wäre: sie sah ja noch so neu aus, war gar nicht beschädigt, hatte gar keine Furchen oder Gleise. Wir freuten uns nicht wenig über diese Via Flaminia, stiegen aus, und giengen eine lange Streke zu Fuße fort.

Das Wetter war heute ganz ausnehmend schön, wie der herrlichste Frühlingstag, und es war doch im Januar! Die Gegend war auch recht hübsch; es war abwechselnd, mit Hügeln und der Tiber. Die Tiber, meinte ich Wunder, was das für ein be-

sonderer Fluß wäre: und siehe da, es war ein Fluß wie alle Flüsse, gerade wie unsere Leine, nur etwas größer, aber eben so trübe und voller Schlamm.
Gegen 11 Uhr kamen wir nach dem Dorfe Prima Porta; dieses ist die letzte Station vor Rom, und hier war das säuischste Wirthshaus, das wir auf der ganzen Reise gesehen hatten. Wir bestellten Carbonade, weil nichts anders zu haben war, aber die wurde uns auf einem Tisch zurecht gemacht, wo Hände hoher Staub auflag. Der Kerl, der sie abmachte, und auf eben diesem Tische Bratwürste einfüllte, sah noch unreinlicher wie sein Tisch aus. So was hatten wir eine Station vor Rom, vor Rom! nicht erwartet. Aber wir schlukten unsere Carbonade ein, und dachten immer an Rom, und sprachen immer von Rom.
Nach Tisch um 1 Uhr reisten wir von diesem Neste ab. Das Wetter war ebenso schön wie den Morgen, und der Weg ganz herrlich. Wir fuhren mit Postpferden, und es gieng so flink, daß die Pferde zweimal stürzten. Wir waren bald auf der Ebene, bald auf kleinen Hügeln, die nichts bedeuteten. Nun kamen wir Rom immer näher. Es wurde eine Prämie ausgesetzt, wer es zuerst sähe: allein es gieng wie bey der Entdeckung von Amerika, drei wollten es zuerst gesehen haben, also unterblieb die Austheilung der Prämie. Die Kuppel der Peterskirche erschien uns zuerst, das war ein Anblick! Je näher wir hinkamen, desto mehr fiel uns von dieser Hauptstadt der Welt in die Augen. Nun kamen wir wieder an die Tiber, und fuhren über die große Ämilius-Brücke (Ponte molle), konnten aber nichts mehr von dem Kreuze sehen, das hier Konstantin der Große sah.
Nun fuhren wir in einer geraden Straße, auf der uns fast keine Seele begegnete, bis vor Rom, und zogen hier um halb 3 Uhr durch das Pappelbaum-Thor (Porta del Popolo) ein. Hier glaubten wir wieder in Deutschland zu seyn. In den übrigen Städten in Italien waren fast überall hohe Häuser, enge, schmutzige, krumme Straßen, und unten lauter Arkaden; da sieht man kaum das Tageslicht und schöpft keine frische Luft, wenn man in dem Kothe herum watet, und sich durch viele Menschen drängt. Hier aber in Rom öfnete sich ein sehr großer, langer, freier Plaz: die Häuser auf beiden Seiten wollten wol nicht viel sagen (ich hatte mir lauter Paläste geträumt); aber

alles war so weit, so regelmäßig, so reinlich, als wenn man eben erst gefegt hätte; so stille, wie auf einem Paradeplaz, wenn just keine Parade ist, denn kaum sahe man weit umher andre Menschen gehn, als die just aus der Kirche kamen.
Noch gukten wir immer nach Rom herum: endlich fanden wir es. Der Obelisk des Kaisers August aus Heliopolis, der mitten auf diesem Plaze (Piazza del Popolo genannt) steht, fiel uns in die Augen; er ist über und über mit Hieroglyphen beschrieben. Natürlich freut es einen bis in die Seele hinein, wenn man einen solchen Obelisk sieht. Aber so prächtig, als ich mir es vorgestellt hatte, kam mir das Ding doch nicht vor. Der Obelisk ist mit allem nur 81 Fuß hoch, also lange nicht einmal halb so hoch, wie unser Johanniskirchthurm, und sieht also vollends auf dem großen Plaze ganz kleinlich aus.
Herrlicher war mir der Anblik von drei großen Straßen, die sich hinter dem Obelisk öffneten. Die erste, die Rennbahn-Straße (Strada del Corso), geht gerade aus, ist die Hauptstraße des heutigen Roms und vielleicht eine der längsten in der Welt, denn sie soll 2450 Schritte lang seyn: Schade daß sie nicht breiter ist. An ihr, auf beiden Seiten, stehen zwei prächtige Kirchen, von außen völlig einerlei gebaut: die eine heist Madonna de' Miracoli, und die andere Madonna di Monte Santo. Rechter Hand vom Corso, geht eine zweite, die Uferstraße, Strada di Ripetta genannt, an die Tiber herunter. – Und linker Hand führt die dritte, die Bavian-Straße, Strada del Babbuino, auf den Spanischen Plaz. Sie hat den Namen von einem Silen, welcher über einem Springbrunnen am Palaste des Prinzen Piombino liegt.
Durch diese Bavians-Straße fuhren wir nun auf die Piazza di Spagna fort. Um Logis zu miethen, hielten wir vor etlichen französischen und deutschen Häusern, die uns schon unterwegs rekommandirt worden waren. Aber theils waren sie schon besetzt, theils sah es uns nicht reinlich genug aus. Mitlerweile kam ein Bedienter eines reisenden Engländers zu unserm Bedienten, und wies uns an einen Spanier, der Kaffe, Wein, Liquer u. d. gl. verkaufte. Dessen Haus hatte vor sich die Propaganda, und rechter Hand den Palast des spanischen Gesandten: von außen sah es nicht zum besten aus, auch der Eingang war nicht sehr reinlich. Aber vier Zimmer nach der Reihe waren er-

träglich: wir mietheten also auf eine Woche ein. Die Tochter des Hauswirths sprach französisch, und die Hausjungfer war eine Deutsche.
Wir hatten kaum abgeladen, so bestellten wir uns bei einem deutschen Traiteur, der auch auf deutsche Art kocht, und sogar, wenn mans verlangt, mit Sauerkohl dient, ein tüchtiges Abendessen. Bis das fertig wurde, marschierte ich nach 4 Uhr mit einigen von der Gesellschaft in die Stadt, um die Peterskirche aufzusuchen. Das war eine Reise, wol nicht viel kürzer, wie von Göttingen nach Wehnde! Wir hatten keinen Wegweiser, fanden uns aber glücklich mit Fragen hin: denn die Leute in Rom haben alle so was höfliches und treuherziges. Wir kamen über die große Tiber-Brüke, und dann vor der alten, rostigen Engelsburg vorbei; und nun gukte zwischen einer langen Straße von ganz mittelmäßigen, mitunter erbärmlichen Häusern, die Peterskirche her. Vorne ein ungeheuer großer Plaz, in der Mitte cin ganz andrer Kerl von Obelisk wie auf der Piazza del Popolo; an beiden Seiten die immer springenden Brunnen, (wie die Königin Christina von Schweden hier war, meinte sie, sie sprängen blos ihr zu Ehren, und sagte zuletzt: Laßts man nun gut seyn!) und weiter links und rechts die Colonnaden! – Nu, das allein war eine Reise nach Rom werth! Doch was soll ich Ihnen alles das beschreiben, es steht ja alles schon im Volkmann.
Wir giengen nun die Treppe hinauf; dann in die große Halle, dann durch eine von den 5 Thüren in die Kirche selbst. Innen vor der Thüre hieng noch eine große Decke von Matten wie ein Teppich herunter. Neben dieser schlupften wir hinein, und wunderten uns, daß uns ein warmer Dunst entgegen kam, als wenn es eingeheizt wäre.
Mausestill übersahen wir nun die Kirche in ihrer ganzen Länge, und giengen langsam vorwärts. Hier gieng es mir aber, wie es allen Kindern, und manchmal auch großen Kindern gehen soll, worüber ich noch lange nachher tüchtig ausgelacht worden bin. Ich weiß selbst nicht, wie mir war: die Kirche, und alles was darin war, kam mir nicht mehr so groß vor, und ich meinte zuerst wirklich, sie sei nicht viel größer wie unsre Johanniskirche. Erst wie ich zum zweiten und drittenmal in diesem Weltwunder war, kam ich zu mir. Wenn man hineintritt, so stehen

auf beiden Seiten Weihgefäße von gelbem Marmor, die werden von Jüngelchen getragen, die von weißem Marmor sind. Diese Jüngelchen hatte ich zuerst für 5jährig angesehen: nun aber, wie ich sie näher visitirte, waren sie so lang wie der größte Grenadier. Und nun glaubte ich auch, daß der Hochaltar, den ich auf 12 Elen geschätzt hatte, so hoch wäre wie einer der höchsten Paläste in ganz Rom: und daß in jeder Seitenkapelle unsre größte Kirche stehen könnte.

Nun giengen wir nach Hause, aßen deutsch, und legten uns aufs Ohr.

Die folgenden Tage gaben wir unsre Adressen ab und machten Bekanntschaften. Eine unsrer wichtigsten Bekanntschaften war die mit Herrn Heinse. Dieser war schon einige Monate hier und war ein gelehrter Antiquar von Haus aus, besser wie alle andre vornehme und geringe Ciceroni und Abbati in Rom. Dieser hatte hernach die Güte, überall fast Tag vor Tag mit uns herum zu wandern, und dies thun wir noch täglich.

Den zweiten Tag nach unsrer Ankunft sahen wir Maria Maggiore, eine der Hauptkirchen in Rom. Nicht weit davon war eine kleine Kirche Namens S. Antonio Abbate. Dieses Heiligen sein Fest war just heute. Da wurde ein Stück von seinem Arm herumgetragen in Prozession: das sah aus, als wenn man den Kehraus durch alle Stuben tanzt, nur gieng es hier etwas langsamer. Es wurden auch wirklich englische Tänze in der Kirche gespielt, eben dieselben, die wir in Gotha getanzt hatten. Sie können leicht glauben, daß mir hiebei das Tanzen in die Beine kam: aber die Musik war in der Kirche! – Zugleich sahen wir hier, wie von den Mönchen des beistehenden Klosters eine Menge Ochsen, Esel, Pferde, Schafe und Schweine geweiht wurden: es wird ihnen nämlich der Segen gesprochen, und Weihwasser auf den Kopf und an die Brust gesprengt, alsdann sind sie, sagt man, von allen Seuchen frei.

Daß auch schon in den ersten Tagen an das Capitolium und an die Rotonda gedacht worden, versteht sich von selbst. Bey der Rotonda weiß man gar nicht, wie einem zu Muthe ist, wenn man zum erstenmal hinein kommt. Ein sehr großes rundes Gebäude, kein einziger Pfeiler in der Mitte, und kein einziges Fenster an den Seiten: statt der Fenster eine sehr große Öffnung oben in der Mitte, durch die Licht und Regen zugleich herein

fällt. Unser Miethlakai erzählte mir, die Mädchen in Rom giengen in diese Kirche, wenn ihre Bräutigame drinn wären, und stellten sich gerade unter diese Öfnung, daß das Licht gerade auf sie falle, und alsdann sähen sie weit schöner aus.
Doch herumlaufen konnte man doch nicht in einem weg. Und dann sollte ich doch auch italiänisch lernen: so aber waren wir immer unter deutschen Leuten; die Hausjungfer war eine Deutsche, der Miethlakai, der Schneider, der Traiteur waren alle Deutsche. Also wurde in der Nähe unseres Quartiers eine Neheschule ausgekundschaftet, wo eine hübsche Madame, mit einer silbernen Uhr an der Seite, eine ganze Partei Mädchen im Lesen, Beten, und Nehen unterrichtete. Hieher gieng ich nun 8 Tage lang, nach 8 Uhr, und blieb bis 12 da. Wenn ich hinkam, war die Madam niemals zu Hause, sondern sie kam erst aus der Messe. Mädchen waren wol 25 Stük, von 3 bis 14 Jahren, drei darunter hatten deutsche Ältern. Aber anfänglich konnte ich aus den Gänsen kein Wort, weder deutsch noch italiänisch, heraus bringen. Desto mehr gab sich die Meisterin mit mir ab: ich mußte Manschetten für sie machen und lernte den Kreuzstich.
Dieses Leben hätte mir nun ganz gut gefallen, und ich hätte immer so ein paar Monate in Rom ausgehalten. Aber hören Sie, liebe Tante, was ich für ein Glückskind bin! Auch in Rom, in Rom, so ein Glükskind, wie vorhin in Augsburg und Venedig. – Unser Banquier, Hr. Barazzi, einer der größten Banquiers in Rom und zugleich Königlich-Dänischer Legationsrath, ein ehrwürdiger Mann über 70 Jahre, lernte mich kennen; und dessen Frau, eine Dame von etwa 30 Jahren, die gar keine Kinder hatte, war so gütig, und erbot sich, mich zu sich in ihr Haus zu nehmen, so lange wir in Rom seyn würden. Das wurde freilich mit Kußhand angenommen. Also heute vor acht Tagen, Dienstag den 22. Januar, zog ich mit Sak und Pak von unsrer Gesellschaft aus, und quartirte mich bey Madame Barazzi ein. Den Abend nahm sie mich in die Oper mit: auch die andern Tage ward fast immer ausgefahren, bald auf ihre Villa außen vor Rom, bald anders wohin. Des Mittags ist beständig Gesellschaft bei uns, von Fremden und von vornehmen hiesigen Geistlichen: aber selten sind Damen dabey. Den Abend ist gewöhnlich Conversazione (Assemblée) hier, da wird gespielt.

Weil so spät gegessen wird, so schleiche ich mich weg, und bestelle mir ein Abendessen beym Koch, mit dem ich sehr gut Freund bin, nach meinem Gout. Ich habe eine Art von Kammerjungfer, und dann sind noch zwei andre Mädchen zum aufpassen da: mit allen denen muß ich in einem weg italiänisch plaudern. Die guten Dinger haben mich herzlich lieb, und wollen mich gerne katholisch machen: aber da wird nichts aus. Wenn einer von unsrer Gesellschaft kommt und mich besucht, so ordinir ich Chocolade oder Punsch. Kurz, ich hab ein fürstliches Leben: Gott segne meine liebe römische Mama Barazzi! Ich hätte Ihnen, beste Tante, noch sehr viel zu schreiben; denn nun erst fällt mir ein, daß ich Ihnen noch nichts von unsrer Reise zwischen Göttingen und Rom erzählt habe: nichts von dem Ball in Gotha, den Reichs-Insignien in Nürnberg, der Schüleschen Fabrike und dem Rathhause in Augsburg, dem Marienbilde zu Etthal (wo es schon sehr italiänerte), dem Regelhause in Innsbruck, dem allerliebsten Herrn Fürst Bischofen von Brixen, dem heiligen Anton von Padowa, von Cäsars Kanzel in Rimini, (auf der eben Nudeln getrocknet wurden), und dem heiligen Hause in Loreto. Nichts davon, wie herrlich sich im Amphitheater zu Verona Kaffe trinken läßt: nichts davon, wie stolz meine Herren Reisegefährten auf dem St. Markus-Thurm in Venedig und hier auf dem tarpejischen Felsen ihre Pfeife Tabak rauchten etc. etc. etc. Aber das Schreiben und Arbeiten wird mir seit einigen Tagen unaussprechlich sauer; ist der Schiroko-Wind schuld daran, oder habe ich einen Ansatz, eine römische Dame zu werden? Auch frierts mich so an die Pfoten, denn deutsche Ofen passiren hier nicht. Also Adieu, liebe Tante! Künftig, wenn ich wieder deutsch werde, will ich wills Gott auch fleißiger seyn.

Dorothea Schlegel
an Friedrich Schlegel

Ein Brief von Essen, Trinken, und andern Dingen in Rom und Genzano [Rom 1818]

Wein. Giebt es überall, der am Orte wächst und nach der Lage des Fleckchens, worauf er wächst, mehr oder minder gut. Hier in Genzano wächst weißer, den sie asciutto nennen, (unser gewöhnlicher Tischwein) einer der süß ist, und einige Ähnlichkeit mit Tokayer hat; und dann ein rother dunkelschwarzer, schwerer Wein. Aus Velletri wird viel Wein hierher und nach Rom geführt. Die besten Weine sind: der von Orvieto, den man aber nur am Orte selbst sehr gut trinken soll, er verliert durch das Fahren. Er ist weiß, und schmeckt wie Selzerwasser mit Moselwein und Zucker; er schäumt auch ein klein wenig so; dann Monte fiascone, oder sogenannter Est Est. Sehr vortrefflicher wohlthätiger Muskatwein, der wie tausend Blüthen schmeckt, und einige Ähnlichkeit von sehr gutem Lunell hat. Eine Flasche unsers Tischweins, ungefähr drey Seidel enthaltend, kostet 1 Paul. Es giebt aber noch wohlfeilere und schlechtere. Orvieto kostet 2, und Monte fiascone 3 Paul die Flasche. Ein Paul ist ungefähr 16 Kreuzer rhein(isch).

Wasser. In ganz Italien, so weit ich gekommen bin, sehr gut, in Rom ganz vortrefflich. Im Sommer darf man nicht viel Wasser trinken; im Winter unbedenklich, so viel man will.

Brod. Ist durchaus ganz von Weizen, (oft mit Gerste vermischt) und ziemlich fade, indem es meist säuerlich, und ganz ohne Salz ist. In Rom giebt es sehr weißes, feines, unter dem Namen spanisches Brod; es sind Brödchen wie unsere Wecke. Sogenannte pagnuotten, (das einzige Brod was man z. B. hier in Genzano haben kann,) ist grau, sauer, schlecht gebacken und schmeckt wie Asche und Essig. Es ist sehr wohlfeil; man hat zu Mittag hinreichend an einer pagnuotta, die einen Bajocco kostet.

Öl. Ist in Rom nicht so fein wie in Toskana, weil sie nicht so viel Sorgfalt beym Machen darauf verwenden. Die Speisen mit Oel sind für Ausländer unangenehm, und nicht genießbar, auch ungesund. Ich z. B. kann mich noch nicht daran gewöhnen. Sehr wunderlich kömmt unser Einem die verschiedenen Fasten Anordnungen vor: mit Öl oder mit Butter zu kochen. Es gehört gewiß ein Studium von Jahren dazu, ehe man sich recht merkt, an welchen Tagen man mit Öl und an welchen man mit Butter fastet; und eine lächerliche Wichtigkeit wird darauf gelegt.

Butter. Gehört zu den Luxus Artikeln. Sie ist selten und theuer, und selten gut. In Rom wird bey einem Prinzen Doria sehr gute Butter verkauft, der wahrscheinlich etwas Viehzucht haben mag. Es bekommt aber nicht jedermann welche dort, man muß empfohlen seyn, und auch dann nur wenig jede Woche. Hier in Genzano hat man weder Butter noch Milch noch Rahm, denn in ganz Genzano ist keine einzige Kuh, obgleich die Vegetation hier dermaßen gewürzig und reich ist, wie man niemand eine Beschreibung davon machen kann. Aber ordentliche Viehzucht wäre zu mühselig für dieses indolente Volk. Ziegen werden, wie auch zu Rom, jeden Morgen durch die Straße getrieben, die samt ihren Führer auf bloßem Steinpflaster unter freyem Himmel logiren. Ein durchdringendes, gellendes Pfeifen kündigt sie den Bewohnern an, dann eilen die Dienstboten hinaus und melken selbst oder lassen vom Ziegenhirten so viel melken, als sie bedürfen, auf offener Straße. Es ist ein schlechtes Getränk, ein sehr mangelhaftes (um nicht ekelhaftes zu sagen) Surrogat für Kuhmilch.

Fleisch. Ist gut aber theuer, besonders Kalbfleisch. Die Theuerung kömmt meist durch das kleine Gewicht; ein Pfund hat nur 24 Loth.

Früchte. Wären trefflich, wenn man sie reif werden ließe. Die Römer aber lieben sie unreif und hart zu essen, wovon auch oft genug Krankheiten entstehen mögen. Sie sind sehr wohlfeil. Hier im Gebürge giebt es die herrlichsten Erdbeeren in großer Menge. – Zitronen und Orangen, süße und bittere, sind von solcher Schönheit und Größe, und so angenehmen Geschmack, wie man bey uns keine Vorstellung davon hat, und erstaunlich wohlfeil. Um einen Paul (16 Kr. rh.) hat man 10 oder 12, oder auch mehrere nach der Jahreszeit und der Größe.

Gemüse. Sind auch viele und sehr gute, insbesondere sollen sie im Winter ausgezeichnet seyn. Sommer-Gemüse, sowie grüne Erbsen, Bohnen, etc. sind zwar sehr gut, gehen aber sehr schnell vorüber wie auch die Früchte.

Küche. Die der Italiäner wird uns Deutschen schwerlich recht gut schmecken oder zuträglich seyn. Sie essen wenig Fleisch, wenig grüne Gemüse, meist Maccaroni, oder sonst Mehl Pasten, oder Hülsenfrüchte mit Öl und Knoblauch bereitet. Fische giebt es in Rom nicht viel, meist nur Seefische oder Stockfische etc.

Engländer. Sind das Verderbniß von Italien; überall sind sie, meist um zu sparen, oder aus einer Art von Neugierde für die Kunst, (und auch hier nur für das, was sie mitschleppen, oder nachmachen können, meistens schlechtes Genre, wenn es nicht wahrhaft Antik ist. Für die Antike haben sie eine wahre Leidenschaft) oder auch schwacher Gesundheit halber. Überall drängen sie neugierig hinzu, auch bey kirchlichen Gebräuchen, päbstlichen Funktionen, auch zu den Audienzen des Pabstes; aber voller Hochmuth und Wegwerfung ohne alle Theilnahme. Ich habe noch von keinem Engländer, so wie von deutschen Prot(estanten), gehört, daß sie gerührt würden vom Gottesdienst, und daß diese Rührung Früchte der Erleuchtung trüge. Wohnungen machen sie besonders sehr theuer und rar in Rom; denn sie verlangen eleganten Hausrath, Gardinen, Sopha, Teppiche, Öfen, Silbergeschirr, viel weiße Bett und Tischwäsche, und bezahlen ungeheure Preise, um diese einer Englischen Seele unentbehrlichen Dinge zu haben, wodurch sie alles vertheuern. Sie verlangen alle diese Niedlichkeiten in Rom, wie sie sie in England gewohnt waren, z. B. jede Serviette, Handtuch, Tischtuch, nur ein einziges Mal zu gebrauchen und zu jeder Schüssel reine Messer und Gabel, die Letztere von Silber, und dgl. m., sie reisen um zu sparen, schimpfen und drücken, wenn sie erfahren, daß sie theurer leben als Andre und können doch sich zu keiner Entbehrung bequemen. Sie sind Familienweise in Italien, erziehen ihre Kinder hier, weil die Meister wohlfeiler sind als bey ihnen zu Hause. Dabey bemühen sie sich den Kindern die ihnen fremden Sprachen auf englische Manier aussprechen zu lernen, z. B. »Jtellien« anstatt Italia; pene statt pane u. s. w. damit sie nicht aufhören Engländer zu seyn; und noch andre dergl. Lächerlichkeiten, die ihren Stolz bezeichnen, den sie so gern mit den heterogensten Dingen verbinden möchten.

Wenn diese englische Emigrationen so fortdauern, so wird es dennoch trotz aller angewendeten Mühe dahin kommen, in weniger Zeit, daß sie keine eigentlichen Engländer mehr seyn werden. Überall und in jeder Richtung bereiten sich wichtige Umwälzungen vor und überall auf eine andre Weise.

Wanzen und Flöhe. – Die ersten sind nicht häufiger in Italien als sonst wo. Die Italiäner scheuen sich selber, und lassen sie nicht überhand nehmen. Aber Flöhe giebt es in so ungeheurer Menge, sowohl in Rom als auf dem Lande, daß sie, besonders zur heißen Zeit eine entsetzliche Plage ausmachen, gegen die es gar kein Mittel giebt, weil man sie überall an sich bekömmt, man mag zu Hause so rein halten, als man will. Und der ist glücklich, der nur hüpfendes, nicht auch kriechendes Ungeziefer mit nach Hause bringt! Ungescheut, und ohne irgend eine Rücksicht entledigt sich das Volk auf allen Straßen und Gängen dieser unsaubern Gäste. Auf irgend eine Bank auf Spaziergängen auszuruhen, ist in dieser Hinsicht sehr gefährlich.

Bettler. Wer gehört dazu nicht? wer bettelt hier nicht? wenn man auf der Straße, besonders auf dem Lande, im Vorübergehen einen etwas aufmerksam ansieht, gleich macht er die Gebehrde des Bettelns, neigt den Kopf zur linken Schulter, und thut die Hand auf, indem er den Arm an sich hält. Das Gefühl des Schämens der Betteley kennen sie durchaus nicht; denn junge Mädchen, Kinder, auch manchmal alte Weiber, betteln einen oft aus Scherz und Übermuth an. Giebt man ihnen nichts, so lachen sie einen aus; versucht man es aber ihnen wirklich etwas zu geben, so nehmen sie es ohne weiteres an. Auf dem Lande waren Weiber beym Flachstrocknen beschäftigt und sehr heiter. Ich gehe vorüber, gleich umringen sie mich, und verlangen mit solchem Ungestüm, solchen heftigen Gebehrden und Geschrey, ich sollte ihnen etwas geben, daß ich, da ich allein war und ihren Dialekt nicht recht verstand, mich anfing zu fürchten, und ihnen etwas gab; »das sey nicht genug, rief eine, ich sollte mehr geben, für diese 5 Bajocki könnten sie nicht alle frühstücken.« Ich mußte mehr geben, dann gingen sie lachend und singend in eine Osteria. Ein andermal saßen zwey niedliche Frauen jedes mit einem sehr hübschen Kinde auf der Bank in der Allée von Genzano; sowohl die Frauen als die Kinder waren wohl gekleidet, die Kinder hatten sogar Schnüre von ächten rothen Korallen um den Hals, die bis über die ganze Wickel herüber hingen, und eben solche Ohrenringe. Nachdem wir mit den Kindern gespielt und die Frauen freundlich angeredet hatten, verlangten sie eben so unbefangen Geld um zu trinken, so wie die Kinder in Deutschland einem oft nachrennen, wenn man einen Blumen Strauß trägt, und rufen: »schenken Sie mir och ne Blume!« Sie nehmens's gar nicht wichtig mit diesem Betteln, verlangen auch gar nicht, aber denken nicht daran, daß man anders, oder auf eine gründlichere Art ihnen helfen solle – gar nicht. Fate l'almosina per l'amore della Madonna; d. h. gieb mir jetzt gleich, den Augenblick, was du hast, und was ich eben entbehre! Sagt man: ich habe jetzt kein Geld bey mir, so rufen sie auch wohl: »Ey! warum geht ihr ohne Geld aus? Das ist unrecht; wißt Ihr nicht, daß Ihr Almosen geben müßt?« So wie der September anfing, so hörte auch in Genzano das Betteln beynah ganz auf, auch die ewigen Anforderungen um Geld von unsern Hausleuten. Denn nun war die Erndte vollendet, nun hatten sie zu essen, fingen auch wohl Vögel, oder gingen mit ihrer Flinte übers Feld und schossen eine Wachtel. Trauben waren da, Feigen, Kastanien und Nüße, türkisches Korn zur Polenta, pommi d'oro und Zwiebeln, nun waren sie geborgen, denn eigentlich bedürfen sie sehr wenig zu ihrer Nahrung; und nun geben sie eben so reichlich und vertheilen von ihren geärndteten Reichthümern jedem Fremden, jedem Vorübergehenden, wie sie vorher Geld verlangt hatten. An Aufbewahren, an Eintheilung auf die übrigen Monate ist nicht zu denken. Grade wie Kinder, oder auch Wilde. – Die Bettler in Rom selbst sind doch meistens von ganz andrer Art und mehr eigentliche, priviligirte Bettler; durchaus nicht so naiv und unbefangen als die in Genzano; in Rom machen sie recht eigentlich einen Stand und üben alle dazu gehörende List und Betrug. Seltsam ist, da man jetzt von Seiten der Regierung einige Anstalten einrichten wollte, um diese Straßenbetteley einzuschränken, und die Bettler in Armenhäusern zu versorgen, man sich unter dem Vorwande dagegen widersetzte, weil da die Herzen der Menschen verhärtet würden, wenn sie keine Gelegenheit mehr fänden Almosen zu geben. Das bestimmte Geld zur Armen Anstalt hinzugeben, wäre nicht das eigentliche Almosengeben. Wahrscheinlich fürchtet man, daß aus diesen Armenanstalten endlich eine für Beamte und Staatsbedienten oder Günstlingen wird, und daß aus einem freywilligen Almosen bald eine pflichtschuldige nicht auszuweichende Abgabe wird! – Auf diese Weise wird sich Allem entgegengesetzt, was die Regierung will, und das gegenseitige Mißtrauen nimmt hier eben so zu wie in den weltlichen Staaten.

Scirocco. Oder der Südwind aus Afrika, weht sehr oft, und was das Schlimmste ist, nicht etwa zu irgend einer bestimmten Jahres oder Tagszeit oder nach irgend einer Dauer, sondern ganz regellos und ganz plötzlich. Anfangs merkt man seinen schlimmen Einfluß nur wenig, man meynt, es sey nur heiß, aber das, was man bey uns drückende Luft nennt, bey längerem Aufenthalt wird man aber sehr empfindlich dagegen, und man merkt es gleich beim Erwachen, ob etwa starker Scirocco ist, an einem gewissen Unbehagen, Schwindel und starkes Schwitzen. Er unterscheidet sich nicht durch eine gewisse Art von Witterung, es giebt Scirocco mit blauem Himmel, mit Gewölk, mit Regen, oft mit ganz abwechselndem Wetter. Oft weht der Wind einem ganz kühl an, und dann, wenn er stille ist, wird einem so heiß, als ob man in siedendem Wasser säße, und man ist plötzlich mit Schweiß bedeckt. Es gehört eine große Anstrengung dazu, um während des Scirocco's zu arbeiten, denn er ermattet auf sonderbare Weise, und die ganze Luft hat dann etwas erschlaffendes. Es ist daher auch wohl eine unbillige Forderung, die man nur machen kann, wenn man das Land nicht kennt, zu verlangen, daß die Italiäner so arbeitsam seyn sollen als die nördlichen Völker Europa's. Mir scheint es im Gegentheil unbegreiflich, wie sie in alter Zeit so große schwierige Werke mögen ausgeführt haben, zu welchen so große Anstrengung nothwendig war? Ist der Einfluß dieses Windes weniger ermattend oder ist das Menschengeschlecht um so kräftiger gewesen?

Aria cattiva. Das größte Übel Roms! Um so mehr, da das, was an andern Orten die Luft heilsam macht, Weitläufigkeit der Wohnplätze, geräumige Gärten etc, das ist es eben, wodurch sie in Rom zur bösen Luft wird. Am besten ist die Luft hier in engen Straßen, aber wo die Menschen sehr gedrängt übereinander nisten, so wie im Corso, im Ghetto etc; vieles

Fahren und Gehen verbessert auch die Luft, so wie auf Trinità de Monti; überhaupt da, wo die Luft sehr bewegt und durch schnitten wird, ist sie gut; auf großen Plätzen, weiten Straßen, in den Pallästen und Villen ist sie schlecht, daher diese auch selten ordentlich bewohnt sind, wodurch der Zustand der Luft natürlich nur noch verschlimmert wird. Auf dem Lande, und in wenig bewohnten Gegenden ist dies noch ärger; man findet ganze verödete Ortschaften, wo nur noch sehr wenige elende Menschen ihren Tod erwarten, mit blaßen, todtenähnlichen Gesichtern und aufgeschwollenen Bäuchen. Zu Hunderten werden täglich diese kranken Leute nach Rom in's Spital gebracht, wo denn oft aus Überfüllung, vielleicht auch durch unwissende oder nachläßige Behandlung Epidemien entstehen, die eben so viele Menschen hinwegraffen, als herein geführt werden. Es sind aber nur 3 Monathe eigentlich, während denen diese Aria Cattiva herrschend ist, nämlich die drey Sommermonathe July, August, September. Die Großen und Vornehmen gehen auch nur im May und im October aufs Land, den eigentlichen Sommer bringen sie in Rom selbst zu. Der ärmere Theil, oder die Landbewohner, die Vignarolen, Arbeiter etc, können natürlich nicht so oft den Wohnplatz ändern und müssen bleiben. Wo es aber sehr arg ist, da verlassen auch die Vignarolen wenigstens zur Nachtzeit ihre Vignen, und gehen nach Rom, wo sie mit der ganzen Familie übernachten, denn das Schlafen in böser Luft ist das eigentlich gefährliche.

Wetter. So wie alles hier in der Natur einen verstärkten Charakter hat, Farbe, Sonnen- Mond- und Sternenschein, Vegetation, Geruch, Geschmack und die Leidenschaften der Menschen, so ist es auch mit dem Wetter: es ändert oft plötzlich, alles kömmt auf die Gegend des Windes an. Tramontan Wind ist immer gut, Ostwind bringt immer Regen. So entzückend das schöne Wetter wegen der unglaublichen Klarheit der Luft und des nicht zu beschreibenden Farbenreichthums und Glanzes, so fürchterlich ist Wind, Regen und Gewitter; gleich ist es Sturm, Orkan und Zerstörung.

Obst. Ich muß davon noch einmal sprechen, weil es überaus herrlich ist und in reicher Fülle von aller Art; nur daß sie es nicht recht reifen lassen und es unreif zu essen vorziehen. Könnte ich Dir nur von diesen Citronen und Orangen zukommen lassen, oder von diesen unzähligen Arten von Feigen, die Du so liebst, woraus ich immer noch nicht viel mache! Feigen essen die Römer mit rohen Schinken oder Wurst zusammen oder mit Parmesankäse! Überhaupt haben die Römer in der Art zu kochen ganz abentheuerliche Zusammensetzung so wie diese Feigen mit rohen Schinken, oder pommi d'oro (in Wien Paradies Äpfel) mit Öl und Anis gekocht, oder Linsen mit Wasser, Öl und Knoblauch, und was solcher Grotesken mehr sind. –

Wohnungen. In keiner Stadt habe ich noch so verschiedenartige gesehen; nirgend auch noch so Palläste und Armseligkeit neben und durcheinander. Neumodige Eleganz ist nicht so allgemein wie alte Pracht bey den Vornehmen, die sich dann nach und nach so bis in die untern Klassen verliert; meist ist man gar nicht eingerichtet, die Zimmer der Künstler und Fremden leer und unheimlich, kein eigentlicher Sitz, oder Versammlungsplätzchen, kleine Strohstühle, die mitten ins Zimmer gesetzt werden, oder große, schwere Lehnsessel längs den Wänden. Wenige Zimmer haben Kamine; Öfen sind noch seltener. Fenster und Thüren weder gegen den Wind noch gegen den heftigen Regen genug befestigt, man sieht den Regen so ruhig über den steinernen Boden hinfließen und irgend einen Ausgang suchen, als müßte es so seyn; man rückt den Stuhl oder auch das Bett etwas weiter fort, das ist die ganze Vorsicht. Viele Zimmer von denen, die an Fremden vermiethet werden, sind bloße Verschläge, wo nämlich aus einen sehr großen Saal mehrere Zimmer abgetheilt werden, diese Abtheilungen sind aber nichts als spanische Wände, von schlechter Leinwand über Latten, von beyden Seiten mit Papier verklebt; weil nun diese großen Säle, auch verhältnißmäßig sehr hoch waren, so führt man diese spanische Wände nicht bis ganz hinauf, sondern macht auch eben eine solche papierne Decke nach Verhältniß der Größe des Zimmers. Wir besitzen selber solche Zimmer, nämlich die Herz ihr Schlafzimmer und das Eßzimmer sind aus einem solchen Saal der gewölbt war, und über die ordentlichen Fenster noch eine Reihe schräger, halbrunder Fenster hatte; diese sind nun durch die Papier Decke verdeckt, doch scheint natürlich das Sonnenlicht noch durch, und durch das dünne Papier, so daß es einen gar wunderlichen Effekt macht. Man denkt in eine jüdische Laubenhütte zu sitzen. Mein eignes Zimmer aber ist schön groß, unverschlagen und mit einer schön gewölbten Decke; dagegen weder Camin noch Ofen. Man behauptet, ich würde keinen brauchen, da die Sonne um Mittag gegen die Fenster steht, auch der Heerd in der Küche an einer meiner Wände liegt, so daß diese ganz heiß ist. Mit einem Fußteppich wird es vielleicht gehen, und dieser wird wegen den steinernen Fußboden wohl nothwendig für mich seyn. Sehr häßlich sind diese steinernen Fußböden, ohne alle Zierde, oder Sorgfalt, bloß von Backsteinen, ungefähr so zusammengesetzt: Die Fugen durchaus nicht geebnet, oft ausgebrochen schief, ganz wie Straßenpflaster, oder wie bey uns die Küchen oder die Ställe. Und das nicht etwa bloß in schlechten Privathäusern sondern in den Pallästen der Großen, und in den herrlichsten Gallerien und Kirchen; Nirgend sah ich schönern Fußboden, es müßte denn Mosaik noch aus alter Zeit seyn, so wie in Maria Maggiore, oder in St. Pietro oder in der Kapelle des Pinturichio in Ara coeli. Vielleicht sind auch noch mehrere der Basiliken besser. In St. Paul ist es nur zum Theil besser.

Kirchen Ceremonien. Kaum kann ich mich entschließen einer recht ordentlich beyzuwohnen, alles was ich davon gesehen habe, ist so ohne alle Würde, ohne Innigkeit oder Andacht, so blos auf äußern Pomp angelegt, und auch diesen nicht einmal gehörig durch Anstand unterstützt, daß es mir eine unangenehme Empfindung gemacht hat. Schon der Aufputz und die Bauart der Kirchen, alle entweder im schlechtesten Geschmack des 17ten Jahrhunderts gebaut, oder doch den schönen ältern Styl verkleistert, und [unvollendet]

Annette von Droste-Hülshoff an Chr. Schlüter

Eppishausen, den 9. November 1835

Nein, es ist zu arg, wie ich mit Ihnen verfahre, mein frommer, geliebter Freund. Aber ich will Ihnen sagen, wie es derweil zugegangen ist, dann ist meine Entschuldigung gemacht. Vorerst war ich acht Tage lang bei Thurns (bin aber schon seit sechs Tagen zurück), dann – doch dort müssen Sie vorläufig noch verweilen, dort sind mir ein paar artige Begebenheiten zugestoßen; was ich sonst noch zu meinem Vorteil zu sagen habe, soll schon noch kommen. Ich habe auf diesem Gute (Berg) eben wie hier die meiste Zeit am Fenster zugebracht; man sieht die Alpen wie auf unserm Rebhügel. Dort sah ich zuerst das *Alpenglühen*, nämlich dieses Brennen in dunklem Rosenrot beim Sonnenauf- und -untergang, was sie glühendem Eisen gleichmacht, und, so häufig die *Dichter* damit um sich werfen, doch nur bei der selten zutreffenden Vereinigung gewisser Wolkenlagen und Beschaffenheit der Luft stattfindet. Eine dunkel lagernde Wolkenmasse, in der sich die Sonnenstrahlen brechen, gehört allemal mit dazu, aber noch sonst vieles. Nun hören Sie: ich sah, daß eine tüchtige Regenbank in Nordwest stand und behielt desto unverrückter meine lieben Alpen im Auge, die noch zum Greifen hell vor mir lagen; die Sonne, zum Untergang bereit, stand dem Gewölk nah und gab eine seltsam gebrochne, aber reizende Beleuchtung. Ich sah nach den Bergen, die recht hell glänzten, aber *weiß* wie gewöhnlich, als wenn die Sonne sonst auf den Schnee scheint – hatte kein Arg aus einer allmählich lebhafteren, gelblichen, dann rötlichen Färbung, bis sie mit einem Male anfing sich zu steigern, rosenrot, dunkelrot, blaurot, immer schneller, immer tiefer, ich war außer mir und hätte in die Knie sinken mögen; ich war allein und mochte niemand rufen aus Furcht, etwas zu versäumen. Nun zogen die Wolken an das Gebirge. Die feurigen Inseln schwammen in einem schwarzen Meere. Jetzt stieg das Gewölk, alles ward finster, ich machte mein Fenster zu, steckte den Kopf in die Sofapolster und mochte vorläufig nichts anderes sehn noch hören. Ein anderes Mal sah ich eine Schneewolke über die Alpen ziehn, während wir hellen Sonnenschein hatten; sie schleifte sich wie ein schleppendes Gewand von Gipfel zu Gipfel, nahm jeden Berg einzeln unter ihren Mantel und ließ ihn bis zum Fuße weiß zurück; sie zog mit unglaublicher Schnelligkeit in einer halben Stunde viele Meilen weit, es nahm sich vortrefflich aus. Sie sehen, die Schweizernatur macht mitunter die Honneurs ihres Landes sehr artig und führt ergötzliche Nationalschauspiele auf für die Fremden an den Fenstern.

Nun noch ein liebliches kleines Abenteuer vom Schlosse Berg, ganz anderer Art, wobei mir beinahe angenehm schauerlich zumute wurde, in Beziehung auf einen recht gut geschriebenen Geisterroman »*Der Überzählige*«, den ich erst vor einigen Tagen gelesen und in dem eine ähnliche Szene stattfindet. Also »*Schon tönt die Glocke Mitternacht!*« Nein, so spät war es nicht, aber doch etwa halb eilf. Wir saßen nach dem Abendessen noch beisammen, der alte Graf Thurn, seine Schwester Emilie, seine Tochter Emma und ich. Vor uns auf dem Tische lagen allerlei alte Sächelchen, mit denen der gute Papa Thurn mich soeben beschenkt hatte; ein Calatravaorden, derselbe, dessen Kopie auf einem mehr als hundertjährigen Familiengemälde vorkam; eine Bügeltasche mit Schloß und Kette, stark genug, einen jungen Ochsen anzulegen. Die Tasche selbst von schwerer Seide, dreingewirkt aus Gold das älteste Thurnische Wappen, aus jener Zeit, wo sie noch unter dem Namen de la Torre Mailand beherrschten, bevor sie den Viscontis weichen mußten; ein sehr schön gemaltes kleines Bild und dergleichen mehr. Alles kam aus Schiebladen, die vielleicht seit 60 Jahren nicht geöffnet waren, der Modergeruch verbreitete sich im ganzen Zimmer und mir war fast, als berühre ich die wunderbar konservierten Glieder der Verstorbenen. Der alte Graf hielt ein schlichtes Kästchen von Elfenbein in der Hand, aus dem noch allerlei zum Vorschein kam; endlich war es leer. »Nun«, sagte er, »damit Sie die kleinen Dinger nicht verlieren, so schenke ich Ihnen das Kästchen dazu; es ist zwar weder etwas Schönes noch Merkwürdiges dran; indessen mag es doch ein paar hundert Jahre alt sein, ich wenigstens habe es schon über vierzig Jahre; als ich ein Kind war, hatte es mein Vater, und ich erinnere mich, daß er sagte, er habe es von seinem Großvater, der es ihm auch schon als ein altes Kästchen mit, ich weiß nicht was, drinne gegeben habe; so können Sie es auch unter die Antiquitäten rechnen.« Hierbei schlug er den Deckel so fest zu, daß ich gleich nachher ihn nicht aufzubringen vermochte; ich meistere und drücke dran, eigentlich nur zum Zeitvertreib; mit einem Male fliegt es gewaltsam auf, und zwei wunderschöne Miniaturbilder liegen vor mir, das eine im Deckel, das andere gegenüber im Grunde des Kästchens. Emma und ich hatten uns, in der Erinnerung an den »Überzähligen«, beide erschreckt, daß wir blaß geworden waren. Weniger entsetzt, aber mehr verwundert waren die beiden alten Geschwister, die mit Gewißheit sagen konnten, daß seit wenigstens 130 Jahren niemand mehr um das Dasein dieser Gemälde gewußt hatte. Der alte Graf, dem das Kistchen früherhin zwanzig Jahre als Bonbonniere gedient, sah aus, als glaube er an Hexen. Es fand sich, daß ich mit meinem ungeschickten Meistern und Brechen die Feder getroffen, welche den Schieber vor den Gemälden bewegte. Die Bilder stellen zwei vollkommen erhaltene Porträts dar, einen jungen Mann und ein Mädchen, beide im Alter von etwa sechzehn Jahren, beide von großer Schönheit und einander so ähnlich, daß man sie für Geschwister, wo nicht gar für Zwillinge, halten muß. Beide haben runde, feine Gesichtchen, ein Teint von seltner Zartheit, die schönsten und größten dunkelblauen Augen, etwas aufgestutzte Näschen, hingegen wieder einen Mund und Kinn von wahrhaft idealer Lieblichkeit. Wäre der junge Mann ein Mädchen, so würde er die schönere von den beiden Schwestern sein, so aber lassen sich diese zarten Formen kaum mit der Jugend entschuldigen; das Mädchen ist schwarz gekleidet, mit ungeheuren hängenden Ärmeln, aus denen die schönen runden Arme und Händchen allerliebst herauskommen; dann eine weiße Schürze, ein weißes, durchsichtiges Halstuch und ein sehr klares Häubchen, unter dem einige braune Löckchen hervorsehen. So sitzt sie in einem ungeheuren Sessel von dunkelrotem Sammet, etwas selbstgefällig, noch mehr ängstlich, ganz wie das arme Ding dem Maler mag gesessen haben und reicht mit dem einen Händchen einen Brief durchs offene Fenster, während die andere ein Körbchen mit Brezeln auf ihrem Schoße festhält. Der junge Mensch sieht nun vollends aus wie ein maskierter Amor. Soeben tritt er aus der Tür seines Hauses, mit der possierlichsten und dabei anmutigsten Prätension und einem Anfluge von wirklicher Würde, der sich späterhin recht vorteilhaft mag ausgebildet haben; eine ungeheure Allongeperücke läßt sein Gesichtchen hervorschauen wie ein Engelsköpfchen aus den Wolken; seine zarte, aufgeschossene Figur streckt sich in einer endlos langen goldgestickten braunen Weste und dito Rock; in der einen Hand hält er eine offene Tabakdose, die andere hat er trotzig in die Seite gestemmt. Die Farben sind frisch, wie eben aus dem Pinsel.

Das Kistchen ist mir geblieben, und ich betrachte es bis jetzt täglich mit den seltsamsten Gefühlen. Mein Gott! was ist die Zeit! was ist *ehemals*, *jetzt* und *dereinst*! (ich meine *irdisch* gerechnet). Die Bilder sind nicht grade so ausgezeichnet gut gemalt, aber sie kopieren das Leben bis zur ängstlichen Täuschung, ich habe es früher nie so gesehn: Emma Thurn behauptet, sie schlügen die Augen auf und nieder. Man ist gezwungen zu denken, sie seien nur eben erst nebst dem Maler zur Tür hinausgegangen, gleich voll der allerfrischesten Lebensessenz und des allerfestesten Köhlerglaubens an einen *Himmel voll Geigen*; man sieht recht, wie froh sie ihrer Schönheit waren und ihrer guten Kleider, vor allem der Knabe seiner köstlichen Perücke, welche ihm die Eltern ohne Zweifel eigens hierzu machen ließen – und wo sind jetzt ihre Knochen? Sollte man wohl noch einige Stäubchen zusammenlesen können?
Sie erinnern mich an ein sehr liebliches und ihnen ganz ähnliches Geschöpf, Lorchen Dalwig, die ich im vorigen Jahre in Belgien sah, ihr erster Ausflug, seit sie, vor vier Wochen, die Pension verlassen. Man kann sich nichts Anmutigeres und Frischeres denken; jede freie Minute wurde zu einer kleinen Tanz- oder Musikübung verwendet, denn wir waren schon im Spätsommer, und auf den Winter sollte sie in die Welt eingeführt werden. Ihre Augen funkelten schon vor Erwartung und die ihrer Eltern nicht minder. Aber nicht zwei Monate nachher erhielt ich eine Todesanzeige. Das Nervenfieber hatte sie fortgenommen. Nun möchte ich immer wissen, ob jene zwei frischen Blumen auch so geknickt sind, wie ich sie da vor mir sehe, oder ob sie zuvor verdorrten und unkenntlich wurden; für meine Träumereien verweile ich am liebsten bei der *ersten* Vorstellung. Mir macht das jugendliche Porträt eines gealterten Originals nur selten andre als unangenehme Eindrücke. Es ist nicht das Verfallen der *äußeren* Form, sondern das der *innern*. Wessen Persönlichkeit entwickelt sich wohl so voran, daß sie zu *allen* Zeiten *demselben* Individuum gleich ansprechend wäre? Bei Alten, denen ich Zutrauen und Ehrfurcht zolle, mag ich nicht daran erinnert werden, daß es eine Zeit gab, wo ich ihnen beides würde geweigert haben. Bei solchen, denen alles verlorengegangen ist, was die Jugend Edleres hatte, betrübt's mich zu sehn, daß man so gut ausgestattet sein und doch zuletzt so

verkommen kann; selten, selten darf man denken: das ist grade die Blüte, die man nach der Frucht voraussetzen mußte.
Doch Reflexionen können Sie selber machen, die brauche ich nicht aus der Schweiz zu schicken; aber, liebster Freund, ich weiß Ihnen eben nichts Besseres zu geben; die Politik bekümmert uns beide gleich wenig, sonst könnte ich Ihnen sagen, daß die freien Schweizer, die keinen Rang anerkennen wollen, die ärgsten Sklaven des Geldes sind, daß reiche Bauern in den Dörfern unbeschränktere Herren und schlimmere Tyrannen darstellen, als je der Unterschied des Ranges dergleichen hervorgebracht hat; anderwärts mögen Konnexionen *manches* bewirken, hier tun sie *alles*, Geld und Nepotismus sind die einzigen Hebel; wer beides nicht aufzuweisen hat, mag die Hände in den Schoß legen, er ist verdammt, sein Lebelang ein Quäler zu bleiben. Jetzt eben stehn alle Kantone in sich selbst und eins gegen das andere, wie Katzen und Hunde; in je mehreren und gemeineren Händen die tausend Fäden liegen, an denen das Staatsgewebe hin und her gezerrt wird, je elender und interessierter geht es zu; man kann nicht ohne Ekel darauf merken. Doch wir erfahren nicht mehr von der Sache, als man uns gegen unsern Willen in die Ohren hängt. Mein Schwager ist kein geborner Schweizer, sondern ein Schwarzwälder und hat somit als Ausländer mit allem nichts zu schaffen. Punktum!
Daß wir von einem Erdbeben profitiert haben, werden Sie aus den Zeitungen lesen, aber das haben sie nicht geträumt in jener Nacht, daß ich, Ihre sehr liebe Freundin, Ihr eigentliches Herzblatt, gemeint habe, ein Mörder liege unter meiner Bettstatt und bemühe sich jetzt grade drunter wegzurutschen, um mir in der nächsten Minute das Schermesser durch den Hals zu ziehn. Doch, ernstlich, etwas Ähnliches dachte ich und in derselben Stunde viele mit mir; denn die Erschütterung war sehr heftig, überall klirrten die Fenster, und an manchen Orten fielen Gläser und Flaschen um; auch seltsames Geräusch und Geknall wie von fernen Kanonenschüssen hörte man; da war ich aber noch halb im Schlafe und meinte, es falle von der Kelter im Nebenhause einer der schweren Steine, womit man sie beladet, oder ein Traubenwächter schieße in den benachbarten Weinbergen; dergleichen war ich über Nacht schon gewohnt. Ja, reisen ist doch zu etwas gut. Wo hätte ich zu Rüschhaus ein

Erdbeben hernehmen sollen? Nun also, die guten Thurns hatten so viel zu meinem Vergnügen herbeigeschafft, ein *Erdbeben*, ein *Alpenglühen*, eine höchst malerische *Schneewolke*, zwei gespenstige *Porträts* und sonst noch eine Menge angenehmer Gegenstände, Geschenke, freundliche Worte und Blicke et cet. Ich hätte ihnen auch gern etwas zuliebe getan; da gab mir denn Emma unter den Fuß, den Papa werde nichts mehr freuen als ein Gedicht auf sein liebes Schloß Berg. O weh! das war eine harte Nuß. Was ich soll, das mag ich nie (wieder eine schlimme Eigenschaft, die Ihnen noch unbekannt war); indessen ich machte gute Miene zum bösen Spiel; aber nun wurde mir das *Schema* vorgelegt. Kennen Sie das Lied: »Mein Herr Maler, will er wohl mich abkonterfeien?« Doch falls Sie es nicht kennen, hören Sie, was man einem Menschen zumuten kann. Zwölf Kantone sollte ich *namentlich* anführen, ohngefähr ebensoviele Hauptgebirge, ohngefähr doppeltsoviele Hauptorte, die Namen von vier Königreichen, von verschiedenen Gewässern, und die *Zahl* aller übrigen Orte, welche die Aussicht darbietet. Dem guten alten Herren war es seit Jahren ein schwerer Ärger, so manches Gedicht zu lesen auf die schönen Punkte der Umgegend, und niemals eins auf sein liebes Berg; nun aber mal die Reihe an ihn kam, wollte er den Leuten auch nichts schenken; kein drei Ellen breites Flüßchen, kein Dörfchen von sechs Häusern. Ich aber sagte mit Wilhelm Tell: »Fordere, was menschlich ist!« und machte ihm begreiflich, daß Zahlen sich weit besser in einer Rechnung ausnehmen als in einem Gedicht. Er begriff's nur halb, gab nur wenig nach, und ich hatte gelobt, das Machwerk dem »St. Bernhard« und »Arztes Vermächtnis« beidrucken zu lassen, folglich war es nicht ohne Einfluß für mein erstes Auftreten. Eine üble Klemme! Die Zufriedenheit meines lieben, frommen, prosaischen Wirts war mir doch lieber als mein poetischer Ruf, indessen ganz einerlei war es mir um diesen auch nicht, und sehn Sie, so lächerlich es Ihnen scheinen mag, dies hat eine große, große Lücke in diesem Brief veranlaßt. Jeden Morgen überfiel mich das Bewußtsein meiner schwierigen und unerfüllten Verbindlichkeit, ich konnte eben an nichts andres denken, war zu keinem vernünftigen Dinge aufgelegt. Kurz, ich tat wohl, mir diesen Stein um jeden Preis zuerst abzuwälzen. Viktoria! es ist geschehn, und was das Beste ist, Prosa und Poesie haben noch einen ziemlich guten Akkord miteinander getroffen; wenn der Graf Thurn *ein* Auge zudrückt und das Publikum auch *eins*, so wird es schon gehn. Ich schicke Ihnen das Zwitterprodukt dieses Mal nicht, denn ich hebe, meinem Versprechen gemäß, für Sie auf, was ich schreibe. Viel ist es noch nicht, aber doch etwas, und es bringt mir viel Genuß, für Sie zu arbeiten. Lieber, teuerster Freund, ich fürchte, Sie denken wenig an mich, weil Sie noch immer keinen Brief von mir haben; es wäre aber recht schlecht von Ihnen, da ich Ihrer so oft und so herzlich gedenke. Sprechen Sie doch zuweilen von mir mit der lieben Mutter und meinem Thereschen. Ich fürchte immer, ich komme während meiner Abwesenheit auf den Umschlag zu stehn.

Emma Siegmund an Georg Herwegh

Berlin,
Mein herzallerliebster Schatz! den 29. Januar 1843

Das war noch eine Freude in tiefer Nacht! Um elf Uhr kehre ich gestern nach einer entsetzlichen Fahrt heim und finde als Willkomm Deinen Brief, den Du am 20. ausgesendet. Welch ein Brief! Jede Fiber glühte in mir, ich hätte die ganze Welt umarmen mögen als einen Teil von *Dir*. Den vorletzten Brief von Dir hatte man mir zwar nach Polen geschickt, aber zu spät, so daß ich ihn erst in drei Tagen zurückerwarten kann. Du wirst daher meine unsägliche Angst ermessen, die ich in der langen Pause erlitten. Unsere Reise war so schrecklich, daß ich mich nicht enthalten kann, Dir einige nähere détails darüber zu geben. Um 12 Uhr mittags fuhren wir am Freitag auf unchaussiertem Wege mit eigenen Pferden aus, um nach Frankfurt zu gelangen und uns am andern Morgen per Eisenbahn weiter zu expedieren. Wir rechneten darauf, daß die selbst ungebahnten Wege in jetziger Zeit durch den Frost gut sein würden, und auf die Ausdauer der kleinen polnischen Pferde, die tüchtig laufen können. – Statt dessen hatte der einnächtige Regen alles verwüstet, den Schnee geschmolzen und den Boden dergestalt gefurcht, daß wir um die Wette rechts und links geschleudert wurden, in steter Gefahr, umgeworfen zu werden. Der Glanzpunkt trat jedoch erst in der Nacht ein. Ehe wir es vermuteten, hielt der Wagen in einer tiefen Wassergrube an, die Pferde waren trotz der jämmerlichen Hiebe nicht fortzubringen, und so saßen wir in stockfinstrer Nacht, während welcher der Wind und Regen uns förmlich durchpeitschten, *drei* volle Stunden fest. Der Wagen bis zur Deichsel im Wasser. Der Bediente, der Hilfe zu holen ausgesandt worden, kehrte erst *nach* dieser Zeit zurück, nachdem er nur durch Hilfe von Leuten vom Wassertode gerettet worden; einige Minuten später, wäre er in einem nahen Gewässer ertrunken. Meine Freundin und ich waren die einzig Unbesorgten, unsere jungen Mädchen schrien abwechselnd und glaubten jeden Augenblick, von Räubern angefallen zu werden. Ich selbst war wie von einem Kobold besessen, je tüchtiger jene sich ängstigten, desto ärger plagte mich die Lachlust, bis sich alle, außer meiner Emilie, gegen mich empörten. Als wir endlich mit sechs Pferden aus der Vertiefung gezogen und immerzu, ungeachtet aller Martern, weiter fuhren, die Mädchen durch die Aussicht, Rubini zu hören, von dem Cybulski eine so ideale Schilderung entworfen, ich ganz glücklich im Gedanken, einem Brief von *Dir* entgegenzufahren, kommen wir in Frankfurt eine Viertelstunde nach Abgang der Eisenbahn an und müssen bis Abend in dem elenden Nest sitzen, jede einzelne um ihre Hoffnungen betrogen. Das Tragikomische dieser Szene kann ich Dir nicht genug beschreiben. Um sich zu entschädigen, haben die jungen Nichten sich heut Abend bei uns mit vier jungen Kavalieren angemeldet und wollen Mazurek tanzen. Da hast Du eine Neuigkeit. – Nun zu uns! – Also im März, mein Herz, soll Sonnenaufgang sein. Nun zähle ich Tage und Stunden, so sehr man mir auch hier meine schnelle Reise aus der Heimat verdenkt.

Die Leute sind unklug. Sie denken, ich ziehe *aus* der Heimat, und ich weiß doch, daß ich hinein ziehe. Nicht so, Schatz? Die Wohnung, von der Du schreibst, ist mir ganz lieb, mein guter Georg; nur bitte Frau Schulz, daß sie die nähere Beschreibung der Höhe und Tiefe der Zimmer und Fenster übernimmt, denn sonst kann ich nicht gut auswählen. – Du sollst Dich damit nicht befassen. Auch möchte ich wissen, ob ein Stübchen für unsere Mädchen im Hause ist, denn ich bringe meine *eine* mit und will dort die Köchin nehmen, und möchte ihnen wenigstens den kleinen Raum ihrer Freiheit gemütlich machen. – Die Schlafstube laß denn nur für beide sein. – Morgen- und Abendstunden sind die schönsten, weil es die stillsten sind, nicht, Schatz? Da will ich lieber in *einem* Zimmer mit Dir sein. – Mir scheint, wir dürfen uns beide ohne Not nicht trennen, wird ohnehin mancherlei im Leben noch kommen, was uns äußerlich auseinander treibt. Auch ist es besser, das Haus allein, als noch fremde Leute hinein. Es soll kein Mensch uns belauschen können, als wenn wir wollen. Du glaubst nicht, wie selig ich bin in dem bloßen Gedanken, unseres Beisammenseins. Liebe nur immer mehr, immer, immer zu, hab' nicht Angst, daß Dein Gefühl dich überfluten wird, der Mensch kann nicht genug lieben, nur wo die Unendlichkeit Dir im Herzen aufgeht, da bist Du erst, was Du sein sollst. Was die Leute Liebe nennen, ist ein mir lächerlicher, skizzenhafter Seelenkitzel. – Man sieht ja, was daraus wird, – Kinder höchstens – für die Menschheit aber nichts, keine Tat, keine Selbstverleugnung, nichts als eitle Sichwiderspieglung des jämmerlichen Subjekts, was man nicht gering genug anschlagen kann, wenn es gilt Opfer zu bringen in rechtem Sinne des Worts. Mit dem Armen Jakob hab' ich heute meinen Gottesdienst gehalten. O schreib' immer zu, das sind die Klänge, die bis ins Mark des Volkes dringen; daß ich imstande sein möchte, zu *solchen* Liedern Dich zu begeistern! Wenn man statt alberner Predigten solch' Gedicht dem Volke von der Kanzel vortrüge, es würde anders wirken, als tausend Sermone. Ja, mein Herz, Du kannst lieben, das fühl' ich. Nur wer das Elend der Menschheit in allen seinen kleinsten Bewegungen mit durchlebt, nur wer das jammervolle Geschick des einzelnen ganz mitzufühlen, ganz zu würdigen weiß, der kann lieben im Vollgewichte des Wortes. Cybulski läßt Dich herzlich grüßen und fragen, ob er Vizebräutigam sein dürfte während unserer Trennung?

Meine Emilie sendet Dir auch viel tausend innige Grüße. Unserer Reise nach der Hochzeit wird nichts im Wege stehen. – Die Eltern sind's gewiß zufrieden und ich? Wohin soll's aber gehen? Schön ist's freilich für mich überall mit Dir, aber Spanien ist doch das Land unserer beiderseitigen Sehnsucht. Wie Du willst. – Nach dem südlichen Frankreich stand auch stets mein Sinn, und Italien, wer möchte das nicht sehen? Entscheide, Herz, mir ist alles lieb. Leb' wohl, leb' wohl, mein Schatz! Bald sehen wir uns wieder! Denke mein. »Mädchen, komm in die Berge!« Soll ich?

Deine Emma

Anna von Helmholtz an ihre Tochter Ellen

Cairo, den 4. März 1898

Morgen sind es noch vierzehn Tage und wir schwimmen schon wieder zurück zu Euch. Ich wage noch gar nicht an das Wiedersehen und an das Zusammentreffen in Venedig oder Volosca zu denken. Euch dort zu finden wäre wundervoll. Seit der Rückkehr von Ober-Egypten gefällt mir nichts mehr hier zu Lande und das Unharmonische dieses Ortes, sein Staub, seine Winde, lassen es mir sehr wünschenswert erscheinen, hier ein Ende zu machen.

Ottmar hat jetzt sehr viel Dienst. Es scheinen sehr wichtige Sachen vorzugehen, politische und finanzielle und es entstehen allerlei juristische und andere Fragen, die zur Entscheidung jetzt vorliegen und die, wie alles Orientalische, stets mit sehr viel Schlauheit und Complicationen zu entwirren sind.

Siemens reisen ungefähr zu gleicher Zeit mit uns Allen nach Europa. Überhaupt reist man jetzt zurück nach dem Süden Europas.

Wir haben heute schon eine große Straußenzucht angesehen, achthundert Vogel Strauße von jeder Größe und jedem Alter zwischen einem und dreißig Jahren. Die männlichen Tiere haben tiefschwarze Federn, die weiblichen grau und weiß gemischte. Vom dritten Jahr an rupft man sie einmal jährlich und es gehören vier Männer dazu, trotz gebundener Beine, sie zu halten. Es sind tolle Tiere mit dem winzigen Kopf, dem langen Halse und dem schweren Körper auf den enormen Beinen. In

einer Art sehen sie aus wie zweibeinige Kameele und just ebenso thöricht wie diese. Dieser Straußpark liegt ganz in der Wüste, weit und breit wächst kein Halm, aber die Hitze ist leicht mit beweglicher Luft, man kann ganz gut gehen. Jeder Vogel bringt zweihundert Franken netto im Jahre, so daß diese Sache gut rentiert. Sie wohnen paarweise, familienweise und in ganzen Rudeln zusammen, ja in eingemauerten Höfen, bekommen Körnerfrüchte und Grünfutter, und ihr Aufenthalt ist einfach: Himmel über sich, steiniger Sand unter sich, sonstiges Mobiliar Null. Zwei rheumatische Strauße sahen wir auch, die nicht gehen und nicht stehen konnten, sie hatten geschwollene Kniee! Kameele bringen das Grünfutter und man fährt per Eisenbahn hinaus. Es ist alles etwas merkwürdig, aber gar nicht schön, nur die Sonne und der Himmel machen Einen froh.
Abends 11 Uhr. Ich war drei Stunden mit Wanda unterwegs, um eine Derwisch-Vorstellung mit anzusehen; etwas Widerwärtigeres gibt es gar nicht. Zuerst sitzen diese Gestalten im Kreise auf dem Teppich, trommeln lange auf großen Tambourinen, dann wird Weihrauch angezündet und sie halten die Köpfe darüber, dann stehen sie auf und wackeln von vorn nach hinten mit dem Oberkörper und schreien dazu Allah! Allah! ohne Aufhören. Dann fangen die Köpfe an ganz hin und her zu wackeln, bis Einer wie betrunken wankt, schreit und von seinem Oberkleid befreit wird; alsdann wankt er eine Weile allein hin und her, bis er ganz betäubt ist. Er fängt dann an zu schreien und ist dann offenbar etwas bewußtlos – steckt brennende Lichter in den Mund, auch glühende Schwerter oder Sicheln und dann nimmt er ein Bündel brennender Reisige und hüpft umher damit wie ein glühender Ballon – und das endlos, endlos. Erlischt die Begeisterung bei Diesem, so fängt ein Anderer an, bis ich auch so weit war zu schreien und heimfuhr. Ich konnte nicht mehr, so etwas ist zu barbarisch. Religiöses ist nichts an solcher Übung, denn man wurde dazu eingeladen und saß in einem großen Hofe eines arabischen Hauses auf Stühlen und Sophas – der Mondschein fiel von oben auf uns herab und muß sich gewundert haben, daß es so merkwürdige Leute auf Erden gibt. Wieviel von diesem Zustand echt und wieviel simuliert war, ist schwer zu sagen. Für Letzteres sprach, daß die Hauptacteure kurze Zeit nach scheinbar völli-

gem Zusammenbruch ihre Gewänder wieder antaten und ganz heiter das Lokal verließen. Man fragt sich, was das soll und dankt Gott nicht in dieser schrecklichen Religion geboren zu sein: »The fiercest of all religions« las ich neulich, und so ist es.

9. März 1898

Heute hatten wir ein anderes Fest. Es hatten sich einige Haremsdamen, Töchter von Mustapha Femy Pascha zum Thee angesagt – alle Männer, sogar Achmed mußten verschwinden und wir genossen die Unterhaltung der Damen etwa eine halbe Stunde. Am Schlusse legten sie wieder den Schleier an, zogen die schwarzseidenen Hüllen über den Kopf und gingen ab. Eine tolle Sache.
Um acht Uhr war Diner »à l'arabe« bei Baron Oppenheim – stricte »à l'arabe«, das heißt ohne Messer und Gabel. Man aß mit den Händen, fuhr in eine Tüte mit den Fingern und riß sich die Stücke ab und fraß! salva venia. An drei Tischen mit circa vierundzwanzig Eßgenossen, bedient von sechs Arabern, gab es wenigstens zwanzig Gänge, flüssige und feste. Das einzig Genießbare für mich waren die süßen Sachen. Hammelfetzen und schwimmende Gemüse oder Ragoûts mit den Fingern zu essen, war mir nicht gegeben. Dieses Fest ward hauptsächlich für Anna Zanders gegeben und sie war ganz tapfer, riß sich Fleisch von den Knochen und aß schwimmende Gemüse. Dieses geschah hoffentlich zum ersten und letzten Male in meinem Leben und es ward mir klar, wie glücklich wir sind, Gabeln zu besitzen. Kurz, ich bin, wie Gräfin Oeynhausen sagt: »Europareif«, harre nur noch der Dinge, die da kommen, und freue mich, wenn Ihr die Energie der Entschlüsse habt, die mir fehlen.

Deine treue Mama

Käthe Kollwitz an ihre Schwester Lisbeth

Florenz, Mai 1907

Liebe Lise – ich möchte mal wieder ordentlich an Dich schreiben. Mitunter krieg ich Heimweh nach meinen Leuten zu Haus, aber auch nach Euch. Besonders jetzt, wo Hansens Geburtstag kommt, sitzen mir die Tränen sehr lose. Aber es geht wieder vorbei. Ich träumte vor kurzem genau denselben Traum, den ich einmal in Paris träumte, nämlich, daß ich vor Heimweh früher nach Haus fuhr als nötig war und daß nach der Wiedersehensfreude zu Haus ich mir vor den Kopf schlug und mich verrückt schalt, früher nach Haus gekommen zu sein. So will ich natürlich auch hier bleiben, bis meine Zeit abgelaufen ist, aber ich werde leichteren Herzens von hier nach Haus fahren als von Paris. Dies ist mir zuguterletzt alles doch fremd. Vielleicht, daß in Rom ich mich heimischer fühlen werde, aber ich glaube es kaum.

Seit Peter fort ist, habe ich hier erst recht angefangen, Florenz zu studieren. An Durchkommen ist aber nicht zu denken. Ich glaube, man kann ein halbes Jahr hier sein und hat noch nicht alles gesehen, was sehenswert ist. Die ernormen Galerien verwirren und wirken durch das massenhaft weniger Gute, geschwollen Italienische abschreckend. So versuchte ich es mit den Kirchen und mit viel mehr Glück. Da sind wunderschöne Sachen drin an Fresken, und wie anders wirken sie an Ort und Stelle. Ich bin alle Kirchen und Klöster durchgepilgert – heut war ich in San Marco in Savonarolas Zelle. – Dann ist der Bargello, wo alle Donatellos sind, prachtvolle Sachen, einige. Seine Verkündigung in S. Croce liebe ich nicht so sehr, ich finde sie für ihn etwas weich. Aber prachtvoll sind seine Knaben und jungen Männer, der David ist wunderschön. Und zum Schluß wage ich mich dann auch wieder in den Pitti und die Uffizien. Wunderschöne Sachen sind darunter, aber eben nur darunter, finde ich. Mit Botticelli ist es merkwürdig, er hat hin und wieder Figuren in seinen Bildern, die ganz wunderbar schön sind sowohl in Auffassung, Kolorit und Zeichnung, und dann wieder kann ich ihn nicht ausstehn, kommt er mir so unnaiv und dekadent vor. Der Verzückungsausdruck erinnert direkt an die Heilsarmee mitunter, der Gesichtsausdruck blöd dämlig wie nach einem Rausch und dabei affektiert. Doch eine Verkündigung ist da: prachtvoll! Am eindringlichsten ist mir bis jetzt Masaccio gewesen in einer Freske in S. Maria del Carmine, wo ein nackter Knabe zwischen einer Versammlung von steifen Männern kniet, und dann in einer Maria, die das Kind auf dem Schoß hat und selbst im Schoß der heiligen Anna sitzt. Das sind zwei sehr schöne Sachen. Weißt Du übrigens, daß Botticelli so sich von Savonarola beeinflussen ließ, daß er keinen Pinsel mehr anrührte?

Was die Architektur betrifft, so geht es mir fast wie Peterchen, der ganz frech den Palazzo Vecchio »scheußlich« fand. Alle diese Paläste wirken feindlich, bockig, mögen vorzüglich gewesen sein und sehr sachgemäß wegen der vielen Bürgerkriege, aber eine unliebenswürdige Architektur. Und der Pitti, find ich, wirkt nur massig, man kann ihn übrigens nie recht übersehn, er ist einfach zu groß. Die Kirchen sind fast alle mit schwarz-weißem Marmor verkleidet, was Peter wieder »scheußlich« fand. Die Domfassade, die erst kürzlich so fertig geworden ist, find ich auch viel zu bunt und unruhig. Bei Santa Maria Novella dagegen hat das Alter das allzu Unruhige ganz verwischt. Die Fassade von Santa Maria Novella und der Platz davor ist eine der schönsten Sachen hier. Schön ist auch das ganz alte Baptisterium. Am Dom ist herrlich die zusammenfassende Kuppel von Brunelleschi. Im ganzen wirkt Florenz innen duster. Als ich neulich, nachdem ich einsam zu Abend gegessen hatte, nach Hause kam durch all die engen Gassen, kam mir ein Leichenzug entgegen; da hatte ich für einen Moment ganz das Empfinden, tatsächlich im alten Florenz zu sein. Die Begräbnisse finden nach Sonnenuntergang statt, und der Sarg wird getragen von der Brüderschaft der Misericordia, die zur Pestzeit sich bildete. Aus der Zeit stammt noch die Sitte, daß sie ganz schwarz vermummt gehen mit Kapuzen, die über das Gesicht gezogen werden und die nur Löcher für die Augen haben. Sie tragen Fackeln und gehn ganz schweigend. – Jetzt in der beginnenden Hitze wirkt Florenz freilich wieder anders. Erstens sieht man Blumen, Rosen an allen Ecken und Enden. Und dann der Gesang. Ich esse abends meist bei Lapi, einer Art

Künstlerkneipe, einem alten Kellerlokal. Da kommen abends immer ein Guitarrespieler, ein Sänger, ein Castagnettenspieler hin und machen Musik. Wenn ich dann fertig bin mit meinem Abendbrotchen und geh durch die – für Berlin – dustern Gassen nach Haus, dann ist Musik überall. Ich glaube, sämtliche Italiener haben Tenorstimmen und mit denen tremolieren sie so herzbeweglich, daß es kaum zum Aushalten ist. Neulich an einer Brücke vor einem Haus stehn drei Männer und singen zur Guitarre nach oben zu einem Fenster rauf. Mit einemmal singt eine schmachtende Frauenstimme, der eine Mann war es. Ob es ein Eunuche war, weiß ich nicht, er sah mir nicht danach aus. Als ich mich da eine Weile ergötzt hatte, klang von der Nachbarbrücke schon wieder Gesang, rechts, links, man weiß nicht, wo folgen, bis man endlich nach Haus trollt. Und wenn dann die dicke Annina noch auf ist, sagt sie mit bedauerndem Kopfschütteln vor sich hin: sempre sola, la Signora. Ja, jetzt bin ich wirklich sempre sola, eine Weile war es mir sehr recht, aber jetzt ist es mir zuviel...
Lores Freundin, sie heißt Harding-Krayl, und ich – wir wollen über S. Gimignano und Volterra ein bißchen in die Maremmengegend gehn, aber sehr mit Vorsicht wegen dem Fieber (noch ist nicht die schlimme Zeit). Dann wagerecht durch am Lago Trasimeno worbei nach Perugia und Assisi. (Vielleicht dann noch nördlich nach dem vom Hesse gepriesenen Gubbio.) Dann südlich nach Orvieto herunter. Siena auf der Rückreise. Auf dieses Wandern freue ich mich unglaublich. Wie ich aussehen werde, wenn ich dann nach Rom kommen werde, darauf bin ich selbst neugierig. Jetzt schon sehe ich aus, wie sonst im Sommer, wie aber werde ich erst im Juli aussehen? – Jetzt blühen die Rosen – aber einfach in Masse. Auf der Straße werden einem für so gut wie nichts Rosen angeboten. Wenn man dann nichts haben will, sagt der Verkäufer, man soll wenigstens daran riechen, und geht immer neben einem her, den Strauß einem an die Nase haltend. Schließlich muß man lachen und er auch, und dann kauft man sie.

Marie von Thurn und Taxis an Rainer Maria Rilke

Wien 9 – 3 [1913, Sonntag]

Also in Paris sind Sie – Dottor Serafico – und von Marthe sagen Sie nichts – und doch – ich spüre sie in Ihrem Brief und freue mich daß Sie sich zufrieden fühlen und die Stadt der Städte genießen. Ich habe viele Städte *lieber* – in Italien allein wenigstens ein halbes Dutzend – oh nein mehr, mehr – aber keine glänzt und klingt so wie Paris – und ich kann mir denken daß man dorten ein geheimes, merkwürdiges Leben leben könnte – dort irgendwo bei der Place des Vosges – oder in der Nähe von der Tour d'Argent – ich meine das kl. Restaurant wo Mr Frédéric so fabelhafte *canards* zubereiten konnte. Ich war dorten mit Mélanie Pourtalès der großen Schönheit des second Empire – die noch so hübsch war hinter ihren Schleiern wie ihr eigenes sehr verblaßtes Pastel – mit George Cain dem Conservator des Carnavalet der uns alle Schrecken der Revolution in den düstersten Ecken von dem alten Paris vorgezaubert hatte – mit dem guten Louis Turenne der für sein Cercle l'Union, die Rezepte der Chanoinessen von Remiremont für königliche Besuche entdeckt hatte – so können Sie sich denken daß wir fetirt wurden – Aber das müssen Sie wieder *nicht* denken daß diese culinarischen Erinnerungen mit meinem geträumten Leben in Paris zu thun haben –

O Dottor Serafico, ich beneide Sie! Ich denke mir Sie sind der glücklichste Mensch auf Gottes Erdboden (Jetzt ärgern Sie sich wie eine Wanze – *con rispetto parlando* – aber es ist doch so, – wenn diese merkwürdigen Augen von Ihnen die Alles so merkwürdig so *anders* sehen, einmal offen wären für Sie selbst.) Also ich werde es Ihnen aufzählen:

Sie sind ein großer Dichter und wissen es ganz genau.

Sie sind verliebt (*nicht* raisonniren, Sie *sind* verliebt und immer verliebt, wer wie und was, ist gleichgültig)

Sie haben ein kleines Atelier in Paris – und es ist März – der ganze wundervolle Frühling klopft an der Thür –

Herein! gerufen Dottor Serafico!

Schauen Sie – ich bin eine Frau – und eine Frau in meinem Al-

ter, sollte jedes Mal wenn sie sich im Spiegel anschaut sich jedes einzelne Haar ausreißen und dann sich sofort am nächsten Strick aufhängen – ich habe so viel Kummer und so viel Sorge in meinem Leben gehabt daß mir manchmal eiskalt wird wenn ich Maridi – (Gott behüte sie!) die mir so ähnlich sieht (und ich glaube nicht nur physisch,) ansehe – Und doch ein blühender Obstbaum, ein goldener Sonnenstrahl *make me wild with delight!*
Aber andererseits wenn Sie nicht so desperat wären würden Sie wahrscheinlich nicht so wunderbar schreiben. Also seien Sie desperat! seien Sie sehr desperat seien Sie noch desperater!
[...]
Jetzt wissen Sie alle unsere Neuigkeiten –
Ja noch etwas! Miss Ethel Smythe – eine wirklich *sehr* begabte Componistin (leider eine *militante Suffragette,*) aber die talentireste (da fehlt irgendwo ein T) Frau, (musikalisch) die ich kenne – stirbt vor Sehnsucht Ihre »Judith« zu »vertonen« – Was sagen Sie dazu? Darf sie?
Sie hat wirklich schöne Sachen geschrieben, aber ich habe ihr gesagt ich werde Ihnen schreiben und Sie hätten das nicht gerne, und würden wahrscheinlich nein sagen – also bitte um Antwort, Sie können gleich abwinken.
À propos ich bin beleidigt wegen den Velasquez – höflich – mein Gott – Dottor Serafico wenn wir zusammen gewesen wären, ich glaube ich hätte Sie umgebracht!
Und auf diese freundliche Bemerkung hin ziehe ich mich bescheiden zurück mit den allerherzlichsten Grüßen!

MT

Else Lasker-Schüler an Franz Jung

Lieber Franz Jung — Montag [Köln, um 1915]

Ich weiß nicht warum Sie gar nicht schreiben? Mir geht es so schlecht, aber bald werde ich weiter reisen und dann zurück wohin ist mir noch nicht recht klar. Ich war hier die sechs Wochen wie scheintot und wenn ich abends einschlafe ist es so als

ob ich im Gewölbe liege und doch noch atme. Ich kann Ihnen gar nicht sagen wie traurig ich bin, wie herumgefahren und geirrt, ich flattere nur noch und immer werde ich ins Herz geschossen. Gestern glaubte ich auch plötzlich nicht mehr an Gott, das war, wie eine ernste Unmöglichkeit. Die Menschen, welche Ihn mit ihrem Maßstab messen, haben noch immer den Ausweg, daß er prüfen möchte, aber ich habe Gott nie wie einen Lehrer betrachtet, nie wie einen Strafenden oder Starren. Ich konnte ihn mir nur so wie einen innigen Menschen denken, der auch geliebt sein will weich und ohne Nebengedanken, daß er nicht vereinsame unter seinen so vielen Figuren. Manchmal glaubte ich sogar, er helfe mir bei meinen Streichen. Aber ich habe, als ich hier ankam aus Schwäche, aus Müdigkeit Ihn verleugnet. Nun denke ich, er kann nicht mehr über mich leuchten mit seinen Sternen all oder aber alles war ein mächtiges Märchen von mir und er ist nicht.
Ich bin so oft im Dom gewesen, aber er ist wie eine kühle Strafe hart alle die Kirchen alle die Menschen, so wie sie Gott aussprechen nur manchmal bei uns im Tempel war eine tröstende Süßigkeit, auch oft eine Freude, als ob die Engel singen, aber immer saß ich alleine und dachte an ein Wunder, das mir draußen begegnen könnte. Der Wetterscheid hat recht, er sagte früher zu mir, Sie seien auch eine Maria und ich dachte an die Rosengärten darin Sie sitzen eigentlich. Ich weiß nicht wie das möglich ist, da Sie doch auch Bonaparte sind eben so stark im Auge wie weich, vielleicht sind Sie heilig und darum komme ich zu Ihnen und denke ich bin ein sterbender Prinz und kniee vor einen Heiligen in einem Tempel und weine ein ganzes Meer, daß seine Füße bespühlt werden still mit meinem Herzbluten. Nur Sie könnten noch auf Erden zwei große Flügel tragen und Städte schützen und gut sein. Ich schreibe Ihnen das alles so, weil ich schon so lange fort bin und Sie mich kaum mehr kennen und Sich ein Bildniß aus mir machen können wie Sie eins schön ausdenken können. Wie sollte mich Jemand gern sehen mögen, da ich selbst vor mir fliehe. Es singt kein Vogel mehr in meinem Innersten und ich will mich fällen lassen; ich kann Ihnen gar nichts Schönes sagen, lieber Franz Jung. Immer wenn ich zu Ihnen sprechen wollte, sagte ich etwas anderes, bei dem Maler Schrimpf war ich eine Schlucht von Ihnen entfernt,

Wetterscheid versammelt, alle Menschen, die reich an Herzgaben sind und die meisten sind arm und darum wollen sie immer rechnen. Ich las Ihre Geschichte in der Aktion. Es macht mich so traurig, daß *ich* nie herumwandele in Ihren Geschichten. Das hab ich noch nie zu einem Menschen gesagt. Ich bin ja überall fremd und würde noch fremder im Gefühl eines Menschen sein. Ich möchte Ihnen eigentlich auch nur immer schenken, weil gewiß Niemand Ihnen schenkt. Manchmal bleibe ich hier am Schaufenster stehn und denke so, die große grüne oder rote durchsichtige Cigarettenspitze kaufe ich dem Kaiser von Mexico, daß er sich freut. Aber ich bin auch so arm im Denken geworden und im Begreifen wie geplündert und manchmal kann ich nicht mehr richtig atmen. Daß Sie mir schreiben sollen, will ich nicht schreiben, wenn Sie aber müssen, ich meine mir eine Weichheit schreiben müssen, dann will ich sie herumtragen. Aber wer weiß wie Sie von mir denken in Wirklichkeit, ich weiß nur von Ihrer frommen Schönheit.

Ihr Prinz immerfort

Siebtes Kapitel

Arbeit und Selbstwert

Liselotte von der Pfalz an Raugräfin Amalie Elisabeth

Port Royal, 22. August 1698

[...] Ihr müßt meiner sehr vergessen haben, wenn Ihr mich nicht mit unter den häßlichen rechnet; ich bin es all mein tag gewesen und noch ärger hier durch die blattern worden. Zudem so ist meine taille monstrueuse in dicke, ich bin so viereckt wie ein würfel, meine haut ist rötlich mit gelb vermischt; ich fange an, grau zu werden, habe ganz vermischte haare schon, meine stirn und augen seind sehr runzelig, meine nase ist ebenso schief, als sie gewesen, aber durch die kinderblattern sehr brodiert, sowohl als beide backen; ich habe die backen platt, große kinnbacken, die zähn verschlissen, das maul auch ein wenig verändert, indem es größer und runzeliger geworden. So ist meine schöne figur bestellt.

Luise Gottsched an das Fräulein Thomasius

Wien den 28. Sept. 1749

Fürs erste umarme ich Sie, mein Engel! von ganzer Seelen. Fürs andere, da ich der Meynung bin, daß man eine Glückseligkeit nur halb genießt, die man mit seinen Freunden nicht theilet; so melde ich Ihnen, daß, wofern ich je in meinem Leben Ursache gehabt habe stolz zu seyn, es an dem heutigen Tage ist. Sie merken leicht, mein Leben! daß ich die Kaiserinn gesehen haben muß: und Sie irren sich nicht. Ja, ich habe Sie gesehen! die größeste Frau von allen Frauen! die sich durch sich selbst, weit über alle ihre Thronen erhebt. Ich habe Sie nicht nur gesehen; sondern auch gesprochen; nicht nur gesprochen; sondern drey viertel Stunden lang gesprochen: Ich habe Sie als Gattinn und als Mutter gesprochen: das heißt, in Gegenwart Ihres Gemahls, des Durchl. Erzherzogs, und dreyer Erzherzoginnen. Verzeihen Sie, mein Herz! wenn meine Erzählung unordentlich und meine Schrift unleserlich wird. Beydes geschieht aus Freude, die nicht anders als übermäßig seyn kann, da ich an einem Tage zwo Glückseligkeiten, fast zugleich genieße; nämlich die Kaiserinn gesprochen zu haben: und es Euer Hochwohlgeb. sogleich erzählen zu können. Des Morgens um 10 Uhr waren wir in Schönbrunn, wohin uns der Graf Esterhasi (der uns diese Audienz veranlasset) bestellet hatte. Er glaubte indessen noch, daß wir nur in der großen Antichambre der Kaiserinn, mit 100 andern Personen zugleich die Hand küssen würden, wenn Sie nach der Kirche gienge. Wir hielten uns also daselbst mit ihm zugleich auf, und hatten in einer halben Stunde die Gnade, die drey Durchl. Erzherzoginnen vorbey gehen zu sehen; die aber, auf des Hrn. Grafen Bericht an die Fürstinn Trautson (ihre Oberhofmeisterinn) wer wir wären, wieder umkehreten, und uns die Hand zum Küssen reicheten: wobey ich die Ehre genoß, von der ältesten Durchl. Prinzessinn (Sie ist 10 Jahre alt) ein überaus gnädiges Compliment, wegen des vielen Guten was Sie von mir gehöret hätte, zu vernehmen, und dabey Ihren Verstand und Ihre Leutseligkeit zu bewundern. Verzeihen Sie mir, mein Engel daß dieser Absatz ein wenig ruhmredig klingt. Es wird noch viel ärger kommen: allein ich kann Ihnen keinen Begriff von der fast unglaublichen Gnade dieser höchsten Personen zu machen: ohne viel Gutes von mir herzuschreiben: davon Sie am besten wissen, daß es nicht halb wahr ist. Gegen eilf Uhr kam ein Kaiserl. Kammerfourier und sagte uns, wir sollten ihm folgen. Er führte uns durch viel prächtige Gemächer, in ein klein Gemach, welches durch eine spanische Wand noch um die Hälfte kleiner gemacht war, die Kaiserinn zu erwarten. In wenigen Secunden, kam die Fürstinn von Trautson, machte uns abermals ein sehr gnädig Compliment, und versprach uns die baldige Ankunft Ihrer Majestät. Diese erfolgte in wenigen Minuten, in Begleitung obiger drey Erzherzoginnen. Wir setzten uns auf das linke Knie und küßten die allerhöchste und schönste Hand, die jemals den Zepter geführet hat. Die Kaiserinn hieß uns mit einem Gesichte, welches auch in der furchtsamsten Seele, alle die Scheu vor einer so hohen Gegenwart und wunderschönen Gestalt, hätte in Liebe und Zutrauen verwandeln können, aufstehen: wir thaten es, und Sie hub gegen meinen Mann an: Ich sollte mich scheuen mit dem

Meister der deutschen Sprache, deutsch zu reden. Wir Österreicher haben eine sehr schlechte Sprache. Auf meines Mannes Versicherung: daß er schon vor 14 Tagen, das reine und vollkommene Deutsch bewundert hätte, als Ihre Majestät, bey Eröffnung des Landtages, ihre Stände, gleich der Göttinn der Beredsamkeit angeredet. Hier erwiederte Sie: So? haben Sie mich belauscht? und setzte mit hellem Lachen hinzu: Es ist gut, daß ich das nicht gewußt habe; sonst wäre ich stecken geblieben! Sie wandte sich darauf zu mir, und fragte: wie ich es gemacht hätte, daß ich so gelehrt geworden wäre? Ich erwiederte: ich wünschte es zu seyn, um des Glückes, welches mir heute begegnete, und wodurch ganz allein mein Leben merkwürdig werden würde, nicht so gar unwerth zu seyn. Es hieß: sie sind zu bescheiden: ich weis gar wohl, daß die gelehrteste Frau von Deutschland vor mir steht. Meine Antwort war: Meines Wissens, ist die gelehrteste Frau, nicht nur von Deutschland, sondern von ganz Europa, Beherrscherinn von mehr als einem Königreiche. Die Kaiserinn erwiederte: Wofern ich sie kenne; so irren sie sich. Sie wandte sich wieder zu meinem Manne, und nach einigen Fragen, die Leipziger Akademie betreffend, trat jemand in das Zimmer, den ich für den gnädigsten und wohlgebildetsten Minister des Kaiserl. Hofes würde gehalten haben; wenn nicht die Kaiserinn gesagt hätte: das ist der Herr! Hier legten wir uns beyde in die vorige spanische Reverenz und Se. Majestät der Kaiser (denn der war es), gab meinem Manne die Hand zu küssen; vor mir aber zog er sie zurück, und hieß uns beyde aufstehen. Er fieng an mit meinem Manne an zu reden, und die Kaiserinn fragte mich: ob ich bereits viel in Wien gesehen hätte? Ich nannte Ihr die vornehmsten Sachen, und auf Ihre Frage: was mir unter allen am Besten gefallen hätte? konnte ich, meinem Herzen und Gewissen nach, unmöglich anders antworten, als: ich wünschte, daß außer Eurer Kaiserl. Majestät mich irgend jemand in der Welt das fragen möchte. Das allergnädigste Lächeln, so jemals von einer gekrönten Schönheit gesehen werden kann, gab mir zu verstehen, daß dieser großen Frau auch ein so schlechter Beyfall nicht zuwider war. Sie erzählte mir darauf, wie die Bibliothek vor einigen Jahren ein Heumagazin abgeben müssen, worauf das Gespräch allgemein ward: und, nachdem die Kaiserinn mir gesaget, wie Sie es wohl gehöret hätte, daß ich in Wien, sowohl auf der Kaiserl. Bibliothek, als andertwärts, viel Kenntniß der griechischen Sprache verrathen, fragte mich Se. Majestät der Kaiser: wie viel Sprachen ich denn verstünde? Konnte ich Ihm wohl mit Wahrheit anders antworten, als: Allerdurchlauchtigster Herr! eigentlich keine recht! Beyde höchste Personen begehrten also mit Lächeln die Antwort von meinem Manne, der denn ein Register von meiner Sprachwissenschaft machte, das ich ihn verantworten lasse. Nach einigen fernern Reden und Gegenreden, fragte uns die Kaiserinn: ob wir den Erzherzog gesehen hätten? Als wir mit Nein antworteten, befahl Sie ihn zu holen. Er kam mit seinem Oberhofmeister, dem Grafen Bathiani, und nach dem Handkusse, redeten beyde Kaiserl. Majestäten mit meinem Manne allerley, diesen jungen Herrn betreffend. Besinnen Sie sich, mein Engel! was ich oben von dem engen Raume gesagt; und daß wir nunmehro 10 Personen im Zimmer waren, folglich einander so nahe stunden, daß nothwendig der Kaiser beynahe meinen Mann, und ich die Kaiserinn berühren mußte, so sehr ich mich auch an die Wand drängte. Das war aber noch nicht genug: sondern es kam auch noch die Prinzeßinn Charlotte (des Kaisers Schwester) hinein. Mein Mann gieng zum Handkusse; und ich nahm Anstand weil ich mich bey der Kaiserinn vorbey dringen mußte. Diese Frau aber, die in der Gnade alle Hoffnung übertrifft, hieß mich mit der freundlichsten Mine, Sie vorbey, und hinzutreten. Ich that es, und bald darauf sagte die Kaiserinn: Nun, Sie müssen meine andern Kinder auch sehen: worauf wir abermals zum Handkusse, wie das erste mal, kamen, und die sämtl. Herrschaft uns verließ. Die Fürstinn Trautson führete uns hierauf zu den drey übrigen kleinen Engeln, die wir in zweyen Zimmern beym Frühstücken und unter der Aufsicht der Gräfinn Sarrau, fanden. Wir küßten die kleinen Durchl. Händchen allerseits, und wurden hernach in alle Kaiserl. Zimmer geführet, welches eine außerordentliche Gnade ist, die dem 1000ten Fremden nicht geschieht. Wir kehreten zurück und speisten zu Mittage bey dem Fürsten Dietrichstein, allwo wir die Gräfinn Harrach, Fürstinn von Lichtenstein, den Grafen Khevenhüller, und mehrere Excellenzen fanden, die uns alle gratulirten und bezeigten, daß wir mit ganz außerordentlicher Gnade wären empfangen worden.

Ich weis, daß Sie an diesem unserm Glücke Antheil nehmen, und das ist die einzige Ursache, warum ich es Ihnen berichte. Übrigens aber bitte ich Sie dieses Blatt zu verbrennen; und keiner Seele zu sagen, was darinnen steht; damit man mich nicht für hochmüthig halte. Nie ist die Gnade weitergegangen, und niemals bin ich mir in meinen Augen kleiner vorgekommen, als mich die Überzeugung von meiner Unwürdigkeit gemachet hat [...]

Meta Klopstock an ihre Schwestern

D. 6ten May 1757

Da habt Kl[opstock]s Lieder. Ich habe diese Tage beynah Nacht u Tag geschrieben, auf daß ihr sie endlich kriegtet, wenigstens bin ich früh aufgestanden u das ist schon für mich genug. [...]
Ferner ergeht: Ein Brif von meinen Brifen der Verstorbnen. Das ist der einzige den ich gemacht, seitdem ich von euch weg bin; ich habe aber noch welche im Kopf. Wundert ihr euch nicht, daß ich so dreist werde, ungefordert u. mit Kl-s Wissen euch den zu schicken? Aber Kl. macht mich so dreist. Seitdem *er* mit dem zufrieden ist, was ich arbeite, fange ich an mir ein bischen zu trauen. Sonst konnte ich nicht in der Stube bleiben, wenn er etwas von meiner Arbeit las; aber itzt kann ich ihm schon vorlesen. Ihr wißt doch noch wie mirs mit den Brifen gegangen ist? Kl sagte mir schon 52 daß ich solche Brife schreiben konnte. Ich glaubte wohl ein bischen, daß ichs konnte aber ich hatte niemals Herz anzufangen. Er bat mich hernach oft wieder darum aber ich hatte niemals Herz. 55 sagte er mir endlich: Meta du könntest es mir wohl zu Gefallen thun. Ich weis daß dus nicht schlecht machen wirst, aber gesetzt es wäre schlecht, was schadt das unter uns. Nachdem er das gesagt hatte *muste* ich arbeiten. Ich thats denselben Abend. Ich thats aber als eine gezwungene Arbeit. Wie der erste Brif fertig war schmiß ich ihn hin u lief zur Stube hinaus. Wie Kl. mich wieder rief konnte ich ihn nicht ansehn ([von späterer Hand beinahe unleserlich gemacht:] fast als den Morgen nach der Hochzeit). Der Brif ist

schön, sagte er, fahr ja fort. Dies machte mir Mut. Noch mehr wie Kl von den Brifen des Mannes u der Frau sagte, daß sie *vortreflich* wäre[n] (ein seltnes Wort in Kl-s Munde, des Bedeutung ich kenne). Vortreflich klang immer in meinen Ohren, aber ich konnte doch noch nicht in der Stube bleiben. Nur seitdem wir von H[amburg] zurück sind kann ichs. Und den meisten Mut, den Mut des Vorlesens kriegte ich vorkurzen, da wo ich ihn hätte verlieren sollen. Nämlich Kl. sagte mir: ich sollte auch einen *Gesang* machen, einen *Gesang* [Schluß des Briefes fehlt]

Anna Louise Karsch an Johann Wilhelm Gleim

Berlin, den 15. August 1763

Siebzehn Tage, bester Freund, verweilt ich im schönen Potsdam und kam in Gesellschaft meiner freundlichen Wirtin nach Berlin und zum Besuche und fand die Briefe meines lieben Gleim und freue mich nun, daß ich ihm viel angenehmes melden kann.

Friedrich der Große, der beste Friedrich, hat das letzte Gewölke meines Mißvergnügens zerstreut. Sie müssen nun ihn mehr noch segnen, als jemals, weil er Ihre Freundin vor jeder Sorge des Lebens in Schutz nimmt.

Seydlitz, der General, ergriff den schönsten Augenblick, meine Lieder ihm zu geben; es geschah am vorigen Montag beim Abendessen, als der Obrist Quintus dem Könige ein übersetztes Stück von mir übergab. Es betraf, was ich schrieb, den berühmten Franzosen (d'Alembert), der in Rußland hunderttausend Rubel ausschlug, die ihm wegen der Erziehung des künftigen russischen Thronbesitzers angeboten waren. Das Seitenstück zu diesem kleinen Gedicht war eine andere gleich flüchtig hingeschriebene Phantasie an den Obristleutnant von Anhalt, die besagte, daß ich weder Pracht noch große Zinsen verlangte: mein heißester Wunsch wär eine kleine ländliche Hütte, wäre ein Garten um sie. Anhalt las die kleine Phantasie und warf sie dem Übersetzer Quintus hin. Diese zwey Kinder meines Ge-

nius empfahlen in ihren französischen Überröcken dem Könige ihre deutsch gekleidete Schwester.
Die Ode an meinen Geist wegen der Unmöglichkeit, dem König zu singen, und die andere über den weinenden Amor in Charlottenburg wurden gelesen. Man unterhielt sich den ganzen Abend von meinen Liedern. Vermutlich hatte der General von meinen Triumphgesängen hinzugetan.
Der König verwunderte sich über meine Bekanntschaft mit dem Horaz, dem Homer, dem Pindar und fragte den General, ob ich in Potsdam noch sey, wo ich wohnte? Den andern Morgen schickte Quintus ganz früh und ließ mich einladen. Sein erstes war mir zu sagen, daß Friedrich mich sehen wolle. Bald darauf ging ich hinaus nach Sanssouci. Die Edelknaben umringten mich und wünschten mir Glück. Freund Seydlitz aber mußte den Monarchen nicht heiter genug gefunden haben. Er sagte, man müßte mich heut ihm nicht vorstellen. Also ging ich zurück. Den Tag darauf fragte der König mit einer Art Ungeduld nach mir, warum man mich nicht vorgestellt hätte!
Die fünfte Nachmittagsstunde des 11. August war diejenige, in der ich zum Marquis d'Argens gerufen ward. Er und Herr von Katt, Vorleser des Königs, stellten mich vor. Ich stand im großen Marmorsaal, aus welchem vor etlichen Tagen die Prinzessinnen in den Vorhof tanzten: zehntausend Lampen erhellten den Saal. Hier stand ich und erwartete den Monarchen, den großen, welchen ganz Europa, welchen Indien kennen will. Das Herz klopfte mir in zwölf gewaltigen Schlägen hoch empor, doch gewann ich soviel Zeit, daß ich meine Lebensgeister, ehe der König die Tür aufmachte, noch ganz gut in Ordnung bringen konnte. Nun aber trat er herein:

Ist Sie die Poetin?

Ja, Ihro Majestät, man nennt mich so.

Sie ist doch aus Schlesien?

Ja, Ihro Majestät.

Wer war Ihr Vater?

Er war ein Brauer aus Schweidnitz beim weinreichen Grünberg.

Aus Schweidnitz? Gehört das nicht den Gräflichen?

Bey Lebzeiten meines Vaters war ein Herr von Kösserlitz der Eigentümer.

Aber wo ist sie geboren?
Auf einer Meierey, wie Horaz eine gehabt hat.
Sie hatte, sagt man, niemals Unterweisung?
Niemals, Ihro Majestät, meine Erziehung war die schlechteste.
Durch wen aber ward sie eine Poetin?
Durch die Natur und durch die Siege von Eurer Majestät.
Wer aber lehrte sie die Regeln?
Ich weiß von keinen Regeln.
Von keinen Regeln? Das ist nicht möglich. Sie muß doch das Metrum wissen.
Ja, Ihro Majestät, aber ich beobachte das Metrum nach dem Gehör und weiß ihm keinen Namen zu geben.
Wie denn kommt sie mit der Sprache zurecht, wenn sie sie nicht lernte?
Meine Muttersprache hab ich so ziemlich in der Gewalt.
Das glaub ich, was die Feinheit betrifft. Wie aber steht's mit der Grammatik?
Von der hab ich die Gnade Euer Majestät zu versichern, daß ich nur kleine Fehler mache.
Man muß aber keine machen. (Er lächelte.) Was liest sie denn?
Plutarchs Lebensbeschreibungen.
Wohl auch Poeten?
Ja, Ihro Majestät, zuweilen auch Dichter: den Gellert, den Haller, den Kleist, den Uz und alle unsere deutschen Dichter.
Aber liest sie nicht auch die alten? Man hat doch Übersetzungen?
Ein paar Gesänge des Homer von Bodmer übersetzt und den Horaz von Lange las ich.
Also den Horaz? Hat sie auch einen Mann?
Ja, Ihro Majestät, aber er ist von Ihren Fahnen entlaufen, irrt in Polen umher, will wieder heiraten und bittet mich um die Scheidung, die ich ihm verwillige, denn er versorgt mich nicht.
Hat Sie Kinder von ihm?
Eine Tochter.
Wo ist die?
Zu Berlin. Hofrat Stahl bezahlt für sie.

Ist sie schön?
Mittelmäßig, Ihro Majestät, sie hat keine schöne Mutter.
Diese Mutter war doch wohl einmal schön?
Ich bitte untertänigst um Vergebung, sie war niemals schön. Die Natur vergaß den äußeren Putz an ihr.
Wie wohnt sie denn?
Oh, Ihro Majestät, sehr schlecht. Ich kann kein Haus bekommen in Berlin, und um Euer Majestät eine Idee zu machen von meiner Wohnung, muß ich bitten, eine Kammer in der Bastille zu Paris sich zu denken.
Aber wo wohnt sie eigentlich?
Im alten Konsistorium, drey Treppen hoch, unterm Dach.
Wovon lebt sie?
Von Geschenken meiner Freunde. Hofrat Stahl gibt mir sehr oft zu essen.
Wenn sie Lieder in den Druck gibt, was gibt man ihr für den Bogen?
Nicht viel, Ihro Majestät, ich ließ acht Lieder auf Ihren Triumph drucken.
Und was gab man ihr?
Nur zwanzig Thaler.
Zwanzig Thaler? In Wahrheit, davon lebt man nicht lange. Ich will schon sehen, will sorgen für sie.

Mit diesen Worten entließ mich der König. Ich taumelte den Saal hinaus, General Lentulus begegnete mir, ich weiß nicht, was ich ihm sagte.

Dorothea von Schlözer an Luise Michaelis

Beste Luise! Göttingen, den 19. Junius 1785

Deine Frage habe ich nun recht wohl verstanden. Meinst Du denn, daß Kochen und Spinnen angenehmer ist, als wenn ich ein historisches Collegium bei meinem Vater höre? Freilich wenn ich Latein oder einen schweren Satz im Euklides auszuarbeiten habe, so vergeht mir wohl zuweilen die Geduld, aber

da denke ich denn, wenn ich diesen Satz und Latein fix verstehe, so lerne ich dadurch, wie eine Brille beschaffen sein muß, und das ist doch wohl angenehmer, als bei Hitze und Frost in der Küche zu stehen. Und wird es mir manchmal ein wenig sauer, so werde ich jetzt schon genug dafür belohnt, weil mir mein Vater so manches Extra Vergnügen dafür erlaubt.
Du mußt Dir aber ja nicht einbilden, daß ich nichts von weiblichen Arbeiten verstehe: im Kochen nehme ich es doch wohl mit Dir auf, und meine Mutter macht mir oft Schmeicheleien über mein flinkes Stricken. – Ich kann spinnen, nähen, mit Wein umgehen, denn ich besorge größtentheils den Keller allein; nur im Putzmachen fehlt's mir noch ein wenig, da möchtest Du wohl schon mein Meister sein, und meiner Mutter vollends komme ich in diesem Capitel all meine Tage nicht bei. Nicht einmal, sondern wohl zehnmal hat es mir mein Vater freigestellt, ich sollte keine Lernstunde mer haben, sondern nur weibliche Sachen treiben – aber ich hielt es noch nicht für rathsam, warhaftig nicht bloß weil ich fürchtete, meinen Vater bös zu machen.
Liebes Mädchen, ich will Dir Vieles beichten, was wir 15jährigen Mädchen sonst in der Welt nie so früh erfahren, und auch in keinem Buche steht, was ich aber schon seit mehreren Jahren unter vier Augen von guter Hand habe: Weiber sind nicht in der Welt, blos um Männer zu amüsiren. Weiber sind Menschen wie Männer: eines soll das andere glücklich machen. Wer blos amüsirt sein will, ist ein Schlingel, oder verdient nur ein Weib von schönem Gesicht, das er in vier Wochen satt ist.
Nun, macht ein Weib einen Mann blos dadurch glücklich, daß sie seine Köchinn, Näherinn und Spinnerinn ist? Ey so wollt' ich mich doch lieber als Köchinn, Näherinn und Spinnerinn vermiethen, so könnt' ich ja von dem Teufel, wenn's ein Teufel ist, wieder loskommen. – Aber meinst Du denn nicht, daß ein Mädchen durch das, was ich lerne, einen Mann wirklich amüsiren könne? Meinst Du, daß ich durch mein Lernen dem Stande, dem ich gewidmet bin, ganz entgehe? Wie, wenn ich nun einen Kaufmann oder Fabrikanten kriegte, der nach Spanien, Frankreich, Holland, Italien, England, Schweden u. s. w. handelt, und ich verstehe die Sprache dieser Länder und könnte ihm gar seine Correspondenz führen? Wieviel Kaufmanns Weiber

giebt es denn, die so ein halb Dutzend Sprachen verstehen; und müßte mein – will's Gott! – Künftiger denn nicht ein Flegel sein, wenn er mir nicht eine Köchinn bezahlte, weil ich ihm einen Buchhalter ersparte?
Freilich wählen können wir Mädchen nicht, weder ich noch Du; wenn ich also einen Gelehrten kriegte, so wäre mein bischen Lernen verloren, aber Schaden thät's mir doch auch nicht. Gesetzt ich müßte, der Haushaltung wegen, Clavier, Singen, Mathematik und Latein niederlegen, meine Sprachen spräche ich doch noch immerfort, und mein Mann hätte doch sein Vergnügen dabey, und ich läse doch immer so was nebenher von Rom. Denn immer vor dem Heerd zu stehn, wäre meine Sache auch nicht, denn armes Schofel Zeug nehme ich nicht, und dazu zwingt mich mein Vater auch nicht. Ich laure nicht auf einen Mann, der so viel Einnahme hat wie Dein Vater und meiner. Aber hungern und darben will ich auch nicht, sonst bleibe ich lieber allein. Wenn mein Temperament so bleibt wie bisher, so heirathe ich nicht anders als aus Vernunft.
Es ist hier jetzt recht elendes Wetter. Heute regnet es wieder, und ich bleibe zu Haus. – Diese Woche am 15. Junius haben wir bei Euch gegessen.
Nun habe ich Dir doch einen recht langen Brief geschrieben, daß mir die Finger ordentlich weh thun.

Karoline Jagemann an ihren Vater

11. April 1795

Verzeihung, teuerster Vater, für mein so langes, unverantwortliches Schweigen! Es ist nicht Lieblosigkeit und Undankbarkeit schuld, ich habe einigemal angefangen zu schreiben, aber ein gewisser Unmut hinderte mich, fortzufahren. Ein Teil dieser Unzufriedenheit entstand aus der üblen Situation bei der Frau Kriegsrätin; sie ist gehoben, ich wohne seit gestern in einem neuen freundlichen Quartier und bin so heiter wie der Himmel, den ich frei aus meinem Fenster sehe. Ich danke mit kindlichem Herzen für Ihren väterlichen Wunsch, Chrestomathie und Geld, nehmen Sie dafür mein Versprechen, Ihnen Freude und Ehre zu machen. Ganz unparteiische Personen können bestätigen, daß mirs geglückt ist, die allgemeine Achtung zu erwerben; alle fürchterlichen Vorstellungen verbannen Sie, bester Vater, Sie quälen sich unnütz. Mich vorsätzlich heruntersetzen werde ich nie, dazu sind meine Grundsätze und das mir von Jugend an eingeflößte Gefühl für Ehre und Tugend zu fest. Die wiederholten Nachstellungen einiger Herren kommen vermutlich daher, weil sie aus Erfahrung wissen, daß die, welche am tugendhaftesten scheinen, eben nur scheinen; daß das bei mir der Fall nicht ist, können sie jetzt desto gewisser wissen. Ich lasse mich durch nichts in der Welt überreden, daß man sich bei einem bißchen Verstand und gutem Willen nicht vor Schande hüten kann, und bedaure daher kein junges Mädchen mit schlechtem Rufe, weil ich gewiß weiß, daß es ihm entweder an gutem Willen oder an Festigkeit der Grundsätze fehlt; im letzteren Falle ist sie freilich weniger schuldig, denn das ist Fehler der Erziehung. Keins von beiden trifft bei mir zu, also ruhig, lieber Vater! Kein Mensch in der Welt ist ohne Feinde, ich habe deren auch, aber die meisten kenne ich und weiß die Gründe, warum sie es sind. Keiner gereicht mir zur Unehre; und wenn man verbreitet, war mir schaden kann, so lügt man. Jeder, der mir so etwas hinterbringt, geht mit besserer Überzeugung von mir, weil ich es widerlege; den Triumph, daß ich nicht alle eines Besseren belehren kann, muß ich ihnen freilich lassen. Könnten Sie mich sehen, in jeder Situation beobachten, kein Zweifel würde in Ihnen aufsteigen. Lassen Sie mich Sie bald sehen; meine Sehnsucht ist unerträglich, und meine Hoffnung auf spätere Zeiten wird endlich müde. Hören Sie, Vater, bald, recht bald! Auch die Hoffnung, meinen Ferdinand bei mir zu sehen, ist vernichtet. Wenn mein ganzes Leben voll so unerfüllter Wünsche sein soll, dann schenke mir Gott ein recht baldiges Ende. Wenn ich nicht bald zu Dir komme, Vater, und meine Familie nicht sehe, dann gib acht, was geschieht. Ich halt es nicht lange mehr aus; alle Menschen sehen doch einmal in vier ganzen Jahren ihre Vaterstadt und die Ihrigen, aber ich nicht; 's ist erschrecklich! Ich nehme dann Mariane mit mir und lehre sie singen, sie wird Ihnen nicht viel und nicht lange Kostgeld verursachen.

Jena, den 18. November 1795

Die Idee, ein Journal zu unternehmen, stand vor einiger Zeit zufälligerweise bei mir; sie kam öfterer wieder, ward nach und nach bleibend und ging zuletzt zur Ausführung über.
Da ich zunächst für mein Geschlecht zu sammeln wünsche, so soll bei aller Freiheit des Stoffs, die mein Plan zuläßt, sich die Form nie allzusehr dem Wissenschaftlichen nähern, sondern stets ein leichtes, gefälliges und anmutiges Ansehen haben.
Wie unendlich schätzbar mir Beiträge *von Ihnen* sein würden, bedarf wohl keiner Versichrung, und zutrauungsvoll rechne ich auf Ihre Unterstützung, wofern es anders Ihre Verhältnisse gestatten. – Kleinere Gedichte, die für den Plan der Horen vielleicht zu wenig Raum füllen, würden mir ein liebliches Geschenk sein; zu größeren erhebt der bescheidne Wunsch sich nicht.
Wünschen Sie über die Einrichtung des Journals mehr zu hören, so bin ich so frei, Sie an Herrn Professor Woltmann zu verweisen, da er öfters Ihrer mündlichen Unterhaltung genießt. – Eine günstige Antwort würde mich sehr glücklich machen, und dürfte ich schon beim ersten Stück auf etwas von Ihnen hoffen, so wär' mir das in jeder Beziehung unendlich viel wert.
Leben Sie wohl! – mit unwandelbarer Hochachtung bin ich

Die Ihrige Sophie Mereau

Jena, den 19. Januar 1796

Empfangen Sie meinen Dank für das Geschenk des Almanachs, den Sie und Göthe zur Unsterblichkeit geweiht haben. – Da unser eignes Gefühl doch immer der Masstab bleibt, nach welchen wir den Wert Andrer beurtheilen, und das größte Genie ewig von jedem unverstanden bleibt, dem die Natur keinen harmonischen Sinn dafür gab, so ist das mein größter Stolz, daß ich Ihre Größe und Ihren Wert wahr und innigst zu fühlen vermag.
Ihr freundschaftlicher Rat und meine beßre Überzeugung haben gesiegt und mich zu dem Entschluß gebracht, ein paar un-

angenehme Schritte zurück zu tun und den Plan mit dem Journal für jetzt ganz aufzugeben. – Den Wert Ihrer Teilnahme und Ihrer mir getanen Vorschläge erkenne ich mit innigem Dank. – Ich will jetzt ruhig an dem fortarbeiten, was Phantasie und Gefühl mir in einzelnen, glücklichen Momenten eingeben. Scheint mir etwas vollendet, so biete ich es Ihnen dar. Sie haben ein Recht, der Erste zu sein, dem ich es anbiete, obgleich keine Pflicht, es anzunehmen. – Können Sie mir gelegentlich einige Bücher aus dem von Ihnen erwähnten Gebiet der französischen Litteratur verschaffen, so werden sie mir *äußerst* willkommen sein.
Der Gewinn für meine kleinen Beiträge hat alle wahrscheinliche Erwartung übertroffen.

Leben Sie recht wohl!
Sophie Mereau

Karoline von Günderode an Clemens Brentano

am 10. Juni 1804

Ehe ich zur ernstlichen Beantwortung Ihrer ernstlichen Fragen komme, muß ich Sie recht dringend bitten, mir die fatale Perücke abzunehmen, die Sie mir aufgezwängt haben, die ich eigentlich nicht trage, weil sie mich sehr beengen würde; also gleich am Eingang meines Briefes hinweg mit ihr, daß ich mich frei bewegen kann.
Wie ich auf den Gedanken gekommen bin, meine Gedichte drucken zu lassen, wollen Sie wissen? Ich habe stets eine dunkle Neigung dazu gehabt, warum? und wozu? frage ich mich selten; ich freute mich sehr, als sich jemand fand, der es übernahm, mich bei dem Buchhändler zu vertreten; leicht und unwissend, was ich tat, habe ich so die Schranke zerbrochen, die mein innerstes Gemüt von der Welt schied; und noch hab ich es nicht bereut, denn immer neu und lebendig ist die Sehnsucht in mir, mein Leben in einer bleibenden Form auszusprechen, in einer Gestalt, die würdig sei, zu den Vortrefflichsten

hinzutreten, sie zu grüßen und Gemeinschaft mit ihnen zu haben.
Ja, nach dieser Gemeinschaft hat mich stets gelüstet, dies ist die Kirche, nach der mein Geist stets wallfahret auf Erden.
Da ich heut sehr aufrichtig gegen Sie sein will, so muß ich Ihnen das noch sagen, daß in mir noch kein eigentliches Verhältnis zu Ihnen ist; wenn es werden kann, so soll michs freuen, es wird von Ihnen ausgehen müssen; doch wenn es nicht sein könnte, so würde mich das kaum betrüben. Meine Beziehung zu Ihnen ist nicht Freundschaft, nicht Liebe, meine Empfindung bedarf daher keines Verhältnisses, sie gleicht vielmehr dem Interesse, das man an einem Kunstwerk haben kann, aber verworrene, mißverstandene Verhältnisse könnten mir dies Interesse trüben.
Sagen Sie nicht ferner, mein Wesen sei Reflexion oder gar, ich sei mißtrauisch; das Mißtrauen ist eine Harpye, die sich gierig über das Göttermahl der Begeisterung wirft und es besudelt mit unreiner Erfahrung und gemeiner Klugheit, die ich stets jedem Würdigen gegenüber verschmäht habe.
Grüßen Sie Ihre Frau freundlichst von mir; auch ich freue mich, Sie zu sehen und Ihr Kind, das ich mir gar lieblich vorstelle.
Mit dem Ponce de Leon haben Sie mir viel Freude gemacht.

Henriette Frölich
an Johann Wolfgang Goethe

Scharfenbrück, den 10. Juni 1805

Hochwohlgeborner Herr! Euer Exzellenz erhalten hierneben ein Lustspiel, betitelt die Rosenmädchen. Doch nicht zum Durchlesen? Ja, und nein.
Es ist hier die Frage, ob es der Kunst frommt, daß dieses Lustspiel, das Kind einer namenlosen Mutter, im dunkeln gehalten werde, oder nicht? und mit dieser Frage wende ich mich hochachtungs- und vertrauensvoll an das höchste Tribunal.
Ihrer Tochter, der Kunst, zur Liebe werden Euer Exzellenz

schon die Gnade haben, fünf Blätter von dem Manuskripte zu lesen. Halten diese fünf Blätter Sie nicht, so klingeln Euer Exzellenz dem Bedienten, befehlend: Packe das ein. Drinne schreib: Es hat nicht gefallen. Oben auf. An die Frau Frölich, zu Scharfenbrück bei Luckenwalde.
Finden Euer Exzellenz es aber des Lesens wert; nun denn bitte ich im Namen der Kunst um ein einziges beifälliges oder abmahnendes Wort! Gewißheit über mich selbst ist das Einzige, was ich in dieser Sache wünsche. Diese zu verlangen, wird dem Weibe sehr schwer gemacht. Fast immer mischen sich entweder Galanterie oder Animosität in das Urteil der gewöhnlichen Menschen.
Nun aber kann ich ruhig sein. Ich werde Wahrheit finden! und dann mit verdoppeltem Mute fortschreiben können, auf der erst betretenen Bahn oder – auf immer abtreten.
Mit der ehrfurchtsvollen Ergebenheit Euer Exzellenz untertänigste Henriette Frölich

Annette von Droste-Hülshoff an ihre Mutter

[Hülshoff] d. g. Oktober 1820

Du weißt, liebste Mutter, wie lange die Idee dieses Buchs in meinem Kopfe gelebt hat, bevor ich sie außer mir darzustellen vermochte. Der betrübte Grund liegt sehr nahe, in dem Unsinne, dem ich mich recht wissentlich hingab, da ich es unternahm, eine der reinsten Seelen, die noch unter uns sind, zu allen Stunden in Freud und Leid vor Gott zu führen, da ich doch deutlich fühlte, wie ich nur von sehr wenigen Augenblicken ihres *frommen* Lebens eine Ahnung haben könne, und wohl eben nur von jenen, wo sie selbst nachher nicht recht weiß, ob sie zu den guten oder bösen zu zählen. Es würde somit fast freventlich gewesen sein, bei so heiligen Dingen mich in vergeblichen Versuchen, ich möchte sagen herumzutummeln, wenn nicht der Gedanke, daß die liebe Großmutter ja grade in jenen Augenblicken nur allein eines äußeren Hülfsmittels etwa bedürfe, indes in ihren reineren Stunden alles hinzu Getane gewiß überflüssig oder störend, und wo sie sich dessen etwa aus Demut bedient, auch das gelungenste Lied von mir ihr nicht jene alten rührenden Verse ersetzen könne, an denen das Andenken ihrer frommen verstorbenen Eltern und liebsten Anverwandten hängt, wenn nicht, sage ich, dieser Gedanke mich zu den mehrmaligen Versuchen verleitet hätte, die so mißlungen sind, als sie gar nicht anders werden konnten.

Kein Schwachkopf, der plötzlich zum König wird, kann bedrängter sein als ich im Gefühl der Ohnmacht, wenn ich Heiligtümer offenbaren sollte, die ich nur dem Namen nach kannte und deren Kunde mir Gott dereinst geben wolle.

So habe ich geschrieben, immer im Gefühl der äußersten Schwäche, und oft wie des Unrechts, und erst seitdem ich mich von dem Gedanken, für die Großmutter zu schreiben, völlig frei gemacht, habe ich rasch und mit mannigfachen, aber immer erleichternden Gefühlen gearbeitet und, so Gott will, zum Segen. Die wenigen zu jener mißlungenen Absicht verfertigten Lieder habe ich ganz verändert, oder wo dieses noch zu wenig war, vernichtet, und mein Werk ist jetzt ein betrübendes, aber vollständiges Ganze, nur schwankend in sich selbst, wie mein Gemüt in seinen wechselnden Stimmungen. So ist dies Buch in Deiner Hand! Für die Großmutter ist und bleibt es völlig unbrauchbar, sowie für alle sehr fromme Menschen; denn ich habe ihm die Spuren eines vielfach gepreßten oder geteilten Gemütes mitgeben müssen, und ein kindlich in Einfalt frommes würde es nicht einmal verstehn. Auch möchte ich es auf keine Weise vor solche reine Augen bringen, denn es gibt viele Flekken, die eigentlich zerrissene Stellen sind, wo eben die mildesten Hände am härtesten hingreifen, und viele Herzen, die keinen Richter haben als Gott, der sie gemacht hat.

Daß mein Buch nicht für ganz schlechte, im Laster verhärtete Menschen paßt, brauchte ich eigentlich nicht zu sagen; wenn ich auch eins für dergleichen schreiben könnte, so würde ich es doch unterlassen.

Es ist für die geheime, aber gewiß sehr verbreitete Sekte jener, bei denen die Liebe größer ist wie der Glaube, für jene unglücklichen, aber törichten Menschen, die in einer Stunde mehr fragen, als sieben Weise in sieben Jahren beantworten können.

Ach! es ist so leicht, eine Torheit zu rügen! aber Besserung ist überall so schwer, und hier kann es mir oft scheinen, als ob ein immer erneuertes Siegen in immer wieder auftobenden Kämpfen das einzig zu Erringende und ein starres Hinblicken auf Gott, in Hoffnung der Zeit aller Aufschlüsse das einzig übrige Ratsame sei, d. h. ohne eine besondere wunderbare Gnade Gottes, die auch das heißeste Gebet nicht immer herabruft. Ich darf hoffen, daß meine Lieder vielleicht manche verborgne kranke Ader treffen werden; denn ich habe keinen Gedanken geschont, auch den geheimsten nicht. Ob sie Dir gefallen, muß ich dahingestellt sein lassen; ich habe für *keinen* einzelnen geschrieben. Ich denke es indes und wünsche es sehnlichst, da sie als das Werk Deines Kindes Dein natürliches Eigentum sind. Sollte ich jedoch hierin meinen Zweck verfehlen, so muß mich das alte Sprichwort rechtfertigen: »Ein Schelm, der mehr gibt, als er hat.«

Christiane Strauss an ihren Sohn David Friedrich

Ludwigsburg, den 12. Sept. 1824

Was denkst: lieber Alter, daß Du Dir mit meinem Geburtstag so große Unkosten machst, 3-Bazen Präsent von einem Studenten ist warlich so viel als eines von einem anderen von 3 Carolin, ich danke Dir herzlich dafür. Es war ein netter Spaß und der Dreybäzner soll auch verwendet werden zu einem Schnekkenmesserle.

Nicht weniger groß war meine Freude als ich Deine nette ehrliche und gut gemeinte Verse gelesen, wahrhaftig ein Geschenk vom größten Werth, hätte mir nicht können einen solchen vergnügten Tag verschaffen, als wie Du mir einen durch die Äußerungen Deiner kindlichen Liebe verschafft hast.

Die Geburtstäge die man in den Jahren 50 zurück legt, haben bey weitem nimmer das frohe und heitere, als wie diese in den vorigen Jahren, nicht als ob ich traurig wäre, daß ich im Alter schon so weit vorgerückt, nein: ich danke Gott, daß Er mich

schon so weit glücklich geführt hat, aber der Gedanke, daß mich in diesem Jahrzehn, jedes Jahr um einen Rießen Schritt meinem Grabe näher bringt, dieser Gedanke macht mich ernsthaft, und wen wird dieser Gedanke nicht ernsthaft machen?
Gott sey der Dank, der mich durch mein ganzes Leben nie verlaßen, führte Er mich auch oft dunkle Wege, so wars ja nur zu meinem Besten, Dank sey Ihm, daß Er mir durch euch liebe Kinder Begleiter geschenkt, die mir meinen Weg des Lebens bisher erheiterten und erleichterten, kommt dann auch mein leztes Jahr und mein lezter Tag, so sterbe ich vertrauensvoll auf meinen treuen Führer und glaube gewiß, Er wird auch euer Führer seyn durch dieses Leben, und werde uns wieder zusammen finden laßen an einem Ort wo keine Trennung und keine Klage mehr stattfinden wird.
Lebe wohl lieber guter Sohn! Von Herzen freut sich auf die Vacanz

Deine Dich zärtlich liebende Mutter

Adele Schopenhauer an ihren Bruder

[Bonn, 27. Oktober 1831]

Dir nach einem so langen Schweigen ein deutliches Bild der inneren und äußeren Gestaltung meines Lebens zu geben, wird schwer sein, lieber Arthur. Dennoch muß ich es versuchen; denn es ist die einzige Art, wie wir Geschwister uns einander nähern können, was nach meiner Überzeugung gut für uns alle beide und gewiß doch ganz naturgemäß ist. Wenn ich irgendwo schroff erscheine, so rechne es, bitte, nicht auf meine Stellung zu Dir, es ist nur so manches in der Vergangenheit, was mich fest, aber auch *hart* machte, und doch bin ich zu weiblich, um den Schmerz dieser Härte wegen weniger zu fühlen!
Wenige sind wohl so glücklich gewesen als ich im Leben: das plötzliche Aufhören des Glücks und die Verachtung, die dieses Aufhören mir gegen die liebsten Menschen aufzwang, brachte mich in die Mitte zwischen Wahnsinn und Tod. Ich suchte mir

zu helfen und fand Mittel aus, das Leben zu ertragen, ohne Freude, aber doch ohne Klagen, und mein Körper blieb länger krank als meine Seele. Ich fand eine Frau hier am Rhein, die mich sehr lieb gewann. Sie tat viel für mich und hat mich ohne Zweifel gerettet [...]
So bin ich denn mit dem größten Teil unserer Möbeln hierhergekommen; wir werden hier bleiben, und ich bin ganz unbeschreiblich gelassen dabei, nicht froh, nicht trübe; nicht heiter, nicht ernst; aber ruhig. Der erste Arzt hier ist mein recht herzlicher Freund, also wird alles geschehen, was zu unserer Pflege nötig. Unsere Einrichtungen sind vernünftig gemacht, so daß ich ohne drückende Sorge durchzukommen hoffe, da die Mutter fleißig arbeitet an der Herausgabe der sämtlichen Werke. Keine einzige leidenschaftliche Empfindung bewegt mich, keine Hoffnung, kein Plan – kaum ein Wunsch; denn meine Wünsche streifen an das Unmögliche; so habe ich ihrem Flug und Zug nachsehen lernen, wie dem der Vögel in der blauen Luft. Ich lebe ungern, scheue das *Alter,* scheue die mir gewiß bestimmte *Lebenseinsamkeit.* Ich mag nicht heiraten, weil ich schwerlich einen Mann fände, der zu mir paßte. Ich weiß nur einen, den ich heiraten könnte ohne Widerwillen, und der ist verheiratet. Ich bin stark genug, um diese Öde zu ertragen; aber ich wäre der Cholera herzlich dankbar, wenn sie mich ohne heftige Schmerzen der ganzen Historie enthöbe. Daher ist mir Deine *Angst,* da auch Du Dich unglücklich fühlst und oft dem Leben entspringen wolltest durch irgendeinen Gewaltschritt – seltsam. Ich meine: nun man kann es abwarten. Ich kann recht gut leben und bin oft sehr heiter; aber trifft es mich – *eh bien!* einmal endigt es, mir gleichviel wann. Vorigen Winter war ich sehr trübe, ich litt sehr, es hat mich so zurückgebracht, daß ich zu sterben glaubte. Zuletzt hätte ich fast den unvernünftigen Streich gemacht, eine Vernunftheirat zu schließen; zum großen Glück kam einiges dazwischen, und mir war mit einem Male wieder sonnenklar, daß, da nun hoffentlich Leidenschaft und Liebe hinter mir liegen, ich zwar heiraten kann, aber nur einen Mann, den ich ganz besonders und durchaus *achte* und geistig über oder neben mich stelle, wo er dann als Mann doch über mir stünde. Nur so könnte ichs mit klarem Gewissen – nun sieh selbst, wo findet sich das leicht? Der Mann

würde sich finden; aber auch zu mir finden? Mich kennt fast niemand, denn meine Seele hat ein Gesellschaftskleid wie die venezianischen Schleier und Masken; von mir selbst sieht man nicht viel. Warum die Leute langweilen? Sie wollen wenigstens bloß oberflächliche Worte, und wenn ich denn in Gesellschaft muß, gebe ich diese [...]

Sieh, lieber Arthur, das wäre, etwa das Äußere der Person abgerechnet, alles, was von mir zu sagen wäre. Diese ungemein freie unbefangene Stellung hatte ich nie zu Dir, konnte sie nicht haben: Jugend und was dazu gehört, äußere Einwirkungen, Hoffnungen und Erinnerungen zerrten an mir, ich hatte Rücksichten, Ansichten. Jetzt ist vieles anders: die Zeit hat Dich gelehrt, daß mich mein *freier Wille,* keine Art Not, keine Hilflosigkeit zu Dir treibt. Ich bin überzeugt, daß unsere Charaktere im Guten und Schlimmen viel Ähnliches haben, wir wollen, denke ich, nun einmal sehen, wo wir zusammenpassen. Du magst die Menschen im allgemeinen nicht, ich achte sehr wenige und lebe gern allein oder mit sehr wenigen, doch bin ich nicht menschenscheu. Du glaubst die menschliche Natur zu kennen, ich manchmal auch, manchmal bescheide ich mich und glaube, daß ich anfange *mich* zu kennen. Laß mich Dich womöglich sehen: wenn ich irgendeinen Menschen zu kennen *wünsche,* bist Du es.

Ich glaube, Du wirst den Winter in Frankfurt bleiben können; aufs Frühjahr wirst Du wohl dem Süden zu, d. h. nach der französischen Schweiz fliehen; gib mir in der Nähe ein Rendezvous von ein paar Tagen, aber womöglich in einem kleinen unbemerkten Orte und wohin ich von hier aus leicht ganz allein reisen kann. Bis dahin schreibe mir, was Du willst, über Dich, über andre, über Bücher, Städte, Musik, kurz was Du willst, ich werde *Dich* herauslesen lernen aus dem, was Du schreibst. Fürchte kein Spionieren; was Du von Deinen Verhältnissen verschweigst, werde ich nie zu erraten suchen, aus Rechtlichkeit und Faulheit. Ich glaube, es wäre gut, wenn die Mutter gar nicht ahndete, daß wir uns schreiben, bin aber auch bereit es zu sagen, wenn Du es willst [...]

Clara Wieck an Robert Schumann

Wien, den 21. Januar 1838

Das war ein schwerer Tag für mich, aber auch ein schöner. Es war heut Mittag mein viertes Konzert, wo ich von Liszt und Thalberg spielte, um auch die verstummen zu machen, welche immer noch glaubten, ich könne Thalberg nicht spielen. 13 Mal ward ich gerufen, was selbst dem Thalberg nicht widerfahren. Dazu kam wohl auch, daß das Publikum allgemein indigniert war über einen Aufsatz, der, von dem ehemaligen Stiefelputzer Beethovens, Herrn Holz, ausgehend, behauptete, ich verstände nicht, Beethoven zu spielen. Nun kannst Du Dir den Lärm denken... Du wirst diesen Enthusiasmus nicht begreifen können, da Du gar nicht weißt, was ich eigentlich leiste und was nicht; da Du mich als Künstlerin überhaupt viel zu wenig kennst. Doch glaube ja nicht, daß ich Dir deswegen gram, im Gegenteil macht mich das glücklich, daß ich weiß, Du liebst mich nicht um meiner Kunst willen, sondern wie Du mir einmal auf ein kleines Zettelchen schriebst, »ich liebe Dich nicht, weil Du eine große Künstlerin bist, nein, ich liebe Dich, weil Du so gut bist«. Das hat mich unendlich gefreut, und das hab ich auch *nie* vergessen.

Betsy Meyer an Hermann Haessel

Juli 1876

Wenn Sie wüßten, wie ich an diesem Jenatsch arbeiten muß! Jeden Morgen von 9 bis halb 1 Uhr jede Zeile eines Kapitels umwenden und betrachten mit Conrad, den eine wahre Leidenschaft erfaßt hat, das Buch bald gedruckt zu sehen und zwar als Muster von Korrektheit – und Nachmittags, wenn er fort ist, muß ich es erst ins Reine bringen und jede seiner Notizen an Ort und Stelle schreiben. Ich konnte noch kaum unsre nächsten Verwandten einmal besuchen und das Nötigste in meinem kleinen Haushalt hier einrichten. Gut, daß wir diese peinliche

Korrektur wenigstens unter meinem breiten Kastanienbaum am See machen können.
Der Setzer dauert mich oft, der die nicht leichte Arbeit hat, unsre Korrektur richtig zu lesen. – Wenn er nur so gewissenhaft arbeitet wie wir! Ich hoffe aber wirklich, wir werden zuletzt Alle an dem Buch unsre Freude haben! [...]

5. Sept. 1876

Hier endlich, verehrter Herr, der Vertrag. Glauben Sie ja nicht, er sei aus Saumseligkeit bis jetzt liegen geblieben. Er lag schon längst ganz ruhig und regelrecht auf meinem Schreibtisch; aber ich durfte ihn nicht absenden, bis das Manuscript fertig in Ihren Händen lag.
Conrad wollte nicht mit der Ablieferung seiner Arbeit auf einen bestimmten Tag gebunden sein, da ja jedes ganz unverschuldete unvorhergesehene Hinderniß dieselbe verzögern konnte. Das Schlimmste aber: den Jenatsch in dem skizzenhaften Zustande, wie ihn die Literatur gebracht, als Buch publiciren zu müssen, das wollte er am wenigsten riskiren. –
Nun, Gott Lob sind wir ohne Störung fertig geworden! Letzten Sonntag konnte ich zum ersten Male seit 4 Wochen wieder jeder drängenden Schreibaufgabe ledig zu meinen Geschwistern gehen und einen Spaziergang mit ihnen machen. –

19. Mai 1892

Werfe ich einen Blick in die Tagesliteratur und ihre kritischen Leistungen gerade in Bezug auf C. Ferd., so ist mir, als sehe ich sein Bild in kunstvoll und facettenreich geschliffenen Spiegeln auf abenteuerliche Weise verzerrt. Ich denke dann an die geistreichen, kleinen Sonntagabendgesellschaften bei meiner Mutter, in denen ich keine Rolle spielte und als Zehn- und Elfjährige nichts verstand, sondern auf einem Schemel an einem runden Serviertischchen saß und mich damit belustigte, mein eigen Bild in einer altmodisch geformten silbernen Theekanne zu betrachten. Helleuchtend und blühend sah man darin entsetzlich aus! Das ganze Gesicht nichts als eine ungeheure Nase!

Oder bei einer kleinen Wendung nichts als Mund oder nach den äußern Seiten in die Tiefe gezogene schreckliche Augen, keine Stirn, kein Kinn. Seltsam, schauerlich und komisch. – So mein Bruder im Spiegel moderner Kritik.

8. Oct. 1894

[...] Von »*Mühe*« habe ich bei der Revision von meines Bruders zwei größern Gedichten *nichts* gespürt. Wie gern durchsah ich sie wieder! »Liebesmühe« ist, wie jeder weiß, nicht drückend. Möchte es keine »*verlorne*« sein! Nein, sie ist es gewiß nicht, denn beide Dichtungen haben solch' einen lichten Glanz der Schönheit, daß es sich hundertfach verlohnt, kleine unklare Stellen, die ihn trüben, wegzutilgen.
Auch eine *verborgene* Liebesmühe soll es bleiben. Mein Ehrgeiz ist der, daß niemand merke, daß eine andere Hand, als die meines Bruders selbst, die bessernde Feile führte. Übrigens führte er in diesen Dingen immer die Hand seiner Schwester – so kommt es diesmal aufs Selbe heraus.

Louise von François an Conrad Ferdinand Meyer

Hochgeehrter Herr. Weißenfels d. 17. Mai 1881

Dank für Brief und Bild. Ich betrachte es mit Freude. Ich bin keine Lavater'sche, aber es muß ähnlich sein. Klugheit und feine Laune war von dem Dichter des Hutten vorauszusetzen, Gutmüthigkeit auch von Einem, der mit so viel Interesse sein Häuschen umbaut, und daß seine politischen Gewaltnaturen ihm die Leiblichkeit nicht verkümmern – ei, das lobe ich mir. Neulich hörte ich, Sie wären Arzt. Gar häufig ist die Verbindung von Physikus und Dichter ja nicht; aber sie kommt doch vor, von Ihrem Schweizer Haller ab, bis auf unseren Halleschen Richard Leander, der durch und durch eine Künstlernatur ist. *By the by:* welch ein prophetischer Zug doch in dem alten Göthe. Ich erinnere mich noch ganz gut, wie es mich in

der Jugend verdroß, daß er seinen Wilhelm Meister als Chirurgus zum Ziele brachte – heute sehen wir die Chirurgie schlechthin an der Spitze der ärztlichen, Arm in Arm mit aller Naturwissenschaft, und das heißt der einzigen vordringenden der Neuzeit marschiren. – (Ich mache Sie im Geiste zu einem Sohne des alten Göthe-Meyer, der ja, irre ich nicht, von Geburt ein Zürcher war).
[...]
Die Frage über die Entstehungsgeschichte meiner alten Rekkenburgerin war wohl nur Spott, nicht wahr? Sie sehen mir ein bischen spottlustig aus, verehrter Herr! Ich will sie aber doch beantworten, als wäre sie Ernst gewesen. Sie ist das Korn, welches das blinde Huhn gefunden. Jedenfalls hat sie mir nicht mehr Mühe gekostet als alle anderen, die wie leichte Spreu im Winde verflogen sind. Ich habe niemals aus innerem Drang geschrieben, nicht wie viele andere, gute und schlechte Autoren, weil ich es nicht lassen konnte. Sonst würde ich mich wohl auch nicht den Vierzigen genähert haben, ehe ich mich, von Außen gedrängt, dazu entschloß. Das Heraustreten in die Öffentlichkeit war mir eine Widerwart. Die Geneigtheit des Redacteurs des Stuttgarter Morgenblatts – Hauff – persönlich wie alle Schriftsteller, Redacteure, Buchhändler – mir durchaus unbekannt, – erleichterte mir nach dem ersten, jeden ferneren Schritt auch insofern, als meine Anonymität so ziemlich gewahrt ward. Mit der Reckenburgerin, die in den ersten sechsziger Jahren geschrieben ward – in wie langer Zeit, weiß ich nicht mehr; ich habe allezeit langsam und mühsam gearbeitet, Gewissenhaftigkeit ist mein einziges Verdienst, – ging ich zum ersten Male über den Rahmen der kurzen Erzählung hinaus. Den Stoff gab, wie immer, ein Alltagsereigniß, beobachtet, oder gelesen, das sich unter einem gewissen ideellen Brennpunkt zusammenfassen ließ. Ich wollte an zwei Frauengestalten zeigen, wie die beleidigte Natur sich rächt, die versäumte sich hilft. Nur der erste Vorwurf ist aber zum Austrag gelangt, da sein dramatischer Gehalt die mälige Entwicklung des zweiten nicht mehr aufkommen ließ. Da dieser zweite im Grunde aber mein Hauptanliegen war, mußte ich das Opus eigentlich als verfehlt ansehen. Das Morgenblatt nahm, trotz seiner Länge, dasselbe an; bevor aber Raum dafür geschaffen war, starb H. Hauff und

Cotta ließ das Journal eingehen. Ich erhielt das Ms. zurück, machte anderwärts etliche Versuche es unterzubringen, ward aber aller Orten auf recht schnöde Weise zurückgewiesen. Da ließ ich die Sache ruhen. Du bist alt geworden, dachte ich, auch Dein Produkt wird altmodisch geworden sein. Ist doch auch das Morgenblatt an seiner Unzeitgemäßtheit eingeschlafen. Zudem lag ich schwer krank und fragte wenig mehr nach diesseitigen Erfolgen. Auswärtige Freundinnen aber hatten Mitleid mit der armen Hardine, die sie liebgewonnen hatten und vielleicht mit Hardinens kranker Mutter, der sie eine letzte Erdenfreude zu machen glaubten, indem sie der Tochter ein Unterkommen verschafften. Jahrelang ist das Ms. in ihrem Kreise von Hand zu Hand gewandert, ohne mein Vorwissen vergeblich ich glaube an alle mögliche Thüren – sogar in Amerika! – geklopft worden, bis es endlich, durch H. Otto Roquettes, Vermittlung in der Jankeschen Romanzeitung aus Gnade und Barmherzigkeit Aufnahme fand und gleich bei den ersten Kapiteln die erstaunte Verfasserin zu einer Art von Berühmtheit machte. Das ist die Geschichte der Reckenburgerin. In allen meinen Erzählungen sind die Motive der Wirklichkeit entnommen, und wo erfunden, mißrathen. Die Erfindung ist meine schwächste Seite. Dagegen sind alle meine Charaktere erfunden und wo einmal copirt als Carricaturen verschrien worden. Mich selbst habe ich niemals portraitirt, außer etwa in der kleinen Reisenovelle vom Monarchen.
Verzeihen Sie die lange Expectoration. Sie spüren daraus, daß ich in meiner Mansarde viel müßige Zeit habe. Da Sie derselben wahrscheinlich recht wenig haben, brauchen Sie die Blätter ja nicht zu Ende zu lesen.
Mitte nächsten Monats hoffe ich, mich Ihrer Alpenzone für etliche Wochen zu nähern. Freilich nur auf deutschem Gebiete. Es gilt in Reichenhall oder Zell am See ein Rendezvous mit einer lieben Freundin, Fr. v. Ebner aus Wien, Ihnen als Mitarbeiterin der Rundschau vielleicht bekannt. Eine selten gütige und geistvolle Frau und Ihre große Bewunderin.
Möge Ihr Häuschen recht wohnlich gerathen und Ihnen und den Ihren lange eine frohe Heimath bleiben.

In wahrhafter Verehrung
Louise François

Mete Fontane an ihre Mutter

[September 1880]

Meine liebe Mama. Kl. Dammer bei Stentsch

Sonntag ist der rechte Erzieherinnen-Briefschreibe-Tag und ich hätte Dir schon heute Vormittag für Deine letzten Zeilen und die so überaus liebenswürdige Erledigung der weißen Kleid Frage gedankt, wenn ich nicht sehr eifrig vorgelesen hätte. – Wie viele kleine Vorzüge und Fähigkeiten entdecke ich an mir, hier, wo die Ansprüche so bescheiden sind! Nie würde es mir bei uns eingefallen sein, mein Lesen könnte Freude machen, da ich es stets mit Deinem verglich, hier wo man überhaupt kaum lesen kann ist meine Mittelmäßigkeit dieselbe, gewinnt aber bedeutend durch ihre noch mittelmäßigere Umgebung. Wir sind doch unendlich verwöhnt durch die geistige Atmosphäre unserer kleinen Wohnung; bei Wittes konnte ich das natürlich nicht so empfinden, denn beide Damen, selbst er zuweilen, erheben sich um ein Beträchtliches über das gewöhnliche Niveau. Aber hier genieße ich Unbedeutendheit in vollen Zügen. Ich sage manchmal faktisch etwas nicht, weil ich empfinde, sie verstehen es gar nicht, zu geschweigen von den Dingen, für die sie kein Organ haben – oder haben wollen. Dies soll übrigens keine Klage sein, im Gegentheil, ich persönlich habe nur Vortheile durch diesen Stand der Dinge; ohne etwas *thun* zu müssen, bin ich durch das, was ich *bin* schon geschätzt und das ist bequem und angenehm. Verdummen werde ich auch nicht, denn Langeweile kann eben so anregen zum Denken, wie Amüsement, eigentlich mehr und sollte ich dem Schicksal auf die Dauer nicht entgehen, so sage ich mit Mathilde Runde, die immer noch nur 1 zählt: Es ist nicht das Schlimmste, was einem passiren kann. –

Deinem Wunsch, Dir unsere Tageseintheilung zu berichten, komme ich um so lieber nach, als ich ja an positivem Stoffe, jetzt, wo das Neue, Alltäglich geworden ist, wenig oder gar nichts zu schreiben habe.

Ich stehe um $^1/_2$7 auf, was mir vom ersten Tage an, niemals die geringste Überwindung gekostet hatte, wasche mich, mache das Haar, ziehe mein grünes Kleid an und binde eine von den

hübschen Mutterschleifen um. Um $^{1}/_{2}$8 frühstückt die Familie gemeinsam, um 8 beginnt der Unterricht, der bis 12 dauert. Dann mache ich den Kindern das Haar und ziehe mich an; meistens bekleide ich mich mit dem 30 M. Kleid, das allgemeine Bewunderung erregt. Um $^{3}/_{4}$1 wird gegessen, dann gehen wir einen Moment auf die an das Speisezimmer stoßende Terrasse und von 2-4 bemühe ich mich noch einmal, meine Zöglinge gelehrt zu machen. Um 4 giebt es Kaffe, jetzt, wo immer Logirbesuch hier ist, auch schönen eigengebackenen Kuchen. Dann wird bis $^{1}/_{2}$6 vor der Thür gesessen und gehandarbeitet, wo wir zum Arbeiten bis gegen 8 verschwinden. $^{1}/_{4}$ Stunde vor dem Abendessen spiele ich gewöhnlich Clavier. Dann nach Tisch gehen wir bei gutem Wetter in den Garten, sitzen auf der Terrasse, oder, regnet es, gemüthlich mit unsern Arbeiten im Zimmer; einer oder der andere spielt dann mit ihm einmal 66 oder Dame. Um 10 ist Alles müde und trennt sich um $^{1}/_{4}$11 bereits halbschlafend. – Jetzt bei dem herrlichen Wetter wird dieses Programm natürlich nicht immer inne gehalten. Es kommt oft Besuch, was mir eine unangenehme Unterbrechung ist. Die Stunden fallen aus, die Kinder arbeiten nicht und Alles denkt an Verpflegung; niemand hat etwas von diesen Extras. Die Menschen sind alle nett und gütig, aber sie geben einem zu wenig und hören auch nicht zu, wenn man spricht; und so die bloße Güte, die keine rechte Verführung kennt, ist doch oft inferior und noch öfter gepaart mit Engherzigkeit und Strenge.
Es freut mich herzlich, daß Ihr Euch an Eure Mitbewohner angeschlossen habt und ein paar nette Wochen in guter Luft verlebt. – Mir geht es körperlich nicht sehr schön; ich fühle mich leidlich wohl, kann aber eigentlich nichts genießen; ich habe Appetit, glaube aber, zu ersticken, wenn ich ein paar Bissen zu mir nehme. Ich gehe viel zu wenig, daran wird es wohl liegen.
In den Herbstferien wollen Mandels ein paar Tage nach Berlin; ich soll sie einmal führen. Natürlich bliebe ich dann da; ist es Euch auch zu bald? – Antwortet mir doch bitte auf die Friedelfrage. –
Du fragst nach dem Musikunterricht. Als Musikunterricht ist er leider leicht genug, aber sonst erfordert er unendlich viel Mühe und Geduld. Man hat sich an den Kindern förmlich vergangen. –

Glücklicherweise haben beide Eltern außerordentlich vernünftige Ansichten über das, was wichtig zu lernen ist und was nicht. Geht es im Rechnen zu schlecht, so bitte ich ihn, die Mädchen Abends rechnen zu lassen; er haßt nichts mehr wie feine Bildung ohne gründliche Vorbildung; in seinem Herzen wäre er zufrieden, wenn die Kinder rechnen, schreiben und lesen lernten; und er hat recht, und das sind gar keine so bescheidenen Ansprüche, denn die Wenigsten können es. Nur *etwas* freier denkend, versuche ich Ella zu erziehen; es ist doch furchtbar, wenn von Göthe, wenn er ausnahmsweise erwähnt wird, gesprochen wird, als wäre er ein unsittlicher Mensch gewesen, der langweilige Bücher geschrieben hat. Ella hat Sinn für Poesie und ohne daß sie es merkt, bringe ich ihr Geschmack und ein bischen Urtheil bei.
Heute ist der erste, stille Sonntag; es ist reizend. Der schöne Morgen auf der Terrasse mit Lesen verflogen; jetzt schläft Alles und nach dem Kaffee, wollen wir in's Bruch fahren.
Papa ist doch recht bekannt, besonders durch das Daheim und die Wanderungen. Nächstens soll ich nun den Roman vorlesen; sie schämen sich etwas, daß ihre Bekannten mehr von Th. F. wissen, als sie, die in dem glücklichen Besitz seiner leibhaftigen Tochter sind.
Mir ist heiß geworden beim Schreiben; ich will nun noch zu morgen arbeiten. Seid herzlichst gegrüßt und geküßt

von Eurer Tochter
Martha Fontane

Lou Andreas-Salomé an Sigmund Freud

Lieber Herr Professor, Göttingen, 30. Juni 1916

als Ihr letzter Brief ankam, verzögerte ich die Antwort über allerlei, woran ich gerade arbeitete und wovon ich Ihnen zugleich erzählen wollte, es erwies sich dann aber doch noch nicht dessen wert genug. Hauptsächlich jedoch war ich *sehr* traurig über Ihre Nachricht, daß Ihr neues Werk erst nach Kriegs-Ende erscheinen soll. Wie können wir denn Alle so lange warten, wäh-

rend wir schon wissen: alles ist bereits fertig und beisammen? Liegt es an mangelndem Eifer von Heller, – wie eine Ihrer Bemerkungen hinsichtlich des langsamen Vorrückens der beiden Zeitschriften andeutet? Verlegt nicht Deuticke auch dieses Buch? Ich bin eine Weile auf Reisen gewesen und wäre um ein Haar nach Österreich und Wien gekommen, wo Sie indessen vielleicht garnicht mehr sind. Unter meinen Papieren fand ich ein Stück erster Niederschrift desjenigen kleinen Buches, nach dessen Drucklegung Sie mich fragen und die jetzt wohl ebenfalls mit Schwierigkeiten verknüpft sein würde. Nur die ersten Seiten sind – wie das am ehesten den ersten passiert – hinreichend sauber und leserlich; freilich können Sie draus nur eben den Ansatz des Ganzen entnehmen. Aber am liebsten würde ich Ihnen jede einzige Seite erst vorlegen.
Für mich ist beides so wichtig und so viel Grund zur Freude: sowohl jeder Punkt der Übereinstimmung mit Ihnen als auch der Umstand, daß Sie von manchem Punkt aus anders gerichtet sind als ich. Denn grade daran orientiere ich mich: es ist, wie wenn dann an einer Leine gezupft würde – die keine Kette ist sondern nur den Weg gewährleistet. Weil ich dessen sicher sein darf, verklettere ich mich nicht und laufe sorgloser als jemals den Gedanken nach, die mich ihrerseits nicht mehr abfangen können.
Heute nur noch die herzlichsten Grüße und Wünsche für Ihrer Aller Wohlergehen von

Ihrer Lou Andreas

›Ubw.‹

I Das Ubw in der Psychoanalyse
1 praktisch
2 theoretisch
II Das Ubw als Psychosexualität
III Das Ubw und die Tiefenforschung
1 Kunstschaffen
2 Philosophie
3 Religion
4 Schlußbetrachtung

Göttingen, Frühling 1915.

Zur Einleitung

Die drei Titelbuchstaben sind der Freud'schen Kürzung für den Begriff des Unbewußten entnommen: sie sollen dartun, wie ganz das hier Folgende auf Freud'schem Grund und Boden steht. Obwohl es nicht drauf ausgehn kann, diesen seinem Umfang, ja auch nur seinen Hauptlinien nach, abzuschreiten, sondern sich lediglich in dem ergeht, was meinem Denken und Erleben daran hauptsächlich wegweisend und zielgebend geworden ist. Mein Verhältnis zu Freud's Werk läßt sich dabei, ohne daß ich bei jedem Schritt erklärend drauf zurückkommen müßte, sehr einfach formulieren: so, wie dies hier steht, danke ich es ihm, und hoffe davon, er werde es ohne allzuviel Vorbehalte als das Seine bestätigen; wo, an irgend einem Punkt, das doch nicht völlig der Fall sein sollte, da hoffe ich weiter, dennoch, auf unbeträchtlichem Umwege, einige Menschen damit *seiner* Sache näher zu bringen.

Daß für gemeinsame Förderung dieser Sache absolutes Übereinstimmen nichts weniger als Dogma ist, durfte ich persönlich erfahren, als ich in dem reichen Winter 1912/13 in die Vereinigung Zutritt hatte. Nicht grade jedesmal ging es friedlich bei diesen Abenden her, aber weder der Gemeinschaftlichkeit noch der Förderung tat das Eintrag. Und gern möcht ich heute öffentlich darüber sagen, was mir vom letzten der Mittwoch-Abende unausgesprochen auf den Lippen blieb, was ich jedoch in meinen schriftlichen Aufzeichnungen jener Tage in folgenden Worten wiederfinde:

Zum Schluß hätte ich aufstehn mögen um der Ps. A. dafür zu danken, daß sie aus abgeschlossener Schreibtischarbeit einführt in lebendige Betätigung und in eine Art von Brüderschaft. Wie es die Großtat der Ps. A. war, die vertrocknende Schulpsychologie wieder dem Leben gesellt zu haben und das Prinzip ihrer Wissenschaftlichkeit zugleich der individuellsten Ehrlichkeit jedes Einzelnen, so bedingt sie auch einen Zusammenhang der an ihr Arbeitenden, welcher unter Umständen sogar zu einer etwas lebhaften Wechselwirkung werden kann. Bleibt bei solchem Meinungsaustausch nur das ps. a. Wahrzeichen, die Ehrlichkeit vor sich selbst und einander, unangetastet, dann ist es – wenigstens für Frauenaugen – schön und eine Freude, auch

»Brüder« noch in gegenseitigem Kampf zu sehn. Auch dafür bin ich dankbar dem, der, an unsrer Spitze sitzend, unsere Zusammengehörigkeit in sich gewährleistend, an diesen Abenden so guten Kämpfen ihren Raum ließ und ihnen seine Zeit hingab.

Womit denn, was den beiden Geschlechtern in der Welt zu tun obliegt, auf eine richtige Weise geschieden und geeint ist. Männer raufen, Frauen danken.

Lou Andreas-Salomé

Ricarda Huch an Marie Baum

Aeschi über Spiez,
8. August 1916

[...] das Schicksal meines Luther-Buches ist mir nicht mehr so wichtig; es wird wohl seinen Weg machen, wahrscheinlich viel langsamer, als ich erst dachte, und vielleicht auch nur so, daß es auf wenige wirkt, die den Gehalt dann der Menge besser mundgerecht machen. Ich möchte Dir gern eingehend auf alles, was Du schreibst, antworten. Du weißt ja aber, wie es mit Schreiben ist. Von der Einkleidung in Briefe hatte ich gerade gedacht, die würde die Auffassung erleichtern. Daß Dir die Form spielerisch vorkommt, sollte das nicht zum Teil daran liegen, daß Dir eine bestimmte Vorstellung von dem Empfänger vorschwebt? Und ganz richtig ist diese gar nicht, ich könnte wahrhaftig auch sagen, ich hätte diese Briefe an mein anderes Ich gerichtet. Und ebenso könnte ich sagen, ich hätte an alle diejenigen geschrieben, die so sind. Gebsattel [Arzt und Psychologe] hat auch gleich bemerkt, der interlocuteur sei der Typus, den ich immer schon dargestellt hätte, zum Beispiel in Confalonieri. Dieser Typus gehört zu meiner Person, das ist ja ganz klar. Soviel ich bis jetzt gehört habe, empfinden manche Leser das Persönliche, das die Briefform ermöglicht, als besonders anziehend. Dies Persönliche würdest Du vermutlich in keinem Fall vermissen, weil Du mich kennst; für Fernerstehende ist das aber doch anders. Jedenfalls, ob Du nun recht hast oder nicht, gehört diese Form zu dem persönlichen Gepräge, ohne das ich ein Buch gar nicht schreiben könnte und ohne das es mich nicht ein bißchen freuen könnte.

Was die andere Sache betrifft, den Versuch, den Zusammenhang zwischen dem Körperlichen und Geistigen darzustellen, so bin ich darauf gefaßt, daß man es nicht begreifen und etwa sogar lächerlich machen wird. Trotzdem habe ich die Überzeugung, daß es im *allgemeinen* richtig und daß es gerade ganz besonders wichtig und eigentlich der Kern des Buches ist. Hier sitzt gerade das »das ist«. Das Geistige *ist* das Körperliche und umgekehrt. Ich erinnere mich deutlich, daß ich einmal noch in Zürich mit Marianne [Plehn] darüber stritt – und sie sah mich an, als ob ich arabisch spräche. Das Sichtbare ist das Unsichtbare von der andern Seite betrachtet, das Äußere vom Inneren. Der Gegensatz zwischen Gehirn und Geschlecht, Intellekt und Sinnlichkeit und die Zusammenfassung beider durch das Herz ist das Gegebene, die Grundlage der Welt und aller Weltanschauung, das einzusehen ist eben notwendig. Daß der Gegensatz erst mit Christus perfekt wurde und daher auch mit Christus erst die Selbsterkenntnis und die große persönliche Liebestat eintreten konnte, das als das Wesen des Christentums gezeigt zu haben, halte ich gerade für das Verdienst meines Buches. Dazu gehört aber auch die Einsicht, daß dieser Gegensatz und diese Wiedervereinigung etwas ganz Reales sind. Man muß sich vor allen Dingen des abstrakten Denkens entwöhnen und wissen, daß Worte und Bilder wirklich Sachen bedeuten. In der Sprache Luthers und der Bibel ist mit Herz wirklich das Herz gemeint, und so ist es auch. Warum soll es denn lächerlicher und unmöglicher sein, daß das Blut Träger oder körperliche Darstellung (wie man es nun ausdrücken will) der Ideen ist, als gewisse Stellen im Gehirn? Du mußt auch nicht denken, ich hätte mich nicht vorher in guten naturwissenschaftlichen Werken dessen, was ich sagte, vergewissert. Ich mußte oft laut aufschreien, so stimmte alles mit meinen Voraussetzungen. Daß von der Tätigkeit der Blutdrüsen gerade die Phantasie, das Schöpferische abhängt, wirst Du doch wissen. Die Verbindung zwischen Herz und Körper ist vermutlich durch die Nerven dargestellt, das wäre also die Seele. Klarer hätte ich noch sagen müssen, daß Herz, Gehirn und Geschlecht auch wieder eine

Einheit bilden sollen gegenüber dem Körper. Daß einmal naturwissenschaftlich gründlich gebildete Menschen dies alles im einzelnen begründen werden, daran zweifle ich nicht [...]

Käthe Kollwitz an ihren Sohn Hans

15. 10. 1911

Mein lieber Junge! [...] Gestern war ein fröhlicher Tag. Es wurde die »Juryfreie« eröffnet unter entsetzlichem Andrang des Publikums. Durch alle drei Stockwerke ein rasendes Gedränge. Die Ausstellung macht einen sehr guten Eindruck. Mit großem Geschick sind die langweiligen Sachen zusammen gruppiert und die besseren hängen in würdiger Gesellschaft. Es scheinen, so weit ich gesehen habe, viele gute und interessante Sachen da zu sein. Das Plakat stellt ein neugeborenes Kind dar, das von zwei Händen in die Höh gehoben wird und das furchtbar vergnügt kräht und von derber Konstitution zu sein scheint. Am Abend gaben die Leute ein großes Festessen im Künstlerhaus und telephonierten mir immerfort, ich solle hinkommen. Zuletzt tat ich es, kam aber erst um zehn, als sie alle an langen Tafeln speisten. Denk Dir meinen Schreck, als, wie ich reinkam, mich gleich Sandkuhl erspähte, aufstand und ein Hoch auf mich ausbrachte und die Musik blies Tusch und alle schrieen Hoch. Ich war so verlegen, daß ich gar nicht wußte, wo ich bleiben sollte. Zum Glück entdeckte ich die Lene Bloch und kam an ihrer Seite zur Ruhe. Es waren überhaupt so viele Bekannte auch anderer Art, daß ich rasch noch an Vater telephonierte, der auch noch kam. Es war sehr nett, aber dauerte furchtbar spät, heut bin ich ganz schläfrig.

Rosa Luxemburg an Hans Diefenbach

Wronke i. P. Festung
8. 3. 1917

Hänschen, von den tausend Dingen, die ich Ihnen zu sagen habe, hier noch eine Handvoll. Jetzt bin ich wieder in ruhigerer Verfassung und will Ihnen deshalb schreiben, jenen zerrissenen Brief schickte ich nicht, um Sie nicht traurig zu machen; schwarz auf weiß macht sich eine vorübergehende Depression viel tragischer, als in Wirklichkeit. Jetzt schreibe ich hauptsächlich aus folgendem Anlaß. Frl. Mathilde J., die hier ist, fährt nach Posen und hofft Sie zu sehen; ich habe sie dazu angestiftet, weil ich mir denke, daß Ihnen das recht sein wird; sie wird Ihnen über mich ausführlich berichten und Ihnen meine brühwarmen Grüße überbringen, – aber auch noch Etwas! Und dieses Etwas ist – mein Manuskript der Antikritik, Antwort auf die Eckstein, Bauer & Co., zur Verteidigung meines Buches über die Akkumulation! Sie Unseliger sind ausersehen, der zweite Leser dieses Opus zu sein (der erste war natürlich Mehring, der das Manuskript mehrmals gelesen hat und es beim ersten Mal »einfach genial«, »eine wahrhaft großartige hinreißende Leistung« nannte, die seit Marx' Tode ihresgleichen nicht habe; bei einem späteren Bericht – wir hatten uns inzwischen vorübergehend »verknurrt«, wie er das nennt – hat er sich gemäßigter ausgedrückt!...) In Wirklichkeit ist das eine Leistung, auf die ich einigermaßen stolz bin und die mich sicher überleben wird. Sie ist viel reifer als die »Akkumulation« selbst: die Form zur höchsten Einfachheit gebracht, ohne jedes Beiwerk, ohne jede Koketterie und Blendwerk, schlicht, nur auf große Linien reduziert, ich möchte sagen »nackt«, wie ein Marmorblock. Dies ist jetzt überhaupt meine Geschmackrichtung, die in der wissenschaftlichen Arbeit wie in der Kunst nur das Einfache, Ruhige und Großzügige schätzt, weshalb mir z. B. der vielgerühmte erste Band des Marxschen »Kapital« mit seiner Überladung an Rokoko-Ornamenten im Hegelschen Stil jetzt ein Greuel ist (wofür vom Parteistandpunkt 5 Jahre Zuchthaus und 10 J. Ehrverlust verwirkt sind...) Natürlich muß der Leser, um meine »Antikritik« wissenschaftlich zu

würdigen, die Nationalökonomie im allgemeinen und die Marxsche im besonderen aus dem ff. beherrschen. Und wie viele solche Sterbliche gibt es heute? Nicht ein halbes Dutzend. Meine Arbeiten sind wirklich von diesem Standpunkt Luxusware und könnten auf Büttenpapier gedruckt werden. Die »Antikritik« ist aber wenigstens ganz frei von den algebraischen Formeln, die auf den »schlichten Leser« so panisch wirken. Im allgemeinen glaube ich, daß Sie das Ding verstehen werden, Mehring rühmte gerade »die kristallene Klarheit und Durchsichtigkeit der Darstellung«. Sie sollen es also lesen und mir Ihr Urteil als »einfacher Mann aus dem Volke« sagen. Über die künstlerische Seite der Darstellung ist mir Ihr Urteil von größtem Wert. Ich will aber auch sehen, wieviel Sie davon kapieren werden. Also frisch an die Arbeit! Surge puer, oder wenn Sie nicht können, lesen Sie's im Liegen, aber machen Sie sich daran und schreiben Sie, welchen Eindruck Sie davontragen. Es wird Ihnen auch gar nicht schaden, mal wieder in die Nationalökonomie hineinzuschmecken.
Ach, Hänschen, wenn doch der Winter schon zu Ende wäre. Mich zermalmt dieses Wetter, ich kann jetzt keine Härte vertragen, weder von Menschen noch von der Natur. Jedes Jahr um diese Zeit pflegte ich schon meine Reisevorbereitungen zu machen, denn am 7. oder 10. April war ich schon stets am Genfer See. Jetzt habe ich ihn drei Jahre nicht gesehen. O dieser blaue, traumhaft schöne Genfer See. Wissen Sie noch, welche Überraschung man erlebt, wenn man nach der öden Strecke Bern–Lausanne und nach einem letzten furchtbar langen Tunnel plötzlich über der großen blauen Tafel des Sees schwebt! Jedesmal flattert mir das Herz auf wie ein Falter. Und dann die herrliche Strecke von Lausanne nach Clarens, mit den winzigen Stationchen alle 20 Minuten, tief unten am Wasser ein Häuflein kleiner Häuser um ein weißes Kirchlein gruppiert, der ruhig singende Ausruf des Kondukteurs, dann fängt die Stationsglocke ihr Gebimmel an, – je dreimal hintereinander, und wieder dreimal, und wieder – der Zug setzt sich langsam in Bewegung, aber die Glocke bimmelt immer noch so hell und heiter. Und der blaue Wasserspiegel ändert immerzu seine Fläche zum Bahngeleise, bald steht er aufwärts schräg, bald abfallend und darauf kriechen unten wie ins Wasser gefallene Mai-

käfer die kleinen Dampfer, eine lange Schleppe weißen Schaums nach sich ziehend. Und das jenseitige Ufer – die weiße schroffe Bergwand unten meist in blauem Duft verhüllt, sodaß nur die oberen Schneepartien so unwirklich im Himmel schweben. Und über allem der blendende mächtige Dent du Midi. Herrgott, wann werde ich wieder den April dort verleben! Wie Balsam gießt sich dort die Luft und Ruhe und Heiterkeit jedesmal in meine Seele. In meinem Chailly sur Clarens sind die Weinberge noch mit Unkraut vorigen Jahrs überwuchert. Das Behacken beginnt erst allmählich. Ich darf noch in den Weinbergen herumschlendern und die roten Taubnesseln und die saphirblauen, betäubend duftenden Traubenhyazinthen pflükken, die dort in ungezählten Mengen wuchern. Um 11 Uhr wird den Bauern das Mittagessen heraufgebracht; der Vater in Hemdärmeln legt den Spaten weg und setzt sich auf die Erde, die Frau und die Kinder, die mitgekommen sind, hocken um ihn herum; der mitgebrachte Korb wird aufgemacht und die Familie verzehrt schweigend das Mahl. Der Vater wischt sich mit dem Hemdärmel den Schweiß von der Stirne, denn die April-Sonne brennt schon hier im Weinberg tüchtig. Und ich liege schweigend in der Nähe, lasse mich von der Sonne durchglühen, beobachte blinzelnd die Winzerfamilie und nage an einem Grashalm, im Kopf keinen einzigen Gedanken, aber im ganzen Körper das einzige Gefühl: Herrgott, wie schön ist die Welt und das Leben! Und oben auf dem Col de Jamen kriecht ein Bähnlein von Glion hinauf, wie eine dunkle Raupe, über ihm in der Luft ein winziger Rauchschleier, der in der Luft flattert, wie ein ferner Gruß eines abfahrenden Freundes! […]

Hänschen, adieu,
R.

Achtes Kapitel

Eigensinn

Mein ungeduldiger Füselier. [1762]

Es ist wahr, Deine Klagen würden mich rühren, aber sie sind voll von der Sprache eines niederträchtigen Hochmuths. Ich begreife nicht, was es für ein Elend ist, über welches Du so ein Geschrei machst, gleich dem Geschrei derer die in einem finstern Kerker das Urtheil des Todes erwarten. Du gibst nur gar zu schlechte Beweise Deines patriotischen Herzens, mit welchem Du so oft geprahlt hast, doch ich bin es schon gewohnt. Deine Redlichkeit überhaupt besteht in Worten, wer Beweise sucht, thut Dir Gewalt an. Aber sag mir, woher Du Dir schmeycheln kannst, daß ich Dich los machen würde? Ich, ein Weib, das auf die Natur zürnt, daß sie mich nicht zum Manne gemacht hat, um das stolze Vergnügen zu haben, in dem Dienste eines Monarchen mein Blut fließen zu sehen. O warum habe ich keinen Sohn, den ich in die Schlacht senden könnte! Und wenn dann der König die Schlacht gewönne, und wenn dann die Muse, meine Muse, seinen Triumph besänge, würde ich die Freude des Sieges doppelt empfinden in dem Bewußtsein, daß jemand von den Meinigen dazu beigetragen hätte. Wie kannst Du mir vorsagen, ich hätte keine Ehre von Deinem dermaligen Stande? Und ich getraue mir zu behaupten, daß er mir mehr Ehre macht, als Deine ehemalige zügellose Freiheit. Was würden Deine Offiziere zu dem thörichten Ausrufe sagen: ich mußte unter Taglöhnern und Bauern schwören. Waren es nicht alle königliche Soldaten? Und ist unter diesen Soldaten ein Unterschied? Sie sind alle gleich, es mögen Kaufleute, Handwerker, Priestersöhne, Bauern oder Tagelöhner sein. Und ist das eine Schande ein königlich preußischer Soldat zu sein? Der Engländer beneidet den Deutschen um diesen Ruhm; und Du, Du rechnest es für eine Verachtung!
Lerne Dich vor Dir selber schämen und erinnere Dich daran, daß der König im verwichenen Oktober unter einer Menge neuer Soldaten auf dem Lerchenberge saß und ihnen die Geschichte seines ersten Krieges erzählte. Hier saß der Fürst, der Feldherr und der Weise, den die Welt bewundert, unter einem Haufen, wovon der größte Theil kurz vorher auf der Tenne ge-

worfelt oder hinter dem Pfluge den Rindern geboten hatte. Er schämte sich ihrer nicht: es waren in seinen Augen keine nichtswürdigen Geschöpfe. Und den Deinen sind sie es? O arme Kreatur! Wie weit bist Du unter den Füßen des Monarchen und des Vaters, der wegen der Ruhe seiner Länder seine eigene Ruhe verleugnet, seine Bequemlichkeit vergißt und hart gegen sich selbst ist.
Wie viele würdige Generals sind verletzt oder gar getötet worden; und Du achtest Dein Leben zu kostbar, um es für das Vaterland wagen zu wollen? Wie viele Männer, die voll zärtlicher Liebe gegen ihre Weiber für sie sorgen würden, müssen in diesem weitausgedehnten Kriege mit fort! Bräutigams müssen aus den Armen der Braut dem Rufe des Krieges folgen. Die Not befielt es und die Not hat keine Gesetze.
Ich begreife die Art nicht, wie ich Dich losbitten sollte. Man würde mich wegen der Ursache fragen und ich könnte mit gutem Gewissen nicht sagen, daß man mir den Versorger für mich und meine Kinder zurückgeben sollte. Und soll ich denn etwa gar sagen, daß es mir unmöglich sei ohne Mann zu leben? Diese Aussage wäre ebenfalls eine Sünde wider die Wahrheit und man würde sie belachen. Deine Gründe wegen der Mühseligkeiten darf ich noch weniger anführen. Das sind Dinge, die Du mit vielen Tausenden gemeinschaftlich trägst. Ich bitte Dich also, verschone mich mit dieser Zumuthung. Suche Dich in Dein Schicksal zu finden und glaube, daß es mir leid ist, daß Du es zu dieser Exträmität hast kommen lassen.
Aber Du hättest nicht ganze halbe Nächte die Rolle eines Rasenden spielen sollen. Die neben uns liegenden Soldaten und die Vorübergehenden hörten das Brüllen Deiner Stimme; es kam vor die Ohren der Edelsten in Glogau. Sie sahen die Merkmale Deiner Barbarei in meinen Augen und auf meiner Stirn und sie fanden für gut, einen Bürger, der so viel Bravur hat, dahin zu bringen, wo er sie auf eine anständigere Art ausüben kann, als wenn man ein armes wehrloses Weib schlägt. Nach Deinen Begriffen ist ein Mann ein Unding, das sich besäuft, zu Hause taumelt, und seine Gegenwart durch ein abscheuliches Poltern hören läßt. Seine ganze Pflicht und die Heiligkeit der ehelichen Gesetze wird beobachtet, wenn er nur das thierische der Wollust bei keiner andern ausübt, er mag sonst sein ganzes

Selbst an die Trinkhäuser hängen, dem Weibe die Haussorgen überlassen, und niemals vernünftig sein; das schadet nichts. Er ist doch ein Mann, und das empfindet die Frau in der Stärke seiner Faust.
Ich habe niemals Dein Unglück gewollt; sonst hätte ich nur vor 2 Jahren die Wunde an meiner Schulter vorzeigen dürfen. Ich war aber auch nicht imstande Dir Ehre und Ansehen bei meinen Freunden zu verschaffen.
Deine Eidschwüre und Deine Vorsätze sind mir bekannt; Du bist weder dem einen noch dem andern getreu. Der Himmel und die Luft hörten dich ehedem schwören; ich glaubte Deinen Schwüren und betrog mich. Sechs Wochen dauerte meine Glückseligkeit. Du nahmst sie mir. Ich weinte, aber meine Thränen rührten Dein verwildertes Herz nicht.
Ich wünsche Dir mit der stärksten Stimme meines Herzens Besserung, aber ich mag nichts davon profitieren, ich mag keine Zeugin davon sein. Einsam und ruhig will ich meine Tage zubringen und Du sollst von mir nichts erfahren, als daß ich eine Feindin des Lasters und immer Deine Freundin gewesen bin.

Anna Louise Karsch an ihre Tochter

Meine Tochter. Den 17. Februar 1788

Es ist dir nicht möglich, deinen Thon für mich zu mäßigen, er beleydigt Herz und Ohr. Ich bedarf Schonung im Alter, ich bin schwach, aus dem Katarrh kann Brustkrankheit werden, denn du hast alle Gebeine beben gemacht. Das Grab kann uns trennen, kann deinen heißesten Wunsch bald erfüllen. Ich kann aber auch noch lange keuchen, kann einer noch schröcklicheren Begegnung ausgesetzt werden. Laß uns deshalb auf Mittel denken. Ich bin weniger aufbrausend, weniger unbesonnen als du, aber welcher Mensch wägt immer jedes Wort ab, ehe es ihm über die Lippen fährt. Du foderst das von mir, was ich von dir erwarten könnte, wenn nicht dein ganzes Wesen mit Verachtung, mit Abscheu gegen mich erfüllt wäre. Kinder müssen die

Sprache der Ehrerbietung in ihrer Gewalt haben, sie ist nicht schwer zu lernen, das Herz gibt den Thon an. Welcher Dämon lehrte dich alle die gräßlichen Titel, die du mir gabst, und wer gab dir die Stärke des Grimms, deine Mutter anzufallen, wie die Tigerin den Jäger, der ihre Jungen tödtete? Mein alter vertrockneter Arm wird lange noch das Merkmal davon behalten, und was that ich, was hab ich gesagt? Nichts als was durch dein unnatürliches Betragen bestätigt ward. Wenige Worte sagt ich, die du mit wenig vernünftigen Worten widerlegen konntest, wenn nicht bittere Feindschaft dein ganzes Blut empörte. Was hilfts? Ich habe gelitten, was nicht leicht eine Mutter litt. Damit du aber in deiner sogenannten Raserey nicht etwa einmal den Arm, der deine Kindheit trug, ganz braun und blau schlägst und die Hand, die itzt noch schreiben kann, gar lähmtest, so höre meinen Vorschlag: suche dir ein Logis, ich wills bezahlen bis Michael. Ich will mir Geld aufborgen. Lieber hierzu als zum Spicken des Bauherrn, die mir des Königs Geschenk nicht erschweren wollten und durften. Ich will dir monatlich acht Thaler geben und Schulgeld und Aufwartung bezahlen, auch ein Viertel Holz will ich dir geben und all dein Silberzeug und allen Hausrath, den du brauchst, will ich dir gerne geben. Ich denke, du wirst mit dem Vorschlage zufrieden sein, du batest mich ja neulich um Gottes Wunden willen, als wir eben kein großes Gezänk hatten, ich sollte mich trennen. Es muß also ganzer Ernst sein, daß dir alles, daß dir sogar mein Atem zuwider ist. Wir wollen friedlich voneinander scheiden. Ich will sagen, die Ausgabe deiner Gedichte erlaubte dir nicht mehr, meine Haushaltung zu führen. Ich will das Monatsgeld bey Herrn Kunz niederlegen, da kannst du dirs holen. Ich will mir das gutte alte Mütterchen hernehmen, das wird noch Kraft genug haben, Theewasser und Suppen for mich ans Feuer zu setzen. Ich geb ihr freye Wohnung und alle Tage einen Groschen, da lebt sie wieder auf. Meine Wäsche geb ich der Schwägerin zu waschen und meine paar Kopfzeuger laß ich auf der Breiten Straße machen. Und du wirst alsdann dich recht glücklich fühlen nicht mehr zu hören und zu sehen Deine sehr unglückliche Mutter.

Den 31. März [180]3

Lesen Sie dieses Billett und zürnen Sie nicht! Es sind die letzten Worte *dieser* Art, die ich Ihnen schreiben werde. Die Antwort, die Sie mir vorhin gaben, hat mich so niedergeschlagen, als ich wünschte, daß Sie mich froh gemacht hatten, Sie sagten, Sie können mich nicht froh machen. Das kam Ihnen unmöglich von Herzen, denn wer anders als Sie ist die Ursache meines Kummers, wer anders könnte die Quelle meines Frohsinns sein? Da ich Sie so unaussprechlich liebe, wie können Sie es mir verargen, daß ich in Ihrem Wohlwollen mein höchstes Glück setze und daß die Erwartung desselben mein einziger, mein heißester Wunsch ist? Sie waren sonst so freundlich, so teilnehmend, so herzlich gegen mich? Warum sind Sie es jetzt nicht mehr? Soll mich dies nicht schmerzen? O erbarmen Sie sich meiner, daß mir das Leben nicht so jammervoll, so freudenleer dahinfließt.
Ich bitte Sie um Antwort, ich bitte Sie recht sehr darum. Sein Sie nicht böse, es sind die Sterbeworte meines kranken Herzens.

[Ohne Datum]

Es ist völlig wider unsere Abrede, daß ich dergleichen Worte von Ihnen annehme, Louis, deshalb schicke ich sie Ihnen zurück. Ich wollte, daß strenger Ernst immer der herrschende Ausdruck in meinem ganzen Wesen gegen Sie gewesen wäre, vielleicht hätte ich dann anders auf Sie gewirkt und glücklicher, oder Sie hätten es wenigstens nicht zu sagen gewagt, wie ich auf Sie gewirkt habe.
Ich wiederhole, was ich erst gesagt, Sie allein können sich froh machen; ich kann *nichts* dazu tun.

Karoline von Günderode an Friedrich Creuzer

Freitag, den 30. XI. 1804

Ich habe keine Ansprüche an Sie, nehmen Sie also was ich sagen werden für keinen Vorwurf, da dies mein letzter Brief ist, soll er Ihnen nur meine inerste Gesinnung enthüllen, denn heimlich schreiben mag ich Ihnen nicht; da diese Sache zur Sprache kam mußte sie durchgesetzt oder aufgegeben werden. – Meine Briefe waren Ihnen das liebste u Erfreulichste, Sie geben Sie auf, nicht gegen was Großes u Vortrefliches, nein, wie Sie selbst gestehen, »wegen eitler Besorgnis, wegen der Schwachheit in Gestalt des Weibes«. Es ist hier nichts Verdamliches, es ist nur schlim daß Sie sich für selbständiger halten als Sie sind u daß Sie sich nicht eingestehen wollen daß sie eigentlich Ihrer Frau in vielem Sinn angehören; u warum sollte das auch nicht sein, sie ist gut und liebt sie, und tadellos ist Niemand. Kehren Sie ganz und mit Bewustsein zu ihr zurük dann haben Sie doch Etwas für Ihre Opfer, wenn Sie aber ihr zu lieb imer das Liebste aufgeben u sie doch dafür nicht besitzen u festhalten mögen, so verarmen Sie unausbleiblich. Sie haben Ihre Frau zu Ihrem Schiksal heranwachsen lassen, aber man soll sich kein Schiksal geben, oder es ehren u nicht dawieder murren.
Leben Sie wohl, recht wohl u bleiben Sie mir gut. C

Johanna Schopenhauer an ihren Sohn

Weimar, 13. Dezember 1807

Nun zu Deinem Verhältnisse hier gegen mich, und da dünkt mir es am besten, ich sage Dir gleich ohne Umschweife, was ich wünsche und wie es mir ums Herz ist, damit wir einander gleich verstehen. Daß ich Dich recht lieb habe, daran zweifelst Du nicht, ich habe es Dir bewiesen, solange ich lebe. Es ist zu meinem Glücke notwendig zu wissen, daß Du glücklich bist, aber nicht ein Zeuge davon zu sein. Ich habe Dir immer gesagt, es wäre sehr schwer, mit Dir zu leben, und je näher ich Dich betrachte, desto mehr scheint diese Schwierigkeit, für mich wenigstens, zuzunehmen. Ich verhehle es Dir nicht: solange Du bist wie Du bist, würde ich jedes Opfer eher bringen, als mich dazu entschließen. Ich verkenne Dein Gutes nicht, auch liegt das, was mich von Dir zurückscheucht, nicht in Deinem Gemüt, nicht in Deinem innern, aber in Deinem äußern Wesen, Deinen Ansichten, Deinen Urteilen, Deinen Gewohnheiten – kurz, ich kann mit Dir in nichts, was die Außenwelt angeht, übereinstimmen. Auch Dein Mißmut ist mir drückend und verstimmt meinen heitern Humor, ohne daß es Dir etwas hilft. Sieh, lieber Arthur, Du bist nur auf Tage bei mir zum Besuch gewesen, und jedesmal gab es heftige Szenen um nichts und wieder nichts, und jedesmal atmete ich erst frei, wenn Du weg warst, weil Deine Gegenwart, Deine Klagen über unvermeidliche Dinge, Deine finstern Gesichter, Deine bizarren Urteile, die wie Orakelsprüche von Dir ausgesprochen werden, ohne daß man etwas dagegen einwenden dürfte, mich drückten, und mehr noch der ewige Kampf in meinem Innern, mit dem ich alles, was ich dagegen einwenden möchte, gewaltsam niederdrückte, um nur nicht zu neuem Streit Anlaß zu geben. Ich lebe jetzt sehr ruhig, seit Jahr und Tag habe ich keinen unangenehmen Augenblick gehabt, den ich Dir nicht zu danken hätte. Ich bin still für mich, niemand widerspricht mir, ich widerspreche niemandem, kein lautes Wort hört man in meinem Haushalt, alles geht seinen einförmigen Gang, ich gehe den meinen, nirgends merkt man, wer befiehlt und wer gehorcht, jeder tut das Seine in Ruhe, und das Leben gleitet hin, ich weiß nicht wie. Dies ist mein eigentliches Dasein und so muß es bleiben, wenn Dir die Ruhe und das Glück meiner noch übrigen Jahre lieb ist. Wenn Du älter wirst, lieber Arthur, und manches heller siehst, werden wir auch besser zueinander stimmen, und vielleicht verlebe ich dann meine besten Tage in Deinem Hause mit Deinen Kindern, wie es sich für eine alte Großmutter gehört. Bis dahin laß uns streben, daß die tausend kleinen Neckereien nicht unsere Gemüter erbittern und die Liebe daraus verjagen. Dazu gehört, daß wir wenig miteinander sind; denn obgleich wir bei jedem wichtigen Anlaß bald eins sind, so sind wir bei jedem andern desto uneiniger. Höre also, auf welchem Fuß ich mit Dir sein will. Du bist in Deinem Logis zu Hause; in meinem bist Du ein Gast, wie ich es etwa nach meiner Verheiratung im Hause meiner Eltern war, ein willkommener, lieber Gast, der immer freundlich empfangen wird, sich aber in keine häusliche Einrichtung mischt. Um diese bekümmerst Du Dich gar nicht – – ich dulde keine Einrede, weil es mich verdrießlich macht und nichts hilft – – an meinen Gesellschaftstagen kannst Du abends bei mir essen, wenn Du Dich dabei des leidigen Disputierens, das mich auch verdrießlich macht, wie auch alles Lamentierens über die dumme Welt und das menschliche Elend enthalten willst, weil mir das immer eine schlechte Nacht und üble Träume macht und ich gern gut schlafe [...]

Bettine von Arnim
an Fürst Pückler-Muskau

Berlin, den 25. September 1833

Ich habe Ihren Brief, den ich bei meiner Abreise aus dem verhängnisvollen Park erhielt, aufs Herz gelegt; er hat die Wunde ausgebrannt. Geistig kann ich mich immer bezähmen, auch wenn mir das Herbste zuteil wird; um so mehr wirkt es körperlich; während ich gelassen die bedeutenden Bemerkungen Ihres Briefes überdachte, war mein Blut unruhig, in Vetschau, wo mich Schwindel befiel, kochte es über, ich warf's in nicht geringem Maße aus, vielleicht war es das Blut, was für Sie in meinen Adern gewallt hatte, denn seitdem fühle ich mich erleichtert. In Lübbenau fuhr ich zu Wasser durch den Spreewald und studierte in der milden Herbstsonne Ihren Brief wie ein fremdes Aktenstück, das den letzten Aufschluß über einen kritischen Prozeß gibt.

Sie nennen meine an Sie geschriebenen Blätter »*Raserei, die aus bloßer Gehirnsinnlichkeit hervorgehe, die nur künstlich herangeschraubt sei und noch obendrein jeden Augenblick beseitigt oder irgendeinem anderen zugewendet werden könne*«. Ich habe Ihnen nie etwas zuleid getan, was veranlaßt Sie zu solchen

Auslegungen? Warum wollen Sie mit schauderhaften Ausdrücken eine Geistessituation herabwürdigen, aus welcher Ihnen Lust und Ehre, Heil und Nahrung Ihrer höheren Eigenschaften hervorgegangen wär? Ich meine meine Briefe an Sie; den labyrinthischen Grazientanz jener Empfindungen, der in einer prophetisch poetischen Aufregung häufig den tieferen Wahrheiten vorangeht. – Ich trage freilich die Schuld, ich habe nicht überlegt, daß Ihre idealistische Natur in Ihnen keinen freien Willen hat.

Im Spreewald hab ich am Jagdhaus gelandet und dort selbst mein Mittagessen bereitet; die Bewohner waren so freundlich zu mir, die Sonne war so warm, die müden Jagdhunde lagen um mich her, ich hatte mich lange in keiner Gesellschaft befunden, in der ich mich so ganz unbefangen fühlte wie hier, und hier mußte ich mir wieder meine Schuld bekennen: ich hätte in Muskau Ihren Einladungen widerstehen und früher von einer Gesellschaft scheiden sollen, zu deren Behagen ich keineswegs etwas Wesentliches beitrug – es tut mir leid, daß ich Sie vielleicht in Ihrer einsamen Unterhaltung mit der Fürstin gestört habe; da sie erst so kurze Zeit wieder bei Ihnen war, hätte ich's einsehen müssen, daß es besser war, gleich wieder zu gehen.

Auf das Spreewalder Jagdhaus brachten die Jäger einen mächtigen Hirsch, der eben geschossen war, sie befestigten sein einendiges Geweih an die Wand; ich schrieb drunter: »Wer solch einen Hirsch ertöten kann, der ist kein rechter Jägersmann.« Mir fiel dabei die Geschichte ein, wie ich einmal mit dem alten Großherzog von Weimar auf der Jagd war; er hatte eine Wette gemacht, daß er kein Wild verfehlen wolle, was ihm begegne; ich sollte Zeuge sein, er führte mich bei der Hand. Der großsinnige, freundliche Fürst, er scharrte mit dem Fuß den Schnee weg, wo ich stehen sollte. Da lauerten wir eine Weile; es kam ein Hirsch, er legte an; plötzlich ward sein Gesicht feierlich ernst, er zog das Gewehr an, beiseite und dann bei Fuß und legte die Hand auf den Kopf seines Hundes; so blieb er feierlich und unverwandten Blickes stehen, während das prächtige Tier mit vollem Geweih ruhig an ihm vorüberging. Ich sah ihn verwundert an, daß er nicht geschossen habe; er sagte: »Wen nicht Ehrfurcht ergreift, wenn er einen solchen Hirsch aus dem Walde hervortreten sieht, wer ihn verletzen könnte, der würde

nicht verdienen, Jäger zu sein; ich zum wenigsten habe zu viel Respekt, um ein solches Tier zu beleidigen.«
Bei der Erinnerung an diese Geschichte war ich tief durch das Andenken des herrlichen Großherzogs gerührt; ich nahm mir vor, daß ich von Ihnen ablassen wolle, Fürst Pückler, und Ihrer Neigung, meinem Briefwechsel und meinem Umgang zu entsagen, mich zu fügen. Setzen Sie dabei keine Tücke und keine Empfindlichkeit voraus; es ist nur die Überzeugung, daß Sie nicht wie jene großen Männer, Goethe und der Großherzog, die Richtung meines Geistes und seine Modulationen aufzunehmen geübt sind; und daß die Mißverständnisse, die hiedurch entstehen, weder erörtert noch unerklärt bleiben können, ohne zu neuen Mißverständnissen Anlaß zu geben.
Sie sprechen mir in Ihrem Brief von der leidenschaftlichen Freundschaft einer hohen Frau. – Meine Beziehungen zu Ihnen waren viel gezähmter und in sich abgeschlossener, ich verlangte keine Gegenliebe, keinen Dank, keine Aufmerksamkeiten, sondern nur Vertrauen und Verstehen. Nein, Fürst Pückler! – keinen Strauß, in dem alle Rosen und alle Veilchen zusammengebunden waren; niemand würde ich um einen so großen Strauß beneiden; wär ich in dem Fall einer sehnsüchtigen Eifersucht, so möchte der Geliebte in Gottes Namen Wälder und Felder abrasieren und zu Sträußen binden; ganze Füllhörner voll Ananas und Melonen und Pomeranzen zu den Füßen seiner verschiedenen Geliebten ausgießen und sich seiner zärtlichen Schreiben an sie rühmen, ich würde doch nur allenfalls die beneiden, der er mit Schüchternheit eine einzige Blume darbietet und deren Herz und Geist ihn in den einsamsten und verborgensten Momenten berührte.
Sie sind gütig gegen mich gewesen, das fühle ich jetzt, wo ich zu meiner Schmach erfahren habe, daß Ihre Eigentümlichkeit durch mich verletzt war; wenn Sie nach Berlin kommen, so besuchen Sie mich nicht, es wird Ihnen nicht schwer werden, es zu lassen, und ich wünsche, daß meine beschwichtigten Gesinnungen nicht wieder aufgereizt werden; alles, was ich Ihnen zudachte, werden Sie auf eine andere Weise erhalten als auf jene mißglückte; und hier erlaube ich mir noch Ihnen einen heimlichen Plan mitzuteilen: jene zärtlichen Blätter nämlich waren der Eingang zu einer tieferen Erörterung großer Beziehungen

und Wahrheiten; ich wollte mit Ihnen in ein Verständnis kommen, wo die Sprache selbst ihr Meisterstück macht, indem sie die kühnsten Mitteilungen verständlich macht. Ich wollte mit Ihnen besprechen, was niemand anders kann, ich glaubte, zwischen mir und Ihnen würden sich große Geheimnisse aufklären, wo Ihrem durstigen Herzen doch einmal ein Labetrank gereicht würde, wo Ihrem Drang doch einmal ein Ziel gezeigt würde, nach dem Sie zu streben hätten; und dann wollt ich, Sie sollten diese Blätter sich selber aneignen durch Verstehen, Verwerfen oder selbst Mitteilen und sollten es zu einem kindlichen Werk machen, in dem sich die menschliche Natur im ganzen und Ihre Seele in ihren individuellsten Farben spiegelt. Und dies Werk sollten Sie unter dem Titel »*Ich und mein Dämon*« allenfalls der Welt übergeben. Guter Fürst, ich weiß gewiß, Sie mißdeuten mir dieses schöne, kühne Vorhaben nicht.
Die Anekdoten, die ich Ihnen versprochen habe, werden Ihnen noch zukommen, ich werde alles aufschreiben, was ich mit dem Weimarer Herzog erlebt habe; das wird Sie vielleicht auf andere Gedanken über mich bringen; und das Tiefe und Große, was ich durch mein Nachdenken über Sie erkannt und erworben habe, soll Ihnen auch nicht verloren gehen.
Es ist mein letztes Schreiben, seien Sie nicht ungeduldig darüber.

Bettine

Fanny Adelson an Johann Jacoby

Königsberg, [Mitte April 1848]

Ihren Brief, lieber Jonny, habe ich gestern abend erhalten, und obgleich ich anfangs gar nicht mehr schreiben mochte, so kann ich doch nicht umhin, an Sie noch einmal die Bitte zu richten, durch ein rasendes Beginnen nicht das ganze Land in den Abgrund zu stürzen. Maßen Sie sich nicht eine Herrschaft an, die Ihnen (und den übrigen 49) durchaus nicht zukommt und worüber selbst Ihre *besten* Freunde empört sind. Seit wann sind Sie der große Politiker geworden, der die Geschicke der Staaten lenken will? Seit wann ist *Ihnen* so klar, was alle Leute gerade

entgegengesetzt verwerfen, daß die Freigebung Posens den Krieg mit Rußland verhindern wird.
Die Polen haben keine Sympathien mehr in Ostpreußen (ich nehme einige verrückte Liberale aus), und *man will den Krieg mit Rußland nicht.* Dieser aber ist gerade unvermeidlich, wenn Posen freigegeben wird. Und kann so etwas ohne Beratung der Kammern geschehen? Also aus Euren Händen soll Deutschland seine Gesetze erhalten? Da wird sich Deutschland schön bedanken, und ich kann Ihnen mit Wahrheit sagen, daß man mit dem Dank schon jetzt anfängt.
Ihr seid hingegangen, Euer Vaterland zu konstituieren, tut dies, schafft erst Ordnung bei Euch, seht, daß der Schatz sich wieder fülle, daß das gedrückte Land sich ein wenig hebe, und dann kommt mit Eurer Befreiung Polens! Sie lassen sich von einigen exaltierten Polen beschwatzen und stehen nicht an, sich im Angesichte von ganz Europa dafür lächerlich zu machen. Wissen Sie denn, welche ehrgeizigen Pläne diese Leute haben, welche Motive für eigene Größe sie zur Wiederherstellung ihres Vaterlandes treibt? – Glauben Sie mir, trotz Ihrer Idee von der eigenen Unfehlbarkeit bin ich und *alle* ihre Freunde der Meinung, daß nichts leichter ist, als *Sie* zu hintergehen. …
Und nun, lieber Freund! leben Sie wohl! Ich schreibe Ihnen nicht mehr, denn ich habe die Sympathie für Ihr Beginnen verloren, Sie wollen das Unglück des Landes, Sie wollen alles umstürzen, woran das Menschenherz hängt. Sie verlangen nicht allein für Ihr Vaterland alles, sondern alles für alle! Dies geht über meine Sphäre. Ich bin tief gebeugt und ergriffen, daß Sie sich so fortreißen ließen. Sie haben schon einmal durch Ihren starren Sinn Ihren guten Ruf aufs Spiel gesetzt. Sie werden nun als Protektor der Polen auftreten und wegen eines jämmerlichen Volkes, das nicht die Spur einer Sympathie verdient und das Sie außerdem gar nicht kennen, den Frieden und die Freiheit Ihres jetzt so schwankenden Vaterlandes zerstören.

Elise Lensing an Friedrich Hebbel

Hamburg d. 14t. April 1851

Du wünschest eine bestimmte, an Dich gerichtete Erklärung welche ich Dir sehr gern gebe. Die 200 Gulden sind richtig angekommen, meinen Dank dafür, es thut mir sehr leid daß noch immer soviel Agio erforderlich, der Niemand zu statten kommt, vielleicht hat sich der Cours in kurzem gebessert da die öffentlichen Cassen im österreichischen Gebiete vom 1t. d. M. ja in baaren Silber ausgezahlt haben, was hier Aufsehn erregt hat. –

Da Du so entschieden jeden Privatunterricht mir verbietest so muß ich ihn ja wohl unterlaßen; – in der Schule wird durchaus Nichts gelehrt, daß im mindesten überflüssig wäre, es ist eine gute Bürgerschule und weiter nichts – die mehrsten der Kinder welche solche Schulen besuchen erhalten noch Privatstunden; ich wollte ihn einstweilen dadurch mit weiter helfen daß er nicht hinter jenen Kindern zurückstände die ihn durch ihren vielen Unterricht voran sind – wäre ich der französischen Sprache mächtig gewesen ich hätte ein gutes Angagement erhalten können. – Der eine Sohn der Mad. Ruben könnt in diesen Augenblick eine brilliante Stelle erhalten auf einem Contoir hätte er eben Sprachkenntniß genug – das Kind ist angewiesen durch seine eigne Kräfte sich fortzuhelfen, nur so lange die Schuljahre dauern ist ihm die Gelegenheit gegeben seine Fähigkeiten zu erweitern. Was den geheimen Zettel betrifft so ist ein solcher im Ganzen zwei Mal vorgekommen, was Tine bestättigen wird; und sein Inhalt konntest Du eben so gut lesen, denn sie enthielten weder für Tine noch für mich etwas Verfängliches noch Unredliches – wenn Du nicht eben aus Dinge, die an und für sich nichtig sind, ein Hallo machtest und dadurch erst zu etwas stempeltest, indem Dein Naturel electrisch Dich durchzuckt – an einer friedlich, ruhigen Besprechung ist bei Dir nie zu denken – ist's zu verwundern wenn man denkt dann: ›Was er nicht weiß macht ihn nicht heiß‹? Nimm es so und nicht anders, man braucht deßhalb nicht falsch zu sein, und verdient nicht das Vertrauen zu verlieren. –

Es giebt wohl kein einziges häusliches Leben, wo die Frau jede

Kleinigkeit der Einrichtung – Beschränkung oder Ausgabe dem Mann mittheilt – hätt ich nur soviel Thaler als da Geheimnisse obwalten ich fragte ob Wien zu kaufen wäre und Schönbrun dazu – dann wies ich Euch Schönbrun zum Geschenk an.
Was nun der 3t. Punkt betrifft mit den ›Fortwährenden heimlichen Geschäften‹ – So wird Dir Tine schon gesagt haben wie es sich damit verhällt, – da Du es aber wünschest so will ich Dir auch sagen: Tine war so gütig mir zu versprechen das Schulgeld mir alle Quartal zu senden – ich nahm ihre Zusage dankbar auf weil es noth that – sie sandte sie mir einmal dann konnte sie es nicht – als sie hier war sprachen wir darüber – sie sagte mir, daß sie es mir senden wollte – ich hatte mir inzwischen etwas von einer Freundin geliehn, da ich das Schulgeld auf den Tag bezahle, da erhielt ich die Doctor Rechnung für Carl – und die Ankündigung daß mein Sopha mir abgeholt werden würde und anderweitig verkauft werden sollte, wenn ich ihn nicht bezahlte, ich schrieb es und bat Dich – (wenn ich nicht irre) die Doctor Rechnung zu bezahlen Du antwortest nicht darauf – war's ein Wunder, wenn ich mich an die Schwester wand, die mit mir theilen wird wenn sie was hat? sie that's, und ich weiß es, gern – sie wird nicht sagen was Du mir sagst: ›Ich solle ihr hinfort nichts mehr abzwacken‹ – mich durchlief's als ich diese Stelle las! – die kann mir auch nur von Dir kommen, Schonung kennst Du nicht – Du wählst stets den kränkensten Ausdruck. –
Was ich auch für Fehler habe – den der Habsucht besitze ich nicht – davon spricht mich mein eigenes Gefühl ganz frei; ich habe stets empfunden, daß Geben unendlich seeliger ist als nehmen; – nur die bittere Nothwendigkeit gebietet mir es anzunehmen sei versichert, hät ich etwas, oder würd mir ein unverhofftes Glück zu Theil, ich behielt das Kind auch ohne einen Heller von Dir –
Was Du mir über Tines seltenes Auftreten sagst, ist eine Infamie; der Herr bekleidet seine Posten auch nicht mit Ehren – unter solchen Bedingungen Intendant zu sein, heißt sich lossagen von Ehre u nur Geld und Stelle besitzen zu wollen – ähnliche Ansichten machen sich auch in vielen Blättern über ihn geltend. –

Dr. Levy war inzwischen einmal bei mir – Deine Bücher sind von Dr. Heller in der Nachricht besprochen – ich bekannte Levy daß in der Kritik eine große Partheilichkeit hervorblicke – vermuthlich sei H. D. Hell kein Freund von Dir – denn die Kritik erscheine nicht allein mir auch vielen Andern in dem selben Lichte – er suchte mir zu beweisen, daß H. persönlich nichts gegen Dich habe – wir debattirten hin und her – im Laufe des Gesprächs bekam ich heraus daß Laube ein Intimus von Heller ist – denn er vertraute mir eine humoristische Stelle aus Laubes Brief an Heller mit, der hiesigen Theater-Direction betreffend – Ob Levy für erste wieder kommt bezweifle ich – ich hatte erwartet daß er Deine Bücher besprechen und in and. Maaßstabe – fühlte mich nun durch die Critik verletzt war etwas pickirt, – konnte ins alte Gleis nicht hinein kommen was er verstand. –
Nun leb wohl! bleib nur gesund das ist doch die Quintessenz des ganzen Lebens und sei versichert, daß in meiner Seele die besten Wünsche für Dich noch nie erstorben sind und untergehn werden – wenn ich selbst untergehe – woneben ich zugleich gestehe – daß ich lieber fern von Dir lebe als in Deiner Nähe –

ewig Deine Freundin
Elise

Mete Fontane an ihre Mutter

Geliebte Mama. Kleindammer. d. 6. Mai 1881

Es scheint ebenso schwer zu sein, Dir genehm zu schreiben, wie sich Deinen Wünschen gemäß mit Dir zu unterhalten; schweigt man, so beanstandest Du das, ist man aber offen, so ist Dir auch das nicht recht und selbst, wenn Du die Sache heute aufnimmst, wie sie gemeint ist, hat man nicht die geringste Garantie, daß Du nicht morgen entgegengesetzt darüber denkst. – – Ich verstehe es wohl, die Gegenwart zu genießen führe sogar des alten Horaz: »carpe diem« als Motto, aber mit Ausnahme von guter Behandlung, die viel und guter Luft, die mehr sagt, ist hier nicht allzu viel zu genießen. Da es einmal zur Sprache kommt, muß ich Euch doch sagen, daß Ihr im Großen und Ganzen doch die Vorzüge Kl. Dammers überschätzt, ich bin selbst Schuld daran, da ich infolge eines leisen künstlerischen Hanges, um freundliche Bilder zu geben, sie stets in das hellste Licht setze und durch den lebhaften Wunsch, nicht undankbar zu erscheinen und zu sein aus der allerdings nicht wegzuleugnenden Güte meiner Principale das Möglichste mache. – Ihr seht die allgemeine Form des Lebens, in guter Luft, »ein Schloß« mit Equipage, wie Papa, als ich zu Lange's sollte, wo 7 Kinder zu erziehen waren, mir immer die Kieler Bucht mit ihren weißen Segeln schilderte. Ich klage ja jetzt nicht, aber ich kann Dir sagen, daß Du Deine eigenen Reize, die unseres Hauses und Berlins unterschätzt; ich lebe ehrlich gestanden doch ein kahles und freudloses Dasein und wenn ich nicht die Liebe zur Natur hätte, die man von jungen Menschen nicht einmal verlangen darf, stände es geradezu traurig. Ich stehe früh auf, weil ich muß, aber ich bliebe oft gern noch liegen, dann unterrichte ich bis 12 und daß man in 4 Unterrichtsstunden mehr Ärger wie Freude erlebt, wird Dir jeder Lehrer bestätigen, dann wird gegessen, entschiedene partie honteuse, dann sind wieder Stunden, dann wird gearbeitet und dann soll ich quite used up, noch die ganze Gesellschaft amüsiren; das ist kein schlechtes Leben, es giebt aber doch Berechtigung, manches anders zu wünschen, wenn Du hinzunimmst, daß kein Tag vergeht, wo mich Ella nicht bis in's Innerste kränkt oder beleidigt. – Ich schreibe Dir das Gute reichlich so viel, wie das Schlechte und aus denselben Stunden setzt sich mit der Zeit ein freundliches Gesammtbild zusammen aber der eigentliche Hintergrund ist schwarz, denn ich habe keinen Menschen, zu dem ich mich hingezogen fühle, ich kann mich niemals unterhalten, wie mit meinem Vater und stoße auf Gegensätze, wo ich hinblicke; daß ich sie *über*sehe schafft sie nicht aus der Welt. – Hoffentlich hat meine Dialektik wenigstens so viel erreicht, daß Du mir gestattest, mich auf Dich zu freuen. Da sich unsere Briefe gekreuzt haben, ist es vielleicht das Einfachste ich schicke dieses Werk, dem man nicht nachsagen kann, daß brevety the soul of wit ist, gleich ab.

Die Nachrichten von Euch lauten ja zufriedenstellend.

Schreibt mir doch Theo's Adresse, ich möchte ihm schreiben; er ist doch ein zu guter Junge und ich freue mich recht, daß er nicht auf George den Eingeweihten gehört hat, sondern unserem Rath zufolge gewartet hat, bis die Offiziere zu ihm kamen.
Ich bin dankbar, daß es Papa gut geht; laß Dich nur immer in's Schlepptau nehmen; ich werde Dich jedenfalls nicht wieder so viel allein lassen.

Mete

Franziska Nietzsche an Franz Overbek

Hochverehrter Herr Professor! Naumb. d. 26/12. 1895

Haben Sie wiederum herzlichen Dank für Ihren so lieben Brief und die freudig begrüßte Pension, durch deren Nichtgewährung ich Ihnen in letzter Zeit so viel Mühe bereitete, weil ich dadurch *so* geängstigt wurde. Es liegen recht schwere schwere Wochen hinter mir, doch ehe ich Ihnen dies alles schriftlich auseinandersetze, ist es wohl das Beste Ihnen das betreffende Dokument beizulegen, woraus Sie ersehen werden, daß das Nietzsche-Archiv mit allen, auch seinen Naumannschen Honoraren an meine Tochter übergegangen ist. Ich wurde mit dem Vertrage vollständig überrascht und zwar in der Art, daß ich abends durch meinen Neffen in Magdeburg das Schriftstück zugeschickt bekam und am andern Tag schon von L. die Stunde bei dem Notar zur Unterschrift bestimmt war. – Man hatte aber die Rechnung ohne den Wirt gemacht, denn ich habe mich volle vier Wochen gesträubt und endlich weil ich glaubte, selbst krank zu werden und weil auch mein Neffe einen Brief über den anderen schrieb, ich solle ruhig unterschreiben habe ich es getan; auch den guten Professor Heinze Leipzig noch telegraphisch den Tag vorher bat zu kommen und der Gütige, obwohl er erst abends sieben Uhr Zeit dafür hatte, doch kam, und in jedem Punkt *meine* Ansicht *vollständig* teilte, da er den Vertrag schon von Lieschen erhalten hatte. Es handelte sich nämlich darum, daß 30,000 M. aufgebracht werden sollen von Freunden, worüber aber ein vollständiges Geheimnis herrscht, wer diese Freunde sind, die sich erboten hätten in idealster Weise das Geld zu geben, wenn die Vormundschaft meines Sohnes »das Archiv an meine Tochter abtrete«. Ich wußte garnicht was ich zu all dem sagen sollte, denn ich liebe Offenheit, da man ja auch garnicht erfahren konnte, welche Bedingungen der geheimnisvollen Freunde sich an dieses Geldopfer knüpften. Ich empfand es überhaupt als eine Begriffsirrung meiner Tochter, mir den Geistesschatz meines Sohnes unseres gemeinsam geliebten Kranken, also unseren *Familienschatz* für fremdes Geld mir und vor allem meinem Sohn, welcher doch Namen hat, *abkaufen* zu wollen, denn ich sah nicht den *geringsten* Grund ein, daß eine Veränderung stattfand. Weder ich noch mein Neffe haben L. noch Kögel, *je* etwas in den Weg gelegt, was sie dazu veranlassen konnte, was mir auch Kögel vollständig bestätigte. Im Gegenteil sind wir ganz erfüllt gewesen, von der ausgezeichneten Gestaltung und Verwaltung des Archivs. Mein Neffe betont »Lieschen 50 Jahre in Kürze, wo man sich nicht gern bevormunden lasse«, zu Heinze hat L. als Hauptgrund angegeben, darüber bestimmen zu können Briefwechsel womöglich ankaufen usw., kurz er kam auch noch von Leipzig nach 10 Uhr und redete zu, anderen Tags zu unterschreiben (und fuhr in der Nacht fort): »sie wäre so für den Gedanken eingenommen und nähme es *sehr* ernst, daß er glaube auch sie werde, ebenso wie ich es von mir dächte, krank, wenn ich mich länger weigerte«. So kam denn anderen Tags mit meiner Tochter der Notar hierher, weil ich leidend war und habe die mir blutsauer gewordene Unterschrift getan. – Woher meine Tochter ihre Existenzmittel, Besoldung für Kögel, idealen Zwecken dienen und die 1600 M. mir zu zahlende Pension für den guten Fritz (»die wohl nur, sagte Professor Heinze, auf dem Papier stehen«) hernehmen will, wenn die guten Baseler dieselbe nicht mehr geben, das weiß sie wohl selbst kaum, da L. außerdem nicht weiß mit Geld umzugehen. Sie werden mir daher *meine Angst* und *Sorge* nachfühlen, denn soll ich von jetzt an auch die Zinsen von seinem Vermögen und das dazu kommende Geld bekommen, so sind dies doch kaum soviel Zinsen als die Pension beträgt und letztere *30000 M. der*

Freunde, (die ich *ihr* so gern anstatt des Archivs überlassen hätte), denn ich finde es *unwürdig* daß sie zu den Mitteln zu der Existenz unseres Fritz gehören, welchem die Naumannsche Quelle *gehört;* ja die letzteren 30000 M. sehe ich überhaupt nur als *Scheinbesitz* an, denn fehlt es Lieschen wer *soll* anders helfen als *ich?* Das Beste ist, daß seit der Unterschrift heiteres Wetter ist und wir so einen schönen heiligen Abend verlebten. Es geht ja meinem Fritz jetzt recht leidlich, indem sich der Krampf, der schrecklich war fast vollständig verloren hat. Prof. Binswanger war gelegentlich vor 8 Tagen bei uns mit Dr. Gutjahr, er war offenbar von dem Aussehen unseres Kranken überrascht und sagte zu mir: »Frau Pastor ich mache Ihnen mein Kompliment, Ihre Pflege ist prachtvoll ja prachtvoll«, er sah aber auch so gut aus, und Binswanger so lieb und gut an, als wisse er, wer ihn besuchte. Helfe Gott weiter, ich bin so angegriffen. Haben Sie die Güte mir über den Vertrag bei Zurücksendung Ihr mir so wertes Urteil zu sagen, das Beste ist, daß nun Ruhe und Frieden eingekehrt ist! Sei Gott mit uns! So haben Sie von Leid und Freud einen Herzenserguß als alte liebe Freunde, welche auf das Herzlichste grüßt Ihre

ewig dankbare Nietzsche

In dem Vertrag ist gesagt: daß meine Tochter die alleinige Schöpferin des Archivs sei (was sie doch ohne einen Gelehrten nicht fertig gebracht hätte) und sonst habe ich doch alles im Brief, wie ich sehe, geschrieben, deshalb ist es überflüssig das Dokument beizulegen, oder wollen Sie es haben?
Dr. Gutjahr ist wie ich von Anfang [an] vollständig dagegen.
Verzeihung! ob des heutigen wohl etwas konfusen Briefes, ich bin aber, da Alwine heute in Leipzig ist um ihre Schwester und ein Wagnersches Stück zu sehen, ganz allein und mein Lieberchen, ganz gegen seine sonstige Art, *sprachselig.*
Lieschen war heut Nachmittag und sehr vergnügt bei uns.

Lou Andreas-Salomé an Rainer Maria Rilke

Schmargendorf,

Letzter Zuruf. Dienstag, 26. Februar 1901

Jetzt wo alles um mich in lauter Sonne und Stille steht und die Lebensfrucht sich reif und süß gerundet hat, kommt mir eine letzte Pflicht aus der uns gewiß Beiden noch theuren Erinnerung, daß ich in Wolfratshausen wie eine Mutter zu Dir trat. Laß mich darum als eine Mutter die Pflicht aussprechen, die ich vor mehreren Jahren infolge einer langen Unterredung Z[...] gegenüber einging. Schweifst Du frei in's Ungewisse, so verantwortest Du nur für Dich selbst; indessen für den Fall, daß Du Dich bindest, mußt Du erfahren, *warum* ich Dich auf einen so ganz bestimmten Weg zur Gesundheit unermüdlich hinwies: es war Z.'s Befürchtung eines Schicksals etwa gleich dem von Garschin. Das was Du und ich den »Andern« in Dir nannten, – diesen bald deprimierten, bald excitierten, einst Allzufurchtsamen, dann Allzuhingerissenen, – das war ein ihm wohlbekannter und unheimlicher Gesell, der das Seelischkrankhafte fortführen kann zu Rückenmarkserkrankungen oder in's Geisteskranke. *Dies braucht jedoch nicht zu sein!* In den »Mönchsliedern«, in manchen Zeiten früher, vorigen Winter, diesen Winter, standest Du heil vor mir! Begreifst Du meine Angst und meine Heftigkeit, wenn Du wieder abglittest, und ich das alte Krankheitsbild wiedersah? wieder den zugleich lahmen Willen neben jähen, nervösen Willenseruptionen, die Deinen organischen Zusammenhang durchrissen, haltlos Suggestionen gehorchten, und nicht untertauchten in die Fülle der Vergangenheit um gesund zu assimilieren, zu verarbeiten, sich selbst vom Grund an aufzubauen! wieder die schwankende Ungewißheit zugleich mit den lauten Accenten und starken Worten und Betheuerungen, voll Wahn-Zwang, ohne Wahrheits-Zwang! Allmählich wurde ich selber verzerrt, zerquält, überanstrengt, ging nur noch automatisch, mechanisch neben Dir, konnte keine volle Wärme mehr dransetzen, gab die eigene Nervenkraft aus! Immer öfter stieß ich endlich Dich fort, – aber daß ich immer wieder mich von Dir an Deine Seite zurückziehn ließ, das geschah jener Worte Z.'s halber. Ich fühlte: Du *würdest* genesen, wenn Du nur standhieltest! Doch da kam etwas hinzu, – etwas, fast wie eine tragische Schuld gegen Dich: nämlich der Umstand, daß ich, trotz unseres Altersunterschiedes, seit Wolfratshausen immer noch wachsen mußte, – weiter und weiter wachsen, bis in das hinein, was ich Dir beim Abschied so froh erzählte, – ja, so seltsam es klingt: *bis in meine Jugend hinein!* denn erst jetzt bin ich jung, erst jetzt darf ich sein, was Andere mit 18 Jahren werden: ganz ich selbst. Darum verlor Deine Gestalt, – in Wolfratshausen noch so lieb und deutlich dicht vor mir, – sich mir mehr und mehr wie ein Einzeltheilchen in einer Gesammtlandschaft, – in einer weiten Wolgalandschaft gleichsam, und die kleine Hütte darin war nicht die Deine. Ich gehorchte ohne es zu wissen dem großen Plan des Lebens, das ein Geschenk über alles Verstehn und Erwarten lächelnd schon bereit hielt für mich. Mit tiefer Demuth nehme ich es entgegen: und weiß nun seherklar und rufe Dir zu: gehe denselben Weg Deinem dunklen Gott entgegen! Er kann, was ich nicht mehr thun kann an Dir, – und so lange schon nicht mehr mit voller Drangabe thun konnte: er kann Dich zur Sonne und Reife segnen. Über weite, weite Fernen schicke ich diesen Zuruf zu Dir, nichts vermag ich mehr als das, um Dich zu behüten vor der »schlechtesten Stunde«, von der Z. sprach. Drum war ich so bewegt, als ich beim Abschied die letzten Worte aufschrieb auf ein Stück Deines Papiers, *weil ich sie nicht aussprechen konnte: ich meinte alle diese Worte.*

Paula Modersohn-Becker an ihre Mutter

Meine liebe Mutter, Berlin, den 8. März 1901

daß mein Wiederkommen ein so unangenehmes und gestörtes wird, macht mich sehr traurig. Es tut mir so sehr leid, Vater Unruhe zu machen; gerade, wo ich weiß, daß er in diesen Tagen nervöser ist denn je. Ihr Lieben, wie soll ich Euch es denn nur in Worten schreiben, wie es für mich gar keinen anderen

Weg gibt, als nach Hause kommen. Ich möchte so sehr gern, daß unser Wiedersehen nicht trübe ist, das ist ja gar keine Gelegenheit, um trübe und traurig zu sein. Von Anfang an habe ich zwei Monate für meinen Berliner Aufenthalt festgesetzt. Ich habe meine Zeit gut angewandt. Mutter, nun geht es aber nicht länger. In mir schreit etwas nach Luft, das will sich nicht besänftigen lassen. Ich habe Euch das schon einmal in einem Brief geschrieben, den Ihr für einen Karnevalscherz hieltet. Ich führe hier ein Leben, das gar nicht mein Leben ist. Mein eigenster innerster Mensch hungert, hungert nach Tiefe und Ruhe. Die Art, wie ich hier an die Kunst und an das herantrete, was für mein Leben das Höchste ist, wird mir durch die Verhältnisse veroberflächlicht. Es bedrückt mich so, daß meine Seele nicht freudig und angefacht unter ihnen gehen kann, wie sie es muß. Und jetzt heischt sie Freiheit von mir, und ich gebe sie ihr, ich halte sie nicht länger.
Es ist nicht nur Sehnsucht nach Otto Modersohn, die mich treibt, ich kann aber diese teppichklopfende Luft und hohen Häuser nicht mehr aushalten. Und warum? Ich habe hier ein großes Teil für den Haushalt gelernt. Daß ich nicht perfekt bin, weiß ich von selber. Aber dieses lernt sich ja auch nur in meinen eigenen Verhältnissen.
Liebe Mutter, ich schreibe Dir dieses alles, weil ich weiß, daß Du auch diese Stimme in uns kennst, die will. Und das ist unsere eigenste Stimme. Ihr gebe ich nach. Haltet es nicht für ruchlos oder herzlos. Ich kann nicht anders. Ich muß. Und daß ich dieses Muß in meiner Natur habe, dessen freue ich mich. Denn das ist der Instinkt, der sie leitet.
Liebe Mutter, mein Brief ist sehr verworren. Aber es erregt mich, daß ich Euch Ärger bereite. Ich schreibe Dir und hoffe, daß Du meine Worte in Deine liebe sanftere Sprache übertragen Papa sagen wirst, damit unser Wiedersehen ein nicht gestörtes wird. Es ist so traurig, daß Ihr Euch an mir ärgert. Da ist doch auch hin und wieder etwas zum Freuen an mir, ich meine noch außer meiner Verlobung.
Lies diesen Brief mit Milly durch und besprich ihn mit ihr, und versucht, Euch ein wenig in meine Seele zu versetzen, die nach Freiheit lechzt und ihre Fesseln sprengt. Es ist nicht Schlechtigkeit von ihr. Es ist auch nicht Schwachheit von ihr. Es ist

Stärke. Es ist gut, sich aus Verhältnissen loszulösen, die einem die Luft benehmen.
Ich stehe hier, ich kann nicht anders. Amen.

Eure Paula

Minna Cauer an Herrn von Gerlach

Sehr geehrter Herr von Gerlach, den 9. Juni 1913

Herzlichen Dank für Ihre Zeilen! Es wäre mir sehr schmerzlich gewesen, wenn das Persönliche, das doch immerhin vielfach ausschlaggebend ist, zwischen uns plötzlich verschwunden wäre. So lange man sich gegenseitig in seiner Gesinnung und in seinem Tun achtet, können uns Meinungsverschiedenheiten wohl dann und wann zu Auseinandersetzungen zwingen, aber nicht zu persönlichem Verkennen.
Nur noch einige Klarstellungen für mein Verhalten, das in seinen Grundzügen und in seinen Konsequenzen nicht allein logisch, sondern in erster Linie das einzig richtige war, wenn mir daran [lag] mein Schild *rein* zu erhalten und daran liegt mir mehr als alles sonst auf der Welt. Politisch logisch und politisch rein, – das ist meine Devise!
Ich schied:

1. weil durch eine böse Minierarbeit in Preußen die von mir gegründete preußische Organisation untergraben war.
2. weil in der Weimarer Konferenz die ganze trostlose Unzuverlässigkeit derjenigen Personen zutage tritt, die als Vertrauenspersonen von uns angesehen waren (Provinzialvorsitzende, Beispiel Westphalen, Sachsen, Brandenburg).
3. weil mir Prinzipien und deren Befolgung höher stehen als Taktik und momentaner Erfolg.
4. weil ich die Überbrückung nach links hin für meine letzte Lebensaufgabe halte, denn ohne die Arbeiterinnenmassen werden wir niemals fertig werden, auch stehe ich und stand ich stets für die Rechte der Arbeiterinnen in erster Linie ein.

Es liegt mir ganz fern mich schon ganz außer Kampflinie setzen zu wollen, im Gegenteil, ich werde vielleicht bald schärfer ge-

gen die sich entwickelnde »Damenbewegung«, wie sie schon längst im Bunde Deutscher Frauenvereine grassiert, einsetzen, sobald die Lage geklärt ist und ich die Gewißheit habe, daß die Stimmrechtssache nach rechts geschoben werden wird, nur noch *feministisch* sein soll und dem Politischen keine Rechnung tragen kann oder tragen will.
In dem jetzigen Wirrwarr habe *ich* nichts zu suchen, ich bin froh, daß ich unbehelligt meine eigenen Wege ziehen kann, wie lange noch einsam, das hängt von der Entwicklung ab. Sie werden in Budapest ein herrliches Schaustück erleben, teilweise die dekorativste Aufmachung – ich, sehr geehrter Herr von Gerlach, habe zu viel hinter die Kulissen geschaut, um mich noch durch Schaustücke blenden zu lassen.
Ich habe nur noch wenige Jahre vor mir, ich will sie aber nicht vergeuden für Blendwerk, ich war auch nie dafür zu haben.

Mit hochachtungsvollem Gruß,
Minna Cauer

Rosa Luxemburg an Mathilde Wurm

Meine liebe Tilde! Wronke, 28. 12. 1916

Ich will Deinen Weihnachtsbrief gleich beantworten, solange ich noch in dem frischen Zorn bin, den er in mir erregt hat. Ja, Dein Brief hat mich fuchsteufelswild gemacht, weil er mir, so kurz er ist, in jeder Zeile zeigt, wie sehr Du wieder ganz im Bann Deines Milieus stehst. Dieser heulmeierische Ton, dieses Ach und Weh über die »Enttäuschungen«, die Ihr erlebt habt – angeblich an Anderen, statt nur selbst in den Spiegel zu blikken, um der Menschheit ganzen Jammer in treffendstem Konterfei zu erblicken! Und »wir« bedeutet jetzt in Deinem Munde Deine sumpfige Froschgesellschaft, während es Dir früher, wenn Du mit mir zusammenwarst, *meine* Gesellschaft bedeutete. Dann wart, ich werde Dich per »Ihr« behandeln.
Ihr seid mir »zu wenig draufgeherisch«, meinst Du melancholisch. »Zu wenig« ist gut! Ihr seid überhaupt nicht »geherisch« sondern »kriecherisch«. Es ist nicht ein Unterschied des Gra-

des, sondern der Wesenheit. »Ihr« seid überhaupt eine andere zoologische Gattung als ich, und nie war mir Euer griesgrämiges, sauertöpfisches, feiges und halbes Wesen so fremd, so verhaßt, wie jetzt. Das »Draufgängertum« würde euch schon passen, meinst Du, bloß wird man dafür ins Loch gesteckt und »nutzt dann wenig«. Ach, Ihr elende Kleinkrämerseelen, die Ihr bereit wäret, auch ein bißchen »Heldentum« feilzubieten, aber nur »gegen bar«, und sei es um verschimmelte drei Kupferpfennige, aber man soll gleich einen »Nutzen« auf dem Ladentisch sehen. Und das einfache Wort des ehrlichen und geraden Menschen: »Hier steh ich, ich kann nicht anders, Gott helf mir«, ist für euch nicht gesprochen. Ein Glück, daß die bisherige Weltgeschichte nicht von Euersgleichen gemacht war, sonst hätten wir keine Reformation und säßen wohl noch im ancien régime. Was mich anbelangt, so bin ich in der letzten Zeit, wenn ich schon nie weich war, hart geworden wie geschliffener Stahl und werde nunmehr weder politisch noch im persönlichen Umgang auch die geringste Konzession machen. Wenn ich mich nur an die Galerie Deiner Helden erinnere, so ergreift mich der Katzenjammer: der süße Haase, der Dittmann mit dem schönen Bart und den schönen Reichstagsreden, der schwankende Hirte Kautsky, dem Dein Emmo natürlich treu durch alle Höhen und Tiefen folgt, der herrliche Arthur [Stadthagen], – ah, je n'en finirai! Ich schwöre Dir: lieber sitze ich jahrelang – ich sage nicht hier, wo ich's nach allem wie im Himmelreich habe, sondern lieber in der Spelunke am Alexanderplatz, wo ich in der 11 cbm großen Zelle, morgens und abends ohne Licht, eingeklemmt zwischen das C (aber ohne W) und die eiserne Pritsche, meinen Mörike deklamierte, als mit Euren Helden zusammen mit Verlaub zu sagen »kämpfen«, oder überhaupt zu tun haben! Dann schon lieber Graf Westarp, – und nicht deshalb, weil er von meinen »mandelförmigen Samtaugen« im Reichstag redete, sondern weil er ein *Mann* ist. Ich sage Dir, sobald ich wieder die Nase hinausstekken kann, werde ich Eure Froschgesellschaft jagen und hetzen mit Trompetenschall, Peitschengeknall und Bluthunden, – wie Penthesilea, wollte ich sagen, aber Ihr seid bei Gott keine Achilleus. Hast Du jetzt genug zum Neujahrsgruß? Dann sieh, daß du *Mensch* bleibst. Mensch sein ist vor allem die Hauptsache. Und das heißt: fest und klar und *heiter* sein, ja heiter trotz alledem und alledem, denn das Heulen ist Geschäft der Schwäche. Mensch sein, heißt sein ganzes Leben »auf des Schicksals großer Waage« freudig hinwerfen, wenn's sein muß, sich zugleich aber an jedem hellen Tag und jeder schönen Wolke freuen, ach, ich weiß keine Rezepte zu schreiben, wie man Mensch sein soll, ich weiß nur, wie man's *ist,* und Du wußtest es auch immer, wenn wir einige Stunden zusammen im Südender Feld spazierengingen und auf dem Getreide roter Abendschein lag. Die Welt ist so schön bei allem Graus und wäre noch schöner, wenn es keine Schwächlinge und Feiglinge auf ihr gäbe. Komm, Du kriegst doch noch einen Kuß, weil Du doch ein ehrlicher kleiner Kerl bist. Prosit Neujahr! R.

Wronke i. P. Festung. 16. 2. 1917.

Meine liebe Tilde! Brief, Karte und Keks erhalten, – besten Dank. Sei ruhig, trotzdem Du mir so tapfer pariert hast und mir sogar Fehde ansagst, bleibe ich Dir so gut als ich war. Daß Du mich »bekämpfen« willst, habe ich lächeln müssen. Mädchen, ich sitze fest im Sattel, mich hat noch keiner in den Sand gestreckt; auf den, der's kann, bin ich neugierig. Ich mußte aber noch aus einem andern Grunde lächeln: weil Du mich gar nicht »bekämpfen« magst und an mir auch politisch viel mehr hängst, als Du's wahr haben willst. Ich werde Dir stets der Kompaß bleiben, weil Dir Deine grade Natur sagt, daß ich das unbeirrbarste Urteil habe, – fallen doch bei mir all die störenden Nebenmomente weg: Ängstlichkeit, Routine, parlamentarischer Kretinismus, die das Urteil des anderen trüben. Deine ganze Argumentation gegen meine Losung: hier steh' ich – ich kann nicht anders! läuft auf das Folgende hinaus: schön und gut, aber die Menschen sind feig und schwach für solches Heldentum, ergo müsse man die Taktik ihrer Schwachheit und dem Grundsatz: chi va piano, va sano anpassen. Welche Enge des historischen Blicks, mein Lämmchen! Es gibt nichts wandelbareres als menschliche Psychologie. Zumal die Psyche der Massen birgt stets in sich, wie die Thalatta, das ewige Meer, alle latenten Möglichkeiten: tödliche Windstille und brausenden Sturm, niedrigste Feigheit und wildesten Heroismus. Die

Masse ist stets das, was sie nach Zeitumständen sein *muß*, und sie ist stets auf dem Sprunge, etwas total anderes zu werden, als sie scheint. Ein schöner Kapitän, der seinen Kurs nur nach dem momentanen Aussehen der Wasseroberfläche steuern und nicht verstehen würde, aus Zeichen am Himmel und in der Tiefe auf kommende Stürme zu schließen! Mein kleines Mädchen, die »Enttäuschung über die Massen« ist stets das blamabelste Zeugnis für den politischen Führer. Ein Führer großen Stils richtet seine Taktik nicht nach der momentanen Stimmung der Massen, sondern nach ehernen Gesetzen der Entwicklung, hält an seiner Taktik fest trotz aller Enttäuschungen und läßt im Übrigen ruhig die Geschichte ihr Werk zur Reife bringen.

Damit wollen wir »die Debatte schließen«. Freundin bleibe ich Dir gern.

Ob ich Dir auch, wie Du willst, Lehrerin bleibe, hängt von *Dir* ab.

Du erinnerst mich an einen Abend vor 6 Jahren, an dem wir zusammen am Schlachtensee auf den Kometen warteten. Merkwürdig, kann mich absolut nicht mehr entsinnen. Aber eine andere Erinnerung rufst Du mir wach. Ich saß damals an einem Oktoberabend mit Hans Kautsky (dem Maler) an der Havel, vis à vis der Pfaueninsel und wir warteten auch auf den Kometen. Es war schon tiefe Dämmerung, doch am Horizont brannte noch ein düsterer Purpurstreif, der sich in der Havel spiegelte und die Wassertafel in ein großes Rosenblatt verwandelte. Eine leichte Böe strich darüber hin und kräuselte dunkle Schuppen auf dem Wasser, das von einem Schwarm schwarzer Punkte besprenkelt war; es waren Wildenten, die auf ihrem Zug in der Havel Rast hielten und ihren gedämpften Schrei, in dem so viel Sehnsucht und Weite klang, zu uns herübersandten. Es war eine wunderbare Stimmung und wir saßen schweigend, wie verzaubert. Ich blickte auf die Havel, Hans zufällig auf mich. Plötzlich fuhr er entsetzt auf, umfaßte mich bei der Hand: Was mit mir wäre? rief er. Hinter seinem Rücken war nämlich ein Meteor niedergegangen und hatte mich mit phosphorgrünem Licht übergossen, so daß ich leichenhaft erblaßte. Und da ich bei dem seltsamen Schauspiel, das ihm unsichtbar war, heftig zusammenzuckte, so dachte Hans wohl nicht an-

ders, als ich sei im Sterben. (Er machte von dem Abend an der Havel nachher ein schönes großes Bild.)
Daß Du für nichts Zeit und Sinn hast jetzt, als für »den einen Punkt«, nämlich die Parteimisere, ist fatal, denn solche Einseitigkeit trübt auch das politische Urteil, und vor allem muß man jederzeit als voller Mensch leben. Aber sieh, Mädchen, wenn Du schon so selten dazu kommst, ein Buch in die Hand zu nehmen, dann lies doch wenigstens nur *Gutes,* nicht solchen Kitsch, wie den »Spinoza-Roman«, den Du mir schicktest. Was willst Du mit den speziellen Judenschmerzen? Mir sind die armen Opfer der Gummiplantagen in Putumayo, die Neger in Afrika, mit deren Körper die Europäer Fangball spielen, ebenso nahe. Weißt Du noch die Worte aus dem Werke des Großen Generalstabs über den Trothaschen Feldzug in der Kalahari: »...Und das Röcheln der Sterbenden, der Wahnsinnsschrei der Verdurstenden verhallten in der erhabenen Stille der Unendlichkeit.« O diese »erhabene Stille der Unendlichkeit«, in der so viele Schreie *ungehört* verhallen, sie klingt in mir so stark, daß ich keinen Sonderwinkel im Herzen für das Ghetto habe: ich fühle mich in der ganzen Welt zu Hause, wo es Wolken und Vögel und Menschentränen gibt.
Gestern Abend gab es wunderschöne rosige Wolken über meiner Festungsmauer. Ich stand vor meinem vergitterten Fenster und rezitierte für mich mein Lieblingsgedicht von Mörike:

In ein freundliches Städtchen tret ich ein,
In den Straßen liegt roter Abendschein,
Aus einem offenen Fenster eben,
Über den reichsten Blumenflor
Hinweg, hört man Goldglockentöne schweben,
Und eine Menschenstimme scheint ein Nachtigallenchor,
Daß die Blumen beben,
Daß die Düfte leben,
Daß in höherem Rot die Rosen leuchten vor.
Lang hielt ich staunend, lustbeklommen,
Wie ich hinaus vors Thor gekommen,
Ich weiß es selber wahrlich nicht.
Und hier – wie liegt die Welt so licht!
Der Himmel wogt in purpurnem Gewühle,

Rückwärts die Stadt in goldenem Rauch.
Wie rauscht der Erlenbach?
Wie rauscht im Grund die Mühle?
Ich bin wie trunken, irregeführt.
O Muse, Du hast mein Herz berührt
Mit Deinem Liebesband!…

So und nun lebwohl, mein braves, gutes Mädchen. Weiß der Himmel, wann ich wieder dazu komme, Dir einen Brief zu schreiben, ich habe jetzt keine Schreiblust. Aber diesen war ich Dir schuldig.

Kuß und kräftigen Händedruck
Deine R.

Nachwort

Frauenbriefe gesammelt und unter diesem Titel vorzustellen hat eine gewisse Tradition. Das Interesse der lesenden Welt galt dabei nicht bloß dem Briefwerk großer Schreiberinnen wie Madame de Sevigné oder Liselotte von der Pfalz oder der Droste, sondern ausdrücklich der Frau als Briefschreiberin überhaupt. Georg Steinhausen, der immer noch gründlichste Monograph des deutschen Briefes, notierte 1889, daß wir die ersten Privatbriefe deutscher Sprache Frauen verdanken, genauer: den liebenden, sei's im geistlichen, sei's im weltlichen Sinne. Noch im 18. Jahrhundert war es der »natürliche Schreibstyl«, den die Frauen – nun auch als Autorinnen von Briefromanen – in die Schriftwelt der männlichen Literaten einbrachten; zur Zeit der Klassik und Romantik dann galt weibliche Briefkultur auch als Fortsetzung der Salongeistigkeit mit anderen Mitteln. Im Vormärz schließlich mochten es erste politische Meinungen und Stellungnahmen, und im Verlauf des 19. Jahrhunderts auch ein zunehmend feministischer Ton sein, der einer Sammlung eigens von Frauenbriefen Leser verschaffen konnte.

Aber heute?

Eine Auswahl, die mit dem 18. und 19. Jahrhundert die Blütezeit weiblicher Briefkunst umfassen und aus historischer Ferne betrachten will, wird sich wohl über den eigenen Standort erklären müssen.

In einer Phase, in der die Ideale der Frauenbewegung zwar breite Zustimmung erlangt und auch zu institutionellen Reformen geführt haben, in der aber engagierte Vorkämpferinnen zurück zum Herd blasen; in einer Phase, in der sich gleichzeitig weltweit eine Subkultur mit analphabetischen, nämlich astrologischen und naturmystischen Interessen etabliert und arrivierte Intellektuelle mit der ganzen Bewegung (von der sie einst beruflich profitiert haben) nichts mehr zu tun haben möchten – in einer solchen Phase kann es wohl nur um eine frontenstörende Rückschau gehen; um eine breite Dokumentation der Verhältnisse *vor* der Spaltung ins ganz Politische und ganz Unpolitische. Eine Bestandsaufnahme, die viele Perspektiven ihren Vorläufern verdankt, sich aber trotzdem und vor allem in einem Punkt von ihnen unterscheiden möchte: Vorgestellt wird hier nicht, oder nicht vornehmlich, die literarische oder rhetorische Leistung der Briefkultur; nicht der geschliffene, in Erzählung oder Essay oder Pamphlet übergehende Brief, der gleichsam ohne Absender und ohne Adressat ein sinnvolles Einzelleben würde führen können. Vorgestellt wird vielmehr eher der in Klage und Freude, Nachricht und Kommentar einem persönlichen Gegenüber und einer biographischen Konstellation zugewandte Brief, *der Brief also, sofern er in einen Lebens-Zusammenhang gehört* oder diesen gewissermaßen gerade eben verläßt.

Die Beschreibung eines Sterbens, die Analyse einer Mätressen-Existenz, die Spiegelung von Freunden mit ihren schönen und häßlichen Zügen, die strenge pädagogische Epistel, das Stottern der Sehnsucht, die heitere kleine Einladung, die energische Abgrenzung sei's von den Eltern, dem Mann, den Freunden oder Kindern, der dramatische Aufruf zur Änderung der Existenz, der herzzerreißende Hilferuf des Kindes, das resignierte Selbstporträt der alten Frau, der plaudernde Brief, der Krankenbericht, der politische Aufruf, und die altmodische »Zeitung« (= Nachricht von Geschehenem), der Lebensrückblick, das Geständnis, der letzte Brief vor dem Tod: so oder ähnlich müßte eine Schilderung der vorliegenden Briefe lauten. Eine Typisierung weder entlang dem Muster der alten Briefsteller – obgleich nahezu alle der dort geforderten Situations-Typen vorkommen: Glückwunsch, Beileid, Zeitung, Einladung, »Galanter Brief« –, noch entlang dem biographischen Muster. Wenn man will, sind es Sprachhandlungen, ja Sprechakte, die hier zu einem kulturgeschichtlichen Bild zusammentreten und im Ablauf der Geschichte an Bestimmtheit, gewissermaßen an »Akt«-Charakter gewinnen. Keine Frau hat wohl so lebensvoll energische Briefe geschrieben wie Rosa Luxemburg, die hier das Schlußwort *spricht.*

Sprechhandlungen: gewiß. Aber natürlich nicht nur.
Wohl die wichtigste Voraussetzung zur Entfaltung jenes weiblichen Briefstils, der im Deutschland des 18. Jahrhunderts (in Frankreich schon früher) den »natürlichen Schreibstyl« bis in die Romanwelt hineintragen half, war *die vorwiegend mündliche Lebenswelt der Schreiberinnen;* sie blieb auch schichtenspezifisch bis ins 20. Jahrhundert erhalten.
Mündliche Lebenswelt heißt hier: nicht schriftlich und nicht rhetorisch, sondern konversationell, dialogisch und privat. Während die Männer der Mittel- und Oberschicht sich im wesentlichen lesend und

schreibend und in öffentlicher Rede in Politik und Geschäft, Wissenschaft und Kunst, d. h. in den entscheidenden Beziehungen der Öffentlichkeit bewegen, verharren die Frauen aus denselben Schichten – ganz zu schweigen von den Unterschichten – überwiegend in Haus und Familie, Freundschaft und Nachbarschaft, eingefangen in mündliche und konversationelle Kommunikation.

Daß aber mit der Beherrschung der Schrift – unabhängig von der Intelligenz der Schreibenden – der gesellschaftliche Verkehr und das Denken selber eine neue Qualität erhalten, ist ein Sachverhalt, der seit etwa zwanzig Jahren in den USA und erst seit etwa zehn Jahren in Deutschland wissenschaftlich in seiner ganzen Tragweite erforscht wird. Seit der forcierten Medienkritik von Marshall McLuhan sind die Literaturen und Denkformen der schriftlosen Kulturen einerseits und der alphabetisierten andererseits vergleichend betrachtet worden, mit erstaunlichen und grundsätzlichen Erkenntnissen über die Eigenarten der Medien Schrift und Sprache, und es lohnt sich gerade für unseren Zusammenhang, sie einmal genauer zu vergegenwärtigen, um den Weg und die Wandlungen zu ermessen, die einer weiblichen Briefkultur und schließlich schriftgemäßen Intellektualität vorausliegen müssen.

Die Schrift verschärft unser Gedächtnis und damit zugleich unsere Moral. Wo aufgeschrieben wird, was geschieht, kann nichts mehr geleugnet werden: der Buchstabe gilt. Wo derart aufgeschrieben und gelesen wird, kann aber auch gelernt werden. Die Ausbreitung der Schreib- und Lesekunst ist ein Kernstück der westlichen Erziehung und Zivilisation – vor allem der männlichen.

Die Schrift *entlastet* aber auch unser Gedächtnis. Sie erlaubt die Speicherung von beliebig vielen, gewissermaßen prosaischen Informationen, die in den mündlichen Kulturen eigens geformt dargeboten werden müssen – also z. B. mit Reim, Rhythmus und festen Sprachformeln. Entlastung des Gedächtnisses heißt zugleich: Freisetzung von intellektueller Kapazität. Der Schreiber muß sich nicht mehr mit dem Behalten und Erinnern plagen, er kann seine Gedanken anderem, ja dem Gegenteil widmen: dem neuen Gedanken.

Der schriftliche Verkehr überwindet Distanzen in Raum und Zeit und erlaubt auch den Lesern in unglücklichen, engen Lebensverhältnissen die Kommunikation mit anderen, womöglich befreienden Ideen. Andererseits ist er anfällig für Uneindeutigkeiten aller Art, für Fälschun-

gen und Mißverständnisse; man betrachte die Rolle des Briefs in vielen Dramen und Erzählungen.
Der schriftliche Verkehr isoliert Leser und Schreiber voneinander und von der Umwelt; und selbst das Geschriebene will und muß tendenziell für sich allein stehen, wie etwa das Sprichwort in einer mündlichen Kultur; die schriftliche Äußerung will und soll zusammen mit anderen ein selbständig verständliches »symbolisches Feld« (Karl Bühler) bilden, um dem fremden oder/und entfernten Leser begreiflich zu werden.

Man könnte die Liste der Merkmale noch weiterführen, aber die genannten sollen genügen. Unbeschadet der Tatsache, daß natürlich auch die Männer zunächst in einer mündlichen Welt aufwachsen, und später auch darin weiterleben, ist doch unsere intellektuelle Auslese durch die Anforderungen des Schriftdenkens diktiert, d. h. vor allem durch die Ideale der Genauigkeit, der Isolation und der Abweisung von bestehenden, zugunsten neuer gedanklicher und womöglich besserer gesellschaftlicher Zusammenhänge, die über utopisches Erzählen hinausgehen. Vor dem Hintergrund dieser kulturellen Wertsetzungen müssen jene der schrift*losen* Gesellschaften nach einem Wort von Gaston Bachelard sich wie »gesunde Platitüden« ausnehmen. Analphabetische, orale Kulturen sind intellektuell mit dem Erinnern ihrer Wissens- und Glaubensschätze beschäftigt; sie leben in strenger Kollektivität, sie vermitteln ihre kulturtragenden Erfindungen sensuell, nämlich in sicht- und fühl- und hörbaren Symbolformen, die sinnlich bleiben und nie derart re-präsentativ werden können wie ein Buchstabe.
Gelten als Leistungen der schreibenden Intelligenz *Verständlichkeit* und *Selbständigkeit* des Geschriebenen, so verwaltet die »sprechende« Intelligenz sozusagen die Summe der lebensnötigen *Selbstverständlichkeiten*, was ja im Verlauf unserer europäischen Geistesgeschichte wiederholt als entzückende Naivität, Naturnähe etc. gewürdigt worden ist – unter anderem eben auch als »natürlicher Schreibstyl« im Brief.
Richtig daran ist, daß die älteren Frauenbriefe ein stilistisches Kraftfeld tatsächlich aus den Urformen des Dialogs, aus der szenischen Darstellung statt aus Monolog und Deskription beziehen – man lese die Briefe der Karschin, der Meta Klopstock, der Mutter Goethes und vieler anderer.

So vielfältig die Wechselwirkungen zwischen Schrift- und Sprechkultur im Lauf der Geschichte auch gewesen sind, so fundamental sind und bleiben ihre Differenzen. Erst wenn das Ensemble jener geistig-seelischen Einstellungen und Orientierungen erkannt ist, das zum jeweiligen Denkstil gehört, läßt sich ermessen, welche Anstrengungen und Umorientierungen nötig sind, um vom einen zum anderen Ufer zu kommen. Isolation, Sorge um Verständlichkeit, Angst vor Mißverstehen und Schaffung von eigenständigen gedanklichen Zusammenhängen: das alles kann nicht einfach als intellektueller Hut einer Lebenswelt aufgesetzt werden, die in jeder Minute das Gegenteil – und sei es noch so schlecht – verlangt: nämlich persönlichen Zusammenhang, Bewahrung von Gewohnheiten und sensuelle Interaktion.

Diese Differenzen sind natürlich von vielen Schreibenden und nicht nur von männlichen empfunden worden. Am vehementesten immer dann, wenn die schriftliche Kommunikation entweder als leblos und dürr und Mißverständnisse produzierend empfunden wird, oder aber als einzige Möglichkeit, aus verhaßten Verhältnissen auszubrechen, wie für Liselotte von der Pfalz und Elisa von der Recke. Andererseits eröffnen einige der beschriebenen Merkmale des schriftlichen Verkehrs gerade auch der intimen Korrespondenz besondere Chancen. Die eigentümliche Vertiefung der Liebesbeziehungen durch die Möglichkeiten des schriftlichen Verkehrs wäre ein ganzes Kapitel für sich – vor allem auch wegen der seltsamen Dialektik, wonach kein mündlicher Dialog die Differenziertheit eines seitenlangen Liebesbriefes einholen kann. Im 18. Jahrhundert, zur Zeit des Freundschaftskultes, gab es seitenlange Ergüsse, Bekenntnisbriefe, extensive Selbstdarstellungen; es ist, wie Karoline von Günderode schreibt, schriftlich »leichter, sich zu entdecken«; denn der Brief erspart den Schreibenden – wie der Beichtstuhl – die Mimik der Scham, wie überhaupt den Zwang zur Eindeutigkeit.

Wohl die subtilste und früheste Analyse dieser Qualität der Schrift stammt von Georg Simmel. In seinem soziologischen Hauptwerk, der *Soziologie* (1908), skizziert er in einem »Exkurs über den schriftlichen Verkehr« eine Theorie der literalen Vieldeutigkeit, des semantischen Mehrwerts, die Jahrzehnte später erst – und ohne Simmel – zu einem Gemeinplatz der Literaturwissenschaft geworden ist. Simmel beschrieb und deutete aber nicht Literatur sondern Leben. Die oft peinigende, oft aber auch beglückende Uneindeutigkeit, das Mehr an Aussage, das Briefschreiber und -empfänger in bestimmten Phasen ihrer Beziehung einander geben und/oder verübeln können, verdankt sich dem Medium selbst, ist eine von ihm nahegelegte Möglichkeit der Kommunikation, die ihrerseits eine neue Dimension in die sozialen Verhältnisse einbaut. Sie ist mit der ästhetischen zwar verwandt aber nicht identisch. Es ist die Dimension der Hemmung, des Aufschubs, der reichen Pause sozusagen zwischen Andeutung und Eindeutigkeit, die oft, aber nicht immer, erst im direkten Gespräch erzielt werden kann.

Eine Pause im Dialog, die ja übrigens schon durch den Briefverkehr an sich, nämlich durch die postalische Vermittlung erzwungen wird. Das ängstliche Warten auf einen sehnsüchtig erhofften Brief, wie es etwa die letzten Lebenswochen der Günderode bestimmt hat (der schließlich auch noch planwidrig jener Brief in die Hände fiel, nach dessen Lektüre sie ihrem Leben ein Ende setzte) – das wäre eines von vielen (und gar nicht immer tragischen) Beispielen für die neue Modellierung des sozialen Verkehrs durch den schriftlichen.

Das Warten, der Zufall, das absichtliche oder unabsichtliche Mißverstehen und die irreversiblen Folgen, die Überschneidung von Briefen, das widerrechtliche Öffnen, die Zensur, die Fälschung, das Unterschieben falscher und das Vernichten echter Briefe – all das müßte eine moderne Darstellung von Briefkultur bedenken. Sie müßte, mit anderen Worten, den Brief nicht nur als ergiebige literarische Gattung ins Rampenlicht stellen, sondern sich der Aufgabe unterziehen, den heiklen Übergang zwischen mündlichen und schriftlichen Verständigungsformen nachzuzeichnen, *den Brief also als jenen Griff an der Schere der Lebenswelten erkennbar halten, der er auch bei größter Entschiedenheit des Tons immer bleibt:* halb Laut, halb Schrift und immer auf der Suche nach dem Empfänger – und nach der Antwort.

Eine der vielen Konsequenzen, die sich hieraus ergeben, betrifft folgerichtig auch die Präsentation von Briefen in Sammlungen. Die ganz überwiegend männlichen Herausgeber haben hier gewisse schriftkulturliche Traditionen gebildet; sie haben entweder Briefe von hervorragenden Individuen – Männern und Frauen – oder, im Sinne der alten Briefsteller, thematische Anordnungen gewählt: Trost- und Abschiedsbriefe, Soldatenbriefe, Briefe aus dem alten Frankreich, Briefe zur Weltgeschichte, Schauspielerbriefe, Hofdamenbriefe und so wei-

ter und so fort. In den meisten Fällen und auch bei Individualbriefausgaben werden die Briefe *ohne Antwort* geboten: also aus dem Zusammenhang gelöst. Besonders die antwortlosen Briefe berühmter Männer an ihre Freundinnen, Bräute oder Frauen zeigen jene eben als die exemplarisch stummen Empfangsdamen, die sie in der Welt der Schrift ja auch allermeist waren. Daß bei näherem Hinsehen oft auch tatsächlich die Antworten fehlen, die Briefe verschollen oder vernichtet sind, beweist nicht das Gegenteil sondern die Intensität der Einseitigkeit. Eine Geschichte der Briefvernichtungen entweder durch die Schreiberinnen selbst oder durch die männlichen Empfänger oder aber durch die Familien des einen oder des anderen muß aber gleichfalls noch geschrieben werden. Fest steht, daß es einer detektivischen Kleinarbeit und Ausdauer bedarf, um in zahlreichen, ausschließlich als Männerbriefsammlungen gekennzeichneten Ausgaben die wie zufällig eingestreuten oder freundlich in einen Anhang aufgenommenen Antworten der Frauen überhaupt ausfindig zu machen. Das extreme Beispiel hierfür ist die Korrespondenz Hebbels, der glühende Briefe an seine kleinbürgerliche Freundin Elise Lensing schrieb, die ihn in seinen Anfängen finanziell unterstützt und zwei Kinder von ihm bekommen hatte, um ihn dann an eine Burgschauspielerin zu verlieren. Elises Antworten erblickten – unvollständig – erst 1928 das Licht der Öffentlichkeit, aber der an sich ja verdienstvolle Herausgeber rief ihr noch ins Grab hinterher, daß Hebbel sich doch korrekt und seinem Genie angemessen verhalten habe.
Natürlich gibt es auch hier wieder Gegenbeispiele: Klopstock etwa, der seine Meta lebenslang nicht nur zum Dichten ermunterte sondern auch eine erste Briefausgabe nach ihrem frühen Tod im Kindbett veranstaltete; oder auch Varnhagen, der Rahels Briefe nach ihrem Tod edierte.

An der Aussparung der Antwortbriefe durch die Herausgeber ist evident, daß hier sozusagen ein Stück mündlicher, dialogischer Schriftlichkeit durch einen einfachen aber schwerwiegenden Eingriff schriftliche Wertigkeit erhalten soll; entsprechend sind Auswahl und Kürzungen innerhalb der Veröffentlichungen Maßnahmen zur Herstellung des »Wesentlichen«, also dessen, was für sich stehen, also: Anspruch auf *Repräsentation* erheben kann und andere Briefe gewissermaßen erübrigt, statt sie herauszulocken.

Eine der berühmtesten deutschen Briefsammlungen von einem der berühmtesten deutschen Schrift-Gelehrten, Walter Benjamins *Deutsche Menschen. Eine Folge von Briefen* (mit dem wahrhaft besser zu einer Frauenbriefsammlung passenden Untertitel »Von Ehre ohne Ruhm, von Größe ohne Glanz, von Würde ohne Sold«) treibt das Prinzip der repräsentativen Auswahl bis ins Extrem: in nur 25 Briefen (darunter *ein* Frauenbrief!) mit jeweils eindringlichen geistes- und sozialgeschichtlichen Einleitungen, wird ein Stück, nein, ein Jahrhundert deutscher Geschichte geboten, wobei jeder Brief gleich eine mehrfache Repräsentanz gewähren muß, andernfalls die erstrebte Prägnanz nicht hätte erreicht werden können. Für die mündliche Lebenswelt, aus der ja der Brief heraustritt wie die Hand aus dem Ärmel, sind aber gerade nicht Kürze und Konzentrierung, sondern Redundanz, freie Assoziation, Abschweifung und eben auch »das Prinzip der Antwort« bezeichnend: »Ich weiß wohl«, schrieb Johanna Spyri (!) 1853 an C. F. Meyers Mutter, »daß man sagt, in Briefen sei die Unterhaltung immer nur von einer Seite gebildet, das find ich aber gar nicht so, denn wenn ich nun im Brief zu Ihnen rede, so kommen Elemente zur Erscheinung, die durch Sie geweckt oder entwickelt worden, also ist Ihr Theil schon dabei, und so gehts Jedem, wem man auch schreibe.«

Die Geschichte des Briefes, seiner Stilisierung und Präsentation, erzählt allerdings mehr vom Mißlingen der Unterhaltung, zwischen den Geschlechtern jedenfalls, und vor allem zwischen den Lebenswelten. Beide haben ihre Vor- und Nachteile, beide sind für sich allein um existentielle Möglichkeiten verarmt, aber statt sich zu ergänzen, pflegen sie einander zu verneinen. Denn, wie Georg Simmel, Elias Canetti und andere Beobachter der Szene ganz richtig sagen: zum Schreiben braucht man nicht bloß ein Alphabet, man muß auch *schweigen* können.

Schweigen wir also? Und schreiben? Vergessen wir nicht, daß es zu den vornehmsten Aufgaben der mündlichen Lebenswelt gehört, ihre neuen Mitglieder überhaupt erst einmal das Sprechen zu lehren…

Die Quellenangaben werden im folgenden nur dann in [ ] präzisiert, wenn nicht die Namen von Absendern und/oder Adressaten auf die entsprechenden Ausgaben hinweisen.

Zu den Absendern und Adressaten

Fanny Adelson

geb. Löwenstamm (1801–1869), lebte mit ihrem Mann im russischen Gouvernement Wilna, kam um 1826 nach Königsberg, und war um 1839 Mutter von sieben Kindern. Das Haus ihres Mannes, eines reichen Geschäftsmannes und russischen Konsuls, scheint zeitweise Sammelplatz des Königsberger Liberalismus gewesen zu sein. Jacoby, ein leidenschaftlicher Demokrat (1805–1877), war als Student in Fanny verliebt. Als Mitglied der preußischen Nationalversammlung 1848 plädierte er für die Wiederherstellung eines selbständigen Polen, was ihm nicht nur Fanny Adelson verübelte.

an Johann Jacoby, S. 319

Lou Andreas-Salomé

wurde in Petersburg, wo sie ihre Jugend verbrachte, am 12. 2. 1861 als Tochter eines Generals geboren. In Zürich studierte sie Theologie, war mit Nietzsche befreundet und bereiste mit Rilke Rußland. 1887 heiratete sie den Orientalisten F. C. Andreas. 1911 wurde sie Schülerin Freuds. Bis zu ihrem Tod am 5. 2. 1937 in Göttingen widmete sie sich ihrer psychoanalytischen Praxis, verfaßte zahlreiche Fachartikel, Erinnerungen an Freud, autobiographische Essays, Romane und Erzählungen.

an Sigmund Freud, S. 133, 134, 297
an Rainer Maria Rilke, S. 328

Bettine von Arnim

geb. in Frankfurt/M. am 4. 4. 1785, Tochter des Großkaufmanns Peter A. Brentano und der Maximiliane von La Roche. 1811 heiratete sie Achim von Arnim und gebar bis zu Arnims Tod im Jahre 1831 sieben Kinder. Bekannt wurde sie u. a. durch die Niederschrift ihrer Gespräche mit Goethes Mutter (die sie sich nach ihrem Bruch mit Karoline von Günderode zur mütterlichen Freundin gemacht hatte), ihre Briefromane *Goethes Briefwechsel mit einem Kinde* (1835) und *Die Günderode* (1840). In Berlin, wo sie seit 1831 lebte und wo u. a. Tieck, Schleiermacher und die Brüder Grimm zu ihren Freunden gehörten, führte sie ein außerordentlich aktives, eigenen wie fremden literarischen Arbeiten sowie politisch-sozialen Tätigkeiten gewidmetes Leben. Hier starb sie am 20. 1. 1859. – Die Brüder Grimm, für die sie sich erfolgreich bei Friedrich Wilhelm IV einsetzte, waren mit fünf anderen Professoren von Herzog August in Göttingen entlassen worden, weil sie ihn des Amtsmißbrauchs beschuldigt hatten. – Das im anrührenden Brief an Pückler-Muskau erwähnte »Dämonenbuch« verwirklichte sie 20 Jahre später: als zweiten Band ihrer Schriften für Friedrich Wilhelm unter den Titel *Gespräche mit Dämonen. Des Königsbuches Zweiter Band* (1852).

an Friedrich Wilhelm, S. 198 [13]
an Fürst Pückler-Muskau, S. 316 [5]

Paula Becker ⟶ Paula Modersohn-Becker

Minna Cauer
geb. 1841 als Pfarrerstochter, in der Ostpriegnitz. Zweimal verheiratet, zweimal verwitwet. Ab 1881 energische Tätigkeit in der Frauenbewegung als linksliberale Demokratin. 1894 Höhepunkt der Auseinandersetzung mit Helene Langes bürgerlicher Fraktion; im selben Jahr Konstitution des »Bundes deutscher Frauenvereine«, vier Jahre später Abspaltung des »Verbandes fortschrittlicher Frauenvereine«. – 1915 organisierten Frauen aus kriegführenden und neutralen Ländern einen Frauen-Friedens-Kongreß im Haag, wogegen der BdF eine scharfe Resolution verabschiedete. – Nach und nach mußte sich die unbeugsame Minna Cauer aus allen Vereinen zurückziehen; zuletzt 1912 aus dem »Preußischen Landesverein für Frauenstimmrecht«. Frau von Witt (Muschka) war ihr eine langjährige Freundin.

an Muschka, S. 105, 216
an Frau von Witt, S. 129
an Herrn von Gerlach, S. 331

Julie von Charpentier
wurde als Tochter des Berghauptmannes und Professors Joh. Fr. Wilhelm von Charpentier 1776 in Freiberg geboren. Sie lernte Friedrich von Hardenberg (Novalis) nach dem Tode der Sophie von Kühn, sei-

ner ersten Verlobten, kennen und wurde Ende 1789 seine Braut. Novalis starb 1801, und drei Jahre später heiratete Julie Karl von Podmanitzky. Sie selbst starb 1811.

an Frau von Hardenberg, S. 79 [52]

Anna Rebecca Claudius
lebte von 1754 bis 1832. Sie war die Tochter eines Wandsbeker Zimmermanns Behn. Matthias Claudius heiratete sie am 15. 3. 1772. Sie gebar sechs Töchter und fünf Söhne!

an Ernestine Voß, S. 74

Fini D.,
eine Wiener Prostituierte, über die mehr als ihre im Brief belegte Bekanntschaft mit Peter Altenberg nicht in Erfahrung zu bringen war.

an Egon Friedell, S. 177

Annette von Droste-Hülshoff,
geb. am 10. 1. 1797 bei Münster, starb am 24. 5. 1848 in Meersburg am Bodensee. Ihre erste Gedichtsammlung erschien 1838; 1842 die Novelle *Die Judenbuche.* Chr. Schlüter, Sibylla Mertens-Schaaffhausen (eine enge Freundin von Adele Schopenhauer) sowie Levin Schücking gehörten zu ihrem engsten Freundeskreis. Bei dem Gedichtbuch, das im Brief an die Mutter von 1820 erwähnt wird, handelt es sich um den ersten Teil des berühmten Zyklus‘ *Das geistliche Jahr,* den die Droste ursprünglich als Erbauungsbuch für die Großmutter begonnen hatte.

an Levin Schücking, S. 33
an Sybilla Mertens, S. 124
an Maria von Brenken, S. 127
an ihre Schwester, S. 193
an Chr. Schlüter, S. 246
an ihre Mutter, S. 284

Martha (Mete) Fontane
Tochter Theodor Fontanes, 1860 geboren und als Erwachsene einer seiner eifrigsten und verständigsten Korrespondenzpartner. Wirkte

jahrelang als Erzieherin, kränkelte viel. Nach Fontanes Tod heiratete sie 1899 den Architekten K. E. O. Fritsch. Mete Fontane starb 1917 den Freitod.

an ihren Vater, S. 100
an ihre Mutter, S. 295, 323

Louise von François
wurde am 27. 6. 1817 in Herzberg a. d. Elster geb. und starb in Weißenfels am 25. 9. 1893. Gilt als bedeutende Erzählerin des 19. Jahrhunderts. Ihr bekanntestes Werk ist der historisierende Roman *Die letzte Reckenburgerin* (1871). Mit C. F. Meyer stand sie seit 1881 im Briefwechsel; vgl. den hier abgedruckten Eröffnungsbrief.

an Conrad Ferdinand Meyer, S. 292

Henriette Frölich
wurde 1768 als Tochter des kgl. Hofkommissars Christian Rauthe in Zehdenick/Havel geboren. 1789 heiratete sie den Juristen Carl Wilh. Frölich, einen der tonangebenden Berliner Aufklärer, mit dem sie gemeinsam eine öffentliche Lesehalle sowie eine Leihbibliothek einrichtete. Sie gebar zehn Kinder, fand aber dennoch Zeit für literarische Arbeiten und veröffentlichte 1820 ihren Briefroman *Virginia oder die Kolonie von Kentucky,* in dem sie einen aufklärerisch-utopischen Gesellschaftsentwurf entfaltet. Henriette Frölich starb in Berlin am 5. 4. 1833. – Ihr Brief an Goethe ist der einzige von ihr erhaltene.

an Goethe, S. 283

Philippine Gatterer
1756 in Nürnberg als Tochter des Historikers Johann Chr. Gatterer geboren, veröffentlichte seit 1776 unter verschiedenen Pseudonymen Lieder und Gedichte in Musenalmanachen. Eine erste Sammlung ihrer Werke erschien 1778 mit Kupfern von Chodowiecki. 1780 heiratete sie den Kriegssekretär Johann Ph. Engelhard. Sie starb am 28. 9. 1831 in Blankenburg.

an Elisa von der Recke, S. 115 [14]

Katharina Elisabeth Goethe
wurde am 19. 2. 1731 in Frankfurt a. Main geboren. Sie stammte aus der angesehenen Juristenfamilie Textor. 17jährig heiratete sie den fast vierzig Jahre alten Johann Caspar Goethe. Ein Jahr später brachte sie Johann Wolfgang zur Welt, es folgte die Tochter Cornelia. Drei weitere Kinder starben früh. Bettine Brentano, die sie nach dem Bruch mit Karoline von Günderode zur mütterlichen Freundin gewann, schildert »die Frau Rath« in ihrem Briefroman *Goethes Briefwechsel mit einem Kinde*. Elisabeth starb in ihrer Geburtsstadt am 13. 9. 1808. Die im Brief an Lavater geschilderte – sterbende – Susanna von Klettenberg ist als »schöne Seele« in Goethes *Wilhelm Meister* verewigt, für dessen Übersendung die Mutter ihrem Sohn am 19. 1. 1795 dankt.

an ihren Sohn, S. 75, 186
an Bettine Brentano, S. 120 [3]
an Johann Caspar Lavater, S. 146

Susette Gontard (Diotima),
geb. 1769 als Tochter des Hamburger Kaufmanns Borkenstein. 1786 heiratete sie den Frankfurter Bankier Jakob Friedrich Gontard, mit dem sie vier Kinder hatte. 1795 trat Hölderlin seine Stelle als Hauslehrer in ihrer Familie an, mußte das Haus aber nach einer Auseinandersetzung mit Susettes Mann verlassen. Aus dem Briefwechsel (Hölderlin reiste an jedem ersten Donnerstag des Monats von Homburg v. d. H. nach Frankfurt, um Briefe zu holen und zu bringen) sind nur Susettes Schreiben erhalten. »Diotima« starb am 13. 1. 1802.

an Friedrich Hölderlin, S. 25

Luise Adelgunde Victorie Gottsched
geb. am 11. 4. 1713 in Danzig, seit ihrer Heirat mit Johann Chr. Gottsched, dem Literaturreformer, im Jahre 1735 »die Gottschedin« genannt. Sie übersetzte Molière, Destouches, Pope, verfaßte Lustspiele und Gedichte, ordnete sich und die eigene Arbeit aber ganz den Zielen ihres Mannes unter und ging als dessen Gehilfin in die Literaturgeschichte ein. Sie starb am 26. 6. 1762. 14 Jahre später wurden ihre Briefe von der Freundin Henriette von Runckel herausgegeben. Ihre Audienz bei Maria Theresia war – wie die Begegnung der Anna Luise Karsch mit Friedrich dem Großen – ein Höhepunkt ihres Lebens.

an Johann Christoph Gottsched, S. 13, 111 [4]
an Dorothee Henriette von Runckel, S. 181 [4]
an Fräulein Thomasius, S. 269 [4]

KAROLINE VON GÜNDERODE,
geb. am 11. 2. 1780 in Karlsruhe, nahm sich im Rheingau am 26. 7. 1806 das Leben. Karoline, die neunzehnjährig in ein evangelisches Stift in Frankfurt am Main eintrat, schrieb Gedichte, Dramen und Prosa, z. T. unter dem Pseudonym »Tian«. Bettine von Arnim widmete dem Leben der bewunderten Freundin ihren Briefroman *Die Günderode;* Christa Wolf veröffentlichte 1985 eine Werkausgabe: *Der Schatten eines Traumes.* Ihre unglückliche Liebe zu dem verheirateten Heidelberger Altphilologen F. Creuzer trug entscheidend zu ihrem Freitod-Entschluß bei. – In ihren Briefen an ihn sprach sie zuweilen von sich als dem »Freund«: vgl. S. 28.

an Friedrich Creuzer, S. 28, 314
an Gunda Brentano, S. 118
an Clemens Brentano, S. 282

ANNA VON HELMHOLTZ
wurde am 19. 9. 1834 in Tübingen als Tochter des Staatsrechtlers Robert von Mohl geboren, einem Mitglied der Paulskirche. Sie heiratete 1861 den Physiker Hermann Helmholtz und starb am 8. 12. 1899 in Volosca. Das zweibändige *Lebensbild in Briefen,* das ihre Tochter Ellen von Siemens-Helmholtz 1929 veröffentlichte, zeigt sie als wache Beobachterin und Reisende mit großem Freundeskreis.

an ihre Mutter, S. 209
an ihre Tochter Ellen, S. 256

MARIA VON HERBERT

an Immanuel Kant, S. 24

Über sie war nichts weiter herauszufinden, außer dem Entwurf einer Antwort auf ihr Liebesproblem, der von Kant überliefert ist:

An Fräulein Maria von Herbert
(Entwurf.)

Frühjahr 1792

Ihr effektvoller Brief, aus einem Herzen entsprungen, das für Tugend und Rechtschaffenheit gemacht sein muß, weil es für eine Lehre derselben so empfänglich ist, die nichts Einschmeichelndes bei sich führt, reißt mich dahin fort, wo sie mich hin verlangen, nämlich mich in ihre Lage zu versetzen und so über das Mittel einer reinen moralischen und dadurch allein gründlichen Beruhigung für sie nachzudenken. Ihr Verhältnis zu dem geliebten Gegenstande, dessen Denkungsart ebensowohl echt und achtungsvoll für Tugend und den Geist derselben, die Redlichkeit, sein muß, ist mir zwar unbekannt, ob es nämlich ein eheliches oder bloß freundschaftliches Verhältnis sein mag. Ich habe das letztere aus Ihrem Briefe als wahrscheinlich angenommen; allein das macht in Ansehung dessen, was Sie beunruhigt, keinen erheblichen Unterschied, denn die Liebe, es sei gegen einen Ehemann oder gegen einen Freund, setzt gleiche gegenseitige Achtung für ihre beiden Charakter voraus, ohne welche sie nur eine sehr wandelbare sinnliche Täuschung ist.

Eine solche Liebe, die allein Tugend (die andere aber bloß blinde Neigung) ist, will sich gänzlich mitteilen und erwartet von seiten des anderen eine ebensolche Herzensmitteilung, die durch keine mißtrauische Zurückhaltung geschwächt ist. So sollte es sein und das fordert das Ideal der Freundschaft. Aber es hängt dem Menschen eine Unlauterkeit an, welche jene Offenherzigkeit hier mehr, dort weniger einschränkt. Über dieses Hindernis der wechselseitigen Herzensergießung, über das geheime Mißtrauen und die Zurückhaltung, welche machen, daß man selbst in seinem innigsten Umgange mit seinem Vertrauten doch einem Teile seiner Gedanken nach immer noch allein und in sich verschlossen bleiben muß, haben die Alten schon die Klage hören lassen: meine lieben Freunde, es gibt keinen Freund! Und doch wird Freundschaft aber als das Süßeste, was das menschliche Leben nur immer enthalten mag, kann nur in der Offenherzigkeit stattfinden und von wohlgearteten Seelen mit der Sehnsucht gewünscht.

Von jener Zurückhaltung, aber als dem Mangel dieser Offenherzigkeit, die man, wie es scheint, in ihrem ganzen Maße der menschlichen Natur nicht zumuten darf (weil jedermann besorgt, wenn er sich völlig entdeckte, von dem andern gering geschätzt zu werden), ist doch der

Mangel der Aufrichtigkeit als eine Unwahrhaftigkeit in wirklicher Mitteilung unserer Gedanken noch gar sehr unterschieden. Jene gehört zu den Schranken unserer Natur und *verdirbt* eigentlich noch nicht den Charakter, sondern ist nur ein Übel, welches hindert, alles Gute, was aus demselben möglich wäre, daraus zu ziehen. Diese aber ist eine Korruption der Denkungsart und ein positives Böse. Was der Aufrichtige, aber Zurückhaltende (nicht Offenherzige) sagt, ist zwar alles wahr, nur sagt er nicht die ganze Wahrheit. Dagegen der Unaufrichtige etwas sagt, dessen er sich als falsch bewußt ist. Die Aussage von der letzteren Art heißt in der Tugendlehre *Lüge*. Diese mag auch ganz *unschädlich* sein, so ist sie darum doch nicht unschuldig; vielmehr ist sie eine schwere Verletzung der Pflicht gegen sich selbst und zwar einer solchen, die ganz unerläßlich ist, weil ihre Übertretung die Würde der Menschheit in unserer eigenen Person herabsetzt und die Denkungsart in ihrer Wurzel angreift, denn Betrug macht alles zweifelhaft und verdächtig und benimmt selbst der Tugend alles Vertrauen, wenn man sie nach ihrem Äußeren beurteilen soll.
Sie sehen wohl, daß, wenn Sie einen Arzt zu Rate gezogen haben, Sie auf einen solchen trafen, der, wie man sieht, kein Schmeichler ist, der nicht durch Schmeicheleien hinhält, und wollten Sie einen Vermittler zwischen sich und Ihrem Herzensfreunde, meine Art, das gute Vernehmen herzustellen, der Vorliebe fürs schöne Geschlecht gar nicht gemäß sei, indem ich für den Letzteren spreche und ihm Gründe an die Hand gebe, welche er als Verehrer der Tugend auf seiner Seite hat und die ihn darüber rechtfertigen, daß er in seiner Zuneigung gegen Sie von seiten der Achtung wankend geworden.
Was die erstere Erwartung betrifft, so muß ich zuerst anraten, sich zu prüfen, ob die bitteren Verweise, welche Sie sich wegen einer, übrigens zu keiner Bemäntelung irgendeines begangenen Lasters ersonnenen Lüge machen, Vorwürfe einer bloßen Unklugheit oder eine innere Anklage wegen der Unsittlichkeit, die in der Lüge an sich selbst steckt, sein mögen. Ist das erstere, so verweisen Sie sich nur die Offenherzigkeit der Entdeckung derselben, also reut es Sie diesmal, Ihre Pflicht getan zu haben (denn das ist es ohne Zweifel, wenn man jemanden vorsätzlich, obgleich in einen ihm unschädlichen Irrtum gesetzt und eine Zeitlang erhalten hat, ihn wiederum daraus ziehen), und warum reut Sie diese Eröffnung? Weil Ihnen dadurch der freilich wichtige Nachteil entsprungen, das Vertrauen ihres Freundes einzubüßen. Diese Reue enthält nun nichts Moralisches in Ihrer Bewegursache, weil nicht

das Bewußtsein der Tat, sondern ihrer Folgen die Ursache derselben ist. Ist der Verweis, der Sie kränkt, aber ein solcher, der sich wirklich auf bloßer sittlicher Beurteilung Ihres Verhaltens gründet, so wäre das ein schlechter moralischer Arzt, der ihnen riete, weil das Geschehene doch nicht ungeschehen gemacht werden kann, diesen Verweis aus ihrem Gemüte zu vertilgen und sich bloß fortmehr einer pünktlichen Aufrichtigkeit von ganzer Seele zu befleißigen, denn das Gewissen muß durchaus alle Übertretungen aufbehalten wie ein Richter, der die Akten wegen schon abgeurteilter Vergehen nicht kassiert, sondern im Archiv aufbehält, um bei sich ereignender neuer Anklage wegen ähnlicher oder auch anderer Vergehungen das Urteil der Gerechtigkeit gemäß allenfalls zu schärfen. Aber über jener Reue zu brüten und nachdem man schon eine andere Denkungsart eingeschlagen, ist, sich durch die fortdauernden Vorwürfe wegen vormaliger nicht mehr herzustellender für das Leben unnütze zu machen, würde (vorausgesetzt, daß man seiner Besserung versichert ist) eine phantastische Meinung von verdienstlicher Selbstpeinigung sein, die so wie manche vorgebliche Religionsmittel, die in der Gunstbewerbung bei höheren Mächten bestehen sollen, ohne daß man eben nötig habe, ein besserer Mensch zu sein, zur moralischen Zurechnung gar nicht gezählt werden müssen.

Wenn nun eine solche Umwandlung der Denkungsart Ihrem geliebten Freunde offenbar geworden – wie denn Aufrichtigkeit ihre unverkennbare Sprache hat – so wird nur Zeit dazu erfordert, um die Spuren jenes rechtmäßigen, selbst auf Tugendbegriffe begründeten Unwillens desselben nach und nach auszulöschen und den Kaltsinn in eine noch fester gegründete Neigung zu verändern. Gelingt aber das letztere nicht, so war die vorige Wärme der Zuneigung desselben auch mehr physisch als moralisch und würde nach der flüchtigen Natur derselben auch ohne das mit der Zeit von selbst geschwunden sein; ein Unglück, dergleichen uns im Leben mancherlei aufstößt, und wobei man sich mit Gelassenheit finden muß, da überhaupt der Wert des letzteren, sofern es in dem besteht, was wir Gutes genießen können, von Menschen überhaupt viel zu hoch angeschlagen wird, sofern es aber nach dem geschätzt wird, was wir Gutes tun können der höchsten Achtung und Sorgfalt es zu erhalten und fröhlich zu guten Zwecken zu gebrauchen würdig ist. – Hier finden Sie nun meine liebe Fr., wie es in Predigten gehalten zu werden pflegt, Lehre, Strafe und Trost, bei deren ersterer ich etwas länger als bei letzterem ich sie zu verweilen bitte, weil, wenn jene ihre Wirkung getan haben, der letztere und verlorene Zufriedenheit des Lebens sich sicherlich von selber finden wird.

EMMA HERWEGH

wurde in Berlin im Jahre 1817 als Tochter des Seidenhändlers und Hoflieferanten Johann Gottfried Siegmund geboren. Sie erhielt eine ausgezeichnete Bildung, beherrschte mehrere Fremdsprachen und war eine der besten Schülerinnen der Berliner Malakademie. 1843 heiratete sie Georg Herwegh, mit dem sie nach seiner Ausweisung aus Preußen u. a. in Zürich und Paris lebte. Nach der Revolution von 1848, an der sie aktiv beteiligt war, veröffentlichte sie ihre *Geschichte der deutschen demokratischen Legion aus Paris von einer Hochverräterin.* 1860 erschien ihre Übersetzung der Memoiren Garibaldis. Emma Herwegh starb am 24. 3. 1904 in Paris.

an Georg Herwegh, S. 36, 253

HENRIETTE HERZ

wurde als Tochter eines Arztes portugiesischer Abstammung namens de Lemos am 5. 9. 1764 in Berlin geboren. Sie war mit Marcus Herz, einem Freund Kants, verheiratet und führte im Berlin des ausgehenden 18. Jahrhunderts ihren Salon, in dem u. a. die Brüder Humboldt, Schleiermacher und der junge Börne verkehrten. Börne war 1802 nach Berlin gekommen, um Medizin zu studieren; er wohnte im Hause Herz und verliebte sich leidenschaftlich in die mehr als zwanzig Jahre ältere Frau. Henriette Herz, die 1817 zum Christentum konvertierte, starb am 22. 10. 1847 in Berlin.

an Ludwig Börne, S. 313

RICARDA HUCH

geb. am 18. 7. 1864 in Braunschweig, studierte ab 1887 Neuere Geschichte in Zürich, promovierte 1891 als eine der ersten Frauen zum Dr. phil. Aus ihrer bald wieder geschiedenen Ehe mit dem italienischen Zahnarzt E. Ceconi entstammte eine Tochter. 1907 heiratete sie ihre Jugendliebe, den Vetter Richard Huch. 1930 wurde sie als erste Frau Mitglied der Preußischen Akademie der Künste; fünf Jahre später erhielt sie den Goethe-Preis der Stadt Frankfurt a. Main. Aus der

Akademie trat sie 1933 aus Protest gegen die Judenverfolgungen aus. Am 17. 11. 1947 starb sie in Schönberg/Ts. Ricarda Huch verfaßte Erzählungen; vor allem aber ihre historischen Studien über die Romantik (1908) den Dreißigjährigen Krieg (1912–14) und Martin Luther (1916) gelten noch heute als Standardwerke. Marie Baum, die Empfängerin ihrer Briefe, war eine lebenslängliche Freundin und Biographin.

an Marie Baum, S. 221, 300

Karoline Jagemann,
in Weimar am 25. 1. 1777 geboren, wurde in Mannheim bei Iffland zur Schauspielerin ausgebildet. Von 1792–96 war sie Mitglied am dortigen Nationaltheater, bis sie 1797 am Theater in Weimar angestellt wurde. Sie entwickelte sich zur herausragenden Schauspielerin und Sängerin ihrer Zeit. Ihr Einfluß auf den Großherzog Karl August, dessen Geliebte sie war und der sie 1809 zur Frau von Heygendorff adelte, bewirkte, daß Goethe ihr am Weimarer Theater das Feld räumen mußte. Sie starb in Dresden am 17. 2. 1895. Die Briefe an ihre – sich scheidenden – Eltern schrieb sie im Alter von fünfzehn bzw. achtzehn Jahren – frühreif wie etwa auch Dorothea von Schlözer und Clara Wieck.

an ihre Mutter, S. 73 [10]
an ihren Vater, S. 279 [10]

Frau Jacobi
Dieses Billett steht ohne weitere Angaben in dem höchst gelehrten Briefwechsel Kants, vgl. Quellenverzeichnis. Dort ebenfalls ohne weiteren Kommentar der Brief von Maria von Herbert.

an Immanuel Kant, S. 113

Maria Kant
Schwägerin Immanuel Kants, mit dessen Bruder Johann Heinrich, als Pastor Anfang 1800 in Rahden/Kurland gestorben, verheiratet.

an ihren Schwager Immanuel Kant, S. 77

Anna Louise Karsch

geb. Dürbach wurde 1722 bei Crossen a. d. Oder geboren. Sie starb in Berlin 1791. Die »Karschin« wurde als erste Frau in Deutschland, unmittelbar nachdem Friedrich d. Gr. 1738 das Scheidungsgesetz verabschiedet hatte, geschieden. Auch von ihrem zweiten Mann, einem Alkoholiker, trennte sie sich. Sie schob ihn zu den Soldaten ab (vgl. S. 309). Trotz ihrer sieben Schwangerschaften und ihrer bescheidenen Ausbildung las und schrieb sie unermüdlich; ihre patriotischen Stegreifgedichte öffneten ihr beim Adel Tür und Tor. Die Audienz bei Friedrich wurde zum Höhepunkt ihres Lebens. 1764 konnte sie, mit Unterstützung Gleims, den sie unerwidert liebte, ihre Gedichte veröffentlichen. Zu ihrer Tochter Louisa hatte sie ein höchst zwiespältiges Verhältnis.

an Johann Wilhelm Gleim, S. 16, 274
an ihren Mann, S. 309
an ihre Tochter, S. 311

Charlotte von Kathen

1777–1850, geb. von Mühlenfels, hatte mit ihrem Mann neun gesunde Kinder, ein großes Gut auf der Insel Rügen und einen breiten Freundeskreis, darunter den späteren Schwager Schleiermacher. 1804 lernte sie Ernst M. Arndt kennen. Die – vornehmlich brieflich gepflegte – Freundschaft hielt bis zu ihrem Tod.

an Ernst Moritz Arndt, S. 163, 200

Meta Klopstock

als Tochter des Hamburger Kaufmanns Moller 1728 geboren, heiratete 1754 den Dichter Klopstock. 1758 Geburt ihres ersten Kindes und Tod. Klopstock gab ihre *Hinterlassenen Schriften* 1759 heraus, darunter die *Briefe von Verstorbenen an Lebendige,* die Prosatragödie *Der Tod Abels,* sowie einen satirischen Essay über die Mode. Schon früh hat Klopstock auch die Briefe seiner Meta gewürdigt, und in der Tat gilt sie als eine der ausdrucksvollsten Schreiberinnen der Aufklärung, die den Stil der Klopstockschen Oden nicht wenig beeinflußt haben.

an Friedrich Gottlob Klopstock, S. 14
an ihre Schwester E. Schmidt, S. 145
an ihre Schwestern, S. 229, 273

Eva König
geb. 1736, in erster Ehe verheiratet mit dem Hamburger Seidenhändler Engelbert König, der 1769 starb. Mit ihren zwei Kindern lebte sie in schwierigen finanziellen Verhältnissen, die in ihrem Briefwechsel mit Lessing eine Hauptrolle spielten. Erst 1776 wurde die Heirat mit Lessing möglich, aber schon ein Jahr später starb sie bei der Geburt eines Kindes. Der hier gebotene Auszug aus dem Briefwechsel vor der Heirat inszeniert *die* erotische Metapher dieser Korrespondenz: das Glücksspiel.

an Gotthold Ephraim Lessing, S. 18

Käthe Kollwitz
wurde 1867 in Königsberg geboren. 1890 heiratete sie den Arzt und Sozialdemokraten Karl Kollwitz, 1892 kam der erste Sohn zur Welt, 1896 der zweite. Die Malerin, Graphikerin und Bildhauerin schuf ihre Werke aus einem starken sozialen und politischen Engagement heraus. 1933 wurde sie aus der Preußischen Akademie der Künste ausgeschlossen, weil sie gemeinsam mit Heinrich Mann einen Aufruf zur Einigung der Linksparteien unterschrieben hatte. Käthe Kollwitz starb am 22.4.1945 in Moritzburg b. Dresden. Ihr Sohn Peter fiel bereits im ersten Jahr des ersten Weltkriegs; der überlebende Sohn Hans gab nach ihrem Tod einen Band mit Tagebuch- und Briefauszügen heraus.

an ihren Sohn Hans, S. 106, 225, 302
an Freunde und an ihren Sohn Hans, S. 176
an ihre Schwester Lisbeth, S. 259

Caroline von Kühn
war eine Schwester der Sophie von Kühn aus Grüningen/Thür., mit der Novalis, der romantische Dichter par excellence, sich im März 1795 – Sophie hatte das dreizehnte Lebensjahr noch nicht vollendet – verlobte. Sophie starb am 19. 3. 1797. Friedrich von Hardenberg (Novalis) verlobte sich später mit Julie von Charpentier, vgl. deren Briefwechsel mit der Mutter Hardenberg S. 79.

an Caroline Just, S. 153 [52]

Luise Kulmus ⟶ Luise Gottsched

Else Lasker-Schüler
wurde am 11. 2. 1869 in Elberfeld geboren. 1894 heiratete sie den Arzt B. Lasker, die Ehe wurde nach fünf Jahren geschieden. Seit 1900 war sie mit Peter Hille, der sie zum Dichten anregte, befreundet; 1901 heiratete sie Georg Lewin (Herwarth Walden); auch diese Ehe wurde nach wenigen Jahren geschieden. 1927 starb ihr einziger Sohn aus erster Ehe. 1933 emigrierte sie zuerst in die Schweiz, dann nach Israel, wo sie in Jerusalem am 22. 1. 1945 starb. Den Kleist-Preis, über dessen Verweigerung sie sich im Brief an Dehmel beklagt, erhielt sie erst 1932. Die Briefe der Else Lasker-Schüler zählen zu den ungewöhnlichsten der Gattung, nicht nur wegen ihrer häufig unkonventionellen Schreibweise, sondern auch wegen der vielen eingestreuten Zeichnungen.

an Jethro Bithell, S. 55
an Richard Dehmel, S. 131
an Ludwig von Ficker, S. 223
an Franz Jung, S. 263

Elise Lensing
am 14. 10. 1804 geboren, eine Lehrerin, lernte 1835 in Hamburg Friedrich Hebbel kennen. Sie opferte ihm ihr Vermögen und gebar ihm zwei Söhne, die früh starben, worüber sie untröstlich war; vgl. Hebbels Brief an sie, S. 166. Hebbel schrieb ihr zwar glühende und lange Briefe, konnte sich aber zu einer Heirat nicht entschließen. 1846 heiratete er statt dessen die bekannte Burgschauspielerin Christine Enghaus, deren unehelichen Sohn Karl Elise zu sich nahm, wofür man ihr ein Erziehungsgeld zahlte. Eine Auswahl aus ihren Briefen an Friedrich und Christine erschien erst 1928.

an Christine Hebbel, S. 205
an Friedrich Hebbel, S. 321

Fanny Lewald
wurde als Tochter eines jüdischen Kaufmanns am 24. 3. 1811 in Königsberg geboren; 1828 konvertierte sie zum Protestantismus. Sie unternahm ausgedehnte Reisen nach Frankreich und Italien und verfaß-

te, beeinflußt von George Sand, erfolgreiche Unterhaltungsromane, mit denen sie sich für die Frauenemanzipation in liberaldemokratischem, jungdeutschen Sinn engagierte (*Clementine*, 1842; *Jenny*, 1843, *Diogena*, 1847). 1854 heiratete sie den Kunstkritiker Adolf Stahr. Sie starb am 5. 8. 1889 in Dresden. Ihr langer Brief an Gutzkow, den engagierten Befürworter der Frauenemanzipation (!), analysiert dessen Liebesverhältnis zu Therese von Bacheracht (1804–1852).

an Karl Gutzkow, S. 45 [6]
an Prinz Karl Alexander, S. 128 [6]

Fürstin Mechthilde Lichnowsky
geb. am 8. 3. 1879 auf Schloß Schönburg/Niederbayern als Tochter des Grafen von und zu Arco-Zinneberg, Urenkelin Maria Theresias. 1904 heiratete sie Fürst K. M. von Lichnowsky, deutscher Botschafter in London von 1912–1914; aus der Ehe stammen drei Kinder. Befreundet mit Karl Kraus und Alfred Kerr, die sie auch literarisch stark beeinflußten, verfaßte sie Essays, Dramen, Erzählungen, Gedichte und autobiographische Prosa. Die Nationalsozialisten verboten die Schriften dieser klugen und brillant formulierenden Weltbürgerin. Am 4. 6. 1958 starb sie in London.

an Graf Hermann Keyserling, S. 218 [2]

Liselotte von der Pfalz
wurde 1652 als Tochter des Kurfürsten Karl Ludwig von der Pfalz geboren. 1671 heiratete sie auf Geheiß des Vaters den Herzog von Orléans und mußte fortan am Versailler Hof leben. Sie gebar drei Kinder, ein Sohn starb früh (vgl. Brief an Frau von Harling), der zweite übernahm nach dem Tod des Sonnenkönigs stellvertretend die Regentschaft für den jungen Ludwig XV. Über 5000 Briefe von Liselotte sind erhalten, die eine für ihre Zeit ganz ungewöhnlich drastische und offenherzige Sprache sprechen und ihr Leiden an den ihr aufgezwungenen Lebensumständen dokumentieren. Sie starb am 8. 12. 1722.

an Frau von Harling, S. 61, 143
an die Herzogin Sophie, S. 62
an Raugräfin Luise, S. 181
an Raugräfin Amalie Elisabeth, S. 269

Sophie von Löwenthal

1810 geboren, lebte, verheiratet mit Max von Löwenthal, in Wien, wo Nikolaus Lenau sie kennenlernte, der sich leidenschaftlich in sie verliebte und bis zu seinem Tode 1850 an sie gebunden blieb, indem nicht zuletzt sie ihn daran hinderte, sein Leben mit einer anderen Frau zu verbringen. 1906, siebzehn Jahre nach ihrem Tod, erschien ihre Novelle *Mesalliiert*. – Im September 1844 hatte sich Lenau von ihr verabschiedet, im Oktober brach seine Geisteskrankheit aus, von der er nicht mehr befreit wurde.

an Anton Xaver Schurz, S. 43 [41]

Luise von Preußen

als Prinzessin von Mecklenburg 1776 geboren, heiratete 1793 Friedrich Wilhelm III. von Preußen. Sie war eine sehr populäre Königin, die für ihren Bittgang zu Napoleon im Jahre 1807 Bewunderung und Anerkennung erntete; Mutter Kaiser Wilhelms I. Sie starb im Alter von 34 Jahren in Berlin.

an ihren Vater, S. 188 [3]

Rosa Luxemburg

wurde 1870 in Zamosc (Polen) geboren, 1919 in Berlin ermordet. Nach ihrem Studium in Zürich ging sie nach Deutschland, wurde Mitglied der SPD und 1905 in Rußland zum ersten Mal verhaftet. Gemeinsam mit Karl Liebknecht gründete sie den Spartakusbund und trat 1918 der KPD bei. Im Januar 1919 wurde sie nach erneuter Verhaftung von Freikorpsmitgliedern, darunter der spätere Admiral Canaris, ermordet. Die größte Bedeutung erlangte ihr Buch *Die Akkumulation des Kapitals* (1913). Daß sie außerdem eine große Briefschreiberin war, hat zuerst Luise Kautsky bemerkt, die nicht nur den Band mit Briefen an ihren Mann Karl und sich herausgab (1923), sondern auch noch einen zweiten, mit Briefen an verschiedene Freunde vorbereitete. – Ihr zorniger Neujahrsbrief an Tilde Wurm kann wohl als schönstes Dokument ihrer Gesinnung gelten.

an Luise Kautsky, S. 137
an Hans Diefenbach, S. 303
an Mathilde Wurm, S. 332

Maria Theresia
am 13. 5. 1717 in Wien als älteste Tochter Kaiser Karls VI. geb., wurde 1749 nach dem Tod ihres Vaters Deutsche Kaiserin. Unter ihrer Herrschaft wurde aus Österreich-Böhmen ein moderner Beamtenstaat, das Bildungsmonopol des Jesuitenordens wurde gebrochen, es gab Strafgesetzreformen und die Aufhebung der Leibeigenschaft. Maria Theresia gebar 16 Kinder. Sie starb am 29. 11. 1780. Der – aus dem Französischen übersetzte – Brief an ihre Tochter stammt aus einer »geheimen Korrespondenz« zwischen den beiden, mit deren Hilfe die Mutter die Tochter bis zu ihrem Tod beriet und leitete, von 1770 bis 1780. Die erste Ausgabe von 1864 blieb noch zensiert; erst Stefan Zweig sah bei seinen Vorarbeiten zur Marie Antoinette-Biographie die vollständigen Originale ein, die 1952 auf deutsch erschienen.

an ihre Tochter Marie Antoinette, S. 63

Marie Antoinette
jüngste Tochter Maria Theresias, wurde am 2. 11. 1755 geboren und fünfzehnjährig mit dem Dauphin von Frankreich, dem späteren König Ludwig XVI., verheiratet. Erbitterte Gegnerin des demokratisch-konstitutionellen Systems, wurde sie am 10. 8. 1792 (Sturm der Tuilerien) verhaftet, am 14. 10. 1793 vor das Blutgericht gestellt und zwei Tage später enthauptet.

an ihre Schwägerin Elisabeth, S. 151 [1]

Jenny Marx
Tochter eines preußischen Landrates, »Ballkönigin« von Trier, lebte von 1814 bis 1881. 1843 heiratete sie in Kreuznach den um vier Jahre jüngeren Karl Marx. Sie hatte sieben Kinder, wovon vier schon früh starben; von den drei Töchtern begingen zwei später Selbstmord. Während des unsteten und erbärmlichen Lebens mit Marx hatte sie nicht nur für das tägliche Brot zu sorgen, sondern auch die Manuskripte abzuschreiben, mit Druckern und Verlegern zu verhandeln und umfangreiche Korrespondenz zu führen. – Ihr Brief vom 11. August berichtet u. a. von der Ausstellung des »Heiligen Rockes« Christi im Trierer Dom. – 1857, das Jahr ihres Briefes an C. Schramm, war das Jahr der ersten, von den USA ausgehenden Weltwirtschaftskrise.

an Karl Marx, S. 38, 94 [6]
an Conrad Schramm, S. 212 [6]

Charlotte von Medem ⟶ Elisa von der Recke

Fromet Mendelssohn
geb. 1737, lernte Moses Mendelssohn 1761 in Hamburg kennen. Die beiden waren das erste jüdische Brautpaar, das nicht von den Eltern zusammengeführt wurde, vielmehr setzten sie sich über alle jüdische Konvention hinweg. Im Sommer 1762 heirateten sie. Von den Briefen, die sie während ihrer Brautzeit zweimal wöchentlich wechselten, sind nur die von Moses erhalten. Unsere Briefe, aus der hebräischen Schrift transkribiert, stammen aus den Ehejahren. Fromet starb 1812.

an Moses Mendelssohn, S. 23, 183

Sophie Mereau
wurde 1770 geboren und heiratete den Bibliothekar und späteren Jenaer Professor F. E. K. Mereau 1793. In Jena begann sie Romane zu schreiben; ihr Briefroman *Amanda und Eduard* (1803) wurde in Schillers ›Horen‹ auszugsweise veröffentlicht. 1801 ließ sie sich von Mereau scheiden, um Clemens Brentano zu heiraten. Sie veröffentlichte weitere Erzählungen und Romane, übersetzte aus dem Englischen und Italienischen. Am 31. 10. 1806 starb sie im Kindbett.

an Friedrich Schiller, S. 281 [24]

Elisabeth Meyer
1802 geboren, war die Mutter des Zürcher Dichters Conrad Ferdinand Meyer. Die tiefreligiöse Frau (»die heilige Elisabeth von der Wartburg« nannte ihre Tochter sie) führte eine weitverzweigte Korrespondenz und engagierte sich karitativ. Wie im Fall Nietzsches, so sorgten sich auch um C. F. Meyer Mutter und Schwester gleichermaßen; letztere übernimmt schließlich die Verantwortung für die ganze Familie, vor allem auch für das Werk ihres Bruders. Elisabeth Meyer beging 1856 Selbstmord; der Sohn starb 1898 als Geisteskranker und auch die Schwester zeigte im Alter stark paranoische Züge.

an David Heß, S. 92 [51]
an ihren Sohn, S. 93 [51]

Betsy Meyer
wurde am 19. 3. 1831 als jüngere Schwester Conrad Ferdinand Meyers geboren. Sie ließ sich zur Malerin ausbilden, um sich und den kranken Bruder ernähren zu können, wurde seine Sekretärin und Biographin. Nach seiner Heirat widmete sie sich der Pflege Geisteskranker, kaufte für Samuel Zeller, dem Begründer einer psychiatrischen Anstalt, den »Felsenhof« als Anstaltsgebäude, wo sie auch arbeitete. Betsy starb 1912. – Hermann Haessel war Meyers Verleger. (vgl. auch Elisabeth Meyer)

an ihren Bruder, S. 93 [51]
an Hermann Haessel, S. 215, 290 [51]

Paula Modersohn-Becker
geb. am 8. 2. 1876 in Dresden. Nachdem sie auf Drängen der Eltern ein Lehrerinnenexamen abgelegt hatte, studierte sie Malerei in Berlin. 1898 zog sie nach Worpswede und lernte bei Fritz Mackensen. Eine Ausstellung in der Bremer Kunsthalle endete 1899 mit einem katastrophalen Mißerfolg. 1901 heiratete sie den Maler Otto Modersohn. In den folgenden Jahren bis zu ihrem Tod – sie starb nach der Geburt ihrer Tochter am 20. 11. 1907 – entstanden u. a. Porträts von R. M. Rilke, Clara Rilke-Westhoff und Werner Sombart, Bilder von Bauern und Armenhäuslern, Selbstbildnisse und Stilleben.

an Otto Modersohn, S. 53
an ihre Mutter, S. 329

Meta Moller ⟶ Meta Klopstock

Constanze Mozart
1762 als Constanze Weber geboren, heiratete Wolfgang Amadeus Mozart 1782. In neun Ehejahren (Mozart starb 1791) brachte sie sechs Kinder zur Welt, von denen nur zwei erwachsen wurden. Nach Mozarts Tod heiratete sie den dänischen Diplomaten (und Mozart-Biographen) Georg Nikolaus Nissen. Constanze Mozart starb 1842, nachdem sie gründlich für den Nachruhm ihres Mannes gesorgt hatte.

an Kaiser Leopold II., S. 149 [3]

Franziska Nietzsche
die Mutter von Friedrich Nietzsche, geb. Oehler, starb 1897, nachdem sie ihren geisteskranken Sohn mehr als sieben Jahre bei sich zu Hause aufopfernd gepflegt hatte. Ihre Tochter Elisabeth, verheiratet mit dem Antisemiten und Auswanderer B. Förster, kehrte nach dessen Tod aus Paraguay zurück (1894), und zwang die Mutter, die Vormundschaft und die Pension des kranken Nietzsche an sie abzutreten. E. Förster richtete das Nietzsche-Archiv ein und edierte, später in Weimar, die Werke ihres Bruders in einer zunehmend ideologischen Weise. Als Nietzsche-Biographin hatte sie großen Erfolg und wurde gleich dreimal zum Literatur-Nobelpreis vorgeschlagen. – Die Mutter berichtete bis zu ihrem Tod monatlich etwa einmal an den alten Freund Overbek, einen Theologen, wie es dem Sohn erging.

an Franz Overbek, S. 103, 172, 325

Elisa von der Recke
wurde 1754 als erstes Kind des Kammerherrn Johann Friedrich von Medem in Kurland geboren. Fünfzehnjährig ging sie mit Georg von der Recke, einem Sächsischen Kammerherrn, eine unglückliche Ehe ein, verlor ihr einziges Kind und verfiel dem Scharlatan Cagliostro. Nach intensiver Beschäftigung mit dem Mystizismus Swedenborgs lernte sie Lessing kennen und wurde zur glühenden Verfechterin der Aufklärung. Nachdrücklich setzte sie sich für eine Verbesserung der Mädchenerziehung und Frauenbildung ein und befaßte sich mit Problemen der Sozialfürsorge. Sie veröffentlichte Gedichte und ein Reisetagebuch, führte eine große Korrespondenz und war ab 1804 mit C. A. Tiedge liiert. Sie starb 1833.

an Elisabeth von Medem, S. 67, 113
an Johanna Schopenhauer, S. 162
an Johann Caspar Lavater, S. 184

Franziska Reventlow
(Gräfin zu) wurde in Husum am 18. 5. 1871 geboren. Sie gehörte zu den dominierenden Erscheinungen der Münchner Bohème der Vorkriegszeit, empfing in ihrem Salon u. a. Stefan George und Karl Wolfskehl. Ihr bekanntestes Werk, *Herrn Dames Aufzeichnungen oder Begebenheiten aus einem merkwürdigen Stadtteil,* spiegelt als

Schlüsselroman die Schwabinger Intellektuellen- und Künstlerkreise in ironischer Brechung. Franziska Reventlow starb am 25. 7. 1918 in Muralto/Tessin. Ihr Brief ist an ihren Jugendfreund Fehling gerichtet.

an Emanuel Fehling, S. 171

SOPHIE SCHARNHORST
Über die Baronin ist mehr, als ihre in den *Hofdamenbriefen* veröffentlichten Briefe mitteilen, nicht bekannt. Sie führte ihr Leben im Dienst der Prinzessin Amalie von Schweden, nach deren Tod im Jahre 1850 ihr ein einsames Alter beschieden war.

an Gräfin Eveline Sickingen-Hohenberg, S. 201

CHARLOTTE SCHILLER
als Charlotte von Lengefeld am 22. 11. 1766 geboren. 1790 heiratete sie Friedrich Schiller, 21 Jahre nach dessen Tod starb sie am 9. 7. 1826 in Bonn. 1856 erschienen ihre Briefe an einen »vertrauten Freund« (v. Knebel).

an Luise Frankh, S. 155

CAROLINE SCHLEGEL
geb. am 2. 9. 1763 in Göttingen als Tochter des Göttinger Prof. Michaelis, heiratete 1784 den Arzt Böhmer, der vier Jahre später starb. 1793 wurde sie in Königstein/Ts. wegen aktiven Sympathisantentums mit der französischen Besatzung in Mainz gefangengesetzt. 1796 heiratete sie in zweiter Ehe A. W. Schlegel, von dem sie sich 1803 trennte, um den 12 Jahre jüngeren F. W. Schelling zu heiraten. Ihr Haus wurde zu einem Mittelpunkt des geistigen Lebens der Jenaer Frühromantik. Am 7. 9. 1809 starb sie in Maulbronn; ihre Briefe wurden berühmt.

an Johann Wolfgang Goethe, S. 116 [3]

DOROTHEA SCHLEGEL
geb. 1763 als älteste Tochter Moses Mendelssohns in Berlin, wurde als Neunzehnjährige an den Bankier Simon Veit verheiratet; vier Kinder, von denen zwei starben, stammten aus dieser Ehe, die Dorothea 1798 scheiden ließ. Ohne Trauschein lebte sie jahrelang mit Friedrich Schle-

gel in Jena zusammen, wurde seinetwegen protestantisch, heiratete ihn 1804 und konvertierte gemeinsam mit ihm 1808 zum Katholizismus. Sie übersetzte Mme. de Staëls *Corinne*, veröffentlichte unter eigenem Namen ein Romanfragment, *Florentin* (1801), und unter Schlegels Namen zahlreiche Aufsätze, Bearbeitungen sowie Kritiken. Sie starb in Frankfurt a. Main am 3. 8. 1839.

an Friedrich Schlegel, S. 238

Dorothea von Schlözer

wurde am 10. 8. 1770 als Tochter des Göttinger Historikers August Ludwig Schlözer geboren. 17jährig promovierte sie als erste Frau in Deutschland zum Doktor phil., was sie über die Landesgrenzen hinaus berühmt machte. 1792 heiratete sie den verwitweten Lübecker Senator Matthäus Rodde, bekam drei Kinder, die sie gemeinsam mit dreien aus Roddes erster Ehe stammenden erzog. In der »Franzosenzeit« löste sich das gesellschaftliche Lübecker Leben auf, Rodde machte Bankrott, die Familie siedelte nach Göttingen über. Dorothea starb während einer Reise am 12. Juli 1825 in Avignon.

an die Hofrätin Loder, S. 231
an Luise Michaelis, S. 277

Adele Schopenhauer

Schwester Arthur Schopenhauers, geb. am 12. 6. 1797 in Hamburg, starb am 25. 8. 1849 in Bonn. Blieb zeitlebens unverheiratet und kränklich, wurde aber als Meisterin des Scherenschnitts und Autorin bekannt. 1844 erschienen ihre *Haus-, Wald- und Feldmärchen*. Sie war eine enge Freundin von Sibylla Mertens-Schaaffhausen und Annette von Droste-Hülshoff (siehe dort). Nach dem Tod der Mutter gab sie deren Nachlaß heraus.

an ihren Bruder, S. 84, 287

Johanna Schopenhauer
geb. 1766 in Danzig, starb 1838 in Weimar. Sie war die Mutter von Arthur, der sie notorisch haßte, und von Adele Schopenhauer. Sie schrieb Romane, Novellen und Reisebeschreibungen, und noch zu ihren Lebzeiten erschienen ihre *Sämtlichen Schriften* in 24 (!) Bänden.

an ihren Sohn, S. 314

Sophie Schröder
lebte von 1781 bis 1868, war als Schauspielerin in Hamburg, Prag, Wien und München engagiert. Wilhelmine Schröder-Devrient war ihre Tochter. Der kuriose Brief an die erfolgreiche Burgschauspielerin Luise Neumann bezieht sich auf eine falsche Nachricht in der Presse: man hatte sie für tot erklärt.

an Luise Neumann, S. 169

Clara Schumann
wurde am 13. 9. 1819 in Leipzig geboren. Schon mit 13 Jahren unternahm die Pianistin, eine der größten Virtuosinnen des 19. Jahrhunderts, Konzertreisen. Gegen den Willen ihres Vaters heiratete sie Robert Schumann (1840), mit dem sie acht Kinder hatte. Nach Schumanns Tod 1856 gelang es ihr erneut, sich als Pianistin durchzusetzen. Befreundet mit Johannes Brahms, führte sie vor allem dessen Werke und die ihres Mannes auf, reüssierte aber auch mit Chopin; blieb nur als Komponistin wenig erfolgreich. Von 1878–92 unterrichtete sie am Hochschen Konservatorium in Frankfurt am Main. Hier starb sie am 20. 5. 1896.

an Robert Schumann, S. 32, 290 [6]
an ihren Vater Friedrich Wieck, S. 88 [6]

Crescenz Speth
eine geborene Gräfin Sickingen, war Wiener Hofdame wie Sophie Scharnhorst und Schwägerin der Eveline Sickingen. Sie heiratete Baron Speth, mit dem sie in Würzburg eine recht unglückliche Ehe führte, und erzog mit Verdruß drei Töchter. Ihre Briefe sind die einzige Informationsquelle über ihr Leben.

an Gräfin Eveline Sickingen-Hohenberg, S. 208 [7]

Charlotte Stieglitz
als Charlotte Willhöfft am 18. 6. 1806 in Hamburg geboren, heiratete 1828 den Lehrer, Bibliothekar und Dichter Heinrich Stieglitz. Charlotte, eine begabte und gebildete, aber wie ihr Mann psychisch labile Frau, erdolchte sich 1834 mit der gleichen Waffe, die sie ihrem Gatten vor Beginn der Hochzeitsreise geschenkt hatte. Ihr Tod machte damals Gesellschafts- und Literaturgeschichte, nicht zuletzt aufgrund ihres an Stieglitz gerichteten Abschiedsbriefes. Theodor Mundt, der Charlotte liebte, veröffentlichte 1835 Auszüge ihrer Briefe, Tagebücher und Gedichte unter dem Titel *Charlotte Stieglitz. Ein Denkmal* – eine Apotheose, die heute für übertrieben gehalten wird.

an Heinrich Stieglitz, S. 163

Christiane Strauss
war die Mutter des 1808 in Ludwigsburg geborenen David Friedrich Strauß, des Theologen und Verfassers zahlreicher religionsgeschichtlicher Werke, deren berühmtestes die 1835/36 erschienene Schrift *Das Leben Jesu* darstellt.

an ihren Sohn, S. 87, 286

Fürstin Marie von Thurn und Taxis
1855-1934, mütterliche Freundin Rilkes, auf deren Adriaschloß Duino er mit der Arbeit an seinen *Duineser Elegien* begann. – Die im Brief vom 3. 1. 1913 erwähnte Ethel Smythe gehört in den Freundeskreis um Virginia Woolf. Rudolf Kassner zählte zu den engsten Freunden der Fürstin.

an Rainer Maria Rilke, S. 136, 219, 262

Adolfine Henriette Vogel
1777 geboren, verheiratet mit dem Beamten Louis Vogel, lernte Heinrich von Kleist in Berlin kennen. Sie war sich ihrer eigenen unheilbaren Erkrankung bewußt und beschloß den Freitod gemeinsam mit Kleist, der am 21. 11. 1811 zuerst sie, dann sich selbst erschoß. – Ihr Liebesbrief an Kleist ist ein kunstvolles Echo auf dessen »Todeslitanei«, also eigentlich Literatur.

an Heinrich von Kleist, S. 31 [37]
an Frau Manitius, S. 81 [37]
an Ernst Friedrich Peguilhen, S. 161 [37]

Rahel Varnhagen von Ense,
geb. Levin, wurde am 26. 5. 1771 in Berlin geboren, wo sie am 7. 3. 1833 starb. 1814, nach ihrer Konversion zum Christentum, heiratete sie Karl Aug. Varnhagen von Ense, mit dem sie ihren berühmten Salon, Mittelpunkt des spätromantischen literarischen und wissenschaftlichen Lebens, hielt. Erst nach ihrem Tode erschienen, herausgegeben von ihrem Mann, ihre *Briefe und Aufzeichnungen* (1833). Wie wir heute wissen, hat sie diese Ausgabe selbst vorbereitet: als ihr literarisches Vermächtnis. – Die 4bändige Edition durch Friedhelm Kemp ([2]1979) rückt sie als größte deutsche Briefautorin ins Licht. – Die Freundschaft mit Pauline Wiesel, der Geliebten von Prinz Louis Ferdinand, hielt lebenslang.

an ihre Schwester Rose, S. 81
an Pauline Wiesel, S. 123

Cosima Wagner
wurde am 25. 12. 1837 als Tochter Franz Liszts und der französischen Schriftstellerin D'Agoult in Como geboren. Ihre Ehe mit dem Dirigenten H. von Bülow wurde 1857 geschieden, und im folgenden Jahr heiratete sie Richard Wagner, mit dem sie zwei Kinder, Isolde und Siegfried hatte. Bis 1908 behielt sie sich die künstlerische Leitung der Bayreuther Festspiele vor. Cosima Wagner starb in Bayreuth am 1. 4. 1930. Ihr Brief an die Tochter Daniela von Bülow aus erster Ehe bietet einen Einblick in deutschnationale Erziehungsmaximen.

an ihre Tochter Daniela, S. 98

Wilhelmine von Bayreuth
Markgräfin, geb. am 3. 7. 1709 als älteste Tochter des preußischen Königs Friedrich Wilhelm I. in Berlin. 1731 heiratete sie den Markgrafen Friedrich von Bayreuth, tat sich als Komponistin hervor und als Verfasserin der *Denkwürdigkeiten aus dem Leben der königlich preußischen Prinzessin Friederike Sophie W. von 1706 bis 1749*, erschienen

1810. Sie starb am 14. 10. 1758. Mit ihr verlor Friedrich der Große seine Lieblingsschwester, mit der er eine herzliche und besorgte brüderliche Korrespondenz geführt hat.

an Friedrich II., S. 144

JENNY VON WESTPHALEN ⟶ JENNY MARX

CLARA WIECK ⟶ CLARA SCHUMANN

PAULINE WIESEL
1779 als Tochter des Geheimrats César und einer französischen Emigrantin geboren, heiratete 1800 den Kriegsrat Friedrich F. Wiesel, von dem sie eine Tochter Pauline hatte. 1804 wurde sie die Geliebte des Prinzen Louis Ferdinand von Preußen. Nach dessen Tod 1806 verließ sie Berlin und verbrachte die nächsten vierzig Jahre vor allem auf Reisen. Ihre Freundschaft mit Rahel Varnhagen hielt trotz großer Pausen lebenslänglich. Sie starb 1848. – Der Brief an den Prinzen ist der einzige an ihn erhaltene Brief. Louis Ferdinand zog um diese Zeit in die Schlacht bei Jena.

an Prinz Louis Ferdinand, S. 30 [62]
an Rahel Varnhagen, S. 122

Quellenverzeichnis

I. Anthologien

1. Abschied. Briefe und Aufzeichnungen von Epikur bis in unsere Tage. Hg. von Curt Michael. Zürich/New York 1944.
2. Briefe der Expressionisten. Hg. von Kasimir Edschmid. Frankfurt/Berlin 1964. © Rowohlt Verlag, Reinbek bei Hamburg.
3. Das Buch deutscher Briefe. Hg. von Walter Heynen. Wiesbaden 1957.
4. Frauen der Goethezeit in Briefen, Dokumenten und Bildern von der Gottschedin bis Bettina von Arnim. Hg. von Helga Haberland und Wolfgang Pehnt. Stuttgart 1960.
5. Frauenbriefe der Romantik. Hg. und mit einem Nachwort versehen von Katja Behrens. Frankfurt am Main 1981, [2]1982.
6. Frauen im Aufbruch. Frauenbriefe aus dem Vormärz und der Revolution von 1848. Hg. von Fritz Böttger. Berlin 1977.
7. Hofdamen-Briefe um Habsburg und Wittelsbach (1835–1865). Hg. von Richard Kühn. Berlin 1942.
8. Liebe Mutter, liebe Tochter. Frauenbriefe aus drei Jahrhunderten. Hg. von Jutta Radel. Mit einem Nachwort von Joseph Ausländer. ([1] München 1980) Frankfurt am Main/Berlin/Wien 1982.
9. Nikisch, Reinhard, Die Frau als Briefschreiberin im Zeitalter der deutschen Aufklärung. In: Wolfenbütteler Studien zur Aufklärung, Bd. 3 (1976).
10. Schauspielerbriefe aus zwei Jahrhunderten. Ausgewählt von Manfred Barthel. München 1947.

II. Einzelausgaben

11. Das Altenbergbuch. Hg. von Egon Friedell. Leipzig/Wien/Zürich 1921.
12. Ernst Moritz Arndt, Briefe an eine Freundin. Hg. von Erich Gülzow. Stuttgart/Berlin 1928.
13. Der Briefwechsel Bettine von Arnims mit den Brüdern Grimm 1838–1841. Hg. von Hartwig Schulz. Frankfurt am Main 1985.
14. Gottfried August Bürger und Philippine Gatterer. Ein Briefwechsel aus Göttingens empfindsamer Zeit. Hg. von Erich Ebstein. Leipzig 1921.

15. Die Briefe der Minna Cauer an Frau von Witt (Muschka) werden hier erstmals veröffentlicht, mit freundlicher Genehmigung von Gabriele Braun-Schwarzenstein, die gemeinsam mit Gisela Bruns einen Band mit »Briefen an Muschka« vorbereitet. Der Brief an Herrn von Gerlach erschien zuerst in den *Feministischen Studien*, Heft 1 (1984).

16. Matthias Claudius, Briefe an Freunde. 2 Bde. Hg. von Hans Jessen. Berlin 1938.

17. Hölderlins Diotima Susette Gontard. Gedichte, Briefe, Zeugnisse. Hg. v. Adolf Beck. Frankfurt am Main 1980.

18. Die Briefe der Annette von Droste-Hülshoff. Hg. von Schulte-Kemminghausen. 2 Bde. Jena 1944.

19. Mete Fontane, Briefe an die Eltern 1880-1882. Hg. und erläutert von Edgar R. Rosen. Frankfurt am Main/Berlin/Wien 1974.

20. Louise von François (1817–1893) und Conrad Ferdinand Meyer. Ein Briefwechsel. Hg. von Anton Bettelheim. Berlin 1905.

21. Sigmund Freud – Lou Andreas-Salomé, Briefwechsel. Hg. von Ernst Pfeiffer. Frankfurt am Main 1966. © Fischer Verlag.

22. Friedrich der Große und Wilhelmine von Bayreuth. Hg. und eingeleitet von Gustav Berthold Volz. Deutsch von Friedrich von Oppeln-Bronikowski. Leipzig 1924.

23. Henriette Frölich, Virginia oder Die Kolonie von Kentucky. Berlin 1963.

24. Dagmar von Gersdorff, Dich zu lieben kann ich nicht verlernen. Das Leben der Sophie Brentano-Mereau. Frankfurt am Main 1984.

25. Briefe von Goethes Mutter. Ausgewählt und eingeleitet von Albert Köster. Leipzig 1912.

26. Karoline von Günderode, Der Schatten eines Traumes. Gedichte, Prosa, Briefe, Zeugnisse von Zeitgenossen. Hg. und mit einem Essay von Christa Wolf. Darmstadt/Neuwied 1979; ^{5}1985.

27. Hebbels Briefe. Ausgewählt und eingeleitet von Theodor Poppe. Berlin/Leipzig/Wien/Stuttgart 1913.

28. Briefe an Friedrich Hebbel. Hg. von Moritz Enzinger. 2 Bde. Wien 1973–1975.

29. Anna von Helmholtz. Ein Lebensbild in Briefen. Hg. von Ellen Siemens-Helmholtz. 2 Bde. Berlin 1929.

30. Georg Herweghs Briefwechsel mit seiner Braut. Hg. von Marcel Herwegh. Zweite Auflage. Stuttgart 1906.

31. Henriette Herz in Erinnerungen, Briefen und Zeugnissen. Hg. und mit einem Nachwort versehen von Rainer Schmitz. Frankfurt am Main 1984.

32. Ricarda Huch. Briefe an die Freunde. Ausgewählt und eingeführt von Marie Baum. © 1986 Manesse Verlag, Zürich.

33. Johann Jacoby. Briefwechsel 1816–1849. Hg. und erläutert von Edmund Silberner. Hannover 1974.

34. Die Erinnerungen der Karoline Jagemann. Nebst zahlreichen unveröffentlichten Dokumenten aus der Goethezeit. Hg. von Eduard von Bamberg. Dresden 1926.

35. Briefwechsel von Immanuel Kant in drei Bänden. Hg. von H. E. Fischer. München 1913.

36. Die Karschin, Friedrichs des Großen Volksdichterin. Ein Leben in Briefen. Hg. von Elisabeth Hausmann. Frankfurt am Main 1933.

37. Heinrich von Kleists Lebensspuren. Dokumente und Berichte der Zeitgenossen. Bd. 1. Hg. von Helmut Sembdner. Frankfurt am Main 1984.

38. Meta Klopstock. Briefwechsel mit Klopstock, ihren Verwandten und Freunden. Hg. von Hermann Tiemann. 3 Bde. Hamburg 1956.

39. Käthe Kollwitz, Tagebuchblätter und Briefe. Hg. von Hans Kollwitz. Berlin 1948. Abdruck mit freundlicher Genehmigung von A. A. Kollwitz.

40. Briefe von Else Lasker-Schüler: 1. Bd.: Lieber gestreifter Tiger. 2. Bd.: Wo ist unser buntes Theben. Hg. von Margarete Kupper. München 1969. © Kösel Verlag.

41. Nikolaus Lenau, Briefe an Sophie Löwenthal 1834–1845. Hg. von Peter Härtling. München 1968.

42. Elise Lensing, Briefe an Friedrich Hebbel und Christine Hebbel. Hg. von Rudolf Kardel. Berlin/Leipzig 1928.

43. Meine liebste Madam. Gotthold Ephraim Lessings Briefwechsel mit Eva König 1770–1776. Hg. von Günter und Ursula Schulz. München 1979.

44. Liselotte von der Pfalz, Briefe. Ausgewählt von Wilhelm Langewiesche. Veränderte und vermehrte Ausgabe, hg. von Margarethe Westphal. Ebenhausen bei München 1958, [4]1974.

45. Rosa Luxemburg, Briefe an Freunde. Nach dem von Luise Kautsky fertiggestellten Manuskript herausgegeben von Benedikt Kautsky. Köln/Frankfurt am Main 1950; überarbeitete Neuauflage 1976. © Europäische Verlagsanstalt.

46. Rosa Luxemburg, Briefe an Karl und Luise Kautsky (1896–1918). Hg. von Luise Kautsky. Berlin 1923.

47. Maria Theresia und Marie Antoinette. Ihr geheimer Briefwechsel. Hg. und erläutert und ins Deutsche übertragen von Paul Christoph. Erste vollständige Ausgabe. Wien 1952.

48. Moses Mendelssohn, Brautbriefe. Mit einem Geleitwort von Ismar Elbogen. Berlin 1936.

49. Paula Modersohn-Becker, Briefe und Tagebuchblätter. Hg. und biographisch eingeführt von S. D. Gallwitz. München 1922.

50. Der kranke Nietzsche. Briefe seiner Mutter an Franz Overbeck. Hg. von Erich F. Podach. Wien 1937.

51. Maria Nils, Betsy. Die Schwester Conrad Ferdinand Meyers. Frauenfeld/Leipzig 1943.

52. Novalis, Schriften. Bd. IV: Tagebücher, Briefwechsel, zeitgenössische Zeugnisse. Hg. von Richard Samuel in Zusammenarbeit mit Hans-Joachim Mähl und Gerhard Schulz. Stuttgart 1975 (2., nach den Handschriften ergänzte, erweiterte und verbesserte Auflage).

53. Elisa von der Recke. Aufzeichnungen und Briefe aus ihren Jugendtagen. Tagebücher und Briefe aus ihren Wanderjahren. Hg. von Paul Rachel. 2 Bde. Leipzig 1900 und 1902.

54. Franziska Gräfin zu Reventlow, Briefe 1890–1917. Hg. von Else Reventlow. Mit einem Nachwort von Wolfdietrich Rasch. München/Wien 1975.

55. Rainer Maria Rilke/Lou Andreas-Salomé, Briefwechsel. Mit einem Nachwort und Erläuterungen herausgegeben von Ernst Pfeiffer. Zürich/Wiesbaden 1952.

56. Rainer Maria Rilke und Marie von Thurn und Taxis, Briefwechsel. 2 Bde. Zürich/Frankfurt am Main 1951.

57. Der Briefwechsel Friedrich und Dorothea Schlegels 1818–1820 während Dorotheas Aufenthalt in Rom. Hg. von Heinrich Finke. München 1923.

58. Leopold von Schlözer, Dorothea von Schlözer. Ein deutsches Frauenleben um die Jahrhundertwende 1770–1825. Stuttgart/Berlin/Leipzig 1923.

59. Arthur Schopenhauers Briefwechsel und andere Dokumente. Ausgewählt und Hg. von Max Brahn. Leipzig 1911.

60. Charlotte Stieglitz, Ein Denkmal. Berlin 1835.

61. David Friedrich Strauß, Briefe an seine Tochter. Nebst Briefen seiner Mutter an ihn selbst. Als Manuskript gedruckt. o. O. 1921.

62. Rahel Varnhagen, Briefwechsel. 4 Bde. Hg. von Friedhelm Kemp. München 1979 (2. durchgesehene und um einen Nachtrag vermehrte Ausgabe).

63. Cosima Wagner, Briefe an ihre Tochter Daniela von Bülow 1866–1885. Hg. von Max Freiherr von Waldberg. Stuttgart/Berlin 1933. © Mundus Verlagsgesellschaft.

Inhalt

Vorwort 5

Dialog über die Post 9

Erstes Kapitel
Lieben und Lassen

Briefe von

Luise Gottsched ... 13
Meta Moller ... 14
Anna Louise Karsch ... 16
Eva König ... 18
Fromet Mendelssohn ... 23
Maria von Herbert ... 24
Susette Gontard ... 25
Karoline von Günderode ... 28
Pauline Wiesel ... 30
Henriette Vogel ... 31
Clara Wieck ... 32
Annette von Droste-Hülshoff ... 33
Emma Siegmund ... 36
Jenny von Westphalen ... 38
Sophie von Löwenthal ... 43
Fanny Lewald ... 45
Paula Becker ... 53
Else Lasker-Schüler ... 55

Zweites Kapitel
Familienleben

Briefe von

Liselotte von der Pfalz ... 61
Maria Theresia ... 63
Charlotte von Medem ... 67
Karoline Jagemann ... 73
Rebecca Claudius ... 74
Elisabeth Goethe ... 75
Maria Kant ... 77
Julie von Charpentier ... 79
Henriette Vogel ... 81
Rahel Varnhagen ... 81
Adele Schopenhauer ... 84
Christiane Strauß ... 87
Clara Wieck ... 88
Elisabeth Meyer ... 92
Betsy Meyer ... 93
Jenny Marx ... 94
Cosima Wagner ... 98
Mete Fontane ... 100
Franziska Nietzsche ... 103
Minna Cauer ... 105
Käthe Kollwitz ... 106

Drittes Kapitel
Freundschaften

Briefe von

Luise Kulmus ... 111
Frau Jacobi ... 113
Elisa von der Recke ... 113
Philippine Gatterer ... 115
Caroline Schlegel ... 116
Karoline von Günderode ... 118
Elisabeth Goethe ... 120
Pauline Wiesel ... 122
Rahel Varnhagen ... 123
Annette von Droste-Hülshoff ... 124
Fanny Lewald ... 128
Minna Cauer ... 129
Else Lasker-Schüler ... 131
Lou Andreas-Salomé ... 133
Marie von Thurn und Taxis ... 136
Rosa Luxemburg ... 137

Viertes Kapitel
Sterben

Briefe von

Liselotte von der Pfalz ... 143
Wilhelmine von Bayreuth ... 144
Meta Klopstock ... 145
Elisabeth Goethe ... 146
Constanze Mozart ... 149
Marie Antoinette ... 151
Caroline von Kühn ... 153
Charlotte Schiller ... 155
Henriette Vogel ... 161
Elisa von der Recke ... 162
Charlotte Stieglitz ... 163
Charlotte von Kathen ... 163
Sophie Schröder ... 169
Franziska Reventlow ... 171
Franziska Nietzsche ... 172
Käthe Kollwitz ... 176
Fini D. ... 177

Fünftes Kapitel
Geschichte und Alltag

Briefe von

Liselotte von der Pfalz ... 181
Luise Gottsched ... 181
Fromet Gugenheim ... 183
Elisa von der Recke ... 184
Elisabeth Goethe ... 186
Luise von Preußen ... 188
Annette von Droste-Hülshoff ... 193
Bettine von Arnim ... 198
Charlotte von Kathen ... 200

Sophie Scharnhorst . . . 201
Elise Lensing . . . 205
Crescent Speth . . . 208
Anna von Helmholtz . . . 209
Jenny Marx . . . 212
Betsy Meyer . . . 215
Minna Cauer . . . 216
Mechtild Lichnowsky . . . 218
Marie von Thurn und Taxis . . . 219
Ricarda Huch . . . 221
Else Lasker-Schüler . . . 223
Käthe Kollwitz . . . 225

Sechstes Kapitel
Reisen

Briefe von

Meta Klopstock . . . 229
Dorothea von Schlözer . . . 231
Dorothea Schlegel . . . 238
Annette von Droste-Hülshoff . . . 246
Emma Siegmund . . . 253
Anna von Helmholtz . . . 256
Käthe Kollwitz . . . 259
Marie von Thurn und Taxis . . . 262
Else Lasker-Schüler . . . 263

Siebtes Kapitel
Arbeit und Selbstwert

Briefe von

Liselotte von der Pfalz . . . 269
Luise Gottsched . . . 269
Meta Klopstock . . . 273
Anna Louise Karsch . . . 274
Dorothea von Schlözer . . . 277
Karoline Jagemann . . . 279
Sophie Mereau . . . 281
Karoline von Günderode . . . 282
Henriette Frölich . . . 283
Annette von Droste-Hülshoff . . . 284
Christiane Strauß . . . 286
Adele Schopenhauer . . . 287
Clara Wieck . . . 290
Betsy Meyer . . . 290
Louise von François . . . 292
Mete Fontane . . . 295
Lou Andreas-Salomé . . . 297
Ricarda Huch . . . 300
Käthe Kollwitz . . . 302
Rosa Luxemburg . . . 303

Achtes Kapitel
Eigensinn

Briefe von

Anna Louise Karsch ... 309
Henriette Herz ... 313
Karoline von Günderode ... 314
Johanna Schopenhauer ... 314
Bettine von Arnim ... 316
Fanny Adelson ... 319
Elise Lensing ... 321
Mete Fontane ... 323
Franziska Nietzsche ... 325
Lou Andreas-Salomé ... 328
Paula Modersohn-Becker ... 329
Minna Cauer ... 331
Rosa Luxemburg ... 332

Nachwort 339
Zu den Absendern und Adressaten 349
Quellenverzeichnis 375

Gedichte
von Hildegard von Bingen
bis Ingeborg Bachmann
Herausgegeben
von Elisabeth Borchers

Essays von Frauen
des 20. Jahrhunderts
Herausgegeben
von Marlis Gerhard

Briefe von Liselotte von der Pfalz
bis Rosa Luxemburg
Herausgegeben
von Claudia Schmölders